쉽게 읽는 월인석보 11(하)

月印千江之曲 第十一·釋譜詳節 第十一

월인석보 11(하)

月印千江之曲 第十一·釋譜詳節 第十一

나찬연

경진출판

❙ 머리말

『월인석보』는 조선의 제7대 왕인 세조(世祖)가 부왕인 세종(世宗)과 소헌왕후(昭憲王后), 그리고 아들인 의경세자(懿敬世子)를 추모하기 위하여 1549년에 편찬하였다.

『월인석보』에는 석가모니의 행적과 석가모니와 관련된 인물에 관한 여러 일화가 소개되어 있다. 따라서 이 책은 불교를 배우는 이들뿐만 아니라, 국어 학자들이 15세기 국어를 연구하는 데에도 매우 귀중한 자료가 된다. 특히 이 책은 한문 원문을 국어의 문법 규칙에 맞게 번역하였기 때문에 문장이 매우 자연스럽다 따라서 『월인석보』는 훈민정음으로 지은 초기의 문헌임에도 불구하고, 당대에 간행된 그 어떤 문헌보다도 자연스러운 우리말 문장으로 지은 문헌이라고 할 수 있다.

이처럼 『월인석보』가 중세 국어와 국어사 연구에 매우 중요한 역할을 하기 때문에, 일찍부터 이 책은 중세 국어 연구의 대상이 되었고 현대어로 옮기는 작업도 이루어졌다. 그 대표적인 성과가 '세종대왕기념사업회'에서 편찬한 『역주 월인석보』의 모둠책이다. 『역주 월인석보』의 간행 작업에는 허웅 선생님을 비롯한 그 분야의 대학자들이 참여하였기 때문에, 『역주 월인석보』는 그 차제로서 대단한 업적이다. 그러나 이 『역주 월인석보』는 1992년부터 순차적으로 간행되었는데, 간행된 책마다 역주한 이가 달라서 내용의 번역이나 형태소의 분석, 그리고 편집 방법이 통일되지 못한 아쉬움이 있다. 지은이는 이러한 점을 감안하여 15세기의 중세 국어를 익히는 학습자들이 『월인석보』를 쉽게 이해할 수 있도록, 현대어로 옮기는 방식과 형태소 분석 및 편집 형식을 새롭게 바꾸었다. 이러한 편찬 의도를 반영하여 이 책의 제호도 『쉽게 읽는 월인석보』로 정했다.

이 책은 중세 국어 학습자들이 『월인석보』를 쉽게 이해할 수 있는 책을 편찬하겠다는 원래의 취지를 살리기 위하여, 다음과 같은 방법으로 책의 내용과 형식을 구성하였다.

첫째, 현재 남아 있는 『월인석보』의 권 수에 따라서 이들 문헌을 현대어로 옮겼다. 이에 따라서 『월인석보』의 1, 2, 4, 7, 8, 9, 10 등의 순서로 현대어 번역 작업이 이루진다. 둘째, 이 책에서는 『월인석보』의 원문의 영인을 페이지별로 수록하고, 그 영인 바로 아래에 현대어 번역문을 첨부했다. 셋째, 그리고 중세 국어의 문법을 익히는 이들에게 편의를 제공하기 위하여, 원문의 텍스트에 나타나는 어휘를 현대어로 풀이하고 각 어휘에 실현된 문법 형태소를 형태소 단위로 분석하였다. 넷째, 원문 텍스트에 나타나는 불교 용어를 쉽게 풀이함으로써, 불교의 교리를 모르는 일반 국어학자도 『월인석보』의 내용을 이해할 수 있도록 하였다. 다섯째, 책의 말미에 [부록]의 형식으로 [원문과 번역문의 벼리]를 실었다. 여기서는 『월인석보』의 텍스트에서 주문장의 사이에 삽입되어 있는 협주문(夾註文)을 생략하여 본문 내용의 맥락이 끊기지 않게 하였다. 여섯째, 이 책에 쓰인 문법 용어와 약어(略語)의 정의와 예시를 책 머리의 '일러두기'와 [부록]에 수록하여서, 이 책을 통하여 중세 국어를 익히려는 독자에게 도움을 주었다.

이 책에 쓰인 문법 용어는 가급적 『고등학교 문법』(2010)에서 사용되는 문법 용어를 그대로 사용하였다. 다만 일부 문법 용어는 허웅 선생님의 『우리 옛말본』(1975), 고영근 선생님의 『표준중세국어문법론』(2010), 지은이의 『중세 국어의 이해』(2020)에서 사용한 용어를 빌려 썼다. 중세 국어의 어휘 풀이는 대부분 '한글학회'에서 지은 『우리말 큰사전 4-옛말과 이두 편』의 내용을 참조했으며, 일부는 남광우 님의 『교학고어사전』을 참조했다. 각 어휘에 대한 형태소 분석은 지은이가 2010년에 『우리말연구』의 제27집에 발표한 「옛말 문법 교육을 위한 약어와 약호의 체계」의 논문과 『중세 근대 국어의 강독』(2020)에서 사용한 방법을 따랐다.

그리고 불교와 관련된 어휘는 국립국어원의 인터넷판 『표준국어대사전』, 인터넷판의 『두산백과사전』, 인터넷판의 『한국민족문화대백과』, 인터넷판의 『원불교사전』, 한국불교대사전편찬위원회의 『한국불교대사전』, 홍사성 님의 『불교상식백과』, 곽철환 님의 『시공불교사전』, 운허·용하 님의 『불교사전』 등을 참조하여 풀이하였다.

이 책을 간행하는 데에는 여러 사람의 도움이 있었다. 지은이는 2014년 겨울에 대학교 선배이자 독실한 불교 신자인 정안거사(正安居士, 현 동아고등학교의 박진규 교장)을 사석에서 만났다. 그 자리에서 정안거사로부터 국어학자뿐만 아니라 일반 사람들도 부처님의 생애를 쉽게 알 수 있는 책이 필요하다는 당부의 말을 들었는데, 이 일이 계기가 되어서 『쉽게 읽는 월인석보』의 모둠책이 세상에 나오게 되었다. 그리고 고려대학교 교육대학원의 국어교육전공에 재학 중인 나벼리 군은 『월인석보』의 원문의 모습을 디지털 영상으로 제작하고 편집하는 작업을 해 주었다. 이 책을 거친 원고를 수정하여 보기 좋은 책으로 편집·출판해 주신 경진출판의 양정섭 대표께 감사의 뜻을 전한다.

정안거사님의 뜻과 지은이의 바람이 이루어져서, 중세 국어를 익히거나 석가모니 부처의 일을 알고자 하는 일반인들에게 이 책이 조금이나마 도움이 되기를 바란다.

2023년 1월

나찬연

❙ 차례

일러두기

1. 이 책에서 형태소 분석에 사용하는 문법적 단위에 대한 약어는 다음과 같다.

범주	약칭	본디 명칭
품사	의명	의존 명사
	인대	인칭 대명사
	지대	지시 대명사
	형사	형용사
	보용	보조 용언
	관사	관형사
	감사	감탄사
불규칙 용언	ㄷ불	ㄷ 불규칙 용언
	ㅂ불	ㅂ 불규칙 용언
	ㅅ불	ㅅ 불규칙 용언
어근	불어	불완전(불규칙) 어근
파생 접사	접두	접두사
	명접	명사 파생 접미사
	동접	동사 파생 접미사
	조접	조사 파생 접미사
	형접	형용사 파생 접미사
	부접	부사 파생 접미사
	사접	사동사 파생 접미사
	피접	피동사 파생 접미사
	강접	강조 접미사
	복접	복수 접미사
	높접	높임 접미사
조사	주조	주격 조사
	서조	서술격 조사
	목조	목적격 조사

범주	약칭	본디 명칭
조사	보조	보격 조사
	관조	관형격 조사
	부조	부사격 조사
	호조	호격 조사
	접조	접속 조사
어말 어미	평종	평서형 종결 어미
	의종	의문형 종결 어미
	명종	명령형 종결 어미
	청종	청유형 종결 어미
	감종	감탄형 종결 어미
	연어	연결 어미
	명전	명사형 전성 어미
	관전	관형사형 전성 어미
선어말 어미	주높	상대 높임의 선어말 어미
	객높	주체 높임의 선어말 어미
	상높	객체 높임의 선어말 어미
	과시	과거 시제의 선어말 어미
	현시	현재 시제의 선어말 어미
	미시	미래 시제의 선어말 어미
	회상	회상 표현의 선어말 어미
	확인	확인 표현의 선어말 어미
	원칙	원칙 표현의 선어말 어미
	감동	감동 표현의 선어말 어미
	화자	화자 표현의 선어말 어미
	대상	대상 표현의 선어말 어미

* 이 책에서 쓰인 '문법 용어'와 '약어(略語)'에 대한 자세한 내용은 [부록]에 첨부된 '문법 용어의 풀이'를 참고하기 바란다.

2. 이 책의 형태소 분석에서 사용되는 약호는 다음과 같다.

부호	기능	용례
#	어절의 경계 표시.	철수가 # 국밥을 # 먹었다.
+	한 어절 내에서의 형태소 경계 표시.	철수 + -가 # 먹- + -었- + -다
(　)	언어 단위의 문법 명칭과 기능 설명.	먹(먹다) - + -었(과시)- + -다(평종)
[　]	파생어의 내부 짜임새 표시.	먹이[먹(먹다)- + -이(사접)-]- + -다(평종)
	합성어의 내부 짜임새 표시.	국밥[국(국) + 밥(밥)] + -을(목조)
-a	a의 앞에 다른 말이 실현되어야 함.	-다, -냐 ; -은, -을 ; -음, -기 ; -게, -으면
a-	a의 뒤에 다른 말이 실현되어야 함.	먹(먹다)-, 자(자다)-, 예쁘(예쁘다)-
-a-	a의 앞뒤에 다른 말이 실현되어야 함.	-으시-, -었-, -겠-, -더-, -느-
a(← A)	기본 형태 A가 변이 형태 a로 변함.	지(← 짓다, ㅅ불)- + -었(과시)- + -다(평종)
a(↚ A)	A 형태를 a 형태로 잘못 적음(오기)	국빱(↚ 국밥) + -을(목)
Ø	무형의 형태소나 무형의 변이 형태	예쁘- + -Ø(현시)- + -다(평종)

3. 다음은 중세 국어의 문장을 약어와 약호를 사용하여 어절 단위로 분석한 예이다.

> 불휘 기픈 남ᄀᆞᆫ ᄇᆞᄅᆞ매 아니 뮐ᄊᆡ 곶 됴코 여름 하ᄂᆞ니 [용가 2장]

① 불휘: 불휘(뿌리, 根) + -Ø(← -이: 주조)
② 기픈: 깊(깊다, 深)- + -Ø(현시)- + -은(관전)
③ 남ᄀᆞᆫ: 낡(← 나모: 나무, 木) + -ᄋᆞᆫ(-은: 보조사)
④ ᄇᆞᄅᆞ매: ᄇᆞᄅᆞᆷ(바람, 風) + -애(-에: 부조, 이유)
⑤ 아니: 아니(부사, 不)
⑥ 뮐ᄊᆡ: 뮈(움직이다, 動)- + -ㄹᄊᆡ(-으므로: 연어)
⑦ 곶: 곶(꽃, 花)
⑧ 됴코: 둏(좋아지다, 좋다, 好)- + -고(연어, 나열)
⑨ 여름: 여름[열매, 實: 열(열다, 結)- + -음(명접)]
⑩ 하ᄂᆞ니: 하(많아지다, 많다, 多)- + -ᄂᆞ(현시)- + -니(평종, 반말)

4. 단, 아래의 경우에는 예외적으로 다음과 같은 방법으로 어절의 짜임새를 분석한다.

가. 명사, 동사, 형용사는 특별한 경우가 아니면 품사의 명칭을 표시하지 않는다. 단, 의존 명사와 보조 용언은 예외적으로 각각 '의명'과 '보용'으로 표시한다.

① 부톄: 부텨(부처, 佛) + -ㅣ(← -이: 주조)
② 괴오쇼셔: 괴오(사랑하다, 愛)- + -쇼셔(-소서: 명종)
③ 올ᄒᆞ시이다: 옳(옳다, 是)- + -ᄋᆞ시(주높)- + -이(상높)- + -다(평종)

나. 한자말로 된 복합어는 더 이상 분석하지 않는다.

① 中國에: 中國(중국) + -에(부조, 비교)
② 無上涅槃ᄋᆞᆯ: 無上涅槃(무상열반) + -ᄋᆞᆯ(목조)

다. 특정한 어미가 다른 어미의 내부에 끼어들어서 실현될 때에는 다음과 같이 표기한다. 이때 단일 형태소의 내부가 분리되는 현상은 '…'로 표시한다.

① 어리니잇가: 어리(어리석다, 愚: 형사)- + -잇(← -이-: 상높)- + -니…가(의종)
② 자거시늘: 자(자다, 宿: 동사)- + -시(주높)- + -거…늘(-거늘: 연어)

라. 형태가 유표적으로 존재하지 않으면서도 문법적이 있는 '무형의 형태소'는 다음과 같이 'Ø'로 표시한다.

① 가ᄆᆞ라 비 아니 오ᄂᆞᆫ 따히 잇거든
  - ᄀᆞᄆᆞ라: [가물다(동사): ᄀᆞᄆᆞᆯ(가뭄, 旱: 명사) + -Ø(동접)-]- + -아(연어)
② 바ᄅᆞ 自性을 ᄉᆞᄆᆞᆺ 아ᄅᆞ샤
  - 바ᄅᆞ: [바로(부사): 바ᄅᆞ(바ᄅᆞ다, 正: 형사)- + -Ø(부접)]
③ 불휘 기픈 남ᄀᆞᆫ
  - 불휘(뿌리, 根) + -Ø(← -이: 주조)
④ 내 ᄒᆞ마 命終호라
  - 命終ᄒᆞ(명종하다: 동사)- + -Ø(과시)- + -오(화자)- + -라(← -다: 평종)

마. 무형의 형태소로 실현되는 시제 표현의 선어말 어미는 다음과 같이 표기한다.

① 동사나 형용사의 종결형과 관형사형에서 나타나는 '과거 시제 표현'의 무형의 선어말 어미는 '-Ø(과시)-'로, '현재 시제 표현'의 무형의 선어말 어미는 '-Ø(현시)-'로 표시한다.

㉠ 아ᄃᆞᆯᄃᆞᆯ히 아비 죽다 듣고
- 죽다: 죽(죽다, 死: 동사)- + -Ø(과시)- + -다(평종)

㉡ 엇던 行業을 지ᅀᅥ 惡德애 ᄠᅥ러딘다
- ᄠᅥ러딘다: ᄠᅥ러디(떨어지다, 落: 동사)- + -Ø(과시)- + -ㄴ다(의종)

㉢ 獄ᄋᆞᆫ 罪 지ᅀᅳᆫ 사ᄅᆞᆷ 가도ᄂᆞᆫ ᄡᅡ히니
- 지ᅀᅳᆫ: 짓(짓다, 犯: 동사)-+ -Ø(과시)- + -ㄴ(관전)

㉣ 닐굽 ᄒᆡ 너무 오라다
- 오라(오래다, 久: 형사)- + -Ø(현시)- + -다(평종)

㉤ 여ᅀᅳᆺ 大臣이 힘ᄃᆞᆨ기 왼 ᄃᆞᆯ 제 아라
- 외(외다, 그르다, 誤: 형사)- + -Ø(현시)- + -ㄴ(관전)

② 동사나 형용사의 연결형에 나타나는 과거 시제나 현재 시제 표현의 무형의 선어말 어미는 표시하지 않는다.

㉠ 몸앳 필 뫼화 그르세 다마 男女를 내ᅀᆞᄫᆞ니
- 뫼화: 뫼호(모으다, 集: 동사)- + -아(연어)

㉡ 고히 길오 놉고 고ᄃᆞ며
- 길오: 길(길다, 長: 형사)- + -오(← -고: 연어)
- 놉고: 놉(높다, 高: 형사)- + -고(연어, 나열)
- 고ᄃᆞ며: 곧(곧다, 直: 형사)- + -ᄋᆞ며(-으며: 연어)

③ 합성어나 파생어의 내부에서 실현되는 과거 시제나 현재 시제 표현의 무형의 선어말 어미는 표시하지 않는다.

㉠ 왼녁: [왼쪽, 左: 욇(오른쪽이다, 右)- + -ᄋᆞᆫ(관전▷관접) + 녁(녘, 쪽: 의명)]
㉡ 늘그니: [늙은이: 늙(늙다, 老)- + -은(관전) + 이(이, 者: 의명)]

『월인석보』의 해제

세종대왕은 1443년(세종 25년) 음력 12월에 음소 문자(音素文字)인 훈민정음(訓民正音)의 글자를 창제하였다. 훈민정음 글자는 기존의 한자나 한자를 빌어서 우리말을 표기하는 글자인 향찰, 이두, 구결 등과는 전혀 다른 표음 문자인 음소 글자였다. 실로 글자의 역사상 유래를 찾아볼 수 없는 매우 독창적인 글자이면서도, 글자의 수가 28자에 불과하여 아주 배우기 쉬운 글자였다.

훈민정음을 창제한 이후에 세종은 이 글자를 널리 보급하기 위하여 훈민정음의 제자 원리를 이론화하고 성리학적인 근거를 부여하는 데에 힘을 썼다. 곧, 최만리 등의 상소 사건을 통하여 사대부들이 훈민정음에 대하여 취하였던 부정적인 인식과 태도를 파악하였으므로, 이를 극복하는 적극적인 방법으로 훈민정음 글자에 대한 '종합 해설서'를 발간하기로 하였는데, 이것이 곧 『훈민정음 해례본』이다.

그리고 새로운 글자를 창제하고 반포하는 데에 그치는 것이 아니라, 실제로 백성들이 널리 사용할 수 있도록 하기 위하여 여러 가지 뒷받침 사업을 진행하였다. 이를 위하여 세종은 새로운 문자인 훈민정음을 이용하여 국어의 입말을 실제로 문장의 단위로 적어서 그 실용성을 시험하는 작업을 수행하였다. 그 첫 번째 노력으로 『용비어천가(龍飛御天歌)』의 노랫말을 훈민정음으로 지어서 간행하였는데, 이로써 훈민정음 글자로써 국어의 입말을 실제로 적을 수 있는 가능성을 보였다. 그리고 소헌왕후 심씨가 사망함에 따라서 세종은 왕후의 명복을 빌기 위하여 아들인 수양대군(首陽大君)으로 하여금 석가모니의 연보(年譜)를 훈민정음으로 번역하여 『석보상절(釋譜詳節)』을 편찬하게 하였다. 이어서 『석보상절』의 내용을 바탕으로 『월인천강지곡(月印千江之曲)』을 직접 지어서 간행하였다. 이로써 국어의 입말을 훈민정음으로써 완벽하게 구현할 수 있음을 보였다. 그리고 한문본인 『훈민정음 해례본』의 내용 중에서 '어제 서(御製 序)'와 예의(例義)를 훈민정음으로 번역한 것도 대략 이 무렵의 일인 것으로 추정된다.

세종이 승하한 후에 문종(文宗), 단종(端宗)에 이어서 세조(世祖)가 즉위하였는데, 1458년(세조 3년)에 세조의 맏아들인 의경세자(懿敬世子)가 요절하였다. 이에 세조는 1459년(세조 4년)에 부왕인 세종(世宗)과 세종의 정비인 소헌왕후 심씨, 그리고 요절한 의경세자의 명복을 빌기 위하여 『월인석보(月印釋譜)』를 편찬하였다. 그리고 어린 조카 단종을 폐위하고 왕위에 오른 후에, 단종을 비롯하여 자신의 집권에 반기를 든 수많은 신하를 죽인 업보에 대한 인간적인 고뇌를 불법의 힘으로 씻어 보려는 것도 『월인석보』를 편찬한 간접적인 동기였다.

『월인석보』는 세종이 지은 『월인천강지곡(月印千江之曲)』의 내용을 본문으로 먼저 싣고, 그에 대응되는 『석보상절(釋譜詳節)』의 내용을 붙여 합편하였다. 합편하는 과정에서 책을 구성하는 방법이나 한자어 표기법, 그리고 내용도 원본인 『월인천강지곡』이나 『석보상절』과 부분적으로 차이를 보인다. 예를 들어서 『월인천강지곡』에서는 한자음을 표기할 때 '씨時'처럼 한글을 큰 글자로 제시하고, 한자를 작은 글자로써 한글의 오른쪽에 병기하였다. 반면에 『월인석보』에서는 '時씽'처럼 한자를 큰 글자로써 제시하고 한글을 작은 글자로써 한자의 오른쪽에 병기하였다. 그리고 종성이 없는 한자음을 한글로 표기할 때에 『월인천강지곡』에서는 '씨時'처럼 종성 글자를 표기하지 않았는데, 『월인석보』에서는 '동국정운(東國正韻)식 한자음의 표기법'에 따라서 '時씽'처럼 종성의 자리에 음가가 없는 'ㅇ' 글자를 종성의 위치에 달았다. 이러한 차이는 『월인천강지곡』과 『석보상절』을 합본하여 『월인석보』를 편찬하는 과정에서 어쩔 수 없이 한자음을 표기하는 방법을 통일하였기 때문에 일어났다.

『월인석보』는 원간본인 1, 2, 7, 8, 9, 10, 12, 13, 14, 15, 17, 18, 23권과 중간본(重刊本)인 4, 21, 22권 등이 남아 있다. 그 당시에 발간된 책이 모두 발견된 것은 아니어서, 당초에 전체 몇 권으로 편찬하였는지 알 수가 없다.

『석보상절』, 『월인천강지곡』, 『월인석보』의 편찬은 세종 말엽에서 세조 초엽까지 약 13년 동안에 이룩된 사업이다. 따라서 그 최종 사업인 『월인석보』는 석가모니의 일대기를 기술하는 사업을 완결 짓는 결정판이다. 따라서 『월인석보』는 『석보상절』, 『월인천강지곡』과 더불어 훈민정음(訓民正音)이 창제된 이후 제일 먼저 나온 불경 번역서로서의 가치가 있다. 그리고 세종과 세조 당대에 쓰였던 자연스러운 말과 글의 모습이 잘 반영되어 있어서, 중세 국어나 국어사를 연구하는 데에도 매우 귀중한 가치가 있는 문헌으로 평가받고 있다.

『월인석보 제십일』의 해제

이 책에서 번역한 『월인석보』 권11은 세조 5년(1459)에 간행된 초간본으로서, 권12와 합본되어 있으며, 현재 보물 제935호로 지정되어 있다(호암미술관 소장). 권 11에는 『월인천강지곡』의 운문은 其272부터 其275까지 실렸고, 『석보상절』의 산문은 『묘법연화경(妙法蓮華經)』 권1의 내용이 실려 있다. 곧, 『월인석보』 권11의 내용은 『묘법연화경』 1권의 제일(第一)의 '서품(序品)'의 내용과 제이(第二)의 '방편품(方便品)'의 내용을 훈민정음으로 언해한 것이다. (이 책에서는 서품은 이 책 상권과 이 책 하권의 94장까지 실었으며, 방편품은 이 책 하권의 94장부터 129장까지 실었다.)

『묘법연화경』은 석가모니 부처가 가야성(迦耶城)에서 도를 이루고 난 뒤에, 영산회(靈山會)을 열어서 자신이 세상에 나온 본뜻을 말한 경전이다. 『묘법연화경』은 옛날로부터 모든 경전들 중의 왕으로 인정받았고, 초기 대승경전(大乘經典) 중에서도 가장 중요한 불경으로 인정받았다. 우리나라에서는 『화엄경(華嚴經)』과 함께 한국 불교사상을 확립하는 데에 가장 크게 영향을 미친 경전이 되었다.

첫째, 서품(序品)은 『묘법연화경』의 머리말에 해당한다. 서품에서는 석가모님의 설법을 듣기 위해서 영축산(靈鷲山)에 모인 성문(聲聞), 연각(緣覺), 보살(菩薩), 천룡팔부(天龍八部) 등의 모습과 설법하는 부처님의 모습, 희유(希有)한 부처님의 깨달음, 법화경(法華經)을 설법하는 연유 등을 기술했다.

둘째, 제2의 방편품(方便品)은 삼승(三乘)이 결국은 일승(一乘)으로 귀일(歸一)한다는 '회삼귀일사상(會三歸一思想)'을 설명하고 있다. 석가모니 부처는 이 '방편품'에서 제자인 사리불(舍利弗)에게 다음과 같이 설법하였다. 부처가 깨달은 진리는 심심무량(深深無量)하여 그 누구라도 쉽게 이해할 수 없다고 했다. 따라서 부처는 불자들에게 불법(佛法)을 직접적으로 가르치기보다는 여러 가지 교묘한 방편을 써서 가르침을 설명한다는 것이다. 부처님은 성문(聲聞)과 연각(緣覺)과 보살(菩薩)의 무리들에게 맞게 갖가지의 법(法)을 방편으로 설(說)하였다. 하지만 그것이 모두 부처의 한없이 높고 깊은 지견(智見)을 열어 보이고 깨달음으로 들어오게 하기 위한 방편이었을 뿐이다. 시방불토(十方佛土)에는 오직 일불승(一佛乘)의 법만이 있음을 밝혔다. 석가모니 부처는 이러한 가르침을 통하여 부처가 되는 길이 누구에게나 열려 있음을 설법하였는데, 이것을 '삼승방편 일승진실(三乘方便 一乘眞實)'이라고 한다.

『월인석보』 권11의 내용은 후진(後秦) 구자국(龜玆國)의 구마라집(鳩摩羅什)이 한문으로 번역한 『묘법연화경』을 저본으로 하고 있다(전7권 28품).

[63 앞]

藏識(장식)은 梨耶(이야)이다.

이름이 阿梨耶識(아리야식)이다.

이는 生滅(생멸)과 不生滅(불생멸)에 나아가면 뜻이 하나가 아니요, 구분한다면 마음이 다르지 아니하니, 이 두 뜻에 둘 아닌 마음을 잡아 이름을 阿梨耶識(아리야식)이라고 하였니라. 眞諦三藏(진제삼장)의 글에는 (아리야식을) '無沒識(무몰식)이라고 하며 奘法師(장법사)가 藏識(장식)이라고 하니, 藏(장)은 걷어잡아 간직하는 뜻이요 無沒(무몰)은 잃지 아니하는 뜻이니, (이 둘은) 뜻이 한가지이되 이름이 다르니라.

藏짱識식은 梨링耶양ㅣ라*

일후미 阿항梨링耶양識식이라

이ᄂᆞᆫ 生싱滅멿 不붏生싱滅멿에 나ᅀᅡ가면[1)] ᄠᅳ디[2)] ᄒᆞ나 아니오 ᄀᆞᆯᄒᆡ언댄[3)] ᄆᆞᅀᆞ미[4)] 다ᄅᆞ디 아니ᄒᆞ니 이 두 ᄠᅳ데 둘 아닌 ᄆᆞᅀᆞᄆᆞᆯ 자바 일후믈 阿항梨링耶양識식이라 ᄒᆞ니라 眞진諦뎽三삼藏짱[5)]애 無뭉沒몷識식[6)]이라 ᄒᆞ며 奘짱法법師ᄉᆞᆼ[7)]ㅣ 藏짱識식이라 ᄒᆞ니 藏짱ᄋᆞᆫ 거두자바 ᄀᆞ초ᄂᆞᆫ[8)] ᄠᅳ디오 無뭉沒몷ᄋᆞᆫ 일티[9)] 아니ᄒᆞ논[10)] ᄠᅳ디니 ᄒᆞᆫ가지로ᄃᆡ[11)] 일후미 다ᄅᆞ니라

---

* 『월인석보』 원본은 권 11은 원래 권 12와 함께 묶여서 1책으로 합본되어 있는데, 여기서는 권 11을 상(上)과 하(下)로 구분하여 번역하였다. 상권은 제1장 부터 제62장까지의 내용이며, 하권은 제63장부터 제129장의 내용을 실었다.

1) 나ᅀᅡ가면: 나ᅀᅡ가[나아가다, 進: 나ᇫ(← 낫다, ㅅ불: 나아가다, 進)- + -아(연어) + 가(가다, 行)-]- + -면(연어, 전환)

2) ᄠᅳ디: ᄠᅳᆮ(뜻, 義) + -이(주조)

3) ᄀᆞᆯᄒᆡ언댄: ᄀᆞᆯᄒᆡ(가리다, 구별하다, 擇)- + -언댄(-는데: 연어, 조건)

4) ᄆᆞᅀᆞ미: ᄆᆞᅀᆞᆷ(마음, 心) + -이(주조)

5) 眞諦三藏: 진제삼장. 진제삼장(眞諦三藏: 499~590)은 서인도의 사람으로 중국 양나라 때에 중국에 와서 금광명경(金光明經) 등 많은 불경을 번역하였다. 여기서 '眞諦三藏'은 眞諦三藏이 지은 저서를 이른다.

6) 無沒識: 무몰식. '아뢰야식'의 딴 이름이다.

7) 奘法師: 장법사. 현장법사(玄奘法師: 600~664))이다. 중국 당나라 때의 스님으로, 대반야경 등 많은 불경을 번역했다.

8) ᄀᆞ초ᄂᆞᆫ: ᄀᆞ초[간직하다, 감추다, 藏: ᄀᆞᆽ(갖추어져 있다, 備: 형사)- + -호(사접)-]- + -ᄂᆞ(현시)- + -ㄴ(관전)

9) 일티: 잃(잃다, 失)- + -디(-지: 연어, 부정)

10) 아니ᄒᆞ논: 아니ᄒᆞ[아니하다, 不(보용, 부정): 아니(아니, 不: 부사, 부정) + -ᄒᆞ(동접)-]- + -ㄴ(← -ᄂᆞ-: 현시)- + -오(대상)- + -ㄴ(관전)

11) ᄒᆞᆫ가지로ᄃᆡ: ᄒᆞᆫ가지[한가지, 同(명사): ᄒᆞᆫ(한, 一: 관사, 양수) + 가지(가지, 類: 의명)] + -Ø(← -이-: 서조)- + -로ᄃᆡ(← -오되: -되, 연어, 설명의 계속)

[63 뒤]

라거두자보ᄆᆞᆯ藏짱이라ᄒᆞᄂᆞᆫ衆중
生ᄉᆡᆼᄃᆞᆯ히가져나ᄅᆞᆯ삼ᄂᆞᆫ젼ᄎᆡ니그
러ᄒᆞᄆᆞᆫ真진心심이제性셩을守슣
티몯ᄒᆞ야熏훈을조차和황合합ᄒᆞ
야一힗이ᄉᆡᄌᆞᆺᄒᆞ며常썅이ᄉᆡᄌᆞᆺᄒᆞᆯ
ᄊᆡ어린사ᄅᆞᆷᄃᆞᆯ히ᄉᆡᄌᆞᆺᄒᆞ모로實씷
을사마자바內뇡我앙ᄅᆞᆯ삼ᄂᆞ니
我앙見견의攝셥ᄒᆞᆫ배니
攝셥은모도자ᄇᆞᆯ씨라
그럴ᄊᆡ일후믈藏짱이라ᄒᆞ니라이
ᄠᅳᆮ젼ᄎᆞ로두가짓我앙見견을기리
位윙ᄅᆞᆯ니르왇디아니ᄒᆞ면賴랭耶양
ᄉᆞ일후믈일흐리라ᄯᅩ能능히제

걷어잡아 보는 것을 藏(장)이라고 하는 것은 衆生(중생)들이 가져 나(我)로 삼는 까닭이니, 그러한 것은 眞心(진심)이 이제 性(성)을 守(수)하지 못하여 熏(훈)을 좇아 和合(화합)하여 一(일)과 비슷하며 常(상)과 비슷하므로, 어리석은 사람들이 비슷한 것으로 實(실)을 삼아 잡아서 內我(내아)를 삼나니, (이는) 我見(아견)이 攝(섭)한 바이니

攝(섭)은 모아서 잡는 것이다.

그러므로 이름을 藏(장)이라고 하였니라. 이러한 뜻인 까닭으로 두 가지의 我見(아견)을 길이 位(위)를 일으키지 아니하면, 賴耶(뇌야)의 이름을 잃으리라. 또 能(능)히 제

거두자바 보ᄆᆞᆯ 藏짱이라 호ᄆᆞᆫ 衆즁生ᄉᆡᆼᄃᆞᆯ히[12] 가져 나ᄅᆞᆯ[13] 삼논[14] 젼ᄎᆡ니[15] 그러호ᄆᆞᆫ 眞진心심이 이제 性셩을 守슣티[16] 몯ᄒᆞ야 熏훈[17]을 조차 和ᅘᅪᆼ合ᅘᅡᆸ ᄒᆞ야 一ᅙᅵᇙ이 ᄲᅢᄌᆞᆺᄒᆞ며[18] 常썅이 ᄲᅢᄌᆞᆺ홀ᄊᆡ 어린 사ᄅᆞᆷᄃᆞᆯ히 ᄲᅢᄌᆞᆺ호ᄆᆞ로 實ᄊᆡᇙ을 사마 자바 內ᄂᆞᆼ我ᅌᅡᆼ[19]ᄅᆞᆯ 삼ᄂᆞ니 我ᅌᅡᆼ見견[20]의 攝셥혼[21] 배니

攝셥은 모도자ᄫᆞᆯ[22] ᄊᆞ라[23]

그럴ᄊᆡ[24] 일후믈 藏짱이라 ᄒᆞ니라 이 ᄠᅳᆮ 젼ᄎᆞ로 두 가짓 我ᅌᅡᆼ見견을 기리[25] 位ᅌᅱᆼᄅᆞᆯ 니르완디 아니ᄒᆞ면 賴랭耶ᅌᅣᆼᄉ 일후믈 일흐리라[26] ᄯᅩ 能ᄂᆞᆼ히 제[27]

12) 衆生ᄃᆞᆯ히: 衆生ᄃᆞᆯㅎ[중생들: 衆生(중생) + -ᄃᆞᆯㅎ(-들: 복접)] + -이(주조) ※ '衆生(중생)'은 모든 살아 있는 무리를 이른다.

13) 나ᄅᆞᆯ: 나(나, 我: 인대, 정칭) + -ᄅᆞᆯ(-로: 목조, 보조사적 용법)

14) 삼논: 삼(삼다, 爲)- + -ㄴ(← -ᄂᆞ-: 현시)- + -오(대상)- + -ㄴ(관전)

15) 젼ᄎᆡ니: 젼ᄎᆞ(까닭, 故) + -ㅣ(← -이-: 서조)- + -니(연어, 설명 계속, 이유)

16) 守티: 守ㅎ[← 守ᄒᆞ다(수하다, 지키다): 守(수: 불어) + -ᄒᆞ(동접)-]- + -디(-지: 연어, 부정)

17) 熏: 훈. 불교에서 어떤 것에 계속하여 자극을 줄 때에, 그것의 언어, 동작, 생각이 점차 영향을 받는 작용이다.

18) ᄲᅢᄌᆞᆺᄒᆞ며: ᄲᅢᄌᆞᆺᄒᆞ[비슷하다, 近: ᄲᅢᄌᆞᆺ(비슷: 불어) + -ᄒᆞ(형접)]- + -며(연어, 나열)

19) 內我: 내아. 중생(衆生)의 몸과 마음속에 있으면서 늘 변(變)하지 않는 것으로 생각되는 주체적(主體的) 존재(存在)이다.

20) 我見: 아견. 나에 변하지 않는 고유한 실체가 있다고 집착하는 그릇된 견해이다. 곧, 자아(自我)에 변하지 않고 항상 독자적으로 존속하는 실체가 있다고 집착하는 그릇된 견해이다.

21) 攝혼: 攝ㅎ[← 攝ᄒᆞ다(섭하다): 攝(섭: 불어) + -ᄒᆞ(동접)-]- + -Ø(과시)- + -오(대상)- + -ㄴ(관전) ※ '攝(섭)'은 모아서 잡는 것이다.

22) 모도자ᄫᆞᆯ: 모도잡[모아서 잡다, 攝: 몯(모이다, 輯)- + -오(사접)- + 잡(잡다, 執)-]- + -ᄋᆞᆯ(관전)

23) ᄊᆞ라: ᄉ(← ᄉᆞ: 것, 의명) + -이(서조)- + -Ø(현시)- + -라(← -다: 평종)

24) 그럴ᄊᆡ: [그러므로, 故(부사, 이유): 그러(← 그러ᄒᆞ다: 그러하다, 형사)- + -ㄹᄊᆡ(-므로: 연어 ▻ 부접)]

25) 기리: [길이, 永(부사): 길(길다, 長: 형사)- + -이(부접)]

26) 일흐리라: 잃(잃다, 失)- + -으리(미시)- + -라(← -다: 평종)

27) 제: 저(자기, 己: 인대, 재귀칭) + -ㅣ(-의: 관조)

[64 앞]

體(체)를 諸法(제법) 中(중)에 갈무리하며, 또 能(능)히 諸法(제법)을 자기의 體(체)의 內(내)에 갈무리하나니, 論(논)에 이르되 "能藏(능장)과 所藏(소장)과 我愛(아애)가 執藏(집장)이라."고 하니 이를 이르니, 이는 뜻을 의지하여 이름을 붙였니라. ◯ 이 識體(식체)가 세 가지의 藏(장)의 뜻이 갖추어져 있으니, (그것은) 能藏(능장) · 所藏(소장) · 執藏(집장)이므로 이름이 藏(장)이니, 雜染(잡염)과 서로 緣(연)이 되는 까닭이며 有情(유정)이 잡아 제 內我(내아)를 삼는 까닭이다. 또 能(능)히 種子(종자)와 根身(근신)과 器世間(기세간)과 세 가지의 境(경)을 구분하므로, 이름을 識(식)이라고 하느니라.

體톙ᄅᆞᆯ 諸졍法법 中듕에 갈ᄆᆞ며[28] ᄯᅩ 能능히 諸졍法법을 제 體톙ㅅ 內뇡예 갊ᄂᆞ니 論론[29]애 닐오ᄃᆡ 能능藏짱[30]과 所송藏짱[31]과 我앙愛ᅙᆡᆼ[32] 執집藏짱[33]이라 ᄒᆞ니 이ᄅᆞᆯ 니ᄅᆞ니 이ᄂᆞᆫ ᄠᅳ들 브터 일후믈 지ᄒᆞ니라[34] ○ 이 識식體톙[35] 세 가짓 藏짱ㄱ ᄠᅳ디 ᄀᆞᄌᆞ니[36] 能능藏짱 所송藏짱 執집藏짱일ᄊᆡ 일후미 藏짱이니 雜짭染셤[37]과 서르 緣원이 ᄃᆞ외ᄂᆞᆫ[38] 젼ᄎᆡ며[39] 有ᄋᆛᇢ情쪙이 자바 제 內뇡我앙ᄅᆞᆯ 삼ᄂᆞᆫ 젼ᄎᆡ라 ᄯᅩ 能능히 種죵子ᄌᆼ[40]와 根근身신[41]과 器킝世솅間간[42]과 세 가짓 境경을 ᄀᆞᆯ힐ᄊᆡ 일후믈 識식이라 ᄒᆞᄂᆞ니라

---

28) 갈ᄆᆞ며: 갊(갈무리하다, 저장하다, 藏)-+-ᄋᆞ며(연어, 나열)

29) 論: 논. 불교에서 각 부파(部派)의 교의 체계(敎義體系) 또는 논서(論書)를 해설한 책이다.

30) 能藏: 능장. 과거의 인식 · 행위 · 경험 · 학습 등에 의해 형성된 인상(印象) · 잠재력, 곧 종자(種子)를 잘 저장하는 것이다. 행동으로 조성된 업력을 능동적으로 보존한다. ※ 아뢰야식(阿賴耶識), 곧 장식(藏識)의 장(藏)에 세 가지 뜻이 있는데, '능장(能藏), 소장(所藏), 집장(執藏)'은 각각 그 가운데 하나이다.

31) 所藏: 소장. 안식(眼識)·이식(耳識)·비식(鼻識)·설식(舌識)·신식(身識)·의식(意識)·말나식(末那識), 곧 칠식(七識)의 작용에 의한 여운이 스며들어 저장되는 곳이다. 능동적으로 훈습되는 업력을 수동적으로 보존한다.

32) 我愛: 아애. 네 번뇌(煩惱)의 하나로서, 나에게 애착(愛着)하는 번뇌(煩惱)이다.

33) 執藏: 집장. 말나식(末那識)이 장식을 자아라고 오인하여 집착하는 것이다.

34) 지ᄒᆞ니라: 짛(붙이다, 付)-+-Ø(과시)-+-ᄋᆞ니(원칙)-+-라(←-다: 평종)

35) 識體: 식체. 인식 판단의 의식 작용임과 동시에 인식 판단의 주체다. 감각 작용으로서의 안식(眼識), 이식(耳識), 비식(鼻識), 설식(舌識), 신식(身識)의 5식과 의식(意識)을 가리키는데, 의식은 6식을 주체적으로 보는 것으로 식체(識體)라고도 한다.

36) ᄀᆞᄌᆞ니: ᄀᆞᆽ(갖추어져 있다, 備)-+-Ø(현시)-+-ᄋᆞ니(평종, 반말)

37) 雜染: 잡념. 번뇌, 또는 번뇌에 물들어 마음이 더러워지는 것이다.

38) ᄃᆞ외ᄂᆞᆫ: ᄃᆞ외(되다, 爲)-+-ㄴ(←-ᄂᆞ-: 현시)-+-오(대상)-+-ㄴ(관전)

39) 젼ᄎᆡ며: 젼ᄎᆞ(까닭, 故)+-ㅣ며(←-이며: 접조)

40) 種子: 종자. 불교에서 모든 존재와 현상을 낳게 하는 원인의 씨앗을 비유적으로 가리키는 말이다. 산스크리트 Bija의 번역이다.

41) 根身: 근신. 곧 육식. 외계(外界)의 대상을 받아들이는 기관을 가진 몸이다.

42) 器世間: 기세간. 삼종(三種) 세간(世間)의 하나이다. 모든 중생이 살고 있는 산하(山河), 대지(大地) 따위를 이른다.

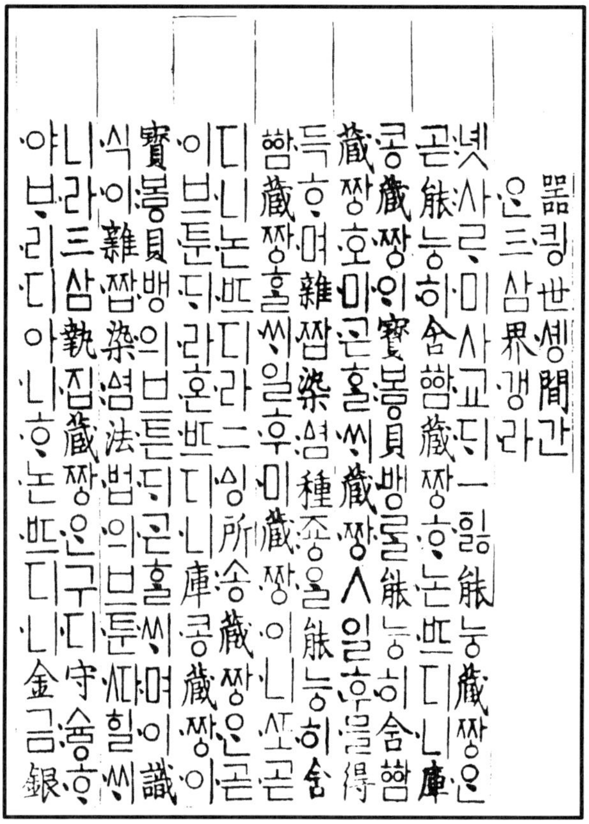

器世間(기세간)은 三界(삼계)이다.

옛날의 사람이 풀이하되, "一(일), 能藏(능장)은 곧 能(능)히 '含藏(함장)하는 뜻'이니, 庫藏(고장)이 寶貝(보패)를 能(능)히 含藏(함장)하는 것과 같으므로 藏(장)의 이름을 得(득)하며, 雜染種(잡염종)을 能(능)히 含藏(함장)하므로 이름이 藏(장)이니, 또 (이는) 곧 '지니는 뜻'이다. 二(이), 所藏(소장)은 곧 이 '의지하는 데'라고 한 뜻이니, 庫藏(고장)이 寶貝(보패)가 의지하는 데와 같기 때문이며, 이것은 識(식)이 雜染法(잡염법)이 의지하는 곳이기 때문이니라. 三(삼), 執藏(집장)은 '굳게 守(수)하여 버리지 아니하는 뜻'이니, 金銀(금은)

器킝世솅間간ᄋᆞᆫ 三삼界갱[43]라

녯[44] 사ᄅᆞ미 사교ᄃᆡ[45] 一ᅙᅵᇙ[46] 能능藏짱ᄋᆞᆫ 곧 能능히 含ᅘᅡᆷ藏짱ᄒᆞ논[47] ᄠᅳ디니 庫콩藏짱[48]ᄋᆡ 寶볼貝뱅[49]ᄅᆞᆯ 能능히 含ᅘᅡᆷ藏짱호미[50] ᄀᆞᆮᄒᆞᆯᄊᆡ 藏짱ㅅ 일후믈 得득ᄒᆞ며 雜짭染셤種죵[51]ᄋᆞᆯ 能능히 含ᅘᅡᆷ藏짱ᄒᆞᆯᄊᆡ 일후미 藏짱이니 ᄯᅩ 곧 디니논[52] ᄠᅳ디라 二ᅀᅵᆼ 所송藏짱ᄋᆞᆫ 곧 이[53] 브튼[54] ᄃᆡ라[55] ᄒᆞᆫ ᄠᅳ디니 庫콩藏짱이 寶볼貝뱅의 브튼 ᄃᆡ ᄀᆞᆮᄒᆞᆯᄊᆡ며[56] 이 識식이 雜짭染셤法법의 브튼 ᄯᅡ힐ᄊᆡ니라[57] 三삼執집藏짱ᄋᆞᆫ 구디[58] 守슣ᄒᆞ야 ᄇᆞ리디 아니ᄒᆞ논 ᄠᅳ디니 金금銀은

---

43) 三界: 삼계. 중생이 생사 왕래하는 세 가지 세계, 욕계 · 색계 · 무색계이다.

44) 녯: 녜(옛날, 예전, 昔) + -ㅅ(-의 : 관조)

45) 사교ᄃᆡ: 사기(새기다, 풀이하다, 설명하다, 解)- + -오ᄃᆡ(-되: 연어, 설명 계속)

46) 一: 일. '첫째(第一)'의 뜻으로 쓰였다.

47) 含藏ᄒᆞ논: 含藏ᄒᆞ[함장하다: 含藏(함장) + -ᄒᆞ(동접)-]- + -ㄴ(← -ᄂᆞ-: 현시)- + -오(대상)- + -ㄴ(관전) ※ '含藏(함장)'은 함께 모아서 저장하는 것이다.

48) 庫藏ᄋᆡ: 庫藏(고장) + -ᄋᆡ(관조, 의미상 주격) ※ '庫藏(고장)'은 창고(倉庫)이다.

49) 寶貝: 보패. '보배'의 원래 말이다.

50) 含藏호미: 含藏ㅎ[← 含藏ᄒᆞ다(함장하다): 含藏(함장) + -ᄒᆞ(동접)-]- + -옴(명전) + -이(-과: 부조, 비교)

51) 雜染種: 잡염종. 잡념의 씨앗이다. 곧, 여러 가지의 번뇌를 일으키는 원인이다.

52) 디니논: 디니(지니다, 持)- + -ㄴ(← -ᄂᆞ-: 현시)- + -오(대상)- + -ㄴ(관전)

53) 이: 이, 是(관사, 강조 용법)

54) 브튼: 븥(붙다, 附)- + -Ø(과시)- + -우(대상)- + -ㄴ(관전)

55) ᄃᆡ라: ᄃᆡ(데, 곳, 處: 의명) + -Ø(← -이-: 서조)- + -Ø(현시)- + -라(← -다: 평종)

56) ᄀᆞᆮᄒᆞᆯᄊᆡ며: ᄀᆞᆮᄒᆞ(같다, 如)- + -ᄋᆞᆯᄊᆡ(-므로: 연어, 이유) + -Ø(← -이-: 서조)- + -며(연어, 나열)

57) ᄯᅡ힐ᄊᆡ니라: ᄯᅡㅎ(곳, 地) + -이(서조)- + -ㄹᄊᆡ(-므로: 연어, 이유) + -Ø(← -이-: 서조)- + -Ø(현시)- + -라(← -다: 평종)

58) 구디: [굳이, 굳게, 堅(부사): 굳(굳다, 堅: 형사)- + -이(부접)]

等(등)의 藏(장)이 사람이 굳이 守(수)하여 잡아 제 內我(내아)로 삼는 것과 같으므로 이름이 '藏(장)'이며, 이 識(식)이 더러운 末那(말나)에 굳게 잡아 나(我)로 삼는 것이 되므로 이름이 '藏(장)'이다. 起信鈔(기신초)에 새겨 이르되 "所藏(소장)의 뜻은 이 識體藏(식체장)이 根身(근신)과 種子(종자)와 器世間(기세간)이 갈무리하여 있는 곳이니, 根(근) 等(등)이 이 識(식)의 相分(상분)이므로 藏中(장중)의 物像(물상)과 같으며, 몸이 室內(실내)에 있듯 하니, 賴耶識(뢰야식)을 얻고자 할 것이면 오직 色心(색심) 中(중)에 있고, 摩尼珠(마니주)를 얻고자 할 것이면 오직 青黃(청황)의 內(내)에 있느니라.

等등 藏짱이 사ᄅᆞ미 구디 守슣ᄒᆞ야 자바 제 內뇡我앙 사모미[59] ᄀᆞᆮᄒᆞᆯᄊᆡ 일후미 藏짱이며 이 識식이 더러ᄫᅳᆫ[60] 末맗那낭애 구디 자바 날[61] 사모미 ᄃᆞ욀ᄊᆡ 일후미 藏짱이라 起킝信신鈔촐[62]애 사겨 닐오ᄃᆡ 所송藏짱 ᄠᅳ든 이 識식體톙[63] 藏짱이 根근身신과 種종子중와 器킝世솅間간ᄋᆡ 갈맷ᄂᆞᆫ[64] ᄯᅡ히니[65] 根근等등이 이 識식의 相샹分뿐[66]일ᄊᆡ 藏짱中듕 物믏像썅[67] ᄀᆞᆮᄒᆞ며 모미 室싫內뇡예 잇ᄃᆞᆺ ᄒᆞ니 賴랭耶양識식을 얻고져 홇 딘댄 오직 色식心심[68] 中듕에 잇고 摩망尼닝珠즁[69]를 얻고져 홇 딘댄 오직 靑청黃ᅘᅪᆼ 內뇡예 잇ᄂᆞ니라

---

59) 사모미: 삼(삼다, 爲)- + -옴(명전) + -이(-과: 부조, 비교)

60) 더러ᄫᅳᆫ: 더러ᇦ(← 더럽다, ㅂ불: 더럽다, 汚)- + -Ø(현시)- + -은(관전)

61) 날: 나(나, 我: 인대, 정칭) + -ㄹ(← -로: 목조, 의미상 부사격)

62) 起信鈔: 기신초. 대승기신론(大乘起信論)의 초이다. ※ '秒(초)'는 경(經)이나 논(論)의 낱말과 문장의 뜻을 알기 쉽게 풀이한 소(疏)를 다시 풀이한 글, 또는 그 책이다.

63) 識體: 식체. 인식 판단의 의식 작용임과 동시에 인식 판단의 주체다. 감각 작용으로서의 안식(眼識), 이식(耳識), 비식(鼻識), 설식(舌識), 신식(身識)의 5식과 의식(意識)을 가리키는데, 의식은 6식을 주체적으로 보는 것으로 식체(識體)라고도 한다.

64) 갈맷ᄂᆞᆫ: 갊(갈무리하다, 저장하다, 藏)- + -아(연어) # 잇(← 이시다: 보용, 완료 지속)- + -ᄂᆞ(현시)- + -ㄴ(관전)

65) ᄯᅡ히니: ᄯᅡㅎ(데, 곳, 處) + -이(서조)- + -니(연어, 설명 계속)

66) 相分: 상분. 사분(四分)의 하나이다. 사물을 인식할 때에 주관적인 마음에 떠오르는 객관의 형상으로, 사분 중의 첫 번째 단계이다.

67) 物像: 물상. 눈에 보이는 물체(物體)의 생김새나 모양(模樣)이다.

68) 色心: 색심. 색법(色法)과 심법(心法)이다. 곧 유형(有形)의 물질(物質)과 무형(無形)의 정신(精神)을 아울러서 이르는 말이다.

69) 摩尼珠: 마니주. '보주(寶珠)'를 일상적으로 이르는 말이다.(= 여의주, 如意珠) 불행과 재난을 없애 주고 더러운 물을 깨끗하게 하며, 물을 변하게 하는 따위의 덕이 있다.

[65 뒤]

니라 버거 能능藏짱ㅅ ᄠᅳ든 根근身신 等등法법이 다 識식身신中듕에 갈마 이쇼미 像썅이 구슰 소배 잇ᄃᆞᆺ ᄒᆞ니 一ᅙᅵᇙ切쳉法법을 얻고져 ᄒᆞᇙ딘댄 다 賴랭耶양中듕에 잇고 一ᅙᅵᇙ切쳉 像썅ᄋᆞᆯ 얻고져 ᄒᆞᇙ딘댄 다 摩망尼닝 內뇡예 잇ᄂᆞ니 알ᄑᆡᆺ ᄠᅳᆮ과 서르 能능 所송ㅣ ᄃᆞ욀ᄊᆡ 니ᄅᆞ오ᄃᆡ 能능히 제 體뎽를 諸정法법中듕에 갈ᄆᆞ며 能능히 諸정法법을 제 體톙ㅅ 內뇡예 갊다 ᄒᆞ니라

이 識식이 두 가짓 ᄠᅳ디 잇ᄂᆞ니

다음으로 能藏(능장)의 뜻은 根身(근신) 等(등)의 法(법)이 다 識身(식신)의 中(중)에 갈무리하여 있는 것이 像(상)이 구슬의 속에 있듯 하니, 一切(일체)의 法(법)을 얻고자 할 것이면 다 賴耶(뇌야)의 中(중)에 있고, 一切(일체)의 像(상)을 얻고자 할 것이면 다 摩尼(마니)의 內(내)에 있나니, 앞에 있는 뜻과 서로 能(능)과 所(소)가 되므로, 이르되 '能(능)히 자기의 體(체)를 諸法(제법) 中(중)에 갈무리하며, 能(능)히 諸法(제법)을 자기의 體(체)의 內(내)에 갈무리하였다.'고 하였니라."

이 識(식)이 두 가지의 뜻이 있나니

버거[70] 能능藏짱[71] ᄠᅳ든 根근身신[72] 等등 法법이 다 識식身신 中듕에 갈마 이쇼미[73] 像쌍[74]이 구슰 소배[75] 잇ᄃᆞᆺ ᄒᆞ니 一ᅙᅵᇙ切쳉 法법[76]을 얻고져 ᄒᆞᇙ 딘댄 다 賴랭耶양 中듕에 잇고 一ᅙᅵᇙ切쳉 像쌍ᄋᆞᆯ 얻고져 ᄒᆞᇙ 딘댄 다 摩망尼닝 內뇡예 잇ᄂᆞ니 알ᄑᆡᆺ[77] ᄠᅳᆮ과 서르 能능所송[78]ㅣ ᄃᆞ욀ᄊᆡ 닐오ᄃᆡ 能능히 제 體톙ᄅᆞᆯ 諸졍法법 中듕에 갈ᄆᆞ며 能능히 諸졍法법을 제 體톙ㅅ 內뇡예 갊다[79] ᄒᆞ니라[80]

이 識식이 두 가짓 ᄠᅳ디 잇ᄂᆞ니

---

70) 버거: [다음으로, 次(부사): 벅(버금가다, 다음가다, 次: 동사)-+-어(연어▷부접)]

71) 能藏: 능장. 아뢰야식(阿賴耶識), 곧 장식(藏識)의 장(藏)에 세 가지 뜻이 있는데, 그 가운데 하나이다. 과거의 인식 · 행위 · 경험 · 학습 등에 의해 형성된 인상(印象) · 잠재력, 곧 종자(種子)를 잘 저장하는 것이다. 행동으로 조성된 업력을 능동적으로 보존한다.

72) 根身: 근신. 외계(外界)의 대상을 받아들이는 기관을 가진 몸이다.

73) 이쇼미: 이시(있다: 보용, 완료 지속)-+-옴(명전)+-이(주조)

74) 像: 상. 사물이나 대상의 모습이다.

75) 소배: 솝(속, 안, 內)+-애(-에: 부조, 위치)

76) 一切法: 일체법. 일체의 사물, 모든 현상, 정신적 물질적인 것 등의 모든 존재를 말한다. 유의법과 무의법을 포함한다. 유위법(有爲法)은 온갖 분별에 의해 인식 주관에 형성된 모든 현상이며, 무위법(無爲法)은 모든 분별이 끊어진 상태에서 주관에 명료하게 드러나는 모든 현상이다.

77) 알ᄑᆡᆺ: 앒(앞, 前)+-ᄋᆡ(-에: 부조, 위치)+-ㅅ(-의: 관조)

78) 能所: 능소. 어떤 행위의 주체인 '能(능)'과 그 행위의 목표가 되는 객체인 '所(소)'를 아울러서 이르는 말이다. 혹은 인식의 주관(能)과 객관(所)이다.

79) 갊다: 갊(갈무리하다, 저장하여, 藏)-+-Ø(과시)-+-다(평종)

80) ᄒᆞ니라: ᄒᆞ(하다, 曰)-+-Ø(과시)-+-니(원칙)-+-라(←-다: 평종)

[66 앞]

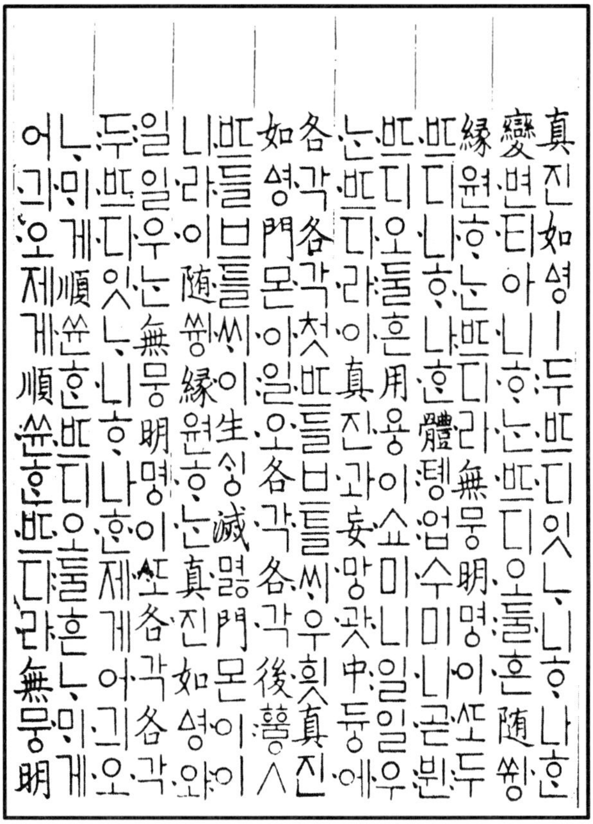

眞如(진여)가 두 뜻이 있나니, 하나는 變(변)하지 아니하는 뜻이요 둘은 隨緣(수연)하는 뜻이다. 無明(무명)이 또 두 뜻이니, 하나는 體(체)가 없는 것이니 곧 빈 뜻이요 둘은 用(용)이 있는 것이니 일(事)을 이루는 뜻이다. 이 眞(진)과 妄(망)의 中(중)에 各各(각각) 첫 뜻을 의지하므로 위에 있는 眞如門(진여문)이 이루어지고, 各各(각각) 後(후)의 뜻을 의지하므로 이 生滅門(생멸문)이 이루어졌니라. 이 隨緣(수연)하는 眞如(진여)와 일을 이루는 無明(무명)이 또 各各(각각) 두 뜻이 있나니, 하나는 자기에게 어기고 남에게 順(순)한 뜻이요 둘은 남에게 어기고 자기에게 順(순)한 뜻이다. 無明(무명)의

眞진如ᅀᅧᆼ[81] ㅣ 두 ᄠᅳ디 잇ᄂᆞ니 ᄒᆞ나ᄒᆞᆫ 變변티[82] 아니 ᄒᆞᄂᆞᆫ ᄠᅳ디오 둘흔 隨ᄊᆔᆼ緣원[83]ᄒᆞᄂᆞᆫ ᄠᅳ디라 無뭉明명이 ᄯᅩ 두 ᄠᅳ디니 ᄒᆞ나ᄒᆞᆫ 體톙 업수미니[84] 곧 뷘[85] ᄠᅳ디오 둘흔 用용[86] 이쇼미니[87] 일 일우ᄂᆞᆫ[88] ᄠᅳ디라 이 眞진과 妄망괏[89] 中듕에 各각各각 첫 ᄠᅳ들 브틀ᄊᆡ 우흿[90] 眞진如ᅀᅧᆼ門몬이 일오[91] 各각各각 後ᅘᅮᇢㅅ ᄠᅳ들 브틀ᄊᆡ 이 生ᄉᆡᆼ滅멿門몬이 이니라[92] 이 隨ᄊᆔᆼ緣원ᄒᆞᄂᆞᆫ 眞진如ᅀᅧᆼ와 일 일우ᄂᆞᆫ 無뭉明명이 ᄯᅩ 各각各각 두 ᄠᅳ디 잇ᄂᆞ니 ᄒᆞ나ᄒᆞᆫ 제 게[93] 어긔오[94] ᄂᆞᄆᆡ 게[95] 順쓘ᄒᆞᆫ ᄠᅳ디오 둘흔 ᄂᆞᄆᆡ게 어긔오 제 게 順쓘ᄒᆞᆫ ᄠᅳ디라 無뭉明명

---

81) 眞如: 진여. 우주(宇宙) 만유(萬有)의 실체(實體)로서, 현실적(現實的)이며 평등(平等) 무차별(無差別)한 절대(絶對)의 진리(眞理)이다.(= 진성, 眞性)

82) 變티: 變ㅎ[← 變ᄒᆞ다(변하다): 變(변: 불어) + -ᄒᆞ(동접)-]- + -디(-지: 연어, 부정)

83) 隨緣: 수연. 인연에 따라 나타나거나 인연에 따라 변화하는 것이다.

84) 업수미니: 없(없다, 無)- + -움(명전) + -이(서조)- + -니(연어, 설명 계속)

85) 뷘: 뷔(비다, 空)- + -Ø(과시)- + -ㄴ(관전)

86) 用: 용. 진리의 작용이다. 진리와 사물을 체(體)와 용(用)의 두 측면으로 나누어 각각의 의미와 상호 연관성 속에서 사물을 이해하는 사고 방식을 체용론(體用論)이라 한다. 그 중에서 '체(體)'는 사물의 본체 또는 근본적인 것을 가리키는 말이다. 곧, 우주 만물이나 일체 차별 현상의 근본으로서 상주불변하는 진리의 본래 모습 또는 진리 그 자체이다. 반면에 '용(用)'이란 사물의 작용 또는 현상, 파생적인 것을 가리키는 개념으로 사용된다.

87) 이쇼미니: 이시(있다, 有)- + -옴(명전) + -이(서조)- + -니(연어, 설명 계속)

88) 일우ᄂᆞᆫ: 일우[이루다, 成: 일(이루어지다: 자동)- + -우(사접)-]- + -ᄂᆞ(현시)- + -ㄴ(관전)

89) 妄괏: 妄(망, 거짓) + -과(접조) + -ㅅ(-의: 관조)

90) 우흿: 우ㅎ(위, 上) + -의(-에: 부조, 위치) + -ㅅ(-의: 관조)

91) 일오: 일(이루어지다, 成)- + -오(← -고: 연어, 나열)

92) 이니라: 이(← 일다: 이루어지다, 成)- + -Ø(과시)- + -니(원칙)- + -라(← -다: 평종)

93) 제 게: 저(저, 彼: 인대, 재귀칭) + -ㅣ(← -의: 관조) # 게(거기에: 의명, 위치) ※ '제 게'는 '자기에게'로 의역하여 옮긴다.

94) 어긔오: 어긔(어기다, 어긋나다, 違)- + -오(← -고: 연어, 나열)

95) ᄂᆞᄆᆡ 게: ᄂᆞᆷ(남, 他) + -ᄋᆡ(관조) # 게(거기에: 의명, 위치) ※ 'ᄂᆞᄆᆡ 게'는 '남에게'로 의역하여 옮긴다.

[66 뒤]

中(중)에 자기에게 어기고 남에게 順(순)한 것이 또 두 뜻이 있나니, 하나는 能(능)히 뒤집어 對(대)하여 일러 性(성)의 功德(공덕)을 보이는 것이요, 둘은 名義(명의)를 能(능)히 알아 깨끗한 用(용)을 이루는 것이다. 남에게 어기고 자기에게 順(순)하는 것이 또 두 뜻이 있나니, 하나는 眞理(진리)를 덮는 것이요 둘은 妄心(망심)이 이루어지는 것이다. 眞如(진여)의 中(중)에 남에게 어기고 자기에게 順(순)한 것이 또 두 뜻이 있나니, 하나는 망령된 더러움을 뒤집어서 對(대)하여 자기의 眞實(진실)의 德(덕)을 나타내는 것이요, 둘은 안으로 無明(무명)을 쬐어 깨끗한 用(용)을 일으키게 하는 것이다. 자기에게 어기고

中듕에 제 게 어긔오 ᄂᆞᄆᆡ 게[96] 順쓘호미 ᄯᅩ 두 ᄠᅳ디 잇ᄂᆞ니 ᄒᆞ나ᄒᆞᆫ 能능히[97] 드위ᅘᅧ[98] 對됭ᄒᆞ야[99] 닐어 性셩 功공德득을 뵈요미오[1] 둘흔 名명義읭[2]를 能능히 아라 조ᄒᆞᆫ[3] 用용ᄋᆞᆯ 일울 씨라 ᄂᆞᄆᆡ게 어긔오 제게 順쓘호미 ᄯᅩ 두 ᄠᅳ디 잇ᄂᆞ니 ᄒᆞ나ᄒᆞᆫ 眞진理링를 두푸미오[4] 둘흔 妄망心심[5]이 일 씨라 眞진如셩 中듕에 ᄂᆞᄆᆡ 게 어긔오 제 게 順쓘호미 ᄯᅩ 두 ᄠᅳ디 잇ᄂᆞ니 ᄒᆞ나ᄒᆞᆫ 거츤[6] 더러ᄫᅮ믈[7] 드위ᅘᅧ 對됭ᄒᆞ야 제 眞진實씷ㅅ 德득을 나토오미오[8] 둘흔 안ᄒᆞ로[9] 無뭉明명을 ᄧᅬ야[10] 조ᄒᆞᆫ 用용ᄋᆞᆯ 니르완긔[11] 호미라 제 게 어긔오

---

96) ᄂᆞᄆᆡ 게: ᄂᆞᆷ(남, 他) + -ᄋᆡ(관조) # 게(거기에: 의명)

97) 能히: [능히(부사): 能(능: 불어) + -ㅎ(← -ᄒᆞ-: 동접)- + -이(부접)]

98) 드위ᅘᅧ: 드위ᅘᅧ[뒤집다, 顚: 드위(뒤집다, 顚)- + -ᅘᅧ(강접)-]- + -어(연어)

99) 對ᄒᆞ야: 對ᄒᆞ[대하다, 반대하다: 對(대: 불어) + -ᄒᆞ(동접)-]- + -야(← -아: 연어) ※ '對(대)'는 '대립하거나 반대하는 것'이다.

1) 뵈요미오: 뵈[보이다, 示: 보(보다, 見)- + -ㅣ(← -이-: 사접)-]- + -욤(← -옴: 명전) + -이(서조)- + -오(← -고: 연어, 나열)

2) 名義: 명의. 명분과 의리이다.

3) 조ᄒᆞᆫ: 조ᄒᆞ(깨끗하다, 맑다, 淨)- + -Ø(현시)- + -ㄴ(관전)

4) 두푸미오: 둪(덮다, 蔽)- + -움(명전) + -이(서조)- + -오(← -고: 연어, 나열)

5) 妄心: 망심. 망령되이 분별하는 마음이다.

6) 거츤: 거츠(← 거츨다: 허망하다, 망령되다, 妄)- + -Ø(현시)- + -ㄴ(관전)

7) 더러ᄫᅮ믈: 더러ᇦ(← 더럽다, ㅂ불: 더럽다, 汚)- + -움(명전) + -을(목조)

8) 나토오미오: 나토[나타내다, 現: 낟(나타나다, 現: 자동)- + -호(사접)-]- + -옴(명전) + -이(서조)- + -오(← -고: 연어, 나열)

9) 안ᄒᆞ로: 안ㅎ(안, 內) + -ᄋᆞ로(부조, 방향)

10) ᄧᅬ야: ᄧᅬ(쬐다, 照)- + -야(← -아: 연어)

11) 니르완긔: 니르완[일으키다: 닐(일어나다, 起: 자동)- + -으(사접)- + -완(강접)-]- + -긔(-게: 연어, 사동)

[67 앞]

ᄂᆞ미게 順쓘ᄒᆞ미 ᄯᅩ 두 ᄠᅳ디 잇ᄂᆞ니 ᄒᆞ나ᄒᆞᆫ 제 眞진體텡를 숨기논 ᄠᅳ디오 둘흔 거츤 法법을 나토ᄂᆞᆫ ᄠᅳ디라 이 眞진妄망이 各각各각 네 ᄠᅳᆮ 中듕에 無뭉明명 中듕엣 ᄃᆞ위혀 對됭ᄒᆞ야 닐어 뵈논 ᄠᅳᆮ과 眞진如ᅀᅧᆼ 中듕엣 妄망ᄋᆞᆯ ᄃᆞ위혀 德득 나토논 ᄠᅳ디 이 두 ᄠᅳ들 브터 本본覺각이 이시며 ᄯᅩ 無뭉明명 中듕엣 能능히 名명義읭 아롬과 眞진如ᅀᅧᆼ 中듕엣 안ᄒᆞ로 ᄢᅬ논 ᄠᅳ디 이 두 ᄠᅳ들 브터 始싱覺각이 이시며

始싱覺각ᄋᆞᆫ 처ᅀᅥᆷ 아ᄅᆞᆯ 씨라

남에게 順(순)하는 것이 또 두 뜻이 있나니, 하나는 자기의 眞體(진체)를 숨기는 뜻이요 둘은 망령된 法(법)을 나타내는 뜻이다. 이 眞(진)과 妄(망)이 各各(각각) 네 (가지의) 뜻 中(중)에서 無明(무명) 中(중)에 있는 '뒤집어 對(대)하여 일러 보이는 뜻'과 眞如(진여) 中(중)에 있는 '妄(망)을 뒤집어 德(덕)을 나타내는 뜻'이 이 두 뜻을 의지하여 本覺(본각)이 있으며, 또 無明(무명) 中(중)에 있는 '能(능)히 名義(명의)를 아는 것'과 眞如(진여) 中(중)에 있는 '안으로 쬐는 뜻'이 이 두 뜻을 말미암아 始覺(시각)이 있으며,

始覺(시각)은 처음 아는 것이다.

ᄂᆞᄆᆡ 게 順쓘호미 ᄯᅩ 두 ᄠᅳ디 잇ᄂᆞ니 ᄒᆞ나ᄒᆞᆫ 제 眞진體톙ᄅᆞᆯ 숨기논[12] ᄠᅳ디오 둘흔 거츤 法법을 나토ᄂᆞᆫ[13] ᄠᅳ디라 이 眞진 妄망이 各각各각 네 ᄠᅳᆮ 中듕에 無뭉明명 中듕엣[14] 드위ᅘᅧ 對됭ᄒᆞ야 닐어 뵈ᄂᆞᆫ ᄠᅳᆮ과 眞진如ᅀᅧᆼ 中듕엣 妄망ᄋᆞᆯ 드위ᅘᅧ 德득 나토ᄂᆞᆫ ᄠᅳ디 이 두 ᄠᅳ들 브터 本본覺각[15]이 이시며 ᄯᅩ 無뭉明명 中듕엣 能능히 名명義읭[16] 아롬과[17] 眞진如ᅀᅧᆼ 中듕엣 안ᄒᆞ로 ᄢᅬᄂᆞᆫ ᄠᅳ디 이 두 ᄠᅳ들 브터 始싱覺각[18]이 이시며

始싱覺각ᄋᆞᆫ 처ᅀᅥᆷ[19] 알 씨라

12) 숨기논: 숨기[숨기다, 隱: 숨(숨다, 隱: 자동)- + -기(사접)-]- + -ㄴ(← -ᄂᆞ-: 현시)- + -오(대상)- + -ㄴ(관전)

13) 나토ᄂᆞᆫ: 나토[나타내다, 現: 낟(나타나다, 現: 자동)- + -오(사접)-]- + -ᄂᆞ(현시)- + -ㄴ(관전)

14) 中엣: 中(중) + -에(부조, 위치) + -ㅅ(-의: 관조)

15) 本覺: 본각. 삼각(三覺)의 하나로서, 우주에 존재하는 모든 것의 본성을 깨달음을 이른다. 각(覺)이 모든 중생에게 본래부터 있는 것이라는 관점에서 본각(本覺)이라고 하고, 또 무명의 습기 때문에 가려 있어 나타나지 않을 때는 불각(不覺)이라고 하며, 한 번 어떤 계기를 만나서 그 본바탕이 드러나기 시작할 경우에는 시각(始覺)이라고 부른다.

16) 名義: 명의. 명분과 의리를 아울러 이르는 말이다.

17) 아롬과: 알(알다, 知)- + -옴(명전) + -과(접조)

18) 始覺: 시각. 삼각(三覺)의 하나이다. 본각에 대립되는 개념으로, 청정한 마음의 근원을 가리고 있던 번뇌를 점점 부수어 깨닫기 시작하는 것이다. 곧, 번뇌에 가려 드러나지 않던 청정한 깨달음의 성품이 서서히 활동하는 것이다. 예를 들어서 땅속의 금덩이를 본각(本覺)이라 한다면, 힘을 써서 파낸 금덩이는 시각(始覺)이 된다.

19) 처ᅀᅥᆷ: [처음, 初(명사): 처ᇫ(← 첫: 관사, 初) + -엄(명접)]

[67 뒤]

ᄯᅩ無뭉明명中듕엣眞진ᄃᆞᆸᄂᆞᆫ ᄠᅳᆮ과
眞진如셩中듕엣體톙숨기ᄂᆞᆫ ᄠᅳ디
이 두 ᄠᅳ들 브터 根ᄀᆞᆫ本본不붏覺각
이 이시며 ○ ᄯᅩ無뭉明명中듕엣妄망
이ᄂᆞᆫ ᄠᅳᆮ과 眞진如셩中듕엣妄망나
ᄐᆞᄂᆞᆫ ᄠᅳ디 이 두 ᄠᅳ들 브터 枝징末맗
不붏覺각이 잇ᄂᆞ니 이 生싱滅멿門
몬中듕에 眞진妄망ᄋᆞᆯ 조리면 내 ᄠᅳ
데 열오 너피면 곧 여듧 門몬이 잇ᄂᆞ
니라 둘콤 둘콤 서르 對됭ᄒᆞ야 和황
合ᅘᅡᆸᄒᆞ야 緣원起킝分뿐相샹이로
몰자바 니ᄅᆞ건댄 네 門몬이 잇ᄂᆞ니
二싱覺각과 二싱不붏覺각괘라 本
본末맗이 서르 여희디 아니ᄒᆞᇙ디면

또 無明(무명) 中(중)에 있는 眞(진)을 덮는 뜻과 眞如(진여) 中(중)에 있는 體(체)를 숨기는 뜻이 이 두 뜻을 말미암아 根本不覺(근본불각)이 있으며, 또 無明(무명) 中(중)에 있는 妄(망)이 이루어지는 뜻과 眞如(진여) 中(중)에 있는 妄(망)을 나타내는 뜻이 이 두 뜻을 말미암아 枝末不覺(지말불각)이 있나니, 이 生滅門(생멸문) 中(중)에서 眞(진)과 妄(망)을 줄이면 네 뜻에 열리고 넓히면 곧 여덟 門(문)이 있느니라. 둘씩 둘씩 서로 對(대)하여 和合(화합)하여 緣起(연기)의 分相(분상)이 이루어지는 것을 잡아서 이른다면, 네 門(문)이 있나니 二覺(이각)과 二不覺(이불각)이다. 本末(본말)이 서로 떨어지지 아니할 것이면

ᄯᅩ 無뭉明명 中듕엣 眞진 둡ᄂᆞᆫ[20] ᄠᅳᆮ과 眞진如ᅀᅧᆼ 中듕엣 體톙 숨기ᄂᆞᆫ ᄠᅳ디 이 두 ᄠᅳ들 브터 根ᄀᆞᆫ本본不붏覺각[21]이 이시며 ᄯᅩ 無뭉明명 中듕엣 妄망 이ᄂᆞᆫ[22] ᄠᅳᆮ과 眞진如ᅀᅧᆼ 中듕엣 妄망 나토ᄂᆞᆫ ᄠᅳ디 이 두 ᄠᅳ들 브터 枝징末맗不붏覺각[23]이 잇ᄂᆞ니 이 生ᄉᆡᆼ滅멿門몬[24] 中듕에 眞진妄망ᄋᆞᆯ 조리면[25] 네 ᄠᅳ데 열오[26] 너피면[27] 곧 여듧 門몬이 잇ᄂᆞ니라 둘콤[28] 둘콤 서르 對됭ᄒᆞ야 和ᅘᅪᆼ合ᅘᅡᆸᄒᆞ야 緣원起킝 分뿐相샹[29] 이로ᄆᆞᆯ[30] 자바 니ᄅᆞ건댄[31] 네 門몬이 잇ᄂᆞ니 二ᅀᅵᆼ覺각[32]과 二ᅀᅵᆼ不붏覺각괘라[33] 本본末맗이 서르 여희디 아니ᄒᆞᇙ 디면

---

20) 둡ᄂᆞᆫ: 둪(덮다, 蔽)-+-ᄂᆞ(현시)-+-ㄴ(관전)

21) 根本不覺: 근본불각. 불각(不覺)은 번뇌에 가려 청정한 마음의 근원을 깨닫지 못하거나, 청정한 마음의 근원이 번뇌에 가려 있는 상태이다. 근본불각은 있는 그대로의 참모습을 깨닫지 못하여 홀연히 차별을 일으키는 원초적 번뇌이다. 불각(不覺)의 근본이 무명(無明)에 의한 것이므로 근본불각을 근본무명(根本無明)이라고도 한다.

22) 이ᄂᆞᆫ: 이(← 일다: 이루어지다, 成)-+-ᄂᆞ(현시)-+-ㄴ(관전)

23) 枝末不覺: 지말불각. 있는 그대로의 참모습을 깨닫지 못하여 홀연히 차별을 일으킨 원초적 번뇌인 근본불각(根本不覺)에 부수적으로 일어나는 미세한 번뇌이다. 이 지말불각(枝末不覺)은 근본무명(根本不覺)의 활동 결과에 의하여 나타나는 무명이므로, 지말무명(枝末無明)이라고도 한다.

24) 生滅門: 생멸문. 진여(眞如)가 선과 악의 인자(因子)여서 연(緣)과 화합해서 모든 법을 반복적으로 만들어 내는 것이다.

25) 조리면: 조리[줄이다, 縮: 졸(줄다, 縮: 자동)-+-이(사접)-]-+-면(연어, 조건)

26) 열오: 열(열리다, 開)-+-오(←-고: 연어, 나열)

27) 너피면: 너피[넓히다, 擴: 넙(넓다, 廣: 형사)-+-히(사접)-]-+-면(연어, 조건)

28) 둘콤: 둘ㅎ(둘, 二: 수사)+-곰(보조사, 각자)

29) 分相: 분상. 하나의 큰 상(相)에서 갈라져 나오는 파생된 상이다.

30) 이로ᄆᆞᆯ: 일(이루어지다, 成)-+-롬(←-옴: 명전)+-ᄋᆞᆯ(목조)

31) 니ᄅᆞ건댄: 니ᄅᆞ(이르다, 曰)-+-건대(-연어, 조건)

32) 二覺: 이각. 본각(本覺)과 시각(始覺)을 아울러서 이르는 말이다.

33) 二不覺각괘라: 二不覺(불이각)+-과(접조)+-ㅣ(←-이-: 서조)-+-Ø(현시)-+-라(←-다: 평종)

[68앞]

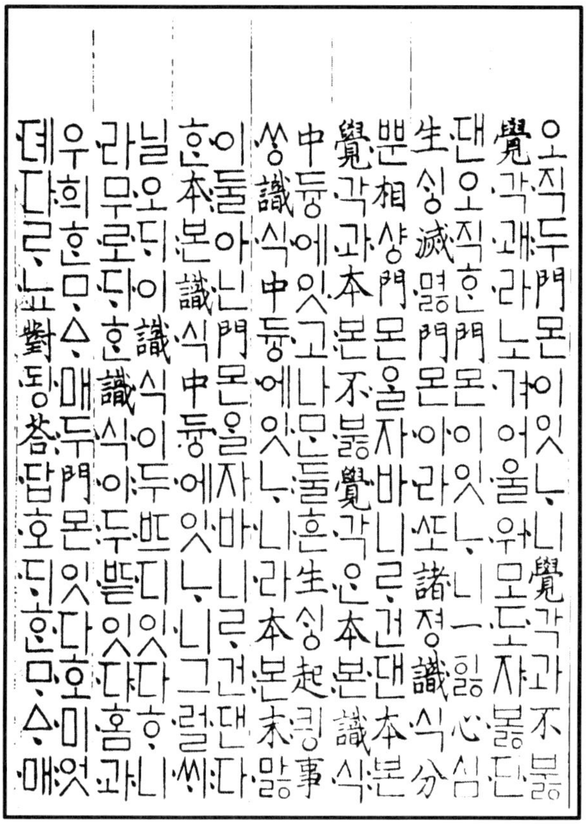

오직 두 門(문)이 있나니, 覺(각)과 不覺(불각)이다. 녹여 아울러서 모아서 잡을 것이면 오직 한 門(문)이 있나니, 一心(일심) 生滅門(생멸문)이다. 또 諸識(제식)의 分相門(분상문)을 잡아 이르면, 本覺(본각)과 本不覺(본불각)은 本識(본식)의 中(중)에 있고 남은 둘은 生起(생기) 事識(사식) 中(중)에 있느니라. 本末(본말)이 둘 아닌 門(문)을 잡아 이른다면 다 한 本識(본식)의 中(중)에 있나니, 그러므로 이르되 "이 識(식)이 두 뜻이 있다."라고 하였니라. 묻되 "'한 識(식)이 두 뜻이 있다'고 하는 것과 위의 '한 마음에 두 門(문)이 있다.'고 하는 것이 어떻게 다르냐?" 對答(대답)하되, "한 마음에

오직 두 門몬이 잇ᄂᆞ니 覺각과 不붏覺각괘라[34] 노겨[35] 어울워[36] 모도자ᄫᅩᇙ[37] 딘댄 오직 ᄒᆞᆫ 門몬이 잇ᄂᆞ니 一힗心심 生싱滅멿門몬이라 ᄯᅩ 諸졍識식 分뿐相샹門몬[38]ᄋᆞᆯ 자바 니ᄅᆞ건댄 本본覺각[39]과 本본不붏覺각ᄋᆞᆫ 本본識식[40] 中듕에 잇고 나ᄆᆞᆫ[41] 둘흔 生싱起킝 事쑹識식[42] 中듕에 잇ᄂᆞ니라 本본末맗이 둘 아닌 門몬ᄋᆞᆯ 자바 니ᄅᆞ건댄 다 ᄒᆞᆫ 本본識식 中듕에 잇ᄂᆞ니 그럴ᄊᆡ[43] 닐오ᄃᆡ 이 識식이 두 ᄠᅳ디 잇다 ᄒᆞ니라 무로ᄃᆡ ᄒᆞᆫ 識식이 두 ᄠᅳᆮ 잇다 홈과 우희[44] ᄒᆞᆫ ᄆᆞᅀᆞ매 두 門몬 잇다 호미 엇뎨 다ᄅᆞ뇨 對됭答답호ᄃᆡ ᄒᆞᆫ ᄆᆞᅀᆞ매

---

34) 不覺괘라: 不覺(불각) + -과(접조) + -ㅣ(← -이-: 서조)- + -Ø(현시)- + -라(← -다: 평종)

35) 노겨: 노기[녹이다, 融: 녹(녹다)- + -이(사접)-]- + -어(연어)

36) 어울워: 어울우[어우르다, 아우르다, 竝: 어울(어울리다, 합하다, 合: 자동)- + -우(사접)-]- + -어(연어)

37) 모도자ᄫᅩᇙ: 모도잡[모아서 잡다, 포괄하다, 包括: 몯(모이다, 集: 자동)- + -오(사접)- + 잡(잡다, 執)-]- + -오(대상)- + -ㅭ(관전)

38) 分相門: 분상문. ① 차별하여 갈라놓은 방면이다. ② 화엄학에서, 삼승(三乘)과 전혀 다른 일승(一乘)이 있다는 방면. 이에 반해, 삼승(三乘)은 일승(一乘)에 포함되므로 그 둘은 구별이 없다는 방면은 해섭문(該攝門)이라 한다.

39) 本覺: 기신론에서, 번뇌에 가려 드러나지 않은 청정한 깨달음의 성품이다. 곧, 중생이 본디 갖추고 있는 청정한 마음이다.

40) 本識: 본식. 아뢰야식(阿賴耶識)의 별명이다. 아뢰야식은 다른 여러 식(識)을 일으키는 근본이므로 이와 같이 말한다.

41) 나ᄆᆞᆫ: 남(남다, 餘)- + -Ø(과시)- + -ᄋᆞᆫ(관전)

42) 事識: 사식. 안식(眼識) · 이식(耳識) · 비식(鼻識) · 설식(舌識) · 신식(身識) · 의식(意識)을 통틀어 일컫는 말이다. 이 식들은 대상을 구별하여 사유하고 판단하므로 이와 같이 일컫는다.

43) 그럴ᄊᆡ: [그러므로, 肆(부사, 접속): 그러(그러: 불어) + -Ø(← -ᄒᆞ-: 형접)- + -ㄹᄊᆡ(-므로: 연어▷부접)]

44) 우희: 우ㅎ(위, 上) + -의(-에: 부조, 위치)

두ᄠᅳᆮ잇다ᄒᆞᄂᆞᆫ제性셩을가졧디몯
ᄒᆞ야隨쓍緣원ᄒᆞᄂᆞᆫᄠᅳᆮ과제性셩을
變변티아니ᄒᆞ야相샹그츤ᄠᅳ디오
○이ᄂᆞᆫ오직隨쓍緣원門몬中듕에다
러ᄫᅳ며조ᄒᆞ며理링와일왜둘업슨
相샹애나ᅀᅡ가이識식을ᄇᆞᆯ기니이
러면알ᄑᆡᆺᄒᆞᆫᄆᆞᅀᆞᄆᆞᆫᄠᅳ디너버두門
몬애ᄢᅳ리고이ᄒᆞᆫ識식은ᄠᅳ디조바
ᄒᆞᆫ門몬애드러잇ᄂᆞ니라무로ᄃᆡ이
어긧本본覺각과우ᄒᆡᆺ眞진如ᅀᅧᆼ門
몬과엇뎨다ᄅᆞ뇨對됭答답ᄒᆞᄃᆡ眞
진如ᅀᅧᆼ門몬ᄋᆞᆫ體톙의相샹그ᄎᆞᄆᆞᆯ
자바니ᄅᆞ고本본覺각ᄋᆞᆫ性셩功공
德득ᄋᆞᆯ자바니ᄅᆞ니大땡智딩慧휑

두 뜻이 있다고 하는 것은 자기의 性(성)을 가져 있지 못하여 隨緣(수연)하는 뜻과 자기의 性(성)을 變(변)치 아니하여 相(상)이 끊어진 뜻이고, 이는 오직 隨緣門(수연문)의 中(중)에 더러우며 깨끗하며 理(이)와 일(事)이 둘 없는 相(상)에 나아가 이 識(식)을 밝히니, 이러면 앞에 있는 한 마음은 뜻이 넓어 두 門(문)을 둘러싸고, 이 한 識(식)은 뜻이 좁아 한 門(문)에 들어 있느니라." 묻되 "여기에 있는 本覺(본각)과 위에 있는 眞如(진여)의 門(문)이 어떻게 다르냐?" 對答(대답)하되 "眞如(진여)의 門(문)은 體(체)의 相(상)이 끊어진 것을 잡아 이르고, 本覺(본각)은 性(성)의 功德(공덕)을 잡아 이르니, 大智(대지) · 慧光(혜광) · 明義(명의)

두 ᄠᅳᆮ 잇다 호ᄆᆞᆫ 제 性셩을 가젯디[45] 몯ᄒᆞ야 隨쓍緣원[46] ᄒᆞᄂᆞᆫ ᄠᅳᆮ과 제 性셩을 變변티 아니ᄒᆞ야 相샹 그츤[47] ᄠᅳ디오 이ᄂᆞᆫ 오직 隨쓍緣원門몬 中듕에 더러ᄫᅳ며[48] 조ᄒᆞ며[49] 理링와 일왜[50] 둘 업슨 相샹애 나ᅀᅡ가 이 識식을 ᄇᆞᆯ기니[51] 이러면 알ᄑᆡᆺ[52] ᄒᆞᆫ ᄆᆞᅀᆞᄆᆞᆫ ᄠᅳ디 너버[53] 두 門몬애 ᄢᅵ리고[54] 이 ᄒᆞᆫ 識식은 ᄠᅳ디 조바 ᄒᆞᆫ 門몬애 드러 잇ᄂᆞ니라 무로ᄃᆡ 이어긧[55] 本본覺각과 우흿 眞진如셩門몬과 엇뎨 다ᄅᆞ뇨 對됭答답호ᄃᆡ 眞진如셩門몬ᄋᆞᆫ 體톙의 相샹 그추믈[56] 자바 니ᄅᆞ고 本본覺각ᄋᆞᆫ 性셩 功공德득을 자바 니ᄅᆞ니 大땡智딩 慧쀙光광 明명義읭

45) 가젯디: 가지(가지다, 持)- + -어(연어) + 잇(← 이시다: 있다, 보용, 완료 지속)- + -디(-지: 연어, 부정)

46) 隨緣: 수연. 인연에 따라 나타나거나 인연에 따라 변화하는 것이다.

47) 그츤: 긏(끊어지다, 切)- + -Ø(과시)- + -은(관전)

48) 더러ᄫᅳ며: 더럽(← 더럽다, ㅂ불: 더럽다, 汚)- + -으며(연어, 나열)

49) 조ᄒᆞ며: 좋(깨끗하다, 맑다, 淨)- + -ᄋᆞ며(연어, 나열)

50) 일왜: 일(일, 事) + -와(← -과: 접조) + -ㅣ(← -이: 주조)

51) ᄇᆞᆯ기니: ᄇᆞᆯ기[밝히다, 照明: ᄇᆞᆰ(밝다, 明: 형사)- + -이(사접)-]- + -니(연어, 설명 계속)

52) 알ᄑᆡᆺ: 앒(앞, 前) + -ᄋᆡ(-에: 부조, 위치) + -ㅅ(-의: 관조)

53) 너버: 넙(넓다, 廣)- + -어(연어)

54) ᄢᅵ리고: ᄢᅵ리(꾸리다, 싸다, 숨기다, 擁)- + -고(연어, 계기) ※ 'ᄢᅵ리고'는 '둘러싸고'로 의역하여 옮긴다.

55) 이어긧: 이어긔(여기에: 지대) + -ㅅ(-의: 관조)

56) 그추믈: 긏(끊다, 切)- + -움(명전) + -을(목조)

[69 앞]

等(등)이 (그) 이름이 本覺相(본각상)이니, 本(본)은 性(성)의 뜻이요 覺(각)은 智慧(지혜)의 뜻이니, 이것이 다 망령된 더러움을 뒤집어 나타내므로 生滅門(생멸문)의 中(중)에 있고, 眞如門(진여문)의 中(중)에는 더러움을 뒤집은 뜻이 없으므로 이와 같지 아니하니라. 이러므로 體(체)와 相(상) 二大(이대)가 다 이름이 本覺(본각)이니, 다 生滅門(생멸문) 中(중)에 있으므로 三大(삼대)가 갖추어져 있니라. 三大(삼대)는 體(체)와 相(상)과 用(용)이다."

能(능)히 一切法(일체법)을 攝(섭)하며 一切法(일체법)을 내느니라.

等등의 일후미 本본覺각相샹이니 本본ᄋᆞᆫ 性셩ㄱ[57] ᄠᅳ디오 覺각ᄋᆞᆫ 智딩慧ᅘᅰᆼㅅ ᄠᅳ디니 이[58] 다 거츤[59] 더러ᄫᅮ믈[60] 드위ᅘᅧ[61] 나톨씨[62] 生싱滅며ᇙ門몬 中듕에 잇고 眞진如ᅀᅧᆼ門몬 中듕엔[63] 더러ᄫᅮ믈 드위ᅘᅧᆫ[64] ᄠᅳ디 업슬씨 이와 ᄀᆞᆮ디[65] 아니ᄒᆞ니라 이럴씨 體톙相샹[66] 二ᅀᅵᆼ大땡 다 일후미 本본覺각이니 다 生싱滅며ᇙ門몬 中듕에 이실씨 三삼大땡[67] ᄀᆞᄌᆞ니라[68] 三삼大땡ᄂᆞᆫ 體톙[69]와 相샹[70]과 用용괘라[71]

能능히 一ᅙᅵᇙ切쳉法법[72]을 攝셥[73]ᄒᆞ며 一ᅙᅵᇙ切쳉法법을 내ᄂᆞ니라[74]

---

57) 性ㄱ: 性(셩) + -ㄱ(-의: 관조)

58) 이: 이(이, 이것, 此) + -Ø(← -이: 주조)

59) 거츤: 거츨(망령되다, 거짓되다, 妄)- + -Ø(현시)- + -ㄴ(관전)

60) 더러ᄫᅮ믈: 더러ᇦ(← 더럽다, ㅂ불: 더럽다, 汚)- + -움(명전) + -을(목조)

61) 드위ᅘᅧ: 드위ᅘᅧ[뒤집다, 反: 드위(뒤집다, 反: 타동)- + -ᅘᅧ(강접)-]- + -어(연어)

62) 나톨씨: 나토[나타내다, 現: 낟(나타나다, 現: 자동)- + -호(사접)-]- + -ㄹ씨(-므로: 연어, 이유)

63) 中엔: 中(중) + -에(부조, 위치) + -ㄴ(← -는: 보조사, 주제)

64) 드위ᅘᅧᆫ: 드위ᅘᅧ[뒤집다, 反: 드위(뒤집다, 反: 타동)- + -ᅘᅧ(강접)-]- + -Ø(과시)- + -ㄴ(관전)

65) ᄀᆞᆮ디: ᄀᆞᆮ(← ᄀᆞᇀ다 ← ᄀᆞᆮᄒᆞ다: 같다, 如)- + -디(-지: 연어, 부정)

66) 體相: 체상. '체(體)'와 '상(相)'을 아울러 이르는 말이다.

67) 三大: 三大(삼대) + -Ø(← -이: 주조) ※ '三大(삼대)'는 '체대(體大), 상대(相大), 용대(用大)'를 이른다. '체대(體大)'는 진여가 절대 평등한 본체로서 일체의 법을 그 중에 섭진하는 불변 상주의 실체를 이른다. '상대(相大)'는 진여가 현상으로 나타나 만유의 활동을 일으키는 성능과 공덕을 그 차신에 갖춘 것이다. '용대(用大)'는 성능의 공덕이 현실에 나타나는 것이다.

68) ᄀᆞᄌᆞ니라: ᄀᆞᆽ(갖추어져 있다, 具)- + -Ø(현시)- + -니(원칙)- + -라(← -다: 평종)

69) 體: 체. 사물의 본체 또는 근본적인 것을 가리키는 말이다. 곧, 우주 만물이나 일체 차별 현상의 근본으로서 상주불변하는 진리의 본래 모습 또는 진리 그 자체이다.

70) 相: 상. '체(體)'가 겉으로 드러나는 모습이다.

71) 用괘라: 用(용) + -과(접조) + -ㅣ(← -이-: 서조)- + -Ø(현시)- + -라(← -다: 평종) ※ '용(用)'은 사물의 작용 또는 현상이다. 파생적인 것을 가리키는 개념으로 사용된다.

72) 一切法: 일체법. 일체의 사물, 모든 현상, 정신적 물질적인 것 등의 모든 존재를 말한다. 유위법(有爲法)과 무위법(無爲法)을 포함한다.

73) 攝: 섭. 모아서 잡거나, 거두는 것이다.

74) 내ᄂᆞ니라: 내[내다, 出: 나(나다, 出: 자동)- + -ㅣ(← -이-: 사접)-]- + -ᄂᆞ(현시)- + -니(원칙)- + -라(← -다: 평종)

[69 뒤]

위의 二門(이문) 中(중)에는 이르되, "'다 各各(각각) 惣攝(총섭)하였다.'고 하고 여기에는 '各各(각각)이라.'고 아니 이르는 것은, 이 두 뜻이 두 門(문)에 좁으므로 오직 한 識(식)을 밝히니, 두 뜻을 포함하므로 攝一切(섭일체)하고 '두 뜻이 各各(각각) 一切(일체)를 攝(섭)하였다.'고 하여 이르지 아니 하였니라. 또 위에서는 오직 '攝(섭)이라'고 이르고 '낸다'고 아니 이르는 것은 眞如門(진여문)은 能(능)히 내는 뜻이 없기 때문이고, 이 識(식) 中(중)에는 不覺(불각)으로 本覺(본각)을 쬐므로(照) 여러 가지의 더러운 法(법)을 내어 生死(생사)에 굴러다니며, 本覺(본각)으로 不覺(불각)을 쬐므로 여러 가지의 깨끗한 法(법)을 웃[75] 二ᅀᅵᆼ門몬 中듕엔[76] 닐오ᄃᆡ 다 各각各각 摠종攝셥다[77] ᄒᆞ고 이엔[78] 各각各각이라 아니 닐오ᄆᆞᆫ[79] 이 두 ᄠᅳ디 두 門몬이 조ᄇᆞᆯᄊᆡ[80] 오직 ᄒᆞᆫ 識식을 ᄇᆞᆯ기니 두 ᄠᅳ들 머글ᄊᆡ[81] 攝셥一ᅙᅵᇙ切쳉라[82] ᄒᆞ고 두 ᄠᅳ디 各각各각 一ᅙᅵᇙ切쳉ᄅᆞᆯ 攝셥다 ᄒᆞ야 니ᄅᆞ디 아니ᄒᆞ니라 ᄯᅩ 우희ᄂᆞᆫ[83] 오직 攝셥이라 니ᄅᆞ고 내ᄂᆞ다[84] 아니 닐오ᄆᆞᆫ 眞진如ᅀᅧᆼ門몬ᄋᆞᆫ 能ᄂᆞᆼ히 내논 ᄠᅳ디 업슬ᄊᆡ오[85] 이 識식中듕엔 不붏覺각ᄋᆞ로 本본覺각ᄋᆞᆯ ᄧᅬᆯᄊᆡ[86] 여러 가짓 더러ᄫᅳᆫ 法법을 내야 生ᄉᆡᆼ死ᄉᆞᆼ애 그우니며[87] 本본覺각ᄋᆞ로 不붏覺각ᄋᆞᆯ ᄧᅬᆯᄊᆡ 여러 가짓 조ᄒᆞᆫ 法법을

75) 웃: 우(← 우ㅎ: 위, 上) + -ㅅ(-의: 관조)

76) 中엔: 中(중) + -에(부조, 위치) + -ㄴ(← -는: 보조사, 주제)

77) 摠攝다: 摠攝[← 摠攝ᄒᆞ다(총섭하다): 摠攝(총섭) + -ᄒᆞ(동접)-]- + -Ø(과시)- + -다(평종) ※ '摠攝(총섭)'은 '모두 다 잡는 것'이다.

78) 이엔: 이에(여기, 此: 지대, 정칭) + -ㄴ(← -는: 보조사, 주제)

79) 닐오ᄆᆞᆫ: 닐(← 니ᄅᆞ다: 이르다, 曰)- + -옴(명전) + -ᄋᆞᆫ(보조사, 주제)

80) 조ᄇᆞᆯᄊᆡ: 좁(좁다, 狹)- + -ᄋᆞᆯᄊᆡ(-므로: 연어, 이유)

81) 머글ᄊᆡ: 먹(먹다, 포함하다, 품다, 含)- + -ㄹᄊᆡ(-므로: 연어, 이유)

82) 攝一切라: 攝一切(섭일체) + -Ø(← -이-: 서조)- + -Ø(현시)- + -라(← -다: 평종) ※ '攝一切(섭일체)'는 모든 것을 다 모아서 거두는 것이다.

83) 우희ᄂᆞᆫ: 우ㅎ(위, 上) + -의(부조, 위치) + -ᄂᆞᆫ(보조사, 주제)

84) 내ᄂᆞ다: 내[내다, 出: 나(나다, 出: 자동)- + -ㅣ(← -이-: 사접)-]- + -ᄂᆞ-(현시)- + -다(평종)

85) 업슬ᄊᆡ오: 없(없다, 無)- + -을ᄊᆡ(-므로: 연어, 이유) + -Ø(← -이-: 서조)- + -오(← -고: 연어, 나열) ※ '업슬ᄊᆡ오'는 '없기 때문이고'로 의역하여 옮긴다.

86) ᄧᅬᆯᄊᆡ: ᄧᅬ(쪼이다, 쬐다, 照)- + -ㄹᄊᆡ(-므로: 연어, 이유)

87) 그우니며: 그우니[굴러다니다: 그우(← 그울다: 구르다, 轉) + 니(다니다, 가다, 行)-]- + -며(연어, 나열)

[70 앞]

내어 물에 거슬러서 매이는 것에서 벗어나 始覺(시각)을 이루나니, 이 두 뜻을 말미암아서 一切(일체)의 더러우며 깨끗한 法(법)을 다 내므로 '能(능)히 내었다.'고 하였니라. 한갓 서로 꾀어 能(능)히 諸法(제법)을 낼 뿐이 아니라, 또 諸法(제법)을 내어도 이 마음에서 떨쳐 버리지 아니하여, 이 마음에 攝(섭)한 바가 되므로 攝(섭)이라고 하였니라."

○ 起信論(기신론)에 이르되, "生滅因緣(생멸인연)은 이른바 衆生(중생)이 心(심)을 의지하니, 意(의)와 意識(의식)이 (서로) 轉(전)하는 까닭이다.

梨耶(이야)의 心體(심체)가 자기의 性(성)을 守(수)하지 못하는 것이 이것은 生滅因(생멸인)이고,

내야 므레[88] 거스려[89] ᄆᆡᅇᆡ매[90] 버서나 始싱覺각ᄋᆞᆯ 일우ᄂᆞ니[91] 이 두 ᄠᅳ들 브터 一ᅙᅵᇙ切쳉 더러ᄫᅳ며 조ᄒᆞᆫ 法법을 다 낼ᄊᆡ 能능히 내다 ᄒᆞ니라 ᄒᆞᆫ갓[92] 서르 ᄢᅬ야 能능히 諸졍法법 낼 ᄲᅮ니[93] 아니라[94] ᄯᅩ 諸졍法법을 내야도 이 ᄆᆞᅀᆞ매 여희디 아니ᄒᆞ야 이 ᄆᆞᅀᆞᄆᆡ 攝셥ᄒᆞᆫ[95] 배[96] ᄃᆞ욀ᄊᆡ 攝셥이라 ᄒᆞ니라

○ 起킝信신論론[97]애 닐오ᄃᆡ 生싱滅멿因인緣원[98]은 너균[99] 밧[1] 衆즁生싱이 心심을 브트니 意힁[2]와 意힁識식괘[3] 轉뒨ᄒᆞ논[4] 젼ᄎᆞ라[5]

梨링耶양[6] 心심體텡[7] 제 性셩을 守슣티 몯호미 이ᄂᆞᆫ 生싱滅멿因인[8]이오

---

88) 므레: 믈(물, 水) + -예(← -에: 부조, 위치)

89) 거스려: 거스리(그스르다, 逆)- + -어(연어)

90) ᄆᆡᅇᆡ매: ᄆᆡᅇᆡ[매이다, 縛: ᄆᆡ(매다, 結) + -ᅇᆡ(← -이-: 피접)-]- + -옴(명전) + -애(부조, 위치)

91) 일우ᄂᆞ니: 일우[이루다, 成就: 일(이루어지다, 成: 자동)- + -우(사접)-]- + -ᄂᆞ(현시)- + -니(연어, 설명 계속)

92) ᄒᆞᆫ갓: [한갓(부사): ᄒᆞᆫ(한, 一: 관사) + 갓(← 가지: 의명)]

93) ᄲᅮ니: ᄲᅮᆫ(뿐, 唯: 의명, 한정) + -이(보조)

94) 아니라: 아니(아니다, 非)- + -Ø(현시)- + -라(← -아: 연어)

95) 攝ᄒᆞᆫ: 攝ᄒᆞ[攝ᄒᆞ다(섭하다: 모아서 잡다, 거두다): 攝(섭: 불어) + -ᄒᆞ(동접)-]- + -Ø(과시)- + -오(대상)- + -ㄴ(관전)

96) 배: 바(바, 것: 의명) + -ㅣ(← -이: 주조)

97) 起信論: 기신론. 대승 불교의 근본 뜻을 이론과 실천의 양면에서 이른 책이다.

98) 生滅因緣: 생멸인연. 어떤 사물이 생겼다 사라졌다하는 인연이다.

99) 너균: 너기(여기다, 念)- + -Ø(과시)- + -우(대상)- + -ㄴ(관전)

1) 밧: 바(바, 所) + -ㅅ(-의: 관조) ※ '너균 밧'는 '所謂(이른바)'를 의역한 것이다.

2) 意: 의. 잠재되어 있어서 드러나지 않는 마음이다.

3) 意識: 의식. 밖으로 드러난 마음이다.

4) 轉ᄒᆞ논: 轉ᄒᆞ[전하다: 轉(전: 불어) + -ᄒᆞ(동접)-]- + -ㄴ(← -ᄂᆞ-: 현시)- + -오(대상)- + -ㄴ(관전) ※ '轉(전)'는 구르듯이 서로 바뀌어서 교체되는 것이다.

5) 젼ᄎᆞ라: 젼ᄎᆞ(까닭, 故, 원인) + -ㅣ(← -이-: 서조)- + -Ø(현시)- + -라(← -다: 평종)

6) 梨耶: 이야. 아리야식(阿梨耶識)이다. 이리야식은 동아시아 유식불교의 핵심적 개념으로, 생멸하는 현상적 의식의 토대가 되는 근본적인 마음 혹은 심층 의식을 말한다.

7) 心體: 심체. 마음의 본체이다. 심성(心性). 몸 곧 색신(色身)과 대비하여 사용하는 표현이다.

8) 生滅因: 생멸인. 일체법이 왜곡되게 나타나게 하는 직접적 원인이다.

[70 뒤]

根ᄀᆞᆫ本본無뭉明명이 心심體톙ᄅᆞᆯ 뮈우미 ᄂᆞᆫ 生ᄉᆡᆼ滅멿緣원이라 ᄯᅩ 無뭉明명住뜡地띵 여러 더러ᄫᅳᆫ 것ᄃᆞᆯ히 根ᄀᆞᆫ本본이니 이ᄂᆞᆫ 生ᄉᆡᆼ滅멿因인이오 밧긧 거츤 境경界갱 識식浪랑올 뮈워 니르와도미 이ᄂᆞᆫ 生ᄉᆡᆼ滅멿緣원이라

浪랑ᄋᆞᆫ 믌겨리라

이 두 ᄠᅳ들 브터 因인緣원을 나토니 諸졍識식의 生ᄉᆡᆼ滅멿이 서르 모다 날ᄊᆡ 일후미 衆즁生ᄉᆡᆼ이라 各각別뼗ᄒᆞᆫ 體톙 업서 오직 心심體톙ᄅᆞᆯ 브

根本無明(근본무명)이 心體(심체)를 움직이는 것이 이는 生滅緣(생멸연)이다. 또 無明住地(무명주지)가 여러 더러운 것들의 根本(근본)이니 이는 生滅因(생멸인)이고, 밖에 있는 허망된 境界(경계)가 識浪(식랑)을 움직이여 일으키는 것이 이는 生滅緣(생멸연)이다.

浪(낭)은 물결이다.

이 두 뜻을 말미암아 因緣(인연)을 나타내니, 諸識(제식)의 生滅(생멸)이 서로 모여서 나므로 이름이 衆生(중생)이다. 各別(각별)한 體(체)가 없어 오직 心體(심체)를 의지하므로

根ᄀᆞᆫ本본無뭉明명[9]이 心심體톙ᄅᆞᆯ 뮈우미[10] 이ᄂᆞᆫ 生ᄉᆡᆼ滅멿緣원[11]이라 ᄯᅩ 無뭉明명住뜡地띵[12] 여러 더러ᄫᅳᆫ 것ᄃᆞᆯ히[13] 根ᄀᆞᆫ本본이니 이ᄂᆞᆫ 生ᄉᆡᆼ滅멿因인이오 밧ᄀᆡᆺ[14] 거츤[15] 境경界갱[16] 識식浪랑[17]ᄋᆞᆯ 뮈워 니르와도미[18] 이ᄂᆞᆫ 生ᄉᆡᆼ滅멿緣원이라

浪랑ᄋᆞᆫ 믌겨리라[19]

이 두 ᄠᅳ들 브터 因인緣원을 나토니[20] 諸졍識식의 生ᄉᆡᆼ滅멿이 서르 모다[21] 날ᄊᆡ 일후미 衆즁生ᄉᆡᆼ이라 各각別볋ᄒᆞᆫ 體톙 업서 오직 心심體톙ᄅᆞᆯ 브틀ᄊᆡ

---

9) 根本無明: 근본무명. 모든 번뇌의 근본이 되는 것으로, 진여(眞如)를 깨닫지 못하고 미망에 사로잡힌 마음을 가리킨다. 여기서 무명(無明)은 모든 번뇌에 의지하고 번뇌를 내는 근본이다.

10) 뮈우미: 뮈우[움직이다. 움직이게 하다, 動: 뮈(움직이다: 자동)-+-우(사접)-]-+-ㅁ(←-움: 명전)+-이(주조)

11) 生滅緣: 생멸연. 알라야식의 심체가 근본무명에 의해 훈습되고 작용하여 생멸연이 된다.

12) 無明住地: 무명주지. 근본무명(根本無明)을 말한다. 무명은 모든 번뇌를 내는 근본이므로 주지(住地)라고 한다.

13) 것ᄃᆞᆯ히: 것ᄃᆞᆯㅎ[것들: 것(것: 의명)+-ᄃᆞᆯㅎ(-들: 복접)]+-ᄋᆡ(관조)

14) 밧ᄀᆡᆺ: 밝(밖, 外)+-ᄋᆡ(-에: 부조, 위치)+-ㅅ(-의: 관조)

15) 거츤: 거츠(←거츨다: 망령되다, 거짓되다, 妄)-+-Ø(현시)-+-ㄴ(관전)

16) 境界: 境界(경계)+-Ø(←-이: 주조) ※'境界(경계)'는 인과의 이치에 따라서 일상생활 속에서 부딪치게 되는 모든 일들이다. 곧 나와 관계되는 일체의 대상을 말한다. 나를 주관(主觀)이라고 할 때에 일체의 객관(客觀)이 경계가 된다. 생로병사 · 희로애락 · 빈부귀천 · 시비이해 · 염정미추 · 삼독오욕 · 부모형제 · 춘하추동 · 동서남북 등 인간생활에서 맞게 되는 모든 일과 환경이 다 경계이다.

17) 識浪: 식랑. 지식의 물결이다.

18) 니르와ᄃᆞ샨: 니르왇[일으키다, 起: 닐(일어나다, 起: 자동)-+-으(사접)-+-왇(강접)-]-+-ᄋᆞ샤(←-ᄋᆞ시-: 주높)+-Ø(과시)-+-Ø(←-오-: 대상)-+-ㄴ(관전)

19) 믌겨리라: 믌결[물결, 波浪: 믈(물, 水)+-ㅅ(관조, 사잇)+결(결, 紋)]+-이(서조)-+-Ø(현시)-+-라(←-다: 평종)

20) 나토니: 나토[나타내다, 現: 낟(나타나다, 現: 자동)-+-호(사접)-]-+-니(연어, 설명 계속)

21) 모다: 몯(모이다, 集: 동사)-+-아(연어)

틀씨心심을븓다ᄒᆞ니곧이梨링耶
양ᄋᆡ제相샹앳ᄆᆞᅀᆞ미라能능히브튼
는衆즁生ᄉᆡᆼ이이意ᅙᅴᆼ니意ᅙᅴᆼ識식
이心심體톙ᄅᆞᆯ브터닐ᄊᆡ轉둰이라
ᄒᆞ니轉둰ᄋᆞᆫ닐ᄊᆡ라
이ᄠᅳ디엇뎨오
이ᄆᆞᅀᆞ미衆즁生ᄉᆡᆼᄆᆡᆼ
ᄀᆞᄂᆞ다ᄒᆞᆫᄠᅳ디엇뎨오
阿항梨링耶양識식을브틀씨
無뭉明명이잇다니ᄅᆞᄂᆞ니
梨링耶양ᄂᆞᆫ이우희닐온心심이니
곧이生ᄉᆡᆼ滅멿의因힌이오無뭉明

心(심)을 의지하였다고 하니, 곧 이것이 梨耶(이야)의 제 相(상)에 있는 마음이다. 能(능)히 의지하는 衆生(중생)이 이 意(의)니, 意識(의식)이 心體(심체)를 의지하여 일어나므로 轉(전)이라고 하니, 轉(전)은 일어나는 것이다.

이 뜻이 어째서이냐?

이 마음이 衆生(중생)을 만든다고 한 뜻이 어째서이냐?

阿梨耶識(아리야식)을 의지하므로 無明(무명)이 있다고 이르나니

梨耶(이야)는 이 위에서 이른 心(심)이니 곧 이 生滅(생멸)의 因(인)이요, 無明(무명)은

心심을 븓다[22] ᄒᆞ니 곧 이[23] 梨링耶양이 제 相샹앳[24] ᄆᆞᅀᆞ미라 能능히 븓ᄂᆞᆫ 衆즁生싱이 이 意ᅙᅴᆼ니 意ᅙᅴᆼ識식이 心심體톙ᄅᆞᆯ 브터 닐씨[25] 轉둰이라 ᄒᆞ니 轉둰은 닐 씨라

이 ᄠᅳ디 엇뎨오[26]

이 ᄆᆞᅀᆞ미 衆즁生싱 ᄆᆡᇰᄀᆞᄂᆞ다[27] ᄒᆞᆫ ᄠᅳ디 엇뎨오

阿항梨링耶양識식을 브틀씨 無뭉明명이 잇다 니ᄅᆞᄂᆞ니

梨링耶양ᄂᆞᆫ 이 우희 닐온[28] 心심이니 곧 이 生싱滅멿의 因인이오 無뭉明명은

---

22) 븓다: 븓(←븥다: 의지하다, 依)- + -∅(과시)- + -다(평종)

23) 이: 이(이, 이것, 此: 지대, 정칭) + -∅(←-이: 주조)

24) 相앳: 相(상) + -애(-에: 부조, 위치) + -ㅅ(-의: 관조) ※'相앳'은 '상(相)에 있는'으로 의역하여 옮긴다.

25) 닐씨: 닐(이러나다, 起)- + -ㄹ씨(-므로: 연어, 이유)

26) 엇뎨오: 엇뎨(어째서, 何: 부사) + -∅(←-이-: 서조)- + -∅(현시)- + -오(←-고: 의종, 설명)

27) ᄆᆡᇰᄀᆞᄂᆞ다: ᄆᆡᇰᄀᆞ(←ᄆᆡᇰᄀᆞᆯ다: 만들다, 作)- + -ᄂᆞ(현시)- + -다(평종)

28) 닐온: 닐(←니ᄅᆞ다: 이르다, 曰)- + -∅(과시)- + -오(대상)- + -ㄴ(관전)

[71 뒤]

○ 명은 梨링耶양識식 두 ᄠᅳᆮ 中듕에 不
붏覺각 ᄠᅳ디니 곧 生ᄉᆡᆼ滅멿의 緣원
이니 이 因ᅙᅵᆫ緣원을 브터 意ᅙᅴᆼ와 意
ᅙᅴᆼ識식괘 轉둰ᄒᆞᄂᆞᆫ 다신 ᄃᆞᆯ ᄇᆞᆯ교려
ᄒᆞ야 닐오ᄃᆡ 븓다 ᄒᆞᆷᄃᆞᆯ히라 우흰 모
도아 멀톄 因ᅙᅵᆫᄋᆞᆯ ᄀᆞᄅᆞ쳐 니ᄅᆞᆯᄊᆡ 오
직 ᄆᆞᅀᆞᄆᆞᆯ 븓다 ᄒᆞᆯ ᄲᅮᆫ 니ᄅᆞ고 이ᄂᆞᆫ 各
각別볋히 사겨 因ᅙᅵᆫ緣원ᄋᆞᆯ ᄀᆞ초 나
톨ᄊᆡ ᄆᆞᅀᆞᄆᆞᆯ 븓다 ᄒᆞ야 니ᄅᆞ며 無뭉
明명 조쳐 니ᄅᆞ니라 무로ᄃᆡ 우희 닐
오ᄃᆡ 覺각ᄋᆞᆯ 브터 不붏覺각이 잇ᄂᆞ
니 이 不붏覺각力륵 젼ᄎᆞ로 뎌 心심
體톙ᄅᆞᆯ 뮈워 起킝 滅멿이 和황合합
긔 ᄒᆞ야 梨링耶양 業업相샹 等등 識

梨耶識(이야식)의 두 뜻 中(중)에 不覺(불각)의 뜻이니 곧 生滅(생멸)의 緣(연)이니, 이 因緣(인연)을 말미암아 意(의)와 意識(의식)이 轉(전)하는 탓인 것을 밝히려 하여 이르되 '의지하였다.'고 하는 것들이다. 위에서는 모아서 대충 因(인)을 가르쳐 이르므로 '오직 마음을 의지하였다.'고 할 뿐만 이르고, 이는 各別(각별)히 풀이하여서 因緣(인연)을 갖추 나타내므로 '마음을 의지하였다.'고 하여 이르며, 無明(무명)을 아울러서 일렀니라. 묻되 "위에서 이르되, '覺(각)을 의지하여 不覺(불각)이 있나니, 이 不覺力(불각력) 때문에 저 心體(심체)를 움직여서 起(기)와 滅(멸)이 和合(화합)하게 하여, 梨耶(이야)와 業相(업상) 等(등)의 識(식)이

梨링耶양識식 두 ᄠᅳᆮ 中듕에 不붏覺각 ᄠᅳ디니 곧 生ᄉᆼ滅멿의 緣원이니 이 因인緣원을 브터 意힁와 意힁識식괘 轉둰ᄒᆞᄂᆞᆫ 다신[29] ᄃᆞᆯ[30] ᄇᆞᆯ교려[31] ᄒᆞ야 닐오ᄃᆡ 븓다 홈ᄃᆞᆯ히라[32] 우흰[33] 모도아[34] 멀톄[35] 因인ᄋᆞᆯ ᄀᆞᄅᆞ쳐 니ᄅᆞᆯᄊᆡ 오직 ᄆᆞᅀᆞᄆᆞᆯ 븓다 ᄒᆞᆯ ᄲᅮᆫ 니ᄅᆞ고 이ᄂᆞᆫ 各각別볋히 사겨 因인緣원을 ᄀᆞ초[36] 나톨ᄊᆡ[37] ᄆᆞᅀᆞᄆᆞᆯ 븓다 ᄒᆞ야 니ᄅᆞ며 無뭉明명 조쳐[38] 니ᄅᆞ니라 무로ᄃᆡ 우희 닐오ᄃᆡ 覺각ᄋᆞᆯ 브터 不붏覺각이 잇ᄂᆞ니 이 不붏覺각力륵 젼ᄎᆞ로 뎌 心심體톙ᄅᆞᆯ 뮈워 起킹 滅멿[39]이 和황合햅긔[40] ᄒᆞ야 梨링耶양 業업相샹[41] 等등 識식이

29) 다신: 닷(탓: 의명) + -이(서조)- + -Ø(현시)- + -ㄴ(관전)

30) ᄃᆞᆯ: ᄃᆞ(것: 의명) + -ㄹ(관전)

31) ᄇᆞᆯ교려: ᄇᆞᆯ기[밝히다, 明: ᄇᆞᆰ(밝다, 明)- + -이(사접)-]- + -오려(-으려: 연어, 의도)

32) 홈ᄃᆞᆯ히라: 홈ᄃᆞᆶ[하는 것들: ㅎ(← ᄒᆞ다: 하다, 曰)- + -옴(명전) + -ᄃᆞᆶ(-들: 복접)] + -이(서조)- + -Ø(현시)- + -라(← -다: 평종)

33) 우흰: 우ㅎ(위, 上) + -의(-에: 부조, 위치) + -ㄴ(← -는: 보조사, 주제)

34) 모도아: 모도[모으다, 集: 몯(모이다, 集)- + -오(사접)-]- + -아(연어)

35) 멀톄: [대략, 대충(부사): 멀톄(대략: 명사) + -Ø(부접)]

36) ᄀᆞ초: [갖추, 고루 갖추어서(부사): ᄀᆞᆽ(갖추어져 있다, 具: 형사)- + -호(사접)- + -Ø(부접)]

37) 나톨ᄊᆡ: 나토[나타내다, 現: 낟(나타나다, 現: 자동)- + -호(사접)-]- + -ㄹᄊᆡ(-므로: 연어, 이유)

38) 조쳐: 조치[아우르다, 합치다, 竝: 좇(좇다, 따르다)- + -이(사접)-]- + -어(연어)

39) 起滅: 기멸. 기(起)와 멸(滅)이다. 일어남과 망(亡)함. 출현(出現)과 소멸(消滅). 시작(始作)함과 끝남 등이다.

40) 和合긔: 和合[← 和合ᄒᆞ다(화합하다): 和合(화합) + -ᄒᆞ(동접)-]- + -긔(-게: 연어, 사동)

41) 業相: 업상. 무명(無明)에 의해 최초로 마음이 움직이지만 아직 주관과 객관의 구별이 없는 상태이다.

[72 앞]

있느니라.'라고 하니, 어째서 여기에 이르되 '梨耶(이야)를 의지하여 無明(무명)이 있다.'고 하느냐?" 對答(대답)하되, "이것이 세 가지의 풀이가 있나니, 하나는 이 梨耶(이야)가 두 가지의 뜻이 있는 것을 말미암으니, 無明(무명)이 저 眞心(진심)을 움직이어 이 梨耶(이야)를 이루는 것을 이르며, 또 이 梨耶(이야)가 도리어 저 無明(무명)과 의지함이 되어 서로 떨어지지 못하기 때문이니, '(그것이) 어째서이냐?' 한다면, 迷(미)를 말미암아서 似(사)를 일으키므로

似(사)는 같은 것이다.

잇ᄂᆞ니라 ᄒᆞ니 엇뎨 이에[42] 닐오ᄃᆡ 梨ᄅᆡᆼ耶양를 브터 無뭉明명이 잇다 ᄒᆞ뇨 對됭答답호ᄃᆡ 이 세 가짓 사교미[43] 잇ᄂᆞ니 ᄒᆞ나ᄒᆞᆫ 이 梨ᄅᆡᆼ耶양ㅣ 두 가짓 ᄠᅳᆮ 이쇼ᄆᆞᆯ[44] 브트니 無뭉明명이 뎌 眞진心심을 뮈워 이 梨ᄅᆡᆼ耶양 일우오ᄆᆞᆯ[45] 니ᄅᆞ며 ᄯᅩ 이 梨ᄅᆡᆼ耶양ㅣ 도ᄅᆞᅘᅧ[46] 뎌 無뭉明명과로[47] 브투미 ᄃᆞ외야[48] 서르 여희디 몯ᄒᆞᇙ씨니[49] 엇뎨어뇨 ᄒᆞ란ᄃᆡ[50] 迷몡[51]를 브터 似ᄊᆞᆼ를 니르와ᄃᆞᆯ씨[52]

似ᄊᆞᆼ는 ᄀᆞᆮᄒᆞᆯ[53] 씨라

---

42) 이에: 이에(여기에, 此: 지대, 정칭)

43) 사교미: 사기(새기다, 설명하다, 풀이하다, 釋)- + -옴(명전) + -이(주조)

44) 이쇼ᄆᆞᆯ: 이시(있다, 有)- + -옴(명전) + -ᄋᆞᆯ(목조)

45) 일우오ᄆᆞᆯ: 일우[이루다, 成: 일(이루어지다: 자동)- + -우(사접)-]- + -옴(명전) + -ᄋᆞᆯ(목조)

46) 도ᄅᆞᅘᅧ: [도리어, 逆(부사): 돌(돌다, 回: 자동)- + -ᄋᆞ(사접)- + -ᅘᅧ(강접)- + -어(연어▷부접)]

47) 無明과로: 無明(무명) + -과로(부조, 방편)

48) ᄃᆞ외야: ᄃᆞ외(되다, 作)- + -야(← -아: 연어)

49) 몯ᄒᆞᇙ씨니: 몯ᄒᆞ[못하다, 不能]: 몯(못, 不能: 부사, 부정) + -ᄒᆞ(동접)-]- + -ㄹ씨(-므로: 연어, 이유) + -ㅣ(← -이-: 서조)- + -니(연어, 설명 계속)

50) ᄒᆞ란ᄃᆡ: ᄒᆞ(하다, 曰)- + -란ᄃᆡ(-면: 연어, 조건)

51) 迷: 미. 미혹한 것, 진실되지 못한 것, 거짓된 것이다.

52) 니르와ᄃᆞᆯ씨: 니르왇[일으키다, 起: 닐(일어나다, 起: 자동)- + -으(사접)- + -왇(강접)-]- + -ᄋᆞᆯ씨(-으로: 연어, 이유)

53) ᄀᆞᆮᄒᆞᆯ: ᄀᆞᆮᄒᆞ(같다, 如)- + -ㄹ(관전)

[72 뒤]

곧 이 真진心심을 뮈워 業업識식일우오미오 似ᄊᆞᆼ애 迷몡ᄒᆞ야 實씷이 ᄃᆞ욀ᄊᆡ 곧 이 梨링耶양ᄅᆞᆯ 브터 無뭉明명이쇼미라 둘흔 닐오ᄃᆡ 梨링耶양ㅣ 두 ᄠᅳ디 잇ᄂᆞ니 覺각과 不붏覺각괘니 알ᄑᆡᆫ 各각각 別볋ᄒᆞ미 타나 가 니ᄅᆞᆯᄊᆡ 覺각ᄋᆞᆯ 브터 不붏覺각이 잇다 ᄒᆞ고 이젠 都동位윙예 나ᅀᅡ가 論론ᄒᆞᆯᄊᆡ

都동位윙ᄂᆞᆫ 모ᄃᆞᆫ 位윙라

닐오ᄃᆡ 梨링耶양ᄅᆞᆯ 브터 無뭉明명이 잇다 ᄒᆞ니라 이 곧 두 ᄠᅳ든 中듕에 不

곧 이것이 眞心(진심)을 움직여서 業識(업식)을 이루는 것이고, 似(사)에 迷(미)하여 實(실)이 되므로 곧 이것이 梨耶(이야)를 말미암아서 無明(무명)이 있는 것이다. 둘은 이르되 "梨耶(이야)가 두 뜻이 있나니 覺(각)과 不覺(불각)이니, 앞에는 各別(각별)히 밑에 나아가 이르므로 覺(각)을 의지하여 不覺(불각)이 있다."고 하고, 이제는 都位(도위)에 나아가 論(논)하므로

都位(도위)는 모든 位(위)이다.

이르되 "梨耶(이야)를 의지하여 無明(무명)이 있다."고 하였니라. 이 곧 두 뜻 中(중)에 不覺(불각)의

곧 이 眞진心심을 뮈워 業업識식[54] 일우오미오[55] 似ᄽᆼ애 迷몡ᄒᆞ야 實씷이 ᄃᆞ욀씨 곧 이 棃링耶양ᄅᆞᆯ 브터 無뭉明명 이쇼미라 둘흔 닐오ᄃᆡ 棃링耶양ㅣ 두 ᄠᅳ디 잇ᄂᆞ니 覺각[56]과 不붏覺각[57]괘니 알ᄑᆡᄂᆞᆫ[58] 各각別볋히 미ᄐᆡ[59] 나ᅀᅡ가[60] 니ᄅᆞᆯ씨 覺각ᄋᆞᆯ 브터 不붏覺각이 잇다 ᄒᆞ고 이젠[61] 都동位윙[62]예 나ᅀᅡ가 論론ᄒᆞᆯ씨

都동位윙ᄂᆞᆫ 모ᄃᆞᆫ[63] 位윙라

닐오ᄃᆡ 棃링耶양ᄅᆞᆯ 브터 無뭉明명이 잇다 ᄒᆞ니라 이 곧 두 ᄠᅳᆮ 中듕에 不붏覺각

---

54) 業識: 업식. 과거에 저지른 미혹한 행위와 말과 생각의 과보로 현재에 일으키는 미혹한 마음 작용이다.

55) 일우오미오: 일우[이루다, 成: 일(일우어지다, 成: 자동)- + -우(사접)-]- + -옴(명전)] + -이(서조)- + -Ø(현시)- + -오(← -고: 연어, 나열)

56) 覺: 각. 불교에서의 깨달음. 법의 실체와 마음의 근원을 깨달아 아는 것이다. 원효는 이때의 맑고 깨끗하고 고요한 마음의 본바탕을 진여심(眞如心) 또는 각(覺)이라고 규정하였다. 그리고 각이 모든 중생에게 본래부터 있는 것이라는 관점에서 본각(本覺)이라고 하고, 또 무명(無明)의 습기 때문에 가려 있어 나타나지 않을 때는 불각(不覺)이라고 하며, 한 번 어떤 계기를 만나서 그 본바탕이 드러나기 시작할 경우에는 시각(始覺)이라고 부른다고 정의하였다.

57) 不覺: 불각. 참다운 진여(眞如)의 법이 하나인 것을 알지 못하는 것이다.

58) 알ᄑᆡᄂᆞᆫ: 앒(앞, 前) + -ᄋᆡ(-에: 부조, 위치) + -ᄂᆞᆫ(보조사, 주제)

59) 미ᄐᆡ: 밑(밑, 本) + -ᄋᆡ(-에: 부조, 위치)

60) 나ᅀᅡ가: 나ᅀᅡ가[나아가다, 往: 낫(← 낫다, ㅅ불: 나아가다, 進)- + -아(연어) + 가(가다, 行)-]- + -아(연어)

61) 이젠: 이제(이제, 이때) + -ㄴ(← -는: 보조사, 주제) ※ '이제'는 [이(관사) + 저(← 적: 적, 때, 의명) + -의(부조, 위치)]의 방식으로 형성된 부사이다.

62) 都位: 도위. 모든 지위이다.

63) 모ᄃᆞᆫ: [모든, 衆(관사): 몯(모이다, 會: 동사)- + -ᄋᆞᆫ(관전▷관접)]

[73 앞]

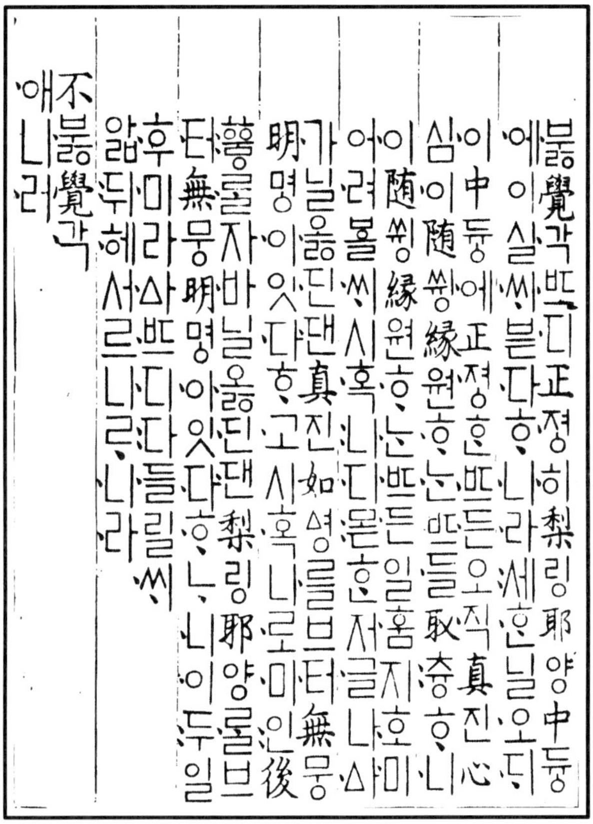

不붏覺각ᄠᅳ디正졍히梨링耶양中듕
에이실씨브텃다ᄒᆞ니라세ᄒᆞᆫ닐오ᄃᆡ
이中듕에正졍ᄒᆞᆫᄠᅳ든오직眞진心
심이隨쓍緣원ᄒᆞ논ᄠᅳ들取츙ᄒᆞ니
이隨쓍緣원ᄒᆞ논ᄠᅳ든일훔지호미
어려ᄫᅳᆯ씨시혹니다몯ᄒᆞᆫ저글나ᅀᅡ
가닐옳딘댄眞진如셩를브터無뭉
明명이잇다ᄒᆞ고시혹나로미인後
ᅘᅮᇢ를자바닐옳딘댄梨링耶양ᄅᆞᆯ브
터無뭉明명이잇다ᄒᆞᄂᆞ니이두일
후미라ᅀᅡᄠᅳ디다들릴씨
앒뒤헤서르니ᄅᆞ니라
不붏覺각
애니러

뜻이 正(정)히 梨耶(이야)의 中(중)에 있으므로 '의지하였다'고 하였니라. 셋은 이르되 "이 中(중)에 正(정)한 뜻은 오직 眞心(진심)이 隨緣(수연)하는 뜻을 取(취)하니, 이 隨緣(수연)하는 뜻은 이름을 붙이는 것이 어려우므로, 혹은 일어나지 못한 때를 나아가 이를 것이면 '眞如(진여)를 의지하여 無明(무명)이 있다.' 하고, 혹은 일어나는 것이 이루어진 後(후)를 잡아 이를 것이면 '梨耶(이야)를 의지하여 無明(무명)이 있다.'고 하나니, 이 두 이름이어야 뜻이 다 들리므로 앞뒤에 서로 일렀니라."

不覺(불각)에서 일어나

ᄠᅳ디 正졍히 棃링耶양 中듕에 이실씨 븓다[64] ᄒᆞ니라 세ᄒᆞᆫ 닐오ᄃᆡ 이 中듕에 正졍ᄒᆞᆫ ᄠᅳ든 오직 眞진心심이 隨쒸緣원[65]ᄒᆞᄂᆞᆫ ᄠᅳ들 取츙ᄒᆞ니 이 隨쒸緣원ᄒᆞᄂᆞᆫ ᄠᅳ든 일훔 지호미[66] 어려ᄫᅳᆯ씨[67] 시혹[68] 니디[69] 몯ᄒᆞᆫ 저글 나ᅀᅡ가 닐옳 딘댄 眞진如셩를 브터 無뭉明명이 잇다 ᄒᆞ고 시혹 니로미[70] 인[71] 後ᅘᅮᇹ를 자바 닐옳 딘댄 棃링耶양ᄅᆞᆯ 브터 無뭉明명이 잇다 ᄒᆞᄂᆞ니 이 두 일후미라ᅀᅡ[72] ᄠᅳ디 다 들릴씨[73] ᅀᅡᇚ뒤헤[74] 서르[75] 니ᄅᆞ니라[76]

不붏覺각애 니러

---

64) 븓다: 븓(← 븥다: 의지하다, 依)- + -Ø(과시)- + -다(평종)

65) 隨緣: 수연. 인연에 따라 나타나는 것이다. 혹은 인연에 따라 변화하는 것이다.

66) 지호미: 짛(붙이다, 附)- + -옴(명전) + -이(주조)

67) 어려ᄫᅳᆯ씨: 어렵(← 어렵다, ㅂ불: 어렵다, 難)- + -을씨(-으므로: 연어, 이유)

68) 시혹: 時或. 혹시, 어쩌다가. 또는 어떠한 때에(부사)

69) 니디: 니(← 닐다: 일다, 起)- + -디(-지: 연어, 부정)

70) 니로미: 닐(일다, 起)- + -옴(명전) + -이(주조)

71) 인: 일(이루어지다, 成)- + -Ø(과시)- + -ㄴ(관전)

72) 일후미라ᅀᅡ: 일훔(이름, 名) + -이(서조)- + -라ᅀᅡ(← -아ᅀᅡ: 연어, 필연적 조건)

73) 들릴씨: 들리[들리다, 聞: 들(← 듣다: 듣다, 聞)- + -이(피접)-]- + -ㄹ씨(-므로: 연어, 이유)

74) ᅀᅡᇚ뒤헤: ᅀᅡᇚ뒤ㅎ[앞뒤: ᅀᅡᇚ(← ᅀᅡᇁ: 앞, 前) + 뒤ㅎ(뒤, 後)] + -에(부조, 위치)

75) 서르: 서로, 相(부사)

76) 니ᄅᆞ니라: 니ᄅᆞ(이르다, 曰)- + -Ø(과시)- + -니(원칙)- + -라(← -다: 평종)

[73 뒤]

의지한 心體(심체)가 無明(무명)이 쬐는 탓으로 온 體(체)가 움직이니, 곧 이것이 業識(업식)이다. 앞에는 梨耶(이야)를 의지하여 無明(무명)이 있으니 곧 似(사)를 의지하여 迷(미)를 일으키는 것이고, 이제는 깨끗한 마음을 움직이여 梨耶(이야)를 이루니 곧 迷(미)를 의지하여 似(사)를 일으키는 것이니, 이 두 뜻이 한 때이건마는 이르는 것이 前後(전후)가 있을 따름이다.

能(능)히 보며

곧 저 心體(심체)가 옮아서 能(능)히 보는 것이 되니 이는 轉識(전식)이다.

브튼 心심體톙[77] 無뭉明명의[78] 뫼ᄂᆞᆫ 다ᄉᆞ로[79] 온[80] 體톙 뮈니 곧 이 業업識식이라 알픠ᄂᆞᆫ 梨링耶양ᄅᆞᆯ 브터 無뭉明명이 이시니 곧 似쌍ᄅᆞᆯ 브터 迷몡ᄅᆞᆯ 니ᄅᆞ와도미오[81] 이젠 조ᄒᆞᆫ ᄆᆞᅀᆞᄆᆞᆯ 뮈워 梨링耶양ᄅᆞᆯ 일우니 곧 迷몡ᄅᆞᆯ 브터 似쌍ᄅᆞᆯ 니ᄅᆞ와도미니 이 두 ᄠᅳ디 ᄒᆞᆫ ᄢᅵ언마ᄅᆞᆫ[82] 닐오미 前쪈後ᅘᅮᇢㅣ 이실 ᄯᆞᄅᆞ미라[83]

能능히[84] 보며

곧 뎌 心심體톙 올마[85] 能능히 보미 ᄃᆞ외니 이ᄂᆞᆫ 轉둰識식[86]이라

---

77) 心體: 心體(심체) + -∅(← -이: 주조) ※ '心體(심체)'는 마음의 본체이다. 심성(心性). 몸 곧 색신(色身)과 대비하여 사용하는 표현이다.

78) 無明의: 無明(무명) + -의(관조, 의미상 주격)

79) 다ᄉᆞ로: 닷(탓, 因: 의명, 이유) + -ᄋᆞ로(부조, 방편)

80) 온: [온, 全(관사): 오(← 오ᄋᆞᆯ다: 온전하다, 全)- + -ㄴ(관전▷관접)]

81) 니ᄅᆞ와도미오: 니르왇[일으키다, 起: 닐(일어나다, 起: 자동)- + -으(사접)- + -왇(강접)-]- + -옴(명전) + -이(서조)- + -오(← -고: 연어, 나열)

82) ᄢᅵ언마ᄅᆞᆫ: ᄢᅵ(← ᄣᅳ: 때, 時) + -이(서조)- + -언마ᄅᆞᆫ(← -건마ᄅᆞᆫ: -건마는, 연어, 인정 대조)

83) ᄯᆞᄅᆞ미라: ᄯᆞᄅᆞᆷ(따름: 의명) + -이(서조)- + -∅(현시)- + -라(← -다: 평종)

84) 能히: [능히(부사): 能(능: 불어) + -ㅎ(← -ᄒᆞ-: 동접)- + -이(부접)]

85) 올마: 옮(옮다, 移)- + -아(연어)

86) 轉識: 전식. 심체가 이미 일어난 업식(業識)을 의지하여 인식 주체(能見相)를 형성하는 과정을 가리킨다.

[74앞]

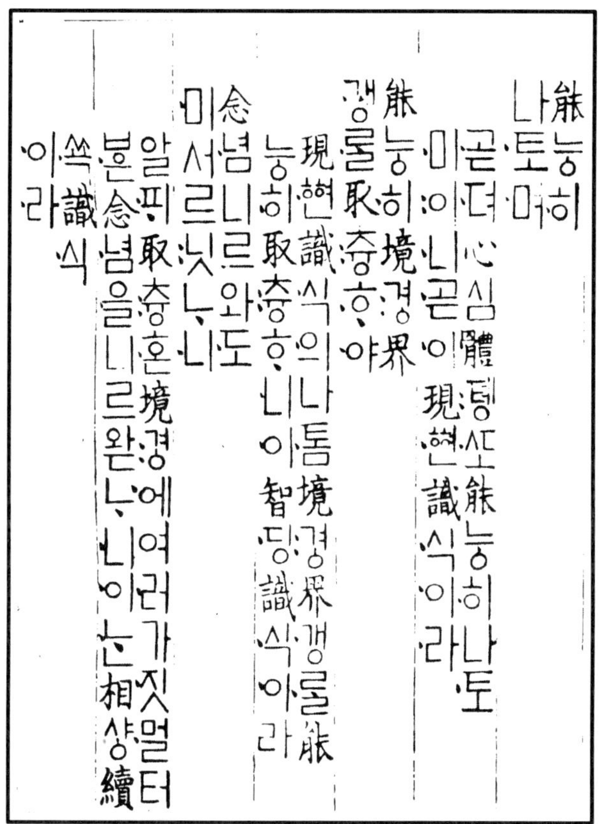

能능히 나토며 곧 뎌 心심體톙 ᄯᅩ 能능히 나토미 이니 곧 이 現현識식이라 能능히 境경界갱를 取츙ᄒᆞ야 現현識식의 나톤 境경界갱를 能능히 取츙ᄒᆞ니 이 智딩識식이라 念념 니르와도미 서르 닛ᄂᆞ니 알ᄑᆡ 取츙ᄒᆞᆫ 境경에 여러 가짓 멀터본 念념을 니르왇ᄂᆞ니 이런 相샹續쑉識식이라

能(능)히 나타내며

곧 저 心體(심체)가 또 能(능)히 나타내는 것이 이루어지니, 곧 이것이 現識(현식)이다.

能(능)히 境界(경계)를 取(취)하여

現識(현식)이 나타내는 境界(경계)를 能(능)히 取(취)하니, 이것이 智識(지식)이다.

念(염)을 일으키는 것이 서로 잇나니

앞에 取(취)한 境(경)에 여러 가지의 거친 念(염)을 일으키나니, 이것은 相續識(상속식)이다.

能능히 나토며[87)]

곧 뎌 心심體톙 ᄯᅩ 能능히 나토미 이니[88)] 곧 이[89)] 現ᅘᅧᆫ識식[90)]이라

能능히 境경界갱[91)]ᄅᆞᆯ 取츙ᄒᆞ야

現ᅘᅧᆫ識식의 나톰[92)] 境경界갱ᄅᆞᆯ 能능히 取츙ᄒᆞ니 이 智딩識식[93)]이라

念념 니르와도미 서르 닛ᄂᆞ니[94)]

알ᄑᆡ 取츙ᄒᆞᆫ 境경에 여러 가짓 멀터ᄫᅳᆫ[95)] 念념을 니르왇ᄂᆞ니 이ᄂᆞᆫ 相샹續쑉識식[96)]이라

---

87) 나토며: 나토[나타내다, 現: 낟(나타나다, 現: 자동)- + -호(사접)-]- + -며(연어, 나열)

88) 이니: 이(← 일다: 이루어지다, 成)- + -니(연어, 설명 계속)

89) 이: 이(이, 이것, 此) + -∅(← -이: 주조)

90) 現識: 현식. 아뢰야식이 갖가지 객관 세계의 모든 현상을 나타내는 것을 이른다.

91) 境界: 경계. 인과의 이치에 따라서 일상생활 속에서 부딪치게 되는 모든 일들이다. 곧 나와 관계되는 일체의 대상을 말한다.

92) 나톰: 나토[나타내다, 現: 낟(나타나다, 現: 자동)- + -호(사접)-]- + -∅(과시)- + -오(대상)- + -ㅁ(↚ -ㄴ: 관전) ※ '나톰'은 '나톤'의 오기로 보인다.

93) 智識: 지식. 지식은 제7식으로서 육상(六相) 중의 지상(智相)과 같다. 지식(智識)은 호오(好惡)를 분별해서 나(我)와 내 것(我所)으로 취착(取着)하므로 '염법(染法)'과 '정법(正法)'을 분별한다고 하였다.

94) 닛ᄂᆞ니: 닛(잇다, 繼)- + -ᄂᆞ(현시)- + -니(연어, 설명 계속)

95) 멀터ᄫᅳᆫ: 멀터ᇦ(← 멀텁다, ㅂ불: 거칠다, 荒)- + -∅(현시)- + -은(관전)

96) 相續識: 상속식. 그릇된 분별 작용으로 끊임없이 일어나는 괴로움과 즐거움이다.

[74 뒤]

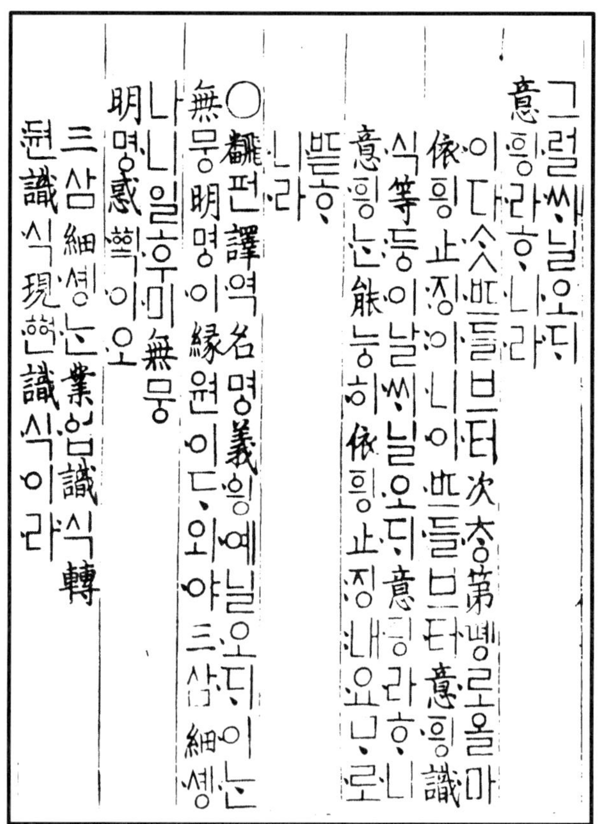

그러므로 이르되 意(의)라 하였니라.

이 다섯 뜻을 말미암아서 次第(차제, 차례)로 옮아 依止(의지)가 이루어지니, 이 뜻을 말미암아 意識(의식) 等(등)이 나므로, 이르되 '意(의)라'고 하니 意(의)는 能(능)히 依止(의지)를 내는 것으로 뜻하였니라.

○ 飜譯名義(번역명의)에 이르되, 이는 無明(무명)이 緣(연)이 되어서 三細(삼세)가 나니 이름이 無明惑(무명혹)이고

三細(삼세)는 業識(업식), 轉識(전식), 現識(현식)이다.

그럴씨[97] 닐오듸 意_힁[98]라 ᄒᆞ니라

이 다ᄉᆞᆺ ᄠᅳ들[99] 브터[1] 次_{ᄎᆞᆼ}第_뗑[2]로 올마 依_힁止_징[3] 이니[4] 이 ᄠᅳ들 브터 意_힁識_식[5] 等_등이 날씨 닐오듸 意_힁라 ᄒᆞ니 意_힁ᄂᆞᆫ 能_능히 依_힁止_징 내요ᄆᆞ로[6] ᄠᅳᆮᄒᆞ니라[7]

○ 飜_펀譯_역名_명義_읭[8]예 닐오듸 이ᄂᆞᆫ 無_뭉明_명이 緣_원이 ᄃᆞ외야 三_삼細_솅[9] 나니 일후미 無_뭉明_명惑_획[10]이오

三_삼細_솅ᄂᆞᆫ 業_업識_식[11] 轉_뒨識_식 現_현識_식이라

---

97) 그럴씨: [그러므로, 肆(부사, 접속): 그러(그러: 불어) + -Ø(← -ᄒᆞ-: 형접)- + -ㄹ씨(-므로: 연어 ▷ 부접)]

98) 意: 의. 기신론에서, 의식이 생기고 전개되는 과정을 '업식(業識), 전식(轉識), 현식(現識), 지식(智識), 상속식(相續識)'의 다섯 가지로 나눈 것이다.(五意)

99) ᄠᅳ들 브터: ᄠᅳᆮ(뜻, 意) + -을(목조)

1) 브터: 븥(말미암다, 由)- + -어(연어)

2) 次第: 차제. 차례이다.

3) 依止: 의지. 힘이나 덕이 있는 것에 의존하여 머무르거나, 스승을 받들면서 그의 가르침을 받는 것이다.

4) 이니: 이(← 일다: 이루어지다, 成)- + -니(연어, 설명 계속)

5) 意識: 의식. 밖으로 드러난 마음이다. 대승불교 시대에는 12연기중의 식(識)에 의해서 일체를 설명하려는 유식사상(唯識思想, 유식설)이 나타나고, 그중에서 오관에 관련된 오식(五識)을 통일하는 제6식을 의식(意識)이라고 하였다.

6) 내요ᄆᆞ로: 내[내다, 出: 나(나다, 出: 자동)- + -ㅣ(← -이-: 사접)-]- + -욤(← -옴: 명전) + -ᄋᆞ로(부조, 방편)

7) ᄠᅳᆮᄒᆞ니라: ᄠᅳᆮᄒᆞ[뜻하다: ᄠᅳᆮ(뜻, 意) + -ᄒᆞ(동접)-]- + -Ø(과시)- + -니(원칙)- + -라(← -다: 평종)

8) 飜譯名義: 번역명의. 『翻譯名義集』. 송나라 법운(1088~1158)이 불교 경전에 보이는 범어음(梵語音)으로 한역된 단어를 유별로 정리하여 해설한 사전이다.

9) 三細: 삼세. 기신론에서 설하는, 무명(無明)에 의해 움직이는 마음의 세 가지 미세한 모습이다.

10) 無明惑: 무명혹. 삼혹(三惑)의 하나이다. 모든 번뇌의 근본으로서, 차별을 떠난 본성을 알지 못하여 일어나는 지극히 미세한 번뇌이다.

11) 業識: 업식. 과거에 저지른 미혹한 행위와 말과 생각의 과보로 현재에 일으키는 미혹한 마음 작용이다.

[75 앞]

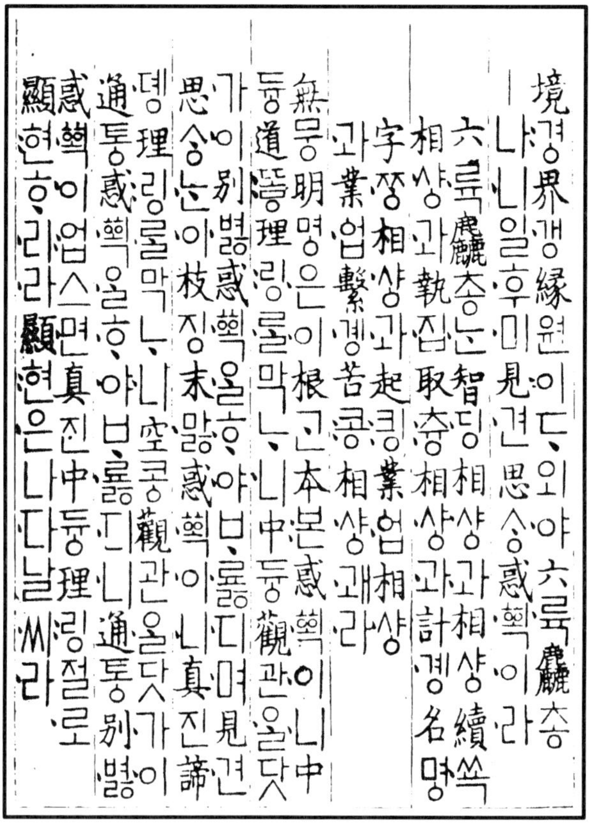

境界緣(경계연)이 되어 六麤(육추)가 나니, 그 이름이見思惑(견사혹)이다.

六麤(육추)는 智相(지상)과 相續相(상속상)과 執取相(집취상)과 計名字相(계명자상)과 起業相(기업상)과 業繫苦相(업계고상)이다.

無明(무명)은 이 根本惑(근본혹)이니 中道(중도)의 道理(도리)를 막나니, 中觀(중관)을 닦아 이 別惑(별혹)을 헐어버리는 것이며, 見思(견사)는 이 枝末惑(지말혹)이니 眞諦(진제)의 道理(도리)를 막나니, 空觀(공관)을 닦아 이 通惑(통혹)을 헐어버릴 것이니, 通別惑(통별혹)이 없으면 眞中(진중)의 道理(도리)가 저절로 顯(현)하리라. 顯(현)은 나타나는 것이다.

境경界갱 緣원이 ᄃᆞ외야 六륙麤총[12] 나니 일후미 見견思ᄉᆞᆼ惑ᅘᅬᆨ[13]이라

六륙麤총ᄂᆞᆫ 智딩相샹[14]과 相샹續쑉相샹[15]과 執집取츙相샹[16]과 計곙名명字쫑相샹[17]과 起킝業업相샹[18]과 業업繫곙苦콩相샹괘라[19]

無뭉明명은 이 根ᄀᆞᆫ本본惑ᅘᅬᆨ[20]이니 中듕道또ᇢ[21] 理링ᄅᆞᆯ 막ᄂᆞ니 中듕觀관[22]ᄋᆞᆯ 닷가 이 別볋惑ᅘᅬᆨ[23]ᄋᆞᆯ ᄒᆞ야ᄇᆞ룛[24] 디며 見견思ᄉᆞᆼᄂᆞᆫ 이 枝징末맗惑ᅘᅬᆨ[25]이니 眞진諦뎽[26] 理링ᄅᆞᆯ 막ᄂᆞ니 空콩觀관[27]ᄋᆞᆯ 닷가 이 通통惑ᅘᅬᆨ[28]ᄋᆞᆯ ᄒᆞ야ᄇᆞ룛 디니 通통別볋惑ᅘᅬᆨ이 업스면 眞진中듕 理링 절로[29] 顯현ᄒᆞ리라 顯현은 나다날[30] 씨라

---

12) 六麤: 육추. 무명으로 일어난 인식 주관이 대상에 대해 일으키는 여섯 가지 거친 작용이다.

13) 見思惑: 견사혹. 우주의 진리와 낱낱의 사물의 진상을 알지 못하여 일어나는 번뇌이다.

14) 智相: 지상. 대상에 대해 차별을 일으키는 지혜의 작용이다.

15) 相續相: 상속상. 대상을 차별함으로써 괴로움이나 즐거움이 끊이지 않는 상태이다.

16) 執取相: 집취상. 괴로움이나 즐거움이 주관의 작용임을 알지 못하고 실재하는 대상으로 잘못 생각하여 집착하는 것이다.

17) 計名字相: 계명자상. 실재하는 것으로 잘못 생각하여 집착하는 그 대상에 이름을 부여하고, 그 이름에 집착하여 여러 가지 번뇌를 일으키는 것이다.

18) 起業相: 기업상. 이름에 집착하여 여러 가지 그릇된 행위를 일으키는 것이다.

19) 業繫苦相괘라: 業繫苦相(업계고상) + -과(접조) + -ㅣ(← -이-: 서조)- + -Ø(현시)- + -라(← -다: 평종) ※ '業繫苦相(업계고상)'은 그릇된 행위에 얽매여 괴로움의 과보를 받는 것이다.

20) 根本惑: 근본혹. 모든 번뇌의 근본이 되는 탐(貪)·진(瞋)·치(癡)·만(慢)·의(疑)·악견(惡見)을 말한다.

21) 中道: 중도. 두 극단을 떠나 한편에 치우치지 않는 공명한 길이다.

22) 中觀: 중관. 삼관(三觀)의 하나이다. 공(空)이나, 여러 인연의 일시적인 화합으로 존재하는 현상의 어느 한쪽에 치우치지 않는 진리를 주시하는 것이다.

23) 別惑: 별혹. 오직 보살만이 끊는 번뇌라는 뜻이다.

24) ᄒᆞ야ᄇᆞ룛: ᄒᆞ야ᄇᆞ리(헐어버리다, 破)- + -요(← -오-: 대상))- + -ᇙ(관전)

25) 枝末惑: 지말혹. 탐(貪)·진(瞋)·치(癡)·만(慢)·의(疑)·악견(惡見)의 근본 번뇌에 부수적으로 일어나는 오염된 마음 작용이다.

26) 眞諦: 진제. 인도의 불교 학자로 경전 한역에 힘을 기울여 『섭대승론』 등 30본의 역본이 지었다.

27) 空觀: 모든 사물을 공(空)이라고 보는 불교의 관법이다.

28) 通惑: 통혹. 성문(聲聞), 연각(緣覺), 보살(菩薩)이 함께 끊는 번뇌라는 뜻이다.

29) 절로: [절로, 저절로, 自(부사): 절(← 저: 己, 인대, 재귀칭) + -로(부조 ▹ 부접)]

30) 나다날: 나다나[나타나다, 現: 낟(나타나다, 現)- + -아(연어) + 나(나다, 現)-]- + -ㄹ(관전)

[75 뒤]

本본覺각眞진如ᅀᅧᆼ는 조ᄒᆞᆫ 누니 곧
거든 熱ᅀᅧᇙ翳ᅙᅦᆼㅅ 氣킝韻운은 根근
本본無뭉明명이 곧ᄒᆞ니
翳ᅙᅦᆼ는 마ᄀᆞᆯ씨니 더본 氣킝
韻운으로 누네 ᄀᆞ리ᄡᅵᆯ씨라
翳ᅙᅦᆼ 눈과 어울면 조ᄒᆞᆫ 누늘 뮈우ᄂᆞ
니 業업識식이 ᄯᅩ 그러ᄒᆞ니라 조ᄒᆞᆫ
누니 뮐ᄊᆡ 病뼝ᄒᆞᆫ 누니 나ᄂᆞ니 能능
見견相샹이 ᄯᅩ 그러ᄒᆞ니라 病뼝ᄒᆞᆫ
누니 밧ᄀᆞᆯ 向향ᄒᆞ야 볼ᄊᆡ 곧 虛헝空
콩애 고ᄌᆞᆯ 보아 거츤 境경界갱 現현
ᄒᆞᄂᆞ니 境경界갱相샹이 ᄯᅩ 그러ᄒᆞ
니라 空콩華황境경이 이실ᄊᆡ ᄆᆞᅀᆞᆷ

本覺(본각)과 眞如(진여)는 맑은 눈(目)과 같은데 熱翳(열예)의 氣韻(기운)은 根本無明(근본무명)과 같으니,

翳(예)는 막는 것이니 더운 氣韻(기운)으로 눈에 가리끼는 것이다.

翳(예)가 눈과 어울리면 맑은 눈을 움직이나니 業識(업식)이 또 그러하니라. 맑은 눈이 움직이므로 病(병)한 눈이 일어나나니, 能見相(능견상)이 또 그러하니라. 病(병)한 눈이 밖을 向(향)하여 보므로 곧 虛空(허공)에서 꽃을 보아서 망령된 境界(경계)가 現(현)하나니, 境界相(경계상)이 또 그러하니라. 空華境(공화경)이 있으므로 마음을

本본覺각 眞진如셩는 조ᄒᆞᆫ 누니[31] ᄀᆞᆮ거든[32] 熱ᅀᅧᇙ瞖ᅙᅨᆼ[33]ㅅ 氣킝韻운은 根ᄀᆞᆫ本본 無뭉明명[34]이 ᄀᆞᆮᄒᆞ니

瞖ᅙᅨᆼᄂᆞᆫ 마ᄀᆞᆯ 씨니 더ᄫᅳᆫ 氣킝韻운으로 누네 ᄀᆞ리ᄢᅵᆯ[35] 씨라

瞖ᅙᅨᆼ 눈과 어울면 조ᄒᆞᆫ 누늘 뮈우ᄂᆞ니 業ᅌᅥᆸ識식이 ᄯᅩ 그러ᄒᆞ니라 조ᄒᆞᆫ 누니 뮐ᄊᆡ 病뼝ᄒᆞᆫ 누니 니ᄂᆞ니[36] 能능見견相샹[37]이 ᄯᅩ 그러ᄒᆞ니라 病뼝ᄒᆞᆫ 누니 밧ᄀᆞᆯ[38] 向향ᄒᆞ야 볼ᄊᆡ 곧 虛헝空콩애 고ᄌᆞᆯ 보아 거츤[39] 境경界갱 現ᅘᅧᆫᄒᆞ니 境경界갱相샹[40]이 ᄯᅩ 그러ᄒᆞ니라 空콩華ᅘᅪᆼ境경[41]이 이실ᄊᆡ ᄆᆞᅀᆞᄆᆞᆯ

31) 누니: 눈(눈, 目)+-이(-과: 부조, 비교)

32) ᄀᆞᆮ거든: ᄀᆞᆮ(←ᄀᆞᇀ다←ᄀᆞᆮᄒᆞ다: 같다, 如)-+-거든(-는데: 연어, 설명 계속)

33) 熱瞖: 열예. 열기의 마개이다.

34) 根本無明: 근본무명. 있는 그대로의 참모습을 깨닫지 못하여 홀연히 차별을 일으키는 원초적 번뇌이다.

35) ᄀᆞ리ᄢᅵᆯ: ᄀᆞ리ᄢᅵ[가리끼다, 瞖: ᄀᆞ리(가리다, 蔽)-+ᄢᅵ(끼다)-]-+-ㄹ(관전) ※'ᄀᆞ리ᄢᅵ다'는 사이에 가려서 일이나 행동 따위를 하는 데에 걸려서 방해가 되는 것이다.

36) 니ᄂᆞ니: 니(←닐다: 일다, 일어나다, 생기다, 起)-+-ᄂᆞ(현시)-+-니(연어, 설명 계속)

37) 能見相: 능견상. 무명(無明)에 의해 마음이 움직임으로써 일어나는 인식의 주체이다. '전상(轉相)'에 해당된다.

38) 밧ᄀᆞᆯ: 밝(밖, 外)+-ᄋᆞᆯ(목조)

39) 거츤: 거츠(←거츨다: 허망하다, 망령되다, 妄)-+-Ø(현시)-+-ㄴ(관전)

40) 境界相: 경계상. 무명(無明)에 의해 마음이 움직임으로써 일어나는 인식 주관의 작용으로 나타나는 대상이다. '현상(現相)'에 해당한다

41) 空華境: 공화경. 공화의 경계이다. ※'空華(공화)'는 눈(目)의 장애로 말미암아 생기는 허공의 꽃이다. 없는 것을 있는 것으로, 관념을 실재하는 객관 대상으로, 고유한 실체가 없는 것을 실체가 있는 것으로 보는 착각·환상·편견 등을 비유한 것이다.

[76 앞]

몯니르와다됴ᄒᆞᆫ곳머즌곳ᄃᆞᆯᄒᆞᆯ골
ᄒᆡ에ᄒᆞᄂᆞ니智딩相샹이ᄯᅩ그러ᄒᆞ
니라이ᄀᆞᆯᄒᆡ요ᄆᆞ로구디자바가시
디아니ᄒᆞᄂᆞ니相샹續쑉相샹이ᄯᅩ
그러ᄒᆞ니라자바一힗定뗭ᄒᆞ욘젼
ᄎᆞ로어긔며順쓘ᄒᆞᆫ境경에가지며
ᄇᆞ리며미조차求끃ᄒᆞᄂᆞ니執집取
츙相샹이ᄯᅩ그러ᄒᆞ니라相샹ᄋᆞᆯ取
츙ᄒᆞᆯᄊᆡ相샹우희ᄯᅩ일후믈세니뎌
相샹과對됭티몯ᄒᆞᆫ時씽節졇엔오
직일훔듣고곧잡ᄂᆞ니計곙名명字
쫑相샹이ᄯᅩ그러ᄒᆞ니라ᄒᆞ마일훔
혜오相샹取츙ᄒᆞ야몸과입과애뮈
여나이空콩華황ᄅᆞᆯ브ᄐᆞᆼ기야善썬

일으켜서 좋은 꽃과 흉한 꽃들을 가리게 하나니, 智相(지상)이 또 그러하니라. 이 가려내는 것으로써 굳이 잡아 변하지 아니하나니, 相續相(상속상)이 또 그러하니라. 잡아서 一定(일정)한 까닭으로 어기며 順(순)한 境(경)에 가지며 버리며 뒤미처 좇아서 求(구)하나니, 執取相(집취상)이 또 그러하니라. 相(상)을 取(취)하므로 相(상)의 위에 또 이름을 세우니, 저 相(상)과 對(대)하지 못한 時節(시절)에는 오직 이름을 듣고 곧 잡나니, 計名字相(계명자상)이 또 그러하니라. 이미 이름을 헤아리고 相(상)을 取(취)하여 몸과 입에 움직여 나서, 이 空華(공화)를 붙당기어서 善業(선업)과 니르와다 됴ᄒᆞᆫ 곳[42] 머즌[43] 곳ᄃᆞᆯᄒᆞᆯ[44] ᄀᆞᆯᄒᆡ에[45] ᄒᆞᄂᆞ니 智딩相샹이 ᄯᅩ 그러ᄒᆞ니라 이 ᄀᆞᆯᄒᆡ요ᄆᆞ로[46] 구디[47] 자바 가ᄉᆡ디[48] 아니ᄒᆞᄂᆞ니 相샹續쑉相샹이 ᄯᅩ 그러ᄒᆞ니라 자바 一ᅙᅵᇙ定뗭ᄒᆞ욘[49] 젼ᄎᆞ로 어긔며[50] 順쓘ᄒᆞᆫ 境경에 가지며[51] ᄇᆞ리며[52] 미조차[53] 求꾸ᇢᄒᆞᄂᆞ니 執집取츙相샹이 ᄯᅩ 그러ᄒᆞ니라 相샹ᄋᆞᆯ 取츙홀ᄊᆡ 相샹 우희 ᄯᅩ 일후믈 셰니[54] 뎌 相샹과 對됭티[55] 몯ᄒᆞᆫ 時씽節져ᇙ엔 오직 일훔 듣고 곧 ᄌᆞᆷᄂᆞ니[56] 計곙名명字ᄍᆞᆼ相샹이 ᄯᅩ 그러ᄒᆞ니라 ᄒᆞ마 일훔 혜오[57] 相샹 取츙ᄒᆞ야 몸과 입과애[58] 뮈여 나 이 空콩華ᅘᅪᆼᄅᆞᆯ 븓ᄃᆞᆼ기야[59] 善션惡악業업을

42) 곳: 꽃, 花.
43) 머즌: 멎(궂거나 흉하다, 凶)-+-Ø(현시)-+-은(관전)
44) 곳ᄃᆞᆯᄒᆞᆯ: 곳ᄃᆞᆶ[꽃들, 花等: 곳(←곶: 꽃, 花)+-ᄃᆞᆶ(-들: 복접)]+-ᄋᆞᆯ(목조)
45) ᄀᆞᆯᄒᆡ에: ᄀᆞᆯᄒᆡ(가리다, 分別)-+-에(-게: 연어, 사동)
46) ᄀᆞᆯᄒᆡ요ᄆᆞ로: ᄀᆞᆯᄒᆡ(가리다, 分別)-+-욤(←-옴: 명전)+-ᄋᆞ로(부조, 방편)
47) 구디: [굳이, 堅(부사): 굳(굳다, 堅: 형사)-+-이(부접)]
48) 가ᄉᆡ디: 가ᄉᆡ(가시다, 변하다, 變)-+-디(-지: 연어, 부정)
49) 一定ᄒᆞ욘: 一定ᄒᆞ[일정하다, 하나로 정하다(동사): 一定(일정: 명사)-+-ᄒᆞ(동접)-]-+-Ø(과시)-+-요(←-오-: 대상)-+-ㄴ(관전)
50) 어긔며: 어긔(어기다, 違)-+-며(연어, 나열)
51) 가지며: 가지(가지다, 持)-+-며(연어, 나열)
52) ᄇᆞ리며: ᄇᆞ리(버리다, 棄)-+-며(연어, 나열)
53) 미조차: 미좇[뒤미쳐 좇다, 追: 미(←및다: 미치다, 이르다, 及)-+좇(좇다, 從)-]-+-아(연어)
54) 셰니: 셰[세우다, 立: 셔(서다, 立)-+-ㅣ(←-이-: 사접)-]-+-니(연어, 설명 계속)
55) 對티: 對ㅎ[←對ᄒᆞ다(대하다): 對(대: 불어)+-ᄒᆞ(동접)-]-+-디(-지: 연어, 부정)
56) ᄌᆞᆷᄂᆞ니: ᄌᆞᆸ(←ᄌᆞᆸ다: 잡다, 執)-+-ᄂᆞ(현시)-+-니(연어, 설명 계속) ※ 'ᄌᆞᆷᄂᆞ니'는 'ᄌᆞᆸᄂᆞ니'에 비음화가 적용된 결과이다.
57) 혜오: 혜(헤아리다, 量)-+-오(←-고: 연어, 나열)
58) 입과애: 입(입, 口)+-과(접조)+-애(-에: 부조, 위치)
59) 븓ᄃᆞᆼ기야: [붙당기다, 붙잡아서 당기다: 븓(←븥다: 붙다, 附)-+ᄃᆞᆼ기(당기다, 引)-]-+-야(←-아: 연어)

惡악業업을 짓ᄂᆞ니 起킝業업相샹
이 또 그러ᄒᆞ니라 苦콩樂락報봏ᄅᆞᆯ
受쓩ᄒᆞ야 기리 生ᄉᆡᇰ死ᄉᆞᆼ애 ᄌᆞᆷ드러
能능히 벗디 몯ᄒᆞᄂᆞ니 業업繫곙苦
콩相샹이 또 그러ᄒᆞ니 다 根곤
本본無뭉明명力륵의 젼ᄎᆞ|라
○起킝信신論론애 닐오ᄃᆡ 不븛覺각
올 브틀ᄊᆡ 세 가짓 相샹이 나ᄃᆡ 不븛覺
각과 서르 맛ᄀᆞᆯ마 여
희디 아니ᄒᆞᄂᆞ니라
相샹이 體톙예 여희디 아니ᄒᆞᆯᄊᆡ 末
맗이 本본ᄋᆞᆯ 여희디 아니ᄒᆞᄂᆞ니 그
럴ᄊᆡ 無뭉明명을 브터 妄망心심이
닐오 妄망心심을 브터 無뭉明명이

惡業(악업)을 짓나니, 起業相(기업상)이 또 그러하니라. 苦樂報(고락보)를 受(수)하여 길이 生死(생사)에 잠들어서 能(능)히 벗지 못하나니, 業繫苦相(업계고상)이 또 그러하니, (이는) 다 根本無明力(근본무명력)의 때문이다.

○ 起信論(기신론)에 이르되 "不覺(불각)을 의지하므로 세 가지의 相(상)이 나서 저 不覺(불각)과 서로 응하여 떨어지지 아니하느니라."

相(상)이 體(체)에서 떨어지지 아니하므로 末(말)이 本(본)을 떨치지 아니하나니, 그러므로 無明(무명)을 말미암아 妄心(망심)이 일어나고, 妄心(망심)을 말미암아 無明(무명)이짓ᄂᆞ니 起키ᇰ業업相샤ᇰ[60]이 ᄯᅩ 그러ᄒᆞ니라 苦코ᇰ樂락報보ᇰ[61]ᄅᆞᆯ 受쓔ᇢᄒᆞ야 기리[62] 生ᄉᆡᇰ死ᄉᆞᇰ애 ᄌᆞᆷ드러[63] 能ᄂᆞᇰ히 벗디 몯ᄒᆞᄂᆞ니 業업繫곙苦코ᇰ相샤ᇰ[64]이 ᄯᅩ 그러ᄒᆞ니 다 根ᄀᆞᆫ本본無무ᇰ明며ᇰ力륵[65]의 젼ᄎᆞ라[66]

○ 起키ᇰ信신論론애 닐오ᄃᆡ 不부ᇙ覺각[67]ᄋᆞᆯ 브틀씨 세 가짓 相샤ᇰ이 나 뎌 不부ᇙ覺각과 서르 맛ᄀᆞᆯ마[68] 여희디 아니ᄒᆞᄂᆞ니라

相샤ᇰ이 體톙예 여희디 아니ᄒᆞᆯ씨 末맗이 本본ᄋᆞᆯ 여희디 아니ᄒᆞᄂᆞ니 그럴씨 無무ᇰ明며ᇰ을 브터 妄망心심이 닐오 妄망心심을 브터 無무ᇰ明며ᇰ이

---

60) 起業相: 기업상. 이름에 집착하여 여러 가지 그릇된 행위를 일으키는 것이다.

61) 苦樂報: 고락보. 괴로움과 즐거움의 과보(果報)이다.

62) 기리: [길이, 久(부사): 길(길다, 長)- + -이(부접)]

63) ᄌᆞᆷ드러: ᄌᆞᆷ들[잠들다, 寢: ᄌᆞ(자다, 夢)- + -ㅁ(명접) + 들(들다, 入)-]- + -어(연어)

64) 業繫苦相: 업계고상. 육추(六麤)의 하나이다. 이름뿐인 대상에 집착하여 여러 가지 그릇된 행위를 함으로써 괴로움의 과보를 받아 자유롭지 못한 것이다.

65) 根本無明力: 근본무명력. 있는 그대로의 참모습을 깨닫지 못하여 홀연히 차별을 일으키는 원초적 번뇌이다.

66) 젼ᄎᆞ라: 젼ᄎᆞ(까닭, 由) + -ㅣ(← -이-: 서조)- + -Ø(현시)- + -라(← -다: 평종)

67) 不覺: 불각. 번뇌에 가려 청정한 마음의 근원을 깨닫지 못하는 것이다. 혹은 청정한 마음의 근원이 번뇌에 가려 있는 상태이다.

68) 맛ᄀᆞᆯ마: 맛ᄀᆞᆱ[응하다, 대응하다, 應: 맛(← 맞다: 맞다, 當)- + ᄀᆞᆱ(응하다, 應)-]- + -아(연어)

[77 앞]

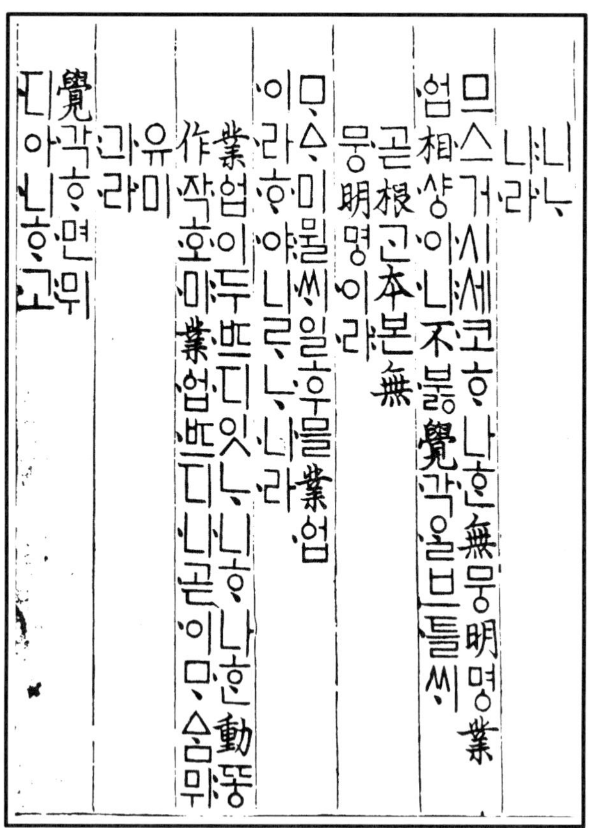

일어나느니라.

무엇이 (그) 셋이냐? 하나는 無明業相(무명업상)이니 不覺(불각)을 의지하므로 곧 根本無明(근본무명)이다.

마음이 움직이므로 이름을 業(업)이라 하여 이르느니라.

業(업)이 두 뜻이 있나니, 하나는 動作(동작)하는 것이 業(업)의 뜻이니, 곧 이 마음이 움직이는 것이 그것이다.

覺(각)하면 움직이지 아니하고

[77 앞]

니ᄂᆞ니라[69)]

므스거시[70)] 세코[71)] ᄒᆞ나ᄒᆞᆫ[72)] 無뭉明명業업相샹[73)]이니 不붏覺각ᄋᆞᆯ 브틀씨

곧 根ᄀᆞᆫ本본無뭉明명[74)]이라

ᄆᆞᅀᆞ미 뮐씨 일후믈 業업[75)]이라 ᄒᆞ야 니ᄅᆞᄂᆞ니라[76)]

業업이 두 ᄠᅳ디 잇ᄂᆞ니 ᄒᆞ나ᄒᆞᆫ 動똥作작호미 業업 ᄠᅳ디니 곧 이 ᄆᆞᅀᆞᆷ 뮈유미[77)] 긔라[78)]

覺각ᄒᆞ면 뮈디 아니ᄒᆞ고

---

69) 니ᄂᆞ니라: 니(← 닐다: 일다, 일어나다, 起)- + -ᄂᆞ(현시)- + -니(원칙)- + -라(← -다: 평종)

70) 므스거시: 므스것[무엇, 何(지대, 미지칭): 므스(← 므슷: 무슨, 何, 관사, 지시, 미지칭) + 것(것, 者: 의명)] + -이(주조)

71) 세코: 셓(셋, 三: 수사, 양수) + -고(보조사, 의문, 설명)

72) ᄒᆞ나ᄒᆞᆫ: ᄒᆞ낳(하나, 一: 수사, 양수) + -ᄋᆞᆫ(보조사, 주제)

73) 無明業相: 무명업상. 삼세(三細)의 하나이다. 무명(無明)에 의해 최초로 마음이 움직이지만 아직 주관과 객관의 구별이 없는 상태이다.

74) 根本無明: 근본무명. 있는 그대로의 참모습을 깨닫지 못하여 홀연히 차별을 일으키는 원초적 번뇌이다.

75) 業: 업. 불교의 근본 교리 가운데 하나로서, 불교에서 말하는 심신의 활동과 일상생활의 일이다. 몸(身)·입(口)·뜻(意)으로 짓는 말과 동작과 생각, 그리고 그 인과를 의미한다. '업(業)'은 짓는다는 뜻이다.

76) 니ᄅᆞᄂᆞ니라: 니ᄅᆞ(이르다, 曰)- + -ᄂᆞ(현시)- + -니(원칙)- + -라(← -다: 평종)

77) 뮈유미: 뮈(움직이다, 動)- + -윰(← -움: 명전) + -이(주조)

78) 긔라: 그(그, 彼: 인대, 정칭) + -ㅣ(← -이-: 서조)- + -Ø(현시)- + -라(← -다: 평종)

[77 뒤]

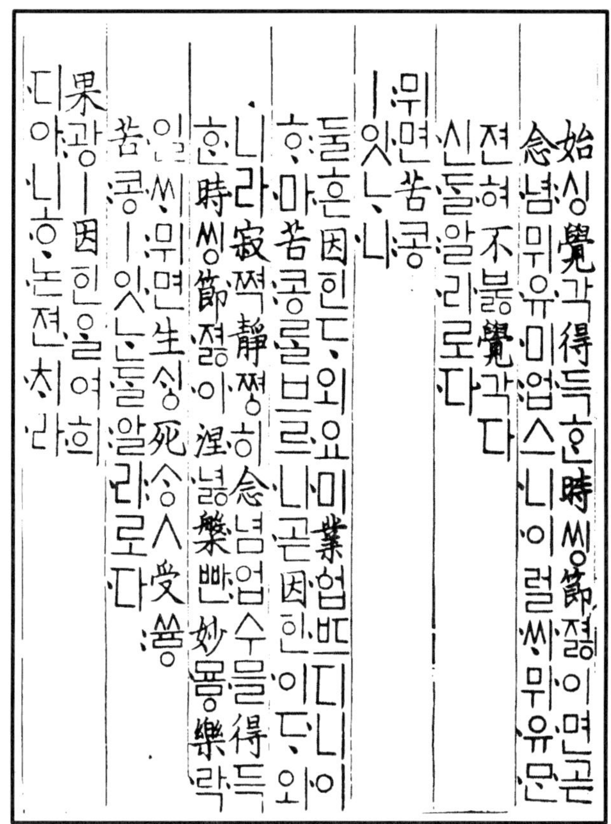

始覺(시각)을 得(득)한 時節(시절)이면 곧 念(염)이 움직이는 것이 없으니, 이러므로 움직이는 것은 오로지 不覺(불각)의 탓인 것을 알겠구나.

움직이면 苦(고)가 있나니,

둘은 因(인)이 되는 것이 業(업)의 뜻이니, 이것이 장차 苦(고)를 부르니 곧 因(인)이 되었니라. 寂靜(적정)히 念(염)이 없는 것을 得(득)한 時節(시절)이 涅槃(열반)의 妙樂(묘락)이므로, 움직이면 生死(생사)의 受苦(수고)가 있는 것을 알겠구나.

果(과)가 因(인)을 떨치지 아니하는 까닭이다.

[77 뒤]

始싱覺각[79] 得득혼 時씽節졇이면 곧 念념 뮈유미 업스니 이럴씨[80] 뮈유믄 젼혀[81] 不붏覺각 다신[82] 둘[83] 알리로다[84]

뮈면 苦콩ㅣ 잇ᄂᆞ니

둘흔[85] 因힌 ᄃᆞ외요미[86] 業업 ᄠᅳ디니 이 ᄒᆞ마[87] 苦콩ᄅᆞᆯ 브르니[88] 곧 因힌이 ᄃᆞ외니라[89] 寂쩍靜쪙히[90] 念념 업수믈[91] 得득혼 時씽節졇이 涅넗槃빤[92] 妙묳樂락[93]일씨 뮈면 生싱死ᄉᆞᆼㅅ 受쓯苦콩ㅣ 잇는 둘 알리로다

果광ㅣ 因힌을 여희디 아니ᄒᆞ논[94] 젼치라

79) 始覺: 시각. 삼각(三覺)의 하나로서, 수행에 의해서 번뇌를 없애고 얻는 깨달음을 이른다.

80) 이럴씨: [이러므로(부사, 접속): 이러(불어) + -Ø(←-ᄒᆞ-: 형접)- + -ㄹ씨(연어▷부접)]

81) 젼혀: [오로지, 純(부사): 젼(전, 全: 불어) + -혀(부접, 강조)]

82) 다신: 닷(탓, 由) + -이(서조)- + -Ø(현시)- + -ㄴ(관전)

83) 둘: ᄃᆞ(것, 者: 의명) + -ㄹ(←-ᄅᆞᆯ: 목조)

84) 알리로다: 알(알다, 知)- + -리(미시)- + -로(←-도-: 감동)- + -다(평종)

85) 둘흔: 둘ㅎ(둘, 二: 수사, 양수) + -은(보조사, 주제)

86) ᄃᆞ외요미: ᄃᆞ외(되다, 爲)- + -욤(←-옴: 명전) + -이(주조)

87) ᄒᆞ마: 장차, 將次(부사)

88) 브르니: 브르(부르다, 喚)- + -니(연어, 설명 계속)

89) ᄃᆞ외니라: ᄃᆞ외(되다, 爲)- + -Ø(과시)- + -니(원칙)- + -라(←-다: 평종)

90) 寂靜히: [적정히(부사): 寂靜(적정) + -ㅎ(←-ᄒᆞ-: 형접) + -이(부접)] ※ '寂靜(적정)'은 탐욕(貪)과 노여움(瞋)과 어리석음(痴)이 소멸된 열반의 상태이다. 곧, 모든 번뇌를 남김없이 소멸하여 평온하게 된 열반의 상태이다.

91) 업수믈: 없(없다, 無)- + -움(명전) + -을(목조)

92) 涅槃: 열반. 불교에서 수행에 의해 진리를 체득하여 미혹과 집착을 끊고 일체의 속박에서 해탈한 최고의 경지이다.(니르바나, nirvana)

93) 妙樂: 묘락. 미타불이 살고 있는 정토(淨土)로, 괴로움이 없으며 지극히 안락하고 자유로운 세상이다. 인간 세계에서 서쪽으로 10만억 불토(佛土)를 지난 곳에 있다.(=극락, 極樂)

94) 아니ᄒᆞ논: 아니ᄒᆞ[아니하다, 不: 아니(아니, 不: 부사) + -ᄒᆞ(동접)-]- + -ㄴ(←-ᄂᆞ-: 현시)- + -오(대상)- + -ㄴ(관전)

[78 앞]

움직이지 아니하는 것이 장차 즐겁우므로 움직이면 반드시 受苦(수고)가 있음을 곧 알 것이니, 움직이는 因(인)과 受苦(수고)의 果(과)가 이미 各別(각별)한 時節(시절)이 없으므로 '떨치지 아니하였다.'고 하였니라. 이것이 비록 念(염)을 움직이나 至極(지극)히 微細(미세)하여, 緣(연)하여 일어난 한 相(상)이 能(능)과 所(소)가 나누어지지 아니하니, 곧 梨耶(이야)의 自體分(자체분)에 當(당)하였니라. 無相論(무상론)에 이르되 "묻되, 이 識(식)이 어느 相(상)이며 어느 境界(경계)이냐?" 對答(대답)하되 "相(상)과 境界(경계)를 구분하지 못하겠으니 (상과 경계는) 한 體(체)이라서 다르지 아니하니, 이는 賴耶(이야) 業相(업상)의 뮈디 아니호미 ᄒᆞ마 즐거ᄫᅳᆯ씨[95] 뮈면 반ᄃᆞ기[96] 受쓭苦콩 이쇼ᄆᆞᆯ 곧 아로ᇙ[97] 디니[98] 뮈ᄂᆞᆫ 因ᅙᅵᆫ과 受쓭苦콩ㅅ 果광ㅣ ᄒᆞ마 各각別볋ᄒᆞᆫ 時씽節졇이 업슬씨 여희디 아니타[99] ᄒᆞ니라 이 비록 念념을 뮈우나 至징極끅 微밍細솅ᄒᆞ야 緣원ᄒᆞ야[1] 닌[2] ᄒᆞᆫ 相샹이 能능所송[3]ㅣ ᄂᆞᆫ호디[4] 아니ᄒᆞ니 곧 梨링耶양ᄋᆡ 自쯩體톙分뿐[5]의 當당ᄒᆞ니라[6] 無뭉相샹論론애 닐오ᄃᆡ 무로ᄃᆡ 이 識식이 어느 相샹이며 어느 境경界갱오[7] 對됭答답호ᄃᆡ 相샹과 境경界갱와ᄅᆞᆯ ᄀᆞᆯ히디 몯ᄒᆞ리니 ᄒᆞᆫ 體톙라 다ᄅᆞ디 아니ᄒᆞ니 이ᄂᆞᆫ 賴랭耶양 業업相샹[8]

---

95) 즐거ᄫᅳᆯ씨: 즐거ᇦ[← 즐겁다, ㅂ불(즐겁다, 喜): 즑(즐거워하다, 歡: 불어)+-업(형접)-]-+-을씨(-므로: 연어, 이유)

96) 반ᄃᆞ기: [반드시, 必(부사): 반ᄃᆞᆨ(반듯: 불어)+-Ø(←-ᄒᆞ-: 형접)-+-이(부접)]

97) 아로ᇙ: 알(알다, 知)-+-오(대상)-+-ᇙ(관전)

98) 디니: ㄷ(←ᄃᆞ: 것, 者, 의명)+-이(서조)-+-니(연어, 설명 계속)

99) 아니타: 아니ㅎ[←아니ᄒᆞ다(아니하다: 보용, 부정): 아니(아니, 不: 부사, 부정)+-ᄒᆞ(동접)-]-+-Ø(과시)-+ -다(평종)

1) 緣ᄒᆞ야: 緣ᄒᆞ[연하다, 말미암다: 緣(연: 불어)+-ᄒᆞ(동접)-]-+-야(←-아: 연어)

2) 닌: 니(←닐다: 일다, 起)-+-Ø(과시)-+-ㄴ(관전)

3) 能所: 능소. 능(能)과 소(所)이다. '능(能)'은 어떤 행위의 주체이며, '소(所)'는 그 행위의 목표가 되는 객체이다. 혹은 인식의 주관과 객관이다.

4) ᄂᆞᆫ호디: ᄂᆞᆫ호(나누다, 나누어지다, 分)-+-디(-지: 연어, 부정)

5) 自體分: 자체분. 사분(四分)의 하나이다. 인식 주관과 인식 대상에 의한 자신의 인식 작용을 확인하는 부분이다. ※ '사분(四分)'은 법상종(法相宗)에서, 인식의 성립 과정을 네 부분으로 나눈 것이다. 첫째, 상분(相分)은 인식 대상. 인식 주관에 드러난 대상이다. 둘째, 견분(見分)은 대상을 인식하는 주관이다. 셋째, 자체분(自體分, 自證分)은 인식 주관과 인식 대상에 의한 자신의 인식 작용을 확인하는 부분이다. 넷째, 증자증분(證自證分)은 자신의 인식 작용을 다시 확인하는 부분이다.

6) 當ᄒᆞ니라: 當ᄒᆞ[당하다: 當(당: 불어)+-ᄒᆞ(동접)-]-+-Ø(과시)-+-니(원칙)-+-라(←-다: 평종) ※ '當(당)'은 해당하는 것이다.

7) 境界오: 境界(경계)+-Ø(←-이-: 서조)-+-Ø(현시)-+-오(←-고: 의종, 설명)

8) 業相: 업상. 무명(無明)에 의해 최초로 마음이 움직이지만 아직 주관과 객관의 구별이 없는 상태이다.

[78 뒤]

샹ᄠᅳ·들 자·바
니ᄅᆞ·도·다
둘·흔 能능見견相샹·이·니
곧·이 轉뎐相샹·이·라
뮈·유·믈 브·틀·씨 能능·히 보·ᄂᆞ·니
알ᄑᆡᆺ 業업識·식·을 브·터 올·마 能능見견·이 ·이·니·라
뮈·디 아·니ᄒᆞ·면 보·미 :업스·니·라
性셩淨쪙門몬·올 브·트·면 能능見견·이 :업스·리·니 能능見견·이 모·로·매 動

뜻을 잡아서 일렀구나.

둘은 能見相(능견상)이니

곧 이 轉相(전상)이다.

움직임을 의지하므로 能(능)히 보나니

앞에 있는 業識(업식)을 의지하여 옮아서 能見(능견)이 이루어졌니라.

움직이지 아니하면 보는 것이 없으니라.

性淨門(성정문)을 의지하면 能見(능견)이 없겠으니, 能見(능견)이 모름지기 動(동)을

ᄠᅳ들 자바 니ᄅᆞ도다[9)]

둘흔 能능見견相샹[10)]이니

곧 이 轉둰相샹[11)]이라

뮈유믈[12)] 브틀ᄊᆡ 能능히 보ᄂᆞ니

알ᄑᆡᆺ[13)] 業업識식[14)]을 브터 올마 能능見견[15)]이 이니라[16)]

뮈디 아니ᄒᆞ면 보미 업스니라

性셩淨쪙門몬[17)]ᄋᆞᆯ 브트면 能능見견이 업스리니 能능見견이 모로매[18)] 動똥ᄋᆞᆯ

---

9) 니ᄅᆞ도다: 니ᄅᆞ(이르다, 曰)- + -Ø(과시)- + -도(감동)- + -다(평종)

10) 能見相: 능견상. 무명(無明)에 의해 마음이 움직임으로써 일어나는 인식 주관이다. ※ 진여(眞如)가 무명(無明)에 의하여 처음 일어나는 것을 업상(業相)이라고 한다. 이 업상의 위에 주관과 객관의 2분(分)이 서로 대립하는 경우에, 그 주관적인 부분을 능견상이라고 한다.

11) 轉相: 전상. 무명(無明)에 의해 마음이 움직임으로써 일어나는 인식의 주관이다.

12) 뮈유믈: 뮈(움직이다, 動)- + 윰(← -움: 명전) + -을(목조)

13) 알ᄑᆡᆺ: 앒(앞, 前) + -ᄋᆡ(-에: 부조, 위치) + -ㅅ(-의: 관조)

14) 業識: 업식. 업식. 과거에 저지른 미혹한 행위와 말과 생각의 과보로 현재에 일으키는 미혹한 마음 작용이다.

15) 能見: 능경. 보는 주체이다.

16) 이니라: 이(← 일다: 이루어지다, 成)- + -Ø(과시)- + -니(원칙)- + -라(← -다: 평종)

17) 性淨門: 성정문. 모든 법(法)이 갖추고 있는, 변하지 않는 본성인 자성(自性)이 청정한 문(性淨門)이니, 이는 곧 상주하는 불성이다.

18) 모로매: 모름지기, 必(부사)

ᄠᅳᆮ올 븓논 ᄠᅳ들 드위ᅘᅧ 나토니 이 轉
뎐相샹이 비록 能ᄂᆞᆼ緣원이 이시나
境경界갱 微밍細솅ᄒᆞᆯᄊᆡ 오히려 ᄀᆞᆯ
ᄒᆡ디 몯ᄒᆞ리니 攝셥論론애 닐오ᄃᆡ
意ᅙᅴᆼ識식이 三삼世솅 境경과 三삼
世솅 아닌 境경을 緣원ᄒᆞᄂᆞ니 이ᄂᆞᆫ
곧 어루 알려니와 이 識식의 所송緣
원 境경은 아디 몯ᄒᆞ리라 ᄒᆞ니 그럴
ᄊᆡ ᄒᆞ마 所송緣원을 아디 몯ᄒᆞ리라
니ᄅᆞ니 곧 能ᄂᆞᆼ緣원을 자바 本본識
식의 轉뎐相샹意
ᅙᅴᆼ를 ᄇᆞᆯ기니라
세ᄒᆞᆫ 境경界갱相샹이니

의지하는 뜻을 뒤집어서 나타내니, 이 轉相(전상)이 비록 能緣(능연)이 있으나 境界(경계)가 微細(미세)하므로 오히려 구분하지 못하겠으니, 攝論(섭론)에 이르되 "意識(의식)이 三世(삼세)의 境(경)과 三世(삼세)가 아닌 境(경)을 緣(연)하나니, 이는 곧 가히 알겠거니와 이 識(식)의 所緣(소연)의 境(경)은 알지 못하겠다."고 하니, 그러므로 "하마터면 所緣(소연)을 알지 못하리라."고 이르니, 곧 能緣(능연)을 잡아 本識(본식)의 轉相意(전상의)를 밝혔니라.

셋은 境界相(경계상)이니

븓논[19] ᄠᅳ들 드위ᅘᅧ[20] 나토니[21] 이 轉뎐相샹[22]이 비록 能능緣원[23]이 이시나 境경界갱[24] 微밍細솅ᄒᆞᆯ씨 오히려 ᄀᆞᆯᄒᆡ디[25] 몯ᄒᆞ리니 攝셥論론[26]애 닐오ᄃᆡ 意ᅙᅴᆼ識식[27]이 三삼世솅[28] 境경과 三삼世솅 아닌 境경을 緣원ᄒᆞᄂᆞ니[29] 이ᄂᆞᆫ 곧 어루[30] 알려니와[31] 이 識식의 所송緣원[32] 境경은 아디 몯ᄒᆞ리라 ᄒᆞ니 그럴씨 ᄒᆞ마[33] 所송緣원을 아디 몯ᄒᆞ리라 니ᄅᆞ니 곧 能능緣원을 자바 本본識식[34]의 轉뎐相샹 意ᅙᅴᆼ를 ᄇᆞᆯ기니라[35]

세ᄒᆞᆫ 境경界갱相샹[36]이니

19) 븓논: 븥(붙다, 의지하다, 依)-+-ㄴ(←-ᄂᆞ-: 현시)-+-오(대상)-+-ㄴ(관전)

20) 드위ᅘᅧ: 드위ᅘᅧ[뒤집다, 反: 드위(뒤집다, 反: 타동)-+-ᅘᅧ(강접)-]-+-어(연어)

21) 나토니: 나토[나타내다, 現: 낟(나타나다, 現: 자동)-+-호(사접)-]-+-니(연어, 설명 계속)

22) 轉相: 전상. 무명(無明)에 의해 마음이 움직임으로써 일어나는 인식 주관이다.

23) 能緣: 능연. 외계(外界)의 사물(事物)에 의지(依支)하여 인식(認識)하는 마음의 작용(作用)이다.

24) 境界: 경계. 인과의 이치에 따라서 일상생활 속에서 부딪치게 되는 모든 일들이다. 곧 나와 관계되는 일체의 대상을 말한다.

25) ᄀᆞᆯᄒᆡ디: ᄀᆞᆯᄒᆡ(가리다, 구분하다, 分別)-+-디(-지: 연어, 부정)

26) 攝論: 섭론. 아상가(無着: 310~390)가 유식(唯識)의 입장에서 대승불교를 통일하기 위하여 저술한 책이다.(=섭대승론, 攝大乘論)

27) 意識: 의식. 밖으로 드러난 마음이다.

28) 三世: 삼세. '전세(前世), 현세(現世), 내세(來世)'의 세 가지이다.

29) 緣ᄒᆞᄂᆞ니: 緣ᄒᆞ[연하다: 緣(연: 불어)+-ᄒᆞ-]-+-ᄂᆞ-(현시)-+-니(연어, 설명 계속) ※ '緣(연)'은 원인을 도와서 결과를 낳게 작용하는 것이다.

30) 어루: 가히, 능히, 可, 能(부사)

31) 알려니와: 알(알다, 知)-+-리(미시)-+-어니와(-거니와: 연어, 대조)

32) 所緣: 소연. 마음으로 인식하는 대상이다(alambana).

33) ᄒᆞ마: 하마터면.

34) 本識: 본식. 아뢰야식(阿賴耶識)의 별명이다. 아뢰야식은 다른 여러 식(識)을 일으키는 근본이므로 이와 같이 말한다.

35) ᄇᆞᆯ기니라: ᄇᆞᆯ기[밝히다, 照明: ᄇᆞᆰ(밝다, 明: 형사)-+-이(사접)-]-+-Ø(과시)-+-니(원칙)-+-라(←-다: 평종)

36) 境界相: 경계상. 삼세(三細)의 하나이다. 무명(無明)에 의해 마음이 움직임으로써 일어나는 인식 주관이 작용하여서 나타나는 대상이다.

곧 이 現현相상이라
能능見견을 브틀ᄊᆡ 境경界갱 거츠리 現현ᄒᆞᄂᆞ니
알ᄑᆡᆺ 轉뎐相상ᄋᆞᆯ 브터 能능히 境경界갱를 나토ᄂᆞ니라
보ᄆᆞᆯ 여희면 境경界갱 업스리라
일로 우흔 無뭉明명이 緣원이 ᄃᆞ외야 三삼細셰 내요미오 일로 아랜 境경界갱 緣원이 ᄃᆞ외야 六륙麤총 내요미니 곧 分분別볋事ᄊᆞᆼ識식이니 楞릉伽꺙經경에 니ᄅᆞ듯ᄒᆞ야 境경界갱 ᄇᆞᄅᆞ미 뮈우미 ᄃᆞ외야 種종種

곧 이것이 現相(현상)이다.
能見(능견)을 의지하므로 境界(경계)가 망령되게 現(현)하나니,
앞에 있는 轉相(전상)을 의지하여 能(능)히 境界(경계)를 나타내느니라.
보는 것을 떨쳐내면 境界(경계)가 없으리라.
이로부터 위는 無明(무명)이 緣(연)이 되어서 三細(삼세)를 낸 것이고, 이로부터 아래는 境界(경계)가 緣(연)이 되어 六麤(육추)를 낸 것이니, (이는) 곧 分別事識(분별사식)이니, 楞伽經(능가경)에 이르듯 하여 "境界(경계)가 바람을 움직이게 하는 것이 되어 種種(종종)의

곧 이 現ᅘᅧᆫ相샹[37]이라

能ᄂᆼ見견을 브틀씨 境경界갱 거츠리[38] 現ᅘᅧᆫᄒᆞᄂᆞ니

알퓟 轉ᄃᆑᆫ相샹ᄋᆞᆯ 브터 能ᄂᆼ히 境경界갱ᄅᆞᆯ 나토ᄂᆞ니라

보ᄆᆞᆯ[39] 여희면 境경界갱 업스리라

일록[40] 우흔[41] 無뭉明명이 緣원이 ᄃᆞ외야 三삼細셍[42] 내요미오[43] 일록 아랜[44] 境경界갱 緣원이 ᄃᆞ외야 六륙麤총[45] 내요미니 곧 分분別볋事ᄊᆞᆼ識식[46]이니 楞릉伽꺙經경[47]에 니ᄅᆞᄃᆞᆺ[48] ᄒᆞ야 境경界갱 ᄇᆞᄅᆞᄆᆡ[49] 뮈ᅇᅮ미[50] ᄃᆞ외야 種종種종앳[51]

---

37) 現相: 현상. 무명(無明)에 의해 마음이 움직임으로써 일어나는 인식 주관의 작용으로 나타나는 대상이다 .

38) 거츠리: [허망하게, 妄(부사): 거츨(허망하다, 망령되다, 妄)- + -이(부접)]

39) 보ᄆᆞᆯ: 보(보다, 見)- + -옴(명전) + -ᄋᆞᆯ(목조)

40) 일록: 일(← 이: 이것, 此, 지대) + -록(-로: 부조, 방편) ※ '-록'은 '-로'의 강조 형태이다.

41) 우흔: 웋(위, 上) + -은(보조사, 주제)

42) 三細: 삼세. 기신론에서 설하는, 무명(無明)에 의해 움직이는 마음의 세 가지 미세한 모습이다. 業識(업식), 轉識(전식), 現識(현식)이다

43) 내요미오: 내[내다, 出: 나(나다, 生: 자동)- + -ㅣ(← -이-: 사접)-]- + -욤(← -옴: 명전) + -이(서조)- + -오(← -고: 연어, 나열)

44) 아랜: 아래(아래, 下) + -ㄴ(← -는: 보조사, 주제)

45) 六麤: 육추. 무명으로 일어난 인식 주관이 대상에 대해 일으키는 여섯 가지 거친 작용이다.

46) 分別事識: 분별사식. 안식(眼識), 이식(耳識), 비식(鼻識), 설식(舌識), 신식(身識), 의식(意識)을 통틀어 일컫는다.

47) 楞伽經: 능가경. 중국 당나라의 실차난타(實叉難陀)가 번역한 불경으로, 부처님이 능가산에서 대혜보살을 위하여 여래장 연기의 이치를 설법한 경전이다.

48) 니ᄅᆞᄃᆞᆺ: 니ᄅᆞ(이르다, 曰)- + -ᄃᆞᆺ(-듯: 연어, 흡사)

49) ᄇᆞᄅᆞᄆᆡ: ᄇᆞᄅᆞᆷ(바람, 風) + -ᄋᆡ(관조, 의미상 목적격)

50) 뮈ᅇᅮ미: 뮈ᅇᅮ[움직이게 하다: 뮈(움직이다, 動)- + -ᅇᅮ(← -우-: 사접)-]- + -ㅁ(← -움: 명전) + -이(보조)

51) 種種앳: 種種(종종, 가지가지) + -애(-에: 부조, 위치) + -ㅅ(-의: 관조)

[80 앞]

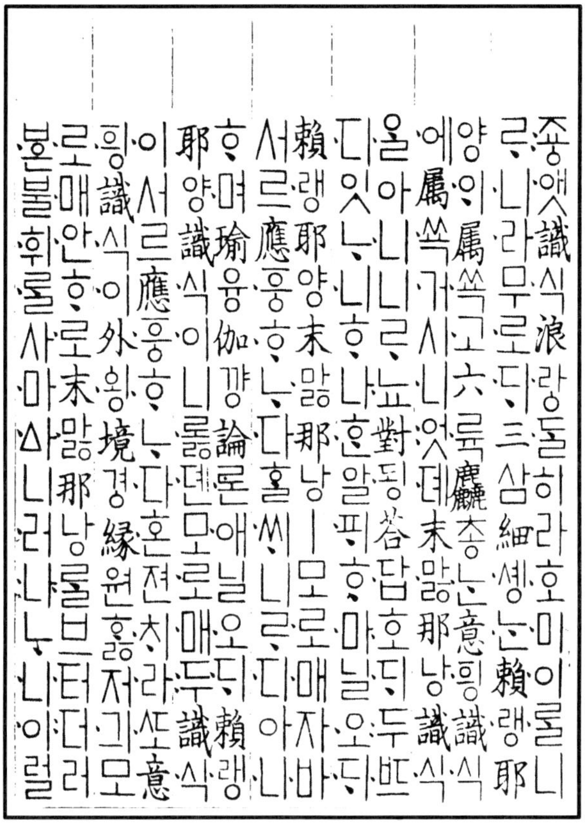

죵앳識식浪랑ᄃᆞᆯ히라ᄒᆞ미이ᄅᆞᆯ니
ᄅᆞ니라 무로ᄃᆡ 三삼細솅ᄂᆞᆫ 賴랭耶
양ᄋᆡ 屬쑉고 六륙麤총ᄂᆞᆫ 意ᅙᅴᆼ識식
에 屬쑉거시니 엇뎨 末맗那낭識식
ᄋᆞᆯ 아니 니ᄅᆞ뇨 對됭答답호ᄃᆡ 두 ᄠᅳ
ᄃᆡ 잇ᄂᆞ니 ᄒᆞ나ᄒᆞᆫ 알ᄑᆡ ᄒᆞ마 닐오ᄃᆡ
賴랭耶양 末맗那낭ㅣ 모로매 자바
서르 應ᅙᅳᆼᄒᆞᄂᆞ다 ᄒᆞᆯᄊᆡ 니ᄅᆞ디 아니
ᄒᆞ며 瑜융伽꺙論론애 닐오ᄃᆡ 賴랭
耶양識식이 니ᄅᆞᇙ뎬 모로매 두 識식
이 서르 應ᅙᅳᆼᄒᆞᄂᆞ다 ᄒᆞᆫ 젼ᄎᆞ라 ᄯᅩ 意
ᅙᅴᆼ識식이 外욍境경 緣원ᄒᆞᇙ 저긔 모
로매 안ᄒᆞ로 末맗那낭ᄅᆞᆯ 브터 더러
ᄫᅳᆫ 불휘ᄅᆞᆯ 사마ᅀᅡ 니러나ᄂᆞ니 이럴

識浪(식랑)들이라."고 한 것이 이를 일렀니라. 묻되 "三細(삼세)는 賴耶(뇌야)에 屬(속)하고 六麤(육추)는 意識(의식)에 屬(속)하시니, 어찌 末那識(말나식)을 아니 일렀느냐?" 對答(대답)하되, "두 뜻이 있나니, 하나는 앞에서 이미 이르되 '賴耶(뇌야)와 末那(말나)가 모름지기 잡아 서로 應(응)한다.'고 하므로 이르지 아니하였으며, 瑜伽論(유가론)에 이르되 '賴耶識(뇌야식)이 이른다면 모름지기 두 識(식)이 서로 應(응)한다.'고 한 까닭이다. 또 意識(의식)이 外境(외경)을 緣(연)할 적에 모름지기 안으로 末那(말나)를 의지하여 더러운 뿌리를 삼아야 일어나나니, 이러므로

識식浪랑ᄃᆞᆯ히라[52] 호미 이ᄅᆞᆯ 니ᄅᆞ니라 무로ᄃᆡ 三삼細솅ᄂᆞᆫ 賴랭耶양[53]ᄋᆡ 屬쑉고[54] 六륙麤총ᄂᆞᆫ 意ᅙᅴᆼ識식[55]에 屬쑉거시니[56] 엇뎨 末맗那낭識식[57]ᄋᆞᆯ 아니 니ᄅᆞ뇨 對됭答답호ᄃᆡ 두 ᄠᅳ디 잇ᄂᆞ니 ᄒᆞ나ᄒᆞᆫ 알ᄑᆡ ᄒᆞ마 닐오ᄃᆡ 賴랭耶양 末맗那낭ㅣ 모로매[58] 자바 서르 應ᅙᅳᆼᄒᆞᄂᆞ다 ᄒᆞᆯᄊᆡ 니ᄅᆞ디 아니ᄒᆞ며 瑜융伽꺙論론[59]애 닐오ᄃᆡ 賴랭耶양識식이 니ᄅᆞᇙ뎬[60] 모로매 두 識식이 서르 應ᅙᅳᆼᄒᆞᄂᆞ다 ᄒᆞᆫ 젼ᄎᆞ라 ᄯᅩ 意ᅙᅴᆼ識식이 外욍境경[61] 緣원ᄒᆞᇙ 저긔 모로매 안ᄒᆞ로[62] 末맗那낭ᄅᆞᆯ 브터 더러ᄫᅳᆫ 불휘ᄅᆞᆯ[63] 사마ᅀᅡ[64] 니러나ᄂᆞ니[65] 이럴ᄊᆡ[66]

---

52) 識浪ᄃᆞᆯ히라: 識浪ᄃᆞᇂ[식랑들: 識浪(식랑) + -ᄃᆞᇂ(-들: 복접)] + -이(서조)- + -Ø(현시)- + -라(← -다: 평종) ※ '識浪(식랑)'은 지식의 물결이다.

53) 賴耶: 뢰야. 아뢰야식(阿賴耶識)이다.

54) 屬고: 屬[← 屬ᄒᆞ다(속하다): 屬(속: 불어) + -ᄒᆞ(동접)-]- + -고(연어, 나열)

55) 意識: 의식. 밖으로 드러난 마음이다.

56) 屬거시니: 屬[← 屬ᄒᆞ다(속하다): 屬(속: 불어) + -ᄒᆞ(동접)-]- + -거(확인)- + -시(주높)- + -니(연어, 설명 계속)

57) 末那識: 말나식. 삼식(三識)의 하나. 모든 감각이나 의식을 통괄하여 자기라는 의식을 낳게 하는 마음의 작용으로 객관의 사물을 자아로 여겨 모든 미망(迷妄)의 근원이 되는 잘못된 인식 작용을 이른다.

58) 모로매: 모름지기, 必(부사)

59) 瑜伽論: 유가론. 648년에 중국 당나라 현장(玄奘)이 번역한 총 100권의 책이다. 3승(乘)을 행하는 사람인 유가사와 이 유가사가 행해야 할 3승 사상을 17지(地)로 나누어 밝혔다.

60) 니ᄅᆞᇙ뎬: 니ᄅᆞ(← 니ᄅᆞ다: 이르다, 曰)- + -ᇙ뎬(-면: 연어, 조건, 가정)

61) 外境: 외경. 마음을 빼앗아 가는 바깥의 여러 경계이다. 물 · 심(物心)으로 구별할 때에 물(物)에 해당하는 모든 것이다.

62) 안ᄒᆞ로: 안ㅎ(안, 內) + -ᄋᆞ로(부조, 방향)

63) 불휘ᄅᆞᆯ: 불휘(뿌리, 根) + -ᄅᆞᆯ(목조)

64) 사마ᅀᅡ: 삼(삼다, 爲)- + -아ᅀᅡ(-아야: 연어, 필연적 조건)

65) 니러나ᄂᆞ니: 니러나[일어나다, 起: 닐(일어나다, 起)- + -어(연어) + 나(나다, 出)-]- + -ᄂᆞ(현시)- + -니(연어, 설명 계속)

66) 이럴ᄊᆡ: 이러[← 이러ᄒᆞ다(이러하다, 如此): 이러(이러: 불어) + -Ø(← -ᄒᆞ-: 형접)-]- + -ㄹᄊᆡ(-므로: 연어, 이유)

씨ᄒᆞ마六륙麤총ᄅᆞᆯ니ᄅᆞ면당다이
안ᄋᆞ로末말那낭ᄅᆞᆯ브틀씨ᄯᅩ各각
別볋히아니니ᄅᆞ니라둘흔ᄠᅳ디편
다ᄫᆞᆫ티아니ᄒᆞᆯ씨조려아니니ᄅᆞ니
편다ᄫᆞᆫ티아니ᄒᆞᆫ相샹ᄋᆞᆫ無뭉明명
住뜡地띵本본來링寂쩍靜쪙ᄒᆞᆫᄆᆞ
ᅀᆞᄆᆞᆯ뮈워니ᄅᆞ왇게ᄒᆞ야和황合합
ᄒᆞ야梨링耶양ᄅᆞᆯ일우ᄂᆞ니末말那낭
ᄂᆞᆫ이ᄠᅳ디업슬씨알ᄑᆡᆺ三삼細솅中
듕에조려아니니ᄅᆞ며ᄯᅩ外욍境경
이事쌍識식을잇거니ᄅᆞ왇ᄂᆞ니末
말那낭ᄂᆞᆫ外욍境경緣원ᄒᆞᄂᆞᆫᄠᅳ디
업슬씨六륙麤총中듕에ᄯᅩ조려아
니니ᄅᆞ며ᄯᅩ안ᄒᆞᆯ헤여날사ᄆᆞᆫᄃᆞᆫ前

이미 六麤(육추)를 이르면 마땅히 안으로 末那(말나)를 의지하므로 또 各別(각별)히 아니 일렀니라. 둘은 뜻이 평온하지 아니하므로 줄여서 아니 이르니, 평온하지 아니한 相(상)은 無明住地(무명주지)가 本來(본래) 寂靜(적정)한 마음을 움직여 일으키게 하여 和合(화합)하여 梨耶(이야)를 이루니, 末那(말나)는 이 뜻이 없으므로 앞에 있는 三細(삼세)의 中(중)에 줄여서 아니 이르며, 또 外境(외경)이 事識(사식)을 이끌어 일으키나니, 末那(말나)는 外境(외경)을 緣(연)하는 뜻이 없으므로 六麤(육추) 中(중)에 또 줄여 아니 이르며, 또 안을 헤아려 나(我)를 삼은 것은 前(전)의 三細(삼세)에

ᄒᆞ마 六륙麤총ᄅᆞᆯ 니ᄅᆞ면 당다이[67] 안ᄒᆞ로 末맗那낭ᄅᆞᆯ 브틀씨 또 各각別볋히 아니 니ᄅᆞ니라 둘흔 ᄠᅳ디 편다ᄫᆞᆫ티[68] 아니홀씨 조려[69] 이니[70] 니ᄅᆞ니 편다ᄫᆞᆫ티 아니ᄒᆞᆫ 相샹ᄋᆞᆫ 無뭉明명住뜡地띵[71] 本본來링 寂쩍靜쪙[72]ᄒᆞᆫ ᄆᆞᅀᆞᄆᆞᆯ 뮈워 니르왇게[73] ᄒᆞ야 和ᅘᅪᆼ合ᅘᅡᆸᄒᆞ야 梨링耶양ᄅᆞᆯ 일우니 末맗那낭ᄂᆞᆫ 이 ᄠᅳ디 업슬씨 알핏 三삼細솅 中듕에 조려 아니 니ᄅᆞ며 또 外욍境경이 事ᄽᆞᆼ識식을 잇거[74] 니르왇ᄂᆞ니 末맗那낭ᄂᆞᆫ 外욍境경 緣원ᄒᆞ논 ᄠᅳ디 업슬씨 六륙麤총 中듕에 또 조려 아니 니ᄅᆞ며 또 안ᄒᆞᆯ[75] 혜여[76] 날[77] 사모ᄆᆞᆫ 前쪈 三삼細솅예

---

67) 당다이: [마땅히, 반드시, 當(부사): 당당(당당: 불어) + -Ø(← -ᄒᆞ-: 형접)- + -이(부접)]

68) 편다ᄫᆞᆫ티: 편다ᄫᆞᆫㅎ[← 편다ᄫᆞᆫᄒᆞ다(푼더분하다): 편다ᄫᆞᆫ(푼더분: 불어) + -ᄒᆞ(형접)-]- + -디(-지: 연어, 부정) ※'편다ᄫᆞᆫᄒᆞ다'는 평온한 것이다.

69) 조려: 조리[줄이다, 縮: 졸(줄다, 縮: 자동)- + -이(사접)-]- + -어(연어)

70) 이니: 이니(← 아니: 아니, 부사, 부정) ※'이니'는 '아니'를 오각한 형태이다.

71) 無明住地: 무명주지. 근본무명(根本無明)을 말한다. 무명은 모든 번뇌를 내는 근본이므로 주지(住地)라고 한다. ※근본무명(根本無明)은 모든 번뇌의 근본이 되는 것으로, 진여(眞如)를 깨닫지 못하고 미망에 사로잡힌 마음을 가리킨다. 여기서 무명(無明)은 모든 번뇌에 의지하고 번뇌를 내는 근본이다.

72) 寂靜: 적정. 마음에 번뇌가 없고, 몸에 괴로움이 사라진 해탈·열반의 경지에 있는 것이다.

73) 니르왇게: 니르왇[일으키다: 닐(일어나다, 起: 자동)- + -으(사접)- + -왇(강접)-]- + -게(연어, 사동)

74) 잇거: 잇ㄱ(← 잇그다: 이끌다, 引)- + -어(연어)

75) 안ᄒᆞᆯ: 안ㅎ(안, 內) + -ᄋᆞᆯ(목조)

76) 혜여: 혜(헤아리다, 깊이 생각하다, 計)- + -여(← -어: 연어)

77) 날: 나(나, 我: 인대, 1인칭) + -ㄹ(← -ᄅᆞᆯ: 목조)

[81 앞]

屬(속)하고, 밖을 헤아려서 我所(아소)로 삼은 것은 後(후)의 六麤(육추)에 屬(속)하므로, 줄여서 아니 論(논)하였니라. 棱伽經(능가경)의 中(중)에 또 이 말과 같으니, 저 經(경)에 이르되 "大慧(대혜)에 줄여서 이르면 세 가지의 識(식)이 있고 넓혀서 이르면 여덟 가지의 相(상)이 있나니, 무엇이 셋인가? 眞識(진식) · 現識(현식) · 分別事識(분별사식)이라."고 하니,

經(경)에 이르되 "비유한다면 맑은 거울이 여러 가지의 色像(색상)을 지니듯 하니, 現識(현식)이 現(현)한 곳이 또 이와 같으니라."

屬쑉고 밧ᄀᆞᆯ[78] 혜여 我ᅌᅡᆼ所송[79] 사모ᄆᆞᆫ 後ᅘᅮᇢ 六륙麤총애 屬쑉ᄒᆞᆯᄊᆡ 조려 아니 論론ᄒᆞ니라 楞릉伽꺙經경 中듕에 ᄯᅩ 이 마리[80] ᄀᆞᆮᄒᆞ니 뎌[81] 經경에 닐오ᄃᆡ 大땡慧휑여[82] 조려 니ᄅᆞ면 세 가짓 識식이 잇고 너펴[83] 니ᄅᆞ면 여듧 가짓 相샹이 잇ᄂᆞ니 므스거시[84] 세코[85] 眞진識식[86] 現현識식[87] 分분別볋事ᄊᆞᆼ識식[88]이라 ᄒᆞ니

經경에 닐오ᄃᆡ 가ᄌᆞᆯ비건댄[89] ᄆᆞᆯᄀᆞᆫ[90] 거우뤼[91] 여러 가짓 色식像썅[92] 디니ᄃᆞᆺ[93] ᄒᆞ니 現현識식 現현ᄒᆞᆫ ᄯᅡ히[94] ᄯᅩ 이[95] ᄀᆞᆮᄒᆞ니라

---

78) 밧ᄀᆞᆯ: 밝(밖, 外) + -ᄋᆞᆯ(목조)

79) 我所: 아소. 나에게 딸린 것으로 나에게 집착되는 사물이다. 곧, 나에게 소속된 것(= 소유물)이다.

80) 마리: 말(말, 言) + -이(-과: 부조, 비교)

81) 뎌: 저, 彼(관사, 지시)

82) 大慧여: 大慧(대혜) + -여(← -예 ← -에: 부조, 위치)

83) 너펴: 너피[넓히다, 廣: 넙(넓다, 廣)- + -히(사접)-]- + -어(연어)

84) 므스거시: 므스것[무엇, 何(지대, 미지칭): 므스(무엇, 何: 관사, 미지칭) + 것(것: 의명)] + -이(주조)

85) 세코: 세ㅎ(셋, 三: 수사, 양수) + -고(보조사, 의문, 설명)

86) 眞識: 진식. 본디 갖추고 있는 청정한 성품, 곧 여래장(如來藏)을 말한다.

87) 現識: 현식. 근본 심식(心識)으로서 객관 세계의 가지가지 현상을 나타낸다는 뜻으로 '아뢰야식(阿賴耶識)'을 달리 이르는 말이다.

88) 分別事識: 분별사식. 안식(眼識)·이식(耳識)·비식(鼻識)·설식(舌識)·신식(身識)·의식(意識)을 통틀어 일컫는 말이다. 이 식들은 대상을 구별하여 사유하고 판단하므로 분별사식이라고 일컫는다.

89) 가ᄌᆞᆯ비건댄: 가ᄌᆞᆯ비(비유하다, 譬如)- + -거(확인)- + -ㄴ댄(-면: 연어, 조건)

90) ᄆᆞᆯᄀᆞᆫ: ᄆᆞᆰ(맑다, 淸)- + -Ø(현시)- + -ᄋᆞᆫ(관전)

91) 거우뤼: 거우루(거울, 鏡) + -ㅣ(← -이: 주조)

92) 色像: 색상. 마음에 형성된 대상의 모습이나 특징이다.

93) 디니ᄃᆞᆺ: 디니(지니다, 持)- + -ᄃᆞᆺ(-듯: 연어, 흡사)

94) ᄯᅡ히: ᄯᅡㅎ(땅, 곳, 處) + -이(주조)

95) 이: 이(이, 이것, 此: 지대) + -Ø(← -과: 부조, 비교)

[81 뒤]

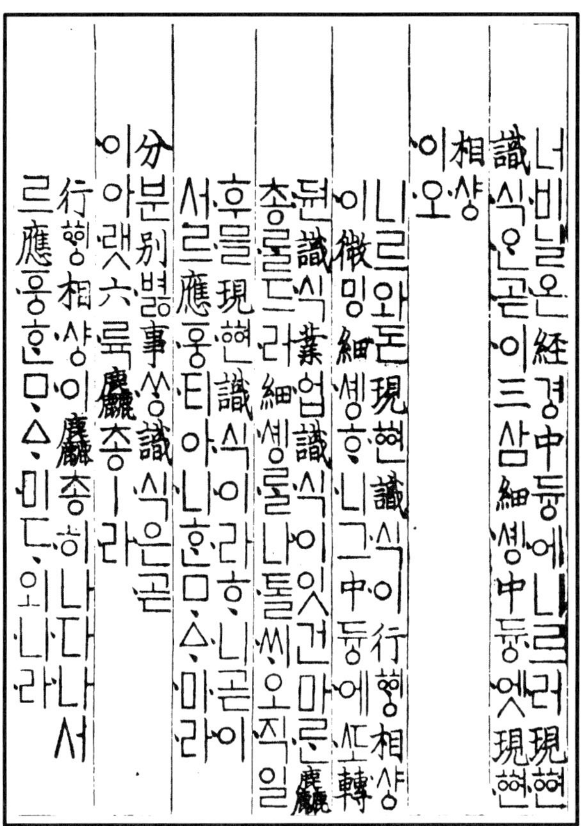

너비 닐온 經경中듕에 니르러 現현識식은 곧 이 三삼細솅中듕엣 現현相샹이오

니르와ᄃᆞᆫ 現현識식이 行ᅘᆡᆼ相샹이 微밍細솅ᄒᆞ니 그 中듕에 ᄯᅩ 轉뒨識식 業업識식이 잇건마ᄅᆞᆫ 麤총ᄅᆞᆯ 드러 細솅ᄅᆞᆯ 나톨ᄊᆡ 오직 일후믈 現현識식이라 ᄒᆞ니 곧 이 서르 應ᅙᅳᆼ티 아니ᄒᆞᆫ ᄆᆞᅀᆞ미라

分분別볋事ᄊᆞᆼ識식은 곧 이 아랫 六륙麤총ㅣ라

行ᅘᆡᆼ相샹이 麤총히 나다나 서르 應ᅙᅳᆼᄒᆞᆫ ᄆᆞᅀᆞ미 ᄃᆞ외니라

널리 이른 經(경) 中(중)에 이르러, 現識(현식)은 곧 이 三細(삼세) 中(중)에 있는 現相(현상)이요,

일으킨 現識(현식)이 行相(행상)이 微細(미세)하니, 그 中(중)에 또 轉識(전식) · 業識(업식)이 있건마는, 麤(추, 육추)를 들어 細(세, 삼세)를 나타내므로 오직 이름을 現識(현식)이라고 하니, 곧 이것이 서로 應(응)하지 아니한 마음이다.

分別事識(분별사식)은 곧 이 아래의 六麤(육추)이다.

行相(행상)이 麤(추)히 나타나 서로 應(응)한 마음이 되었니라.

너비[96] 닐온[97] 經경 中듕에 니르러[98] 現현識식은 곧 이 三삼細셩 中듕엣 現현相샹이오

니르와돈[99] 現현識식이 行헹相샹[1]이 微밍細셩ᄒᆞ니 그 中듕에 ᄯᅩ 轉뒨識식[2] 業업識식[3]이 잇건마ᄅᆞᆫ 麤총ᄅᆞᆯ 드러 細셩ᄅᆞᆯ 나톨ᄊᆡ[4] 오직 일후믈 現현識식이라 ᄒᆞ니 곧 이 서르 應ᅙᅳᆼ티 아니ᄒᆞᆫ ᄆᆞᅀᆞ미라

分분別볋事ᄊᆞᆼ識식은 곧 이 아랫 六륙麤총ㅣ라[5]

行헹相샹이 麤총히[6] 나다나[7] 서르 應ᅙᅳᆼᄒᆞᆫ ᄆᆞᅀᆞ미 ᄃᆞ외니라[8]

---

96) 너비: [널리, 廣(부사): 넙(넙다, 廣: 형사)- + -이(부접)]

97) 닐온: 닐(← 니ᄅᆞ다: 이르다, 曰)- + -Ø(과시)- + -오(대상)- + -ㄴ(관전)

98) 니르러: 니를(이르다, 至)- + -어(연어)

99) 니르와돈: 니르왇[일으키다, 起: 닐(일어나다, 起: 자동)- + -으(사접)- + -왇(강접)-]- + -Ø(과시)- + -오(대상)- + -ㄴ(관전)

1) 行相: 행상. 대승 불교에서, 마음에 비친 객관의 영상을 인식하는 주관의 작용이다.

2) 轉識: 전식. 그릇된 마음 작용에 의해 일어난 인식 작용이다.

3) 業識: 업식. 무명(無明)에 의해 일어나는 그릇된 마음 작용이다.

4) 나톨ᄊᆡ: 나토[나타내다, 現(타동): 낟(나타나다, 現: 자동)- + -호(사접)-]- + -ㄹᄊᆡ(-므로: 연어, 이유)

5) 六麤ㅣ라: 六麤(육추) + -ㅣ(← -이-: 서조)- + -Ø(현시)- + -라(← -다: 평종) ※ '六麤(육추)'는 무명으로 일어난 인식 주관이 대상에 대해 일으키는 여섯 가지 거친 작용이다. 지상(智相), 상속상(相續相), 집취상(執取相), 계명자상(計名字相), 기업상(起業相), 업계고상(業繫苦相)이 있다.

6) 麤히: [추히, 거칠게, 麤(부사): 麤(추: 불어) + -ㅎ(← -ᄒᆞ-: 형접)- + -이(부접)]

7) 나다나: 나다나[나타나다, 現: 낟(나타나다, 現)- + -아(연어) + 나(나다, 現)-]- + -아(연어)

8) ᄃᆞ외니라: ᄃᆞ외(되다, 爲)- + -Ø(과시)- + -니(원칙)- + -라(← -다: 평종)

[82 앞]

아ᄂᆞᆫ 고ᄃᆞᆫ 뎌 經경 아래 分분別볋事
ᄊᆞᆼ識식 사김 中듕에 닐오ᄃᆡ 밧긧 境경
界갱ᄅᆞᆯ 븓ᄃᆞᆼ긔야 緣원ᄒᆞ야 알ᄑᆡᆺ 事
ᄊᆞᆼ識식을 니ᄅᆞ왇ᄂᆞ다 ᄒᆞᆯᄊᆡ 事ᄊᆞᆼ識
식이 末맗那낭 아닌ᄃᆞᆯ 알리로다
境경界갱 緣원이 잇ᄂᆞᆫ 젼ᄎᆞ로 ᄯᅩ 여슷
가짓 相샹이 나ᄂᆞ니 므스거시 여스시
어뇨 ᄒᆞ나ᄒᆞᆫ 智딩相샹이니 境경界갱
ᄅᆞᆯ 브터 ᄃᆞᆺ오며 ᄃᆞᆺ오디 아니ᄒᆞᄆᆞᆯ ᄆᆞᅀᆞ
매 골ᄒᆡ요ᄆᆞᆯ 니
ᄅᆞ왇ᄂᆞᆫ 젼ᄎᆞ라
알ᄑᆡᆺ 現현識식이 나토온 相샹 우희
제 ᄆᆞᅀᆞ미 現현ᄒᆞᆫ 거신 ᄃᆞᆯ 아디 몯ᄒᆞᆯ

아는 것은 저 經(경) 아래에 分別事識(분별사식)을 풀이한 中(중)에 이르되, "'밖의 境界(경계)를 붙당기어 緣(연)하여 앞에 있는 事識(사식)을 일으킨다.'고 하므로, 事識(사식)이 末那(말나)가 아닌 것을 알겠구나."

境界(경계)가 緣(연)이 있는 까닭으로 또 여섯 가지의 相(상)이 나나니, 무엇이 여섯이냐? 하나는 '智相(지상)'이니, 境界(경계)를 의지하여 애틋이 사랑하며 애틋이 사랑하지 아니하는 것을 마음에서 구별함을 일으키는 까닭이다.

앞에 있는 現識(현식)이 나타낸 相(상) 위에 제 마음이 現(현)한 것인 것을 알지 못하므로,

아논[9] 고ᄃᆞᆫ[10] 뎌 經경 아래 分분別볋事ᄊᆞᆼ識식 사긴[11] 中듀ᇰ에 닐오ᄃᆡ 밧[12] 境경界갱ᄅᆞᆯ 븓ᄃᆞᆼ기야[13] 緣원ᄒᆞ야 알핏 事ᄊᆞᆼ識식을 니르왇ᄂᆞ다 ᄒᆞᆯᄊᆡ 事ᄊᆞᆼ識식이 末맗那낭 아닌 ᄃᆞᆯ 알리로다[14]

境경界갱 緣원이 잇논[15] 젼ᄎᆞ로 ᄯᅩ 여슷 가짓 相샹이 나ᄂᆞ니 므스거시[16] 여스시어뇨[17] ᄒᆞ나ᄒᆞᆫ 智딩相샹[18]이니 境경界갱ᄅᆞᆯ 브터 ᄃᆞᆺ오며[19] ᄃᆞᆺ오디 아니호ᄆᆞᆯ ᄆᆞᅀᆞ매 ᄀᆞᆯᄒᆡ요ᄆᆞᆯ[20] 니ᄅᆞ왇논 젼ᄎᆡ라[21]

알핏 現현識식ᄋᆡ 나토온[22] 相샹 우희 제 ᄆᆞᅀᆞᄆᆡ 現현ᄒᆞᆫ 거신 ᄃᆞᆯ 아디 몯ᄒᆞᆯᄊᆡ

---

9) 아논: 아(← 알다: 알다, 知)- + -ㄴ(← -ᄂᆞ-: 현시)- + -오(대상)- + -ㄴ(관전)

10) 고ᄃᆞᆫ: 곧(것, 者: 의명) + -ᄋᆞᆫ(보조사, 주제)

11) 사긴: 사기(새기다, 풀이하다)- + -Ø(과시)- + -ㄴ(관전)

12) 밧: 밧(← ᄇᆞᇧ: 밖, 外)

13) 븓ᄃᆞᆼ기야: [붙당기다, 붙잡아서 당기다: 븓(← 븥다: 붙다, 附)- + ᄃᆞᆼ기(당기다, 引)-]- + -야(← -아: 연어)

14) 알리로다: 알(알다, 知)- + -리(미시)- + -로(← -도-: 감동)- + -다(평종)

15) 잇논: 잇(← 이시다: 있다, 住)- + -ㄴ(← -ᄂᆞ-: 현시)- + -오(대상)- + -ㄴ(관전)

16) 므스거시: 므스것[무엇, 何(지대, 미지칭): 므스(← 므슷: 무슨, 何, 관사, 지시, 미지칭) + 것(것, 者: 의명)] + -이(주조)

17) 여스시어뇨: 여슷(여섯, 六: 수사, 양수) + -이(서조)- + -어(← -거-: 확인)- + -뇨(-냐: 의종, 설명)

18) 智相: 지상. 대상에 대해 차별을 일으키는 지혜의 작용이다. 모든 경계가 오직 마음의 투영인데도 불구하고 그것에 집착하여 호오(好惡)와 애증(愛憎)의 차별심을 일으킨다.

19) ᄃᆞᆺ오며: ᄃᆞᆺ오(애틋하게 사랑하다, 愛)- + -며(연어, 나열) ※ 'ᄃᆞᆺ오다'는 'ᄃᆞᆺ다'와 수의적으로 교체 된다.

20) ᄀᆞᆯᄒᆡ요ᄆᆞᆯ: ᄀᆞᆯᄒᆡ(구분하다, 分別)- + -욤(← -옴: 명전) + -ᄋᆞᆯ(목조)

21) 젼ᄎᆡ라: 젼ᄎᆞ(까닭, 由) + -ㅣ(← -이-: 서조)- + -Ø(현시)- + -라(← -다: 평종)

22) 나토온[나타내다, 現: 낟(나타나다, 現: 자동)- + -호(사접)-]- + -Ø(과시)- + -오(대상)- + -ㄴ(관전)

[82 뒤]

씨 智딩慧휑 헤아료ᄆᆞᆯ 밍ᄀᆞ라 니ᄅᆞ
와다 더러ᄫᅳ며 조ᄒᆞᄆᆞᆯ ᄀᆞᆯᄒᆡ야 자바
一ᅙᅵᇙ定뗭ᄒᆞᆫ 性
셩을 둘 씨라
둘ᄒᆞᆫ 相샹續쑉相샹이니 智딩ᄅᆞᆯ 브틀
씨 苦콩樂락ᄋᆞᆯ 내야 覺각心심이 念념
을 니ᄅᆞ와다 서르 맛ᄀᆞᆯ마
긋디 아니ᄒᆞᄂᆞᆫ 젼ᄎᆞ라
알ᄑᆡᆺ ᄀᆞᆯᄒᆡ요ᄆᆞᆯ 브터 ᄃᆞᆺ온 境경界갱
예 樂락受쓯覺각ᄋᆞᆯ 니ᄅᆞ왇고 ᄃᆞᆺ오
디 아니ᄒᆞᆫ 境경界갱예 苦콩受쓯覺
각ᄋᆞᆯ 니ᄅᆞ와다 ᄌᆞᄌᆞ 念념을 니ᄅᆞ와
다 서르 니ᅀᅥ 알ᄑᆡ 現현ᄒᆞ니 이ᄂᆞᆫ 제
相샹續쑉이오 ᄯᅩ 能능히 惑ᅘᅪᆨ을 니

智慧(지혜)의 헤아림을 만들어 일으켜서 더러우며 맑은 것을 가려 잡아서 一定(일정)한 性(성)을 두는 것이다.

둘은 '相續相(상속상)'이니, 智(지)를 의지하므로 苦(고)와 樂(낙)을 내어 覺心(각심)이 念(염)을 일으켜서 서로 대응하여 끊이지 아니하는 까닭이다.

앞에 있는 구분함을 말미암아 애틋이 사랑한 境界(경계)에 樂受(낙수)의 覺(각)을 일으키고, 애틋이 사랑하지 아니한 境界(경계)에 苦受(수고)의 覺(각)을 일으켜서, 자주 念(염)을 일으켜 서로 이어서 앞에 現(현)하니, 이는 스스로의 相續(상속)이고, 또 能(능)히 惑(혹)을 일으켜서

智딩慧휑 혜아료ᄆᆞᆯ[23] ᄆᆡᇰᄀᆞ라[24] 니ᄅᆞ와다 더러ᄫᅳ며[25] 조호ᄆᆞᆯ[26] ᄀᆞᆯᄒᆡ야 자바 一ᅙᅵᇙ定뗭ᄒᆞᆫ[27] 性셩을 둘 씨라

둘ᄒᆞᆫ 相샹續쑉相샹[28]이니 智딩ᄅᆞᆯ 브틀ᄊᆡ 苦콩 樂락ᄋᆞᆯ 내야 覺각心심[29]이 念념을 니ᄅᆞ와다 서르 맛ᄀᆞᆯ마[30] 긋디[31] 아니ᄒᆞ논 젼ᄎᆡ라

알ᄑᆡᆺ ᄀᆞᆯᄒᆡ요ᄆᆞᆯ 브터 ᄃᆞᆺ온[32] 境경界갱예 樂락受쓯 覺각[33]ᄋᆞᆯ 니르왇고 ᄃᆞᆺ오디 아니ᄒᆞᆫ 境경界갱예 苦콩受 쓯覺각[34]ᄋᆞᆯ 니ᄅᆞ와다 ᄌᆞ조[35] 念념을 니르와다 서르 니ᅀᅥ[36] 알ᄑᆡ 現ᅘᅧᆫᄒᆞ니 이ᄂᆞᆫ 제[37] 相샹續쑉이오 ᄯᅩ 能능히 惑ᅘᅬᆨ[38]ᄋᆞᆯ 니ᄅᆞ와다

---

23) 혜아료ᄆᆞᆯ: 혜아리(혜아리다, 생각하다, 計)- + -옴(명전) + -ᄋᆞᆯ(목조)

24) ᄆᆡᇰᄀᆞ라: ᄆᆡᇰᄀᆞᆯ(만들다, 作)- + -아(연어)

25) 더러ᄫᅳ며: 더러ᇦ(← 더럽다, ㅂ불: 더럽다, 汚)- + -으며(연어, 나열)

26) 조호ᄆᆞᆯ: 좋(깨끗하다, 맑다, 淨)- + -옴(명전) + -ᄋᆞᆯ(목조)

27) 一定ᄒᆞᆫ: 一定ᄒᆞ[일정하다 : 一定(일정) + -ᄒᆞ(형접)-]- + -Ø(과시)- + -ㄴ(관전) ※ '一定(일정)'은 어떤 것의 크기, 모양, 범위, 시간 따위를 정하는 것이다.

28) 相續相: 상속상. 대상을 차별함으로써 괴로움이나 즐거움이 끊이지 않는 상태이다.

29) 覺心: 각심. 깨닫는 마음이다.

30) 맛ᄀᆞᆯ마: 맛ᄀᆞᆲ[응하다, 대응하다, 應: 맛(← 맞다: 맞다, 當)- + ᄀᆞᆲ(응하다, 應)-]- + -아(연어)

31) 긋디: 긋(← 긏다: 끊어지다, 絶)- + -디(-지: 연어, 부정)

32) ᄃᆞᆺ온: ᄃᆞᆺ오(애틋이 사랑하다, 愛)- + -Ø(과시)- + -ㄴ(관전)

33) 樂受: 낙수. 삼수(三受)의 하나로서, 외계(外界)와의 접촉에 의하여 몸과 마음으로 받는 즐거운 느낌이다.

34) 苦受: 고수. 삼수의 하나로서, 외계(外界)의 접촉(接觸)에서 몸과 마음에 괴로움을 받는 일이다.

35) ᄌᆞ조: [자주, 頻(부사): ᄌᆞᆽ(잦다, 頻: 형사)- + -오(부접)]

36) 니ᅀᅥ: 닛(← 닛다, ㅅ불: 잇다, 繼)- + -어(연어)

37) 제: 저(저, 자기, 己: 인대, 재귀칭) + -ㅣ(← -의: 관조) ※ '제'는 문맥을 감안하여 '스스로'로 의역하여 옮긴다.

38) 惑: 혹. 깨달음에 장애가 되는 미망(迷妄)의 번뇌이다.

[83 앞]

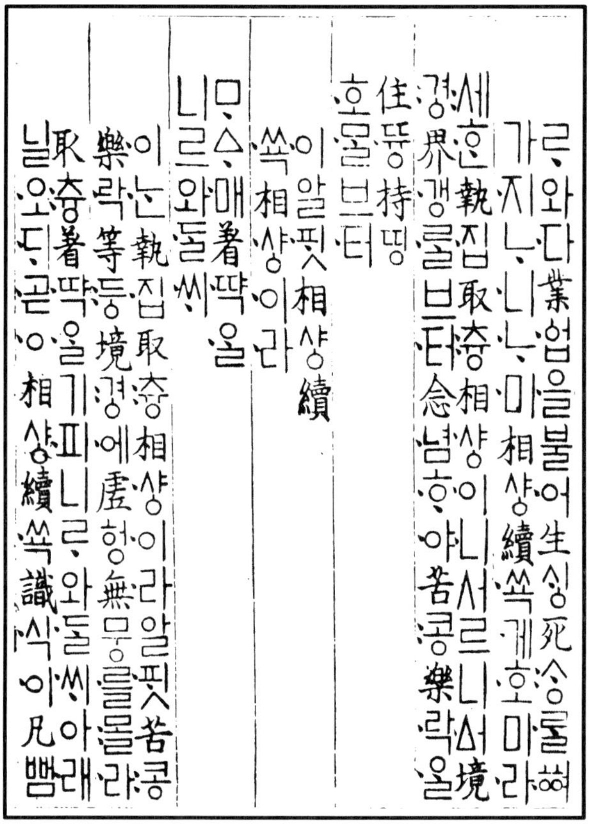

業(업)을 불려서 生死(생사)를 끌어서 가지나니, 남이 相續(상속)하게 한 것이다. 셋은 '執取相(집취상)'이니, 서로 이어서 境界(경계)를 의지하여 念(염)하여, 苦樂(고락)을 住持(주지)하는 것을 말미암아

이것이 앞에 있는 相續相(상속상)이다.

마음에 着(착)을 일으키므로,

이것은 執取相(집취상)이다. 앞에 있는 苦樂(고락) 等(등)의 境(경)에 虛無(허무)를 몰라 取着(취착)을 깊이 일으키므로, 아래에서 이르되 "곧 이 相屬識(상속식)이 凡夫(범부)들을

業업을 불어[39] 生싱死ᄉᆞᆼᄅᆞᆯ ᅘᅧ[40] 가지ᄂᆞ니 ᄂᆞ미[41] 相샹續쑉게[42] 호미라[43]

세ᄒᆞᆫ 執집取츙相샹[44]이니 서르 니ᅀᅥ 境경界갱ᄅᆞᆯ 브터 念념ᄒᆞ야 苦콩樂락ᄋᆞᆯ 住뜡持띵호ᄆᆞᆯ[45] 브터

이[46] 알퓐 相샹續쑉相샹이라

ᄆᆞᅀᆞ매 着땩[47]ᄋᆞᆯ 니르와ᄃᆞᆯ씨

이ᄂᆞᆫ 執집取츙相샹이라 알퓐 苦콩樂락 等등 境경에 虛헝無뭉[48]를 몰라 取츙着땩[49]ᄋᆞᆯ 기피 니ᄅᆞ와ᄃᆞᆯ씨 아래 닐오ᄃᆡ 곧 이 相샹屬쑉識식이 凡뻠夫붕ᄃᆞᆯ홀[50]

---

39) 불어: 불(← 부르다: 불리다, 膨)- + -어(연어)

40) ᅘᅧ: ᅘᅧ(끌다, 引) + -어(연어)

41) ᄂᆞ미: ᄂᆞᆷ(남, 他) + -이(주조)

42) 相續게: 相續[← 相續ᄒᆞ다(상속하다): 相續(상속) + -ᄒᆞ(동접)-]- + -게(연어, 사동) ※ '相續(상속)'은 서로 잇는 것이다.

43) 호미라: ᄒᆞ(← ᄒᆞ다: 보용, 사동)- + -옴(명전) + -이(서조)- + -Ø(현시)- + -라(← -다: 평종)

44) 執取相: 집취상. 육추(六麤)의 하나로서, 괴로움이나 즐거움이 주관의 작용임을 알지 못하고 실재하는 대상으로 잘못 생각하여 집착하는 것이다.

45) 住持호ᄆᆞᆯ: 住持ᄒᆞ[← 住持ᄒᆞ다(주지하다): 住持(주지) + -ᄒᆞ(동접)-]- + -옴(명전) + -ᄋᆞᆯ(목조) ※ '住持(주지)'는 세상에 머물러 교법(敎法)을 보존하고 유지하는 것이다.

46) 이: 이(이, 이것, 此: 지대, 정칭) + -Ø(← -이: 주조)

47) 着: 착. 마음이 바깥 경계나 사물에 끌려서 잊으려야 잊을 수 없는 생각이다. 애착 · 탐착 · 집착 · 편착 등을 말한다. 애착은 애정에 사로잡혀 단념하지 못하는 생각, 탐착은 지나치게 욕심을 내어 만족하지 못하는 생각, 집착은 사물에 마음이 사로잡혀 생각이 떠나지 않는 것, 편착은 한편에만 치우치고 고집하여 다른 것을 돌아보지 않는 생각을 말한다.

48) 虛無: 허무. 무가치하고 무의미하게 느껴져 매우 허전하고 쓸쓸한 것이다.

49) 取着: 취착. 대상을 탐하고 취하고자하는 강한 욕망을 내는 것이다.

50) 凡夫ᄃᆞᆯ홀: 凡夫ᄃᆞᆯᇂ[범부들: 凡夫(범부) + -ᄃᆞᆯᇂ(-들: 복접)] + -ᄋᆞᆯ(목조) ※ '凡夫(범부)'는 번뇌에 얽매여 생사를 초월하지 못하는 사람이다.

[83 뒤]

夫붕돌ᄒᆞᆯ브터取츙着땩ᄒᆞ미더욱
기퍼我앙와我앙所송ᄅᆞᆯ혜ᄂᆞ다ᄒᆞᆷ
돌히
라
네ᄒᆞᆫ計곙名명字쫑相샹이니妄망執
집ᄋᆞᆯ브터假강名명言언相샹ᄋᆞᆯᄀᆞᆯᄒᆡ
논젼
ᄎᆡ라
알ᄑᆡᆺ갓ᄀᆞᆯ에자ᄇᆞᆫ相샹우흘브터다
시가즈일후믈세니이ᄀᆞᆯᄒᆡ논젼ᄎᆡ
라棱릉伽꺙애닐오ᄃᆡ相샹과일훔
괘샹녜서르조차여러가짓妄망想
샹ᄋᆞᆯ내ᄂᆞ다ᄒᆞ니그럴ᄊᆡ닐오ᄃᆡ妄
망執집ᄋᆞᆯ브텃다ᄒᆞᆫ돌히라우흔惑획

의지하여 取着(취착)하는 것이 더욱 깊어 我(아)와 我所(아소)를 헤아린다."
고 하는 것 들(等)이다.

넷은 '計名字相(계명자상)'이니 妄執(망집)을 말미암아 假名言相(가명언상)을 구분하는 까닭이다.

앞에 있는 '거꾸로 되게 잡은 相(상)의 위'를 말미암아 다시 거짓의 이름을 세우니, 이것이 가리는 까닭이다. 棱伽(능가)에 이르되 "相(상)과 이름이 늘 서로 좇아 여러 가지의 妄相(망상)을 낸다."고 하니, 그러므로 이르되 "妄執(망집)을 말미암았다."고 하는 것 들(等)이다. 위는 惑(혹)을

ᄇᆞ터 取츙着땩호미 더욱 기퍼 我앙[51]와 我앙所송[52]를 헤ᄂᆞ다[53] 홈 ᄃᆞᆯ히라[54] 네ᄒᆞᆫ 計졩名명字쭝相샹[55]이니 妄망執집[56]을 ᄇᆞ터 假강名명言언相샹[57]을 ᄀᆞᆯᄒᆡ논[58] 젼ᄎᆡ라

알핏 갓ᄀᆞᆯ에[59] 자ᄇᆞᆫ 相샹 우ᄒᆞᆯ ᄇᆞ터 다시 거즛[60] 일후믈 셰니[61] 이 ᄀᆞᆯᄒᆡ논 젼ᄎᆡ라 棱릉伽꺙[62]애 닐오ᄃᆡ 相샹과 일훔괘[63] 샹녜[64] 서르 조차 여러 가짓 妄망相샹[65]을 내ᄂᆞ다 ᄒᆞ니 그럴ᄊᆡ 닐오ᄃᆡ 妄망執집을 븓다 홈 ᄃᆞᆯ히라[66] 우ᄒᆞᆫ 惑획

---

51) 我: 아. 자기 자체이다. 곧, 자기 주관의 중심이다.

52) 我所: 아소. 나에게 딸린 것으로 나에게 집착되는 사물이다. 곧, 나에게 소속된 것(= 소유물)이다.

53) 헤ᄂᆞ다: 혜(헤아리다, 계산하다, 計)- + -ᄂᆞ(현시)- + -다(평종)

54) ᄃᆞᆯ히라: ᄃᆞᇂ(등, 等: 의명) + -이(서조)- + -Ø(현시)- + -라(← -다: 평종)

55) 計名字相: 계명자상. 육추(六麤)의 하나이다. 실재하지 않는 대상에 이름을 부여하고, 그 이름에 집착하여 여러 가지 번뇌를 일으키는 것이다.

56) 妄執: 망집. 망상을 버리지 못하고 집착하는 일. 즉 망령된 고집이다.

57) 假名言相: 가명언상. 모든 현상에는 본디 차별이 없지만 경계를 지어 임시로 각각 이름을 붙여 차별하는 모든 차별 현상을 말한다.

58) ᄀᆞᆯᄒᆡ논: ᄀᆞᆯᄒᆡ(가리다, 分別)- + -ㄴ(← -ᄂᆞ-: 현시)- + -오(대상)- + -ㄴ(관전)

59) 갓ᄀᆞᆯ에: 갓ᄀᆞᆯ(거꾸로 되다, 逆)- + -에(← -게: 연어, 도달)

60) 거즛: 거짓, 假.

61) 셰니: 셰[세우다, 立: 셔(서다, 立: 자동)- + -ㅣ(← -이-: 사접)-]- + -니(연어, 설명 계속)

62) 棱伽: 능가. 능가경이다. 중국 당나라의 실차난타(實叉難陀)가 번역한 불경으로, 부처님이 능가산에서 대혜보살을 위하여 여래장 연기의 이치를 설법한 경전이다.

63) 일훔괘: 일훔(이름, 名) + -과(접조) + -ㅣ(← -이: 주조)

64) 샹녜: 늘, 항상, 常(부사)

65) 妄相: 망상. 망령된 모습이다.

66) ᄃᆞᆯ히라: ᄃᆞᇂ(들, 等: 의명) + -이(서조)- + -Ø(현시)- + -라(← -다: 평종)

[84:1 앞]

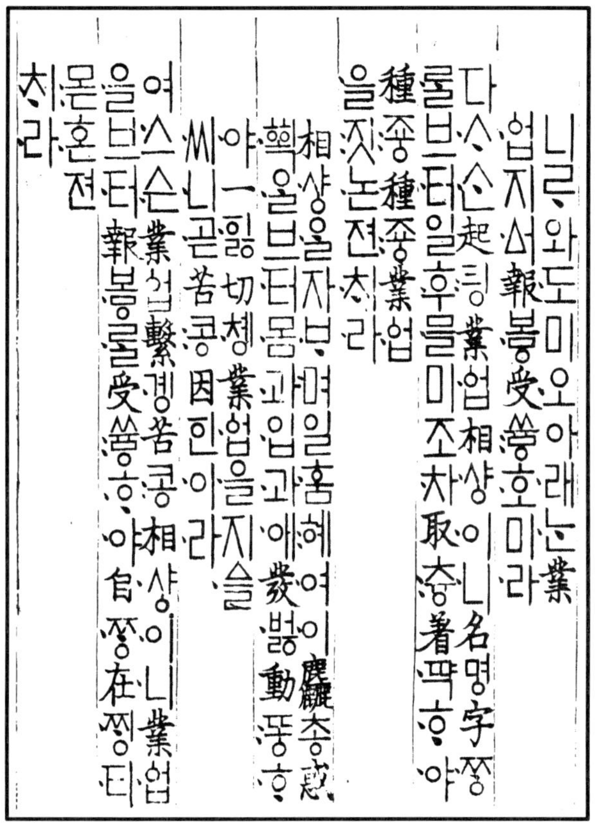

니ᄅᆞ와도미오아래ᄂᆞᆫ業
업지ᅀᅥ報봉受쓯ᄒᆞ미라
다ᄉᆞᄉᆞᆫ起킝業업相샹이니名명字ᄍᆞᆼ
ᄅᆞᆯᄇᆞ터일훔을미조차取ᄎᆔᆼ着ᄐᆞᆨᄒᆞ야
種종種종業업
을짓ᄂᆞᆫ젼ᄎᆡ라
相샹ᄋᆞᆯ자ᄇᆞ며일훔혜여이麤총惑ᅘᅬᆨ
ᄋᆞᆯᄇᆞ터몸과입과애發벓動똥ᄒᆞ
야一힗切쳉業업을지ᅀᅳᆯ
씨니곧苦콩因힌이라
여스슨業업繫곙苦콩相샹이니業업
을브터報봉ᄅᆞᆯ受쓯ᄒᆞ야自ᄍᆞᆼ在ᄍᆡᆼ티
몯ᄒᆞᆫ젼
ᄎᆡ라

일으키는 것이고, 아래는 業(업)을 지어 報(보)를 受(수)하는 것이다.

다섯은 '起業相(기업상)'이니, 名字(명자)를 말미암아 이름을 뒤미쳐 좇아 取着(취착)하여 種種(종종)의 業(업)을 짓는 까닭이다.

相(상)을 잡으며 이름을 헤아려, 이 麤惑(추혹)을 말미암아 몸과 입에 發動(발동)하여 一切(일체)의 業(업)을 짓는 것이니, 곧 苦因(고인)이다.

여섯은 '業繫苦相(업계고상)'이니, 業(업)을 말미암아 報(보)를 受(수)하여 自在(자재)하지 못한 까닭이다.

니ᄅᆞ와도미오[67] 아래ᄂᆞᆫ 業업[68] 지ᅀᅥ 報봉[69] 受쓯호미라[70]

다ᄉᆞᄉᆞᆫ 起킝業업相샹[71]이니 名명字쫑[72]ᄅᆞᆯ 브터 일후믈 미조차[73] 取츙着땩[74]ᄒᆞ야 種죵種죵 業업을 짓논[75] 젼ᄎᆡ라

相샹ᄋᆞᆯ 자ᄇᆞ며 일훔 혜여 이 麤총惑획[76]ᄋᆞᆯ 브터 몸과 입과애 發벓動똥ᄒᆞ야 一잃切촁 業업을 지ᅀᅳᆯ 씨니 곧 苦콩因인[77]이라

여스슨 業업繫곙苦콩相샹[78]이니 業업을 브터 報봉ᄅᆞᆯ 受쓯ᄒᆞ야 自쫑在찡티[79] 몯ᄒᆞᆫ 젼ᄎᆡ라

---

67) 니ᄅᆞ와도미오: 니ᄅᆞ왇[일으키다, 起: 닐(일어나다, 起: 자동)-+-ᄋᆞ(사접)-+-왇(강접)-]-+-옴(명전)+-이(서조)-+-오(←-고: 연어, 나열)

68) 業: 업. 불교에서 말하는 심신의 활동과 일상생활의 일이다. 몸(身)·입(口)·뜻(意)으로 짓는 말과 동작과 생각, 그리고 그 인과를 의미함. 업은 짓는다는 뜻이다.

69) 報: 과거에 지은 선악업(善惡業)의 원인에 의하여 현재에 받은 결과, 또는 현재에 짓는 원인에 의하여 미래에 받을 결과이다.

70) 受호미라: 受ᄒᆞ[←受ᄒᆞ다(수하다, 받다): 受(수: 불어)+-ᄒᆞ(동접)-]-+-옴(명전)+-이(서조)-+-Ø(현시)-+-라(←-다: 평종)

71) 起業相: 기업상. 육추(六麤)의 하나로서, 실재하지 않고 이름뿐인 대상에 집착하여 여러 가지 그릇된 행위를 일으키는 것이다.

72) 名字: 명자. 널리 알려진 이름이다.

73) 미조차: 미좇[뒤미쳐 좇다, 逮: 미(←밎다: 미치다, 이르다, 及)-+좇(좇다, 從)-]-+-아(연어)

74) 取着: 취착. 대상을 탐하고 취하고자하는 강한 욕망을 내는 것이다.

75) 짓논: 짓(짓다, 作)-+-ㄴ(←-ᄂᆞ-: 현시)-+-오(대상)-+-ㄴ(관전)

76) 麤惑: 추혹. 거칠고 큰 미혹이다.

77) 苦因: 고인. 괴로움의 과보를 받을 원인이 되는 행업(行業)이다.

78) 業繫苦相: 업계고상. 육추(六麤)의 하나로서, 여러 가지 업(業)을 저지르고 그 업으로 말미암아 고뇌의 과보(果報)에 얽매이게 되는 것이다.

79) 自在티: 自在ᄒᆞ[自在ᄒᆞ다(자재하다): 自在(자재)+-ᄒᆞ(형접)-]-+-디(-지: 연어, 부정) ※'자재(自在)'는 속박이나 장애가 없이 마음대로인 상태이다.

[84:1 뒤]

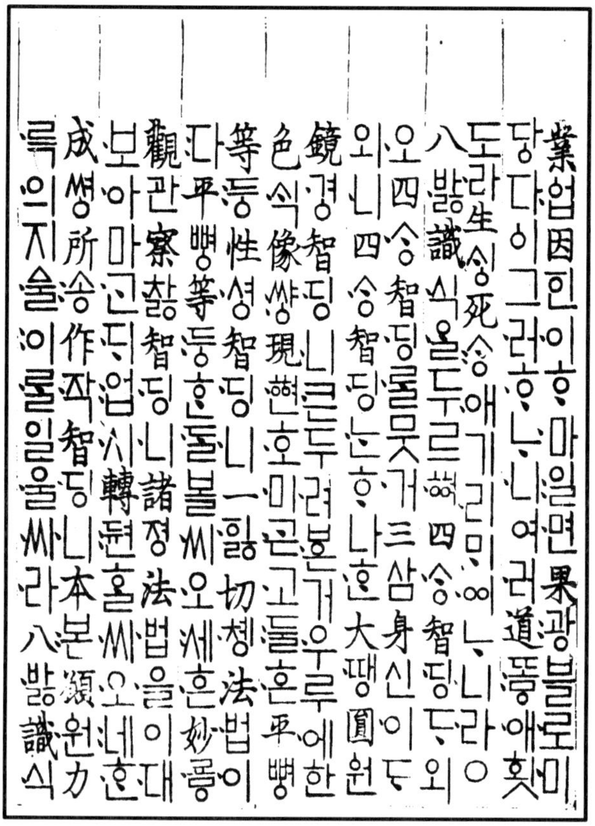

業업因힌이 ᄒᆞ마 일면 果광 블로미
당다이 그러ᄒᆞᄂᆞ니 여러 道ᄯᅩᇢ애 횟도
라 生ᄉᆡᇰ死ᄉᆞᆼ애 기리 ᄆᆡ이ᄂᆞ니라 ○
八밣識식을 두르ᅘᅧ 四ᄉᆞᆼ智딩 ᄃᆞ외오
四ᄉᆞᆼ智딩를 뭇거 三삼身신이 ᄃᆞ외
ᄂᆞ니 四ᄉᆞᆼ智딩ᄂᆞᆫ ᄒᆞ나ᄒᆞᆫ 大땡圓원
鏡경智딩니 큰 두려본 거우루에 한
色ᄉᆡᆨ像ᄊᆞᇰ 現ᅘᅧᆫᄒᆞ도 ᄆᆞ리곤고 둘ᄒᆞᆫ 平뼝
等등性셩智딩니 一잃切쳉法법이
다 平뼝等등ᄒᆞᆫ 돌 볼 ᄊᆡ오 세ᄒᆞᆫ 妙묠
觀관察찷智딩니 諸졍法법을 이대
보아 마긴 ᄃᆡ 업시 轉뒨ᄒᆞᆯ ᄊᆡ오 네ᄒᆞᆫ
成쎵所송作작智딩니 本본願원力
륵의 지ᅀᅮᆯ 이ᄅᆞᆯ 일울 ᄊᆡ라 八밣識식

業因(업인)이 이미 이루어지면 果(과)를 부른 것이 마땅히 그러하나니, 여러 道(도)에 휘돌아 生死(생사)에 길이 매이느니라. ◯ 八識(팔식)을 돌이켜서 四智(사지)가 되고 四智(사지)를 묶어 三身(삼신)이 되니, 四智(사지)는 하나는 大圓鏡智(대원경지)이니 큰 둥그런 거울에 큰 色像(색상)이 現하는 것과 같고, 둘은 平等性智(평등성지)이니 一切(일체)의 法(법)이 다 平等(평등)한 것을 보는 것이고, 셋은 妙觀察智(묘관찰지)이니 諸法(제법)을 잘 보아 막은 데가 없이 轉(전)하는 것이고, 넷은 成所作智(성소작지)이니 本願力(본원력)이 지을 일을 이루는 것이다. 八識(팔식)을

業업因인[80]이 ᄒᆞ마 일면 果광 블로미[81] 당다이 그러ᄒᆞᄂᆞ니 여러 道또ᇢ애 횟도라[82] 生싱死ᄉᆞᆼ애 기리 ᄆᆡᅇᅵᄂᆞ니라[83] ○ 八ᄇᆞᇙ識식[84]ᄋᆞᆯ 두르ᅘᅧ[85] 四ᄉᆞᆼ智딩[86] ᄃᆞ외오 四ᄉᆞᆼ智딩ᄅᆞᆯ 뭇거[87] 三삼身신[88]이 ᄃᆞ외니 四ᄉᆞᆼ智딩ᄂᆞᆫ ᄒᆞ나ᄒᆞᆫ 大땡圓원鏡경智딩[89]니 큰 두려ᄫᅳᆫ[90] 거우루[91]에 한 色식像썅 現현호미 ᄀᆞᆮ고 둘흔 平평等등性셩智딩[92]니 一ᅙᅵᇙ切쳉 法법이 다 平평等등ᄒᆞᆫ ᄃᆞᆯ 볼 씨오 세흔 妙묘ᇢ觀관察ᄎᆶ智딩[93]니 諸졍法법을 이대[94] 보아 마ᄀᆞᆫ ᄃᆡ 업시 轉둰ᄒᆞᆯ 씨오 네ᄒᆞᆫ 成쎵所송作작智딩[95]니 本본願원力륵[96]의 지ᅀᅮᆯ 이ᄅᆞᆯ 일울 씨라 八ᄇᆞᇙ識식을

---

80) 業因: 업인. 선악의 과보(果報)를 일으키는 원인이 되는 행위이다.

81) 블로미: 블ㄹ(← 브르다: 부르다, 呼)- + 옴(명전) + -이(주조)

82) 횟도라: 횟돌[휘돌다, 旋: 횟(접두)- + 돌(돌다, 回)-]- + -아(연어)

83) ᄆᆡᅇᅵᄂᆞ니라: ᄆᆡᅇᅵ[매이다, 束: ᄆᆡ(매다, 束)- + -ᅇᅵ(← -이-: 피접)-]- + -ᄂᆞ(현시)- + -니(원칙)- + -라(← -다: 평종)

84) 八識: 팔식. 여덟 가지의 인식 작용을 이르는 말이다. 안식(眼識), 이식(耳識), 비식(鼻識), 설식(舌識), 신식(身識)의 오식(五識)과 의식(意識), 말나식(末那識), 아뢰야식(阿賴耶識)이다.

85) 두르ᅘᅧ: 두르ᅘᅧ[돌이키다, 廻: 두르(두르다, 旋: 타동)- + -ᅘᅧ(강접)-]- + -어(연어)

86) 四智: 사지. 부처님이 갖춘 4가지 원만한 깨달음의 지혜이다.

87) 뭇거: 뭈(묶다, 束)- + -어(연어)

88) 三身: 삼신. 부처가 변신하여 세상에 현신(現身)하였다는 세 가지 모양이다. 곧 화신(化身) · 보신(報身) · 법신(法身)이다.

89) 大圓鏡智: 대원경지. 사지(四智)의 하나이다. 번뇌에 오염된 아뢰야식(阿賴耶識)을 질적으로 변혁하여 얻은 청정한 지혜이다.

90) 두려ᄫᅳᆫ: 두려ᇦ(← 두렵다, ㅂ불: 둥그렇다, 圓)- + -Ø(현시)- + -은(관전)

91) 거우루: 거울, 鏡.

92) 平等性智: 평등성지. 사지(四智)의 하나이다. 말나식(末那識)에서 전하여 얻는 지혜로서, 피차(彼此)의 차별에 구애되지 않고 평등하다고 깨닫는 지혜이다.

93) 妙觀察智: 묘관찰지. 사지(四智)의 하나이다. 번뇌에 오염된 제육식(第六識)을 질적으로 변혁하여 얻은 청정한 지혜이다.

94) 이대: [잘, 善(부사): 읻(좋다, 곱다, 善: 형사)- + -애(부접)]

95) 成所作智: 성소작지. 사지(四智)의 하나이다. 번뇌에 오염된 전오식(前五識)을 질적으로 변혁하여 얻은 청정한 지혜이다.

96) 本願力: 본원력. 부처가 보살일 때에 세운 서원(誓願)의 힘이다.

[84:2 앞]

을 두르혀 四ᄉᆞᆼ智딩 ᄃᆞ외요ᄆᆞᆫ 眼안
耳ᅀᅵᆼ 鼻삥 舌쎯 身신 五옹識식을 두
르혀 成쎵所송作작智딩 ᄃᆞ외오 第
똉六륙 意ᅙᅴᆼ識식을 두르혀 妙묠觀
관察찷智딩 ᄃᆞ외오 第똉七칧 傳뛴
送송識식 末맗那낭ᅀᅡᆼ 含ᅘᅡᆷ을 두르혀
平뼝等등性셩智딩 ᄃᆞ외오 第똉八
밣 含ᅘᅡᆷ藏짱識식 阿항賴랭耶양識
식을 두르혀 大땡圓원
鏡경智딩 ᄃᆞ욀 씨라
傳뛴送송ᄋᆞᆫ 傳뛴傳뛴으로 보
낼 씨오 含ᅘᅡᆷᄋᆞᆫ 머구믈 씨라
四ᄉᆞᆼ智딩를 뭇거 三삼身신이 ᄃᆞ외
요ᄆᆞᆫ 成쎵所송作작智딩 妙묠觀관

돌이켜 四智(사지)가 되는 것은 眼(안)·耳(이)·鼻(비)·舌(설)·身(신)의 五識(오식)을 돌이켜 成所作智(성소작지)가 되고, 第六(제육) 意識(의식)을 돌이켜 妙觀察智(묘관찰지)가 되고, 第七(제칠) 傳送識(전송식)인 末那含(말나함)을 돌이켜 平等性智(평등성지)가 되고, 第八(제팔) 含藏識(함장식)인 阿賴耶識(아뢰야식)을 돌이켜 大圓鏡智(대원경지)가 되는 것이다.

傳送(전송)은 傳傳(전전)으로 보내는 것이고, 含(함)은 머금는 것이다. 四智(사지)를 묶어 三身(삼신)이 된 것은 成所作智(성소작지)와 妙觀察智(묘관찰지)는 두르ᅘᅧ 四ᄉᆞᆼ智딩 ᄃᆞ외요ᄆᆞᆫ[97] 眼안 耳ᅀᅵᆼ 鼻삥 舌쎯 身신 五ᅌᅩᆼ識식[98]을 두르ᅘᅧ 成쎵所송作작智딩 ᄃᆞ외오 第똉六륙 意ᅙᅴᆼ識식[99]을 두르ᅘᅧ 妙묘ᇦ觀관察찷智딩 ᄃᆞ외오 第똉七칧 傳뚼送송識식[1] 末맗那낭含ᅘᅡᆷ[2]을 두르ᅘᅧ 平평等등性셩智딩 ᄃᆞ외오 第똉八밣 含ᅘᅡᆷ藏짱識식[3] 阿ᅙᅡᆼ賴랭耶ᅌᅣᆼ識식을 두르ᅘᅧ 大땡圓원鏡경智딩 ᄃᆞ욀 씨라

傳뚼送송[4]ᄋᆞᆫ 傳뚼傳뚼으로[5] 보낼 씨오 含ᅘᅡᆷᄋᆞᆫ 머구믈 씨라[6]

四ᄉᆞᆼ智딩ᄅᆞᆯ 뭇거[7] 三삼身신[8]이 ᄃᆞ외요ᄆᆞᆫ 成쎵所송作작智딩 妙묘ᇦ觀관察찷智딩ᄂᆞᆫ

---

97) ᄃᆞ외요ᄆᆞᆫ: ᄃᆞ외(되다, 爲)- + -욤(← -옴: 명전) + -ᄋᆞᆫ(보조사, 주제)

98) 五識: 오식. 안(眼) · 이(耳) · 비(鼻) · 설(舌) · 신(身)의 기관으로 각각 색(色) · 성(聲) · 향(香) · 미(味) · 촉(觸)의 대상을 식별하는 안식(眼識) · 이식(耳識) · 비식(鼻識) · 설식(舌識) · 신식(身識)의 다섯 가지 마음 작용이다.

99) 意識: 의식. 밖으로 드러난 마음이다.

1) 傳送識: 전송식. 말나함(末那含)의 다른 이름이다.

2) 末那含: 말나함. 삼식(三識)의 하나이다. 모든 감각이나 의식을 통괄하여 자기라는 의식을 낳게 하는 마음의 작용으로 객관의 사물을 자아로 여겨 모든 미망(迷妄)의 근원이 되는 잘못된 인식 작용을 이른다.

3) 含藏識: 함장식. 아뢰야식(阿賴耶識)의 별명이다. 아뢰야식은 과거의 인식·행위·경험·학습 등으로 형성된 인상(印象)·잠재력, 곧 종자를 저장하고 있으므로 이와 같이 말한다.

4) 傳送: 전송. 전하여 보내는 것이다.

5) 傳傳으로: 傳傳(전전) + -으로(부조, 방편) ※ '傳傳(전전)'은 거듭해서 전(傳)하는 것이며, 전(傳)는 보내는 것이다.

6) 머구믈 씨라: 머굼(머금다, 含)- + -을(관전) # ᄊ(← ᄉᆞ: 것, 의명) + -이(서조)- + -Ø(현시)- + -라(← -다: 평종)

7) 뭇거: 묽(묶다, 束)- + -어(연어)

8) 三身: 삼신. 부처가 변신하여 세상에 현신(現身)하였다는 세 가지 모양이다. 곧 화신(化身) · 보신(報身) · 법신(法身)이다.

[84:2 뒤]

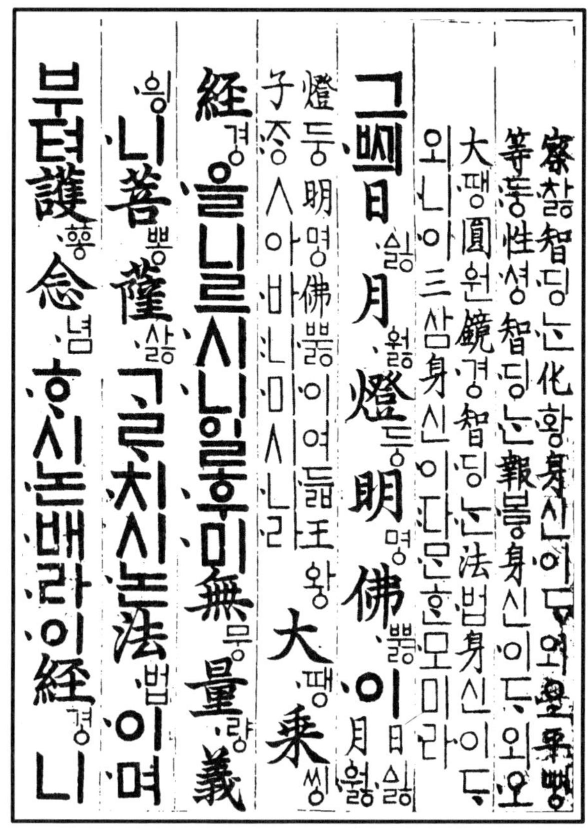

察찰智딩ᄂᆞᆫ 化황身신이 ᄃᆞ외오 平뼝
等ᄃᆞᆼ性셩智딩ᄂᆞᆫ 報ᄇᆞᇢ身신이 ᄃᆞ외오
大땡圓원鏡경智딩ᄂᆞᆫ 法법身신이 ᄃᆞ
외니 이 三삼身신이 다ᄆᆞᆫ ᄒᆞᆫ 모미라
그ᄢᅴ 日싏月웛燈등明명佛뿛이 日싏月웛
燈등明명佛뿛이 여듧 王왕
子ᄌᆞᆼㅅ 아바ᄂᆞ미시니라 大땡乘씽
經경을 니ᄅᆞ시니 일후미 無뭉量량義
읭니 菩뽕薩삻 ᄀᆞᄅᆞ치시논 法법이며
부텨 護ᅘᅩᆼ念념ᄒᆞ시논 배라 이 經경니

化身(화신)이 되고 平等性智(평등성지)는 報身(보신)이 되고 大圓鏡智(대원경지)는 法身(법신)이 되니, 이 三身(삼신)이 오직 한 몸이다.】

그때에 日月燈明佛(일월등명불)이【日月燈明佛(일월등명불)이 여덟 王子(왕자)의 아버님이시니라.】大乘經(대승경)을 이르시니, (그) 이름이 無量義(무량의)이니, 菩薩(보살)을 가르치시는 法(법)이며 부처가 護念(호념)하시는 바이다. (부처님이) 이 經(경)을 이르시고

化황身신[9]이 ᄃᆞ외오 平평等등性셩智딩ᄂᆞᆫ 報봉身신[10]이 ᄃᆞ외오 大땡圓원鏡경智딩ᄂᆞᆫ 法법身신[11]이 ᄃᆞ외니 이 三삼身신이 다ᄆᆞᆫ[12] ᄒᆞᆫ 모미라】

그 ᄢᅴ[13] 日ᅀᅵᇙ月웛燈등明명佛뿛이 【日ᅀᅵᇙ月웛燈등明명佛뿛이 여듧 王왕子ᄌᆞᆼㅅ 아바니미시니라[14]】 大땡乘씽經경[15]을 니르시니 일후미 無뭉量량義읭[16]니 菩뽕薩삻 ᄀᆞᄅᆞ치시논 法법이며[17] 부텨 護ᅘᅩᆼ念념ᄒᆞ시논[18] 배라[19] 이 經경을 니르시고

---

9) 化身: 화신. 부처가 중생을 교화하기 위하여 여러 모습으로 변화하는 일이나, 또는 그 불신(佛身)이다.

10) 報身: 보신. 삼신(三身)의 하나이다. 선행 공덕을 쌓은 결과로 부처의 공덕이 갖추어진 몸을 이른다.

11) 法身: 법신. 삼신(三身)의 하나. 불법의 이치와 일치하는 부처의 몸을 이른다.

12) 다ᄆᆞᆫ: 다만, 오직, 唯(부사)

13) ᄢᅴ: ᄢ(← ᄣᅳ: 때, 時) + -의(-에: 부조, 위치)

14) 아바니미시니라: 아바님[아버님, 父親: 아바(← 아비: 아버지, 父) + -님(높접)] + -이(서조)- + -시(주높)- + -∅(현시)- + -니(원칙)- + -라(← -다: 평종)

15) 大乘經: 대승경. 석가모니 부처님 사후의 대승 운동이 일어나면서 편찬된 불교 경전 중에서 대승 사상을 포함한 경전을 말한다. 대표적으로는 한국의 조계종의 소의 경전인 금강경을 비롯하여, '미륵경, 법화경, 화엄경, 지장경, 아미타경' 등이 여기에 속한다.

16) 無量義: 무량의. 481년 간행된 불경으로, 예로부터 법화삼부경(法華三部經)의 하나로 알려져 왔다. 구나발타라(求那跋陀羅)가 번역했다고도 하고 중국에서 지은 것이라고도 한다. 『개경』(開經)이라고도 부른다. 모두 3품으로 나뉘며, 내용은 대부분 『묘법연화경』에 근거한다. 제1품 덕행품(德行品)에서는 불제자의 덕행을 밝히고 있고, 제2품 설법품(說法品)에서는 설일체제법(說一切諸法)과 실상(實相)·무이언유일음(無二言唯一音)·방편설(方便說)을, 그리고 제3품 십공덕품(十功德品)에서는 십부사의(十不思議)의 공덕을 설명하고 있다.

17) 法이며: 法(법) + -이며(접조)

18) 護念ᄒᆞ시논: 護念ᄒᆞ[호념하다: 護念(호념) + -ᄒᆞ(동접)-] + -시(주높)- + -ㄴ(← -ᄂᆞ-: 현시)- + -오(대상)- + -ㄴ(관전) ※ '護念(호념)'은 불보살이 선행을 닦는 중생을 늘 잊지 않고 보살펴 주는 일이다.

19) 배라: 바(바, 所) + -ㅣ(← -이-: 서조)- + -∅(현시)- + -라(← -다: 평종)

[85앞]

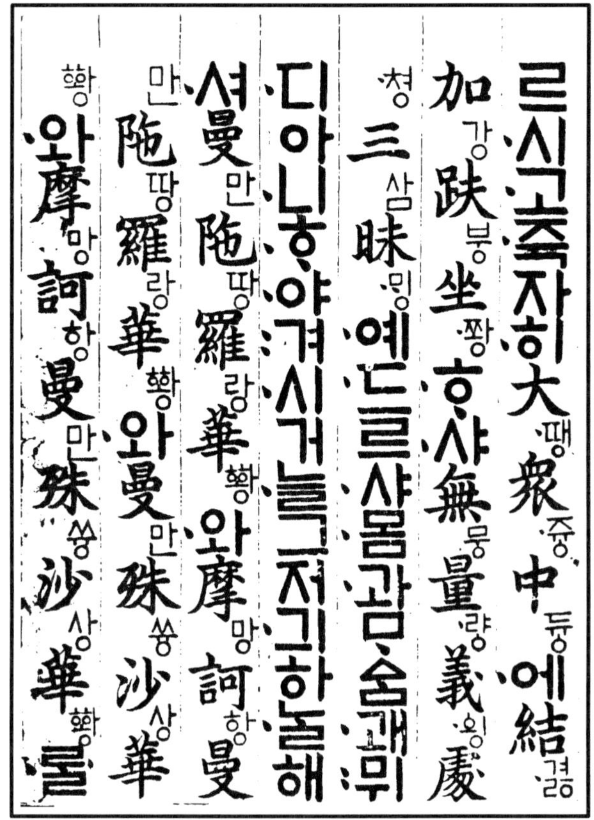
르시고즉자히大땡衆즁中듕에結겷
加강趺붕坐쫭ᄒᆞ샤無뭉量량義ᅌᅴᆼ處
쳥三삼昧ᄆᆡᆼ예드르샤몸과ᄆᆞᅀᆞᆷ괘뮈
디아니ᄒᆞ야겨시거늘그저긔하ᄂᆞᆯ해
셔曼만陁땅羅랑華ᅘᅪᆼ와摩망訶항曼
만陁땅羅랑華ᅘᅪᆼ와曼만殊쓩沙상華
ᅘᅪᆼ와摩망訶항曼만殊쓩沙상華ᅘᅪᆼ를

즉시 大衆(대중) 中(중)에서 結跏趺坐(결가부좌)하시어, 無量義處(무량의처) 三昧(삼매)에 드시어 몸과 마음이 움직이지 아니하여 계시거늘, 그때에 하늘에서 曼陁羅華(만다라화)와 摩訶曼陀羅華(마하만다라화)와 曼殊沙華(만수사화)와 摩訶曼殊沙華(마하만수사화)를 즉자히[20] 大땡衆즁 中듕에 結겷加강趺붕坐쫭[21]ᄒᆞ샤 無뭉量량義읭處청[22] 三삼昧밍[23]예 드르샤 몸과 ᄆᆞᅀᆞᆷ괘[24] 뮈디[25] 아니ᄒᆞ야 겨시거늘[26] 그 저긔[27] 하ᄂᆞᆯ해셔[28] 曼만陁땅羅랑華ᅘᅪᆼ[29]와 摩망訶항曼만陁땅羅랑華ᅘᅪᆼ[30]와 曼만殊쓩沙상華ᅘᅪᆼ[31]와 摩망訶항曼만殊쓩沙상華ᅘᅪᆼᄅᆞᆯ

---

20) 즉자히: 즉시, 卽(부사)

21) 結加趺坐: 결가부좌. 가부좌 또는 전(全)가부좌, 본(本)가부좌라고도 하며, 가(跏)는 발바닥, 부(趺)는발등을 말한다. 오른쪽 발을 왼쪽 허벅다리 위에, 왼쪽 발을 오른쪽 허벅다리 위에 놓고 앉는 항마좌(降魔坐)와 그 반대의 길상좌(吉祥坐)가 있으며, 부처는 반드시 이렇게 앉으므로 불좌(佛坐)나 여래좌(如來坐)라고도 한다. 한편, 왼쪽 발을 그대로오른쪽 발 밑에 두고 오른쪽 발만을 왼쪽 허벅다리 위에 올려 놓는 것을 반가부좌(半跏趺坐) 또는 반가좌(半跏坐)·보살좌(菩薩坐)라고 한다.

22) 無量義處: 무량의처. 무량의(無量義)는 한(限)이 없는 뜻이라는 말이고, 처(處)는 곳을 말한다.

23) 三昧: 삼매. 한 가지에만 마음을 집중시키는 일심불란(一心不亂)의 경지이다. 순수한 집중을 통하여 마음이 고요해진 상태로 불교 수행의 이상적인 경지는 곧 삼매의 상태이다. ※ '無量義處三昧(무량의처삼매)'는 무량의경(無量義經)에만 마음을 집중시키는 일심불란(一心不亂)의 경지이다.

24) ᄆᆞᅀᆞᆷ괘: ᄆᆞᅀᆞᆷ(마음, 心) + -과(접조) + -ㅣ(← -이: 주조)

25) 뮈디: 뮈(움직이다, 動)- + -디(-지: 연어, 부정)

26) 겨시거늘: 겨시(계시다: 보용, 완료 지속, 높임)- + -거늘(연어, 상황)

27) 그 저긔: 그(그, 彼: 관사, 지시) # 적(적, 때: 의명) + -의(-에: 부조, 위치)

28) 하ᄂᆞᆯ해셔: 하ᄂᆞᆯ(하늘, 天) + -애(-에: 부조, 위치) + -셔(-서: 위치 강조)

29) 曼陁羅華: 만다라화(mandārava). 불전에 보이는 천화(천계의 꽃)의 하나이다. 석가나 여래들이 깨달음을 얻었을 때나 설법할 때에, 이를 기뻐하는 신들의 뜻에 따라서 만다라화가 스스로 공중에 피어서 내려온다고 한다.

30) 摩訶曼陁羅華: 마하만다라화. '摩訶(mahā)'는 '크다(大)'의 뜻을 나타낸다.

31) 曼殊沙華: 만수사화. 천상계에 있는 꽃 이름이다. 만수사(曼殊沙)는 보드랍다는 뜻이다. 이 꽃을 보면 악업(惡業)을 여읜다고 한다.

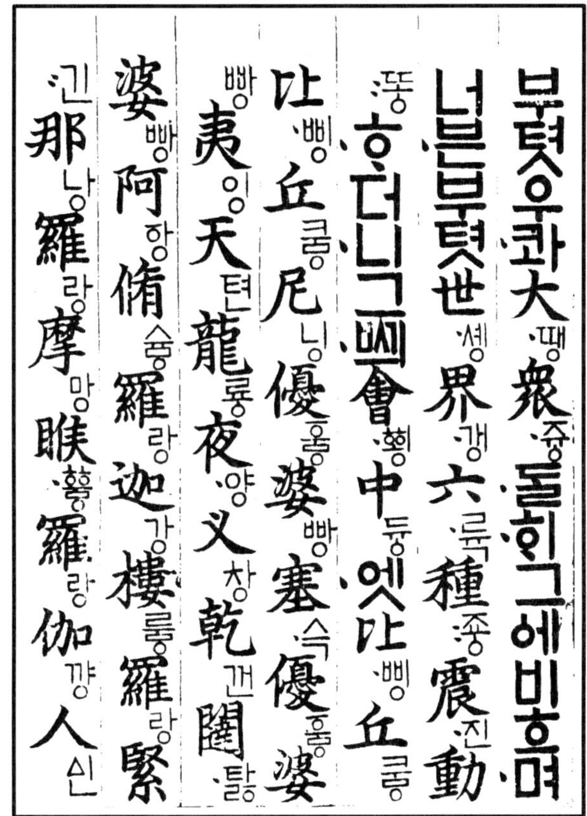

부텻우콰大땡衆즁ᄃᆞᆯ희그에비흐며 너븐부텻世솅界갱六륙種죵震진動똥ᄒᆞ더니그ᄢᅴ會횡中듕엣比삥丘쿵比삥丘쿵尼닝優ᅙᅮᇢ婆빵塞ᄉᆡᆨ優ᅙᅮᇢ婆빵夷잉天텬龍룡夜양叉창乾껀闥탏婆빵阿ᅙᅡᆼ脩슣羅랑迦강樓릏羅랑緊긴那낭羅랑摩망睺흫羅랑伽꺙人신

부처의 위와 大衆(대중)들에게 흩뿌리며, 넓은 부처의 世界(세계)가 六種震動(육종진동)하더니, 그때에 會中(회중)에 있는 比丘(비구)·比丘尼(비구니)·優婆塞(우바새)·優婆夷(우바이)·天(천)·龍(용)·夜叉(야차)·乾闥婆(건달바)·阿脩羅(아수라)·伽樓羅(가루라)·緊那羅(긴나라)·摩睺羅迦(마후라가)·人非人(인비인)과

부텻 우콰[32] 大땡衆즁ᄃᆞᆯ히[33] 그에[34] 비호며[35] 너븐[36] 부텻 世솅界갱 六륙種죵震진動똥[37] ᄒᆞ더니 그 ᄢᅴ 會횅中듕엣[38] 比삥丘쿻[39] 比삥丘쿻尼닝[40] 優ᅙᅮᇢ婆빵塞ᄉᆡᆼ[41] 優ᅙᅮᇢ婆빵夷잉[42] 天텬[43] 龍룡[44] 夜양叉창[45] 乾껀闥탏婆빵[46] 阿항脩ᅀᅲᇢ羅랑[47] 迦강樓ᄅᆞᇢ羅랑[48] 緊긴那낭羅랑[49] 摩망睺ᅘᅮᇢ羅랑迦강[50] 人ᅀᅵᆫ非빙人ᅀᅵᆫ[51]과

32) 우콰: 우ㅎ(위, 上) + -과(접조)
33) 大衆ᄃᆞᆯ히: 大衆ᄃᆞᆯㅎ[대중들: 大衆(대중) + -ᄃᆞᆯㅎ(-들: 복접)] + -ᄋᆡ(-의: 관조)
34) 그에: 거기에, 彼處(의명) ※ '大衆ᄃᆞᆯ히 그에'는 직역하면 '大衆들의 거기에'로 옮겨야 하지만, 문맥을 고려하여 '대중들에게'로 의역하여 옮긴다.
35) 비호며: 빟(흩뿌리다, 散)- + -으며(연어, 나열)
36) 너븐: 넙(넓다, 普)- + -Ø(현시)- + -은(관전)
37) 六種震動: 육종진동. 세간(世間)에 상서가 있을 때에 대지(大地)가 진동하는 여섯 가지 모양이다. 동(動), 기(起), 용(湧), 진(震),후(吼), 각(覺)의 진동이 있다.
38) 會中엣: 會中(회중) + -에(부조, 위치) + -ㅅ(-의: 관조) ※ '會中(회중)'은 모임을 갖는 도중이나, 모임에 온 모든 사람이다.
39) 比丘: 비구. 출가하여 구족계를 받은 남자 승려이다.
40) 比丘尼: 비구니. 출가하여 구족계를 받은 여자 승려이다.
41) 優婆塞: 우바새. 속세에 있으면서 불교를 믿는 남자이다.
42) 優婆夷: 우바이. 속세에 있으면서 불교를 믿는 여자이다.
43) 天: 천. 미계(迷界)인 오취(五趣)나 육도(六道) 가운데 가장 나은 유정(有情)이나 또는 그 유정이 생존하는 세계이다. 욕계(欲界)의 육욕천(六欲天)과 색계(色界)의 사선천(四禪天) 따위이다.
44) 龍: 용. 불교에서는 불법(佛法)을 수호하는 용왕(龍王)으로 표현된다.
45) 夜叉: 야차. 팔부중(八部衆)의 하나로서, 사람을 괴롭히거나 해친다는 사나운 귀신이다.
46) 乾闥婆: 건달바. 건달바(Gandharra)왕. 팔부중(八部衆)의 하나이다. 수미산 남쪽의 금강굴에 살며 제석천(帝釋天)의 아악(雅樂)을 맡아보는 신으로, 술과 고기를 먹지 않고 향(香)만 먹으며 공중으로 날아다닌다고 한다.
47) 阿脩羅: 아수라. 싸우기를 좋아하는 귀신으로, 항상 제석천과 싸움을 벌인다.
48) 迦樓羅: 가루라. 인도 신화에 나오는 상상의 새이다. 모습은 독수리와 비슷하고 날개는 봉황의 날개와 같다. 한번 날개를 펴면 360리나펼쳐진다고 한다. 수미산 사해(四海)에서 산다고 한다.
49) 緊那羅: 긴나라. 긴나라(kiṃnara)는 의인(疑人)·인비인(人非人)이라 번역한다. 팔부중(八部衆)의 하나로서, 노래하고 춤추는 신(神)으로 형상은 사람인지 아닌지 애매하다고 한다.
50) 摩睺羅迦: 마후라가. '팔부중(八部衆)의 하나로서, 몸은 사람과 같고 머리는 뱀과 같은 형상을 한 음악의 신(神)이다. 또는 땅으로 기어 다닌다는 거대한 용(龍)이다.
51) 人非人: 인비인. 인(人)은 사람, 비인(非人)은 팔부중(八部衆)·귀신·축생 등을 말한다.

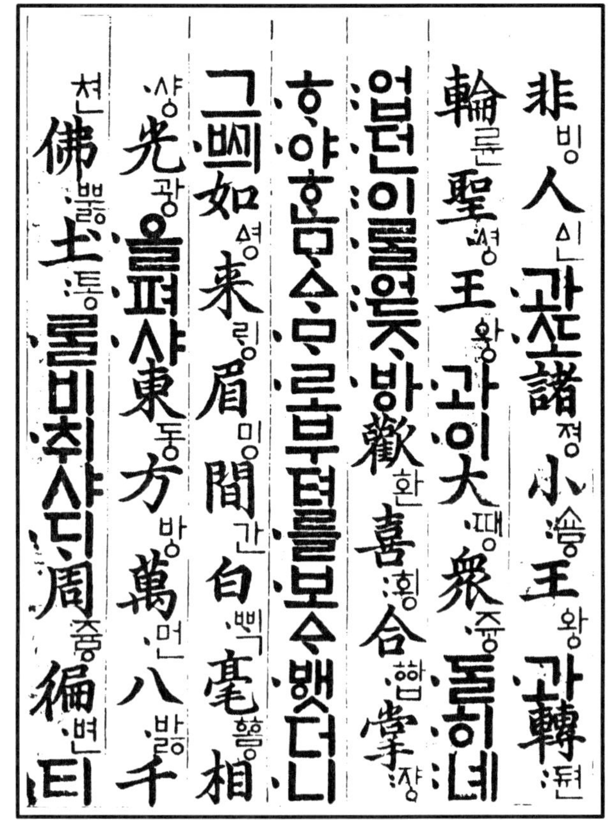

또 諸小王(제소왕)과 轉輪聖王(전륜성왕), 이 大衆(대중)들이 옛날에 없던 일을 얻어서 歡喜(환희)·合掌(합장)하여 한 마음으로 부처를 보아 있더니, 그때에 如來(여래)가 眉間(미간)의 白毫相(백호상)에서 나오는 光(광)을 펴시어, 東方(동방)에 있는 一萬八千(일만팔천)의 佛土(불토)를 비추시되, 周徧(주편)하지

[86 앞]

ᄯᅩ[52] 諸졍小숗王왕[53]과 轉뒨輪륜聖셩王왕[54]과 이 大땡衆즁ᄃᆞᆯ히 녜[55] 업던 이ᄅᆞᆯ 언ᄌᆞ바 歡환喜힁 合햅掌쟝ᄒᆞ야 ᄒᆞᆫ ᄆᆞᅀᆞᄆᆞ로 부텨를 보ᅀᆞᄫᆡᆺ더니[56] 그 ᄢᅴ 如셩來링 眉밍間간 白ᄈᆡᆨ毫ᅘᅙᇢ相샹[57] 光광을 펴샤[58] 東동方방 萬먼八밣千쳔 佛뿛土통[59]ᄅᆞᆯ 비취샤ᄃᆡ[60] 周즇偏변티[61]

---

52) ᄯᅩ: 또, 又(부사)

53) 諸小王: 제소왕. 여러 소왕(小王)이다. ※ '小王(소왕)'은 전륜성왕(轉輪聖王) 외에 나머지 모든 속산왕(粟散王: 작은 나라의 왕)을 일컫는 말이다.

54) 轉輪聖王: 전륜성왕. 인도 신화에서 통치의 수레바퀴를 굴려, 세계를 통일·지배하는 이상적인 제왕이다. 몸에 32상(三十二相)과 7보(七寶)를 갖추고 있으며, 무력에 의하지 않고, 정의에 의해서만 천하를 지배한다고 하는 전륜왕에는 금륜(金輪)·은륜·동륜·철륜의 네 왕이 있다. 일설에 의하면 인간의 수명이 2만세에 도달할 때 먼저 철륜왕이 출현하여 일천하의 왕이 되고, 8만세에 도달할 때 금륜왕이 출현하여 사천하를 다스린다고 한다. 수미산을 중심으로 흩어져 있는 남섬부주(南贍部洲)를 비롯한 네 개의 섬을 정법으로 통솔한다.

55) 녜: 옛날, 昔.

56) 보ᅀᆞᄫᆡᆺ더니: 보(보다, 觀)- + -ᅀᆞᇦ(← -ᅀᆞᆸ-: 객높)- + -아(연어) + 잇(← 이시다: 있다, 보용, 완료 지속)- + -더(회상)- + -니(연어, 설명 계속) ※ '보ᅀᆞᄫᆡᆺ더니'는 '보ᅀᆞᄫᆡ 잇더니'가 축약된 형태이다.

57) 白毫相: 부처의 두 눈썹 사이에 있다는 흰 털로서, 오른쪽으로 말려 있고 여기에서 광명을 발한다고 한다. 불상에는 진주·비취·금 따위를 박아 표시한다. ※ '白毫相앳'은 '白毫相(백호상)에서 나오는'으로 의역하여 옮긴다.

58) 펴샤: 펴(펴다, 放)- + -샤(← -시-: 주높)- + -Ø(← -아: 연어)

59) 佛土: 불토. 부처가 사는 극락. 또는 부처가 교화한 땅이다.

60) 비취샤ᄃᆡ: 비취(비추다, 照)- + -샤(← -시-: 주높)- + -ᄃᆡ(← -오ᄃᆡ: 연어, 설명 계속)

61) 周偏티: 周偏ㅎ[周偏ᄒᆞ다(주편하다): 周偏(주편) + -ᄒᆞ(동접)-]- + -디(-지: 보용) ※ 周偏(주편)은 모든 면에 다 두루 걸치는 것이다.

아니ᄒᆞᆫ ᄃᆡ 업더니 오ᄂᆞᆳ날 보ᅀᆞᆸᄂᆞᆫ 佛뿛
土통ㅣ 곧더라 彌밍勒륵아 아라라 그
ᄢᅴ 會횡中듕에 二싱十씹億흑 菩뽕薩
삻이 法법 듣ᄌᆞᄫᆞ믈 즐기더니 이 菩뽕
薩삻ᄃᆞᆯ히 이 光광明명이 佛뿛土통 너
비 비취샤ᄆᆞᆯ 보ᅀᆞᆸ고 녜 업던 이ᄅᆞᆯ 얻ᄌᆞ
ᄫᅡ 이 光광明명 爲윙ᄒᆞ샨 因힌緣원을

아니한 데가 없더니, 오늘날에 보는 佛土(불토)와 같더라. 彌勒(미륵)아, 알아라. 그때에 會中(회중)에 二十億(이십억)의 菩薩(보살)이 法(법)을 듣는 것을 즐기더니, 이 菩薩(보살)들이 이 光明(광명)이 널리 佛土(불토)를 비추신 것을 보고, 옛날에 없던 일을 얻어서 이 光明(광명)을 爲(위)하신 因緣(인연)을 아니ᄒᆞᆫ ᄃᆡ[62] 업더니 오ᄂᆞᆳ날[63] 보ᄉᆞᆸ논[64] 佛뿛土통ㅣ[65] ᄀᆞᆮ더라[66] 彌밍勒륵아 아라라 그 ᄢᅴ 會횅中듕에 二ᅀᅵᆼ十씹億ᅙᅳᆨ 菩뽕薩삻이 法법 듣ᄌᆞ보ᄆᆞᆯ[67] 즐기더니[68] 이 菩뽕薩삻ᄃᆞᆯ히 이 光광明명이 佛뿛土통 너비[69] 비취샤ᄆᆞᆯ[70] 보ᄉᆞᆸ고 녜 업던 이ᄅᆞᆯ 얻ᄌᆞ바 이 光광明명 爲ᅌᅱᆼᄒᆞ샨 因ᅙᅵᆫ緣ᅌᅯᆫ을

---

62) ᄃᆡ: ᄃᆡ(데, 處) + -Ø(← -이: 주조)

63) 오ᄂᆞᆳ날: [오늘날, 今: 오ᄂᆞᆯ(오늘, 今) + -ㅅ(관조, 사잇) + 날(날, 日)]

64) 보ᄉᆞᆸ논: 보(보다, 見)- + -ᄉᆞᆸ(객높)- + -ㄴ(← -ᄂᆞ-: 현시)- + -오(대상)- + -ㄴ(관전)

65) 佛土ㅣ: 佛土(불토) + -ㅣ(-와: 부조, 비교)

66) ᄀᆞᆮ더라: ᄀᆞᆮ(← ᄀᆞᇀ다 ← ᄀᆞᆮᄒᆞ다: 같다, 如)- + -더(회상)- + -라(← -다: 평종)

67) 듣ᄌᆞ보ᄆᆞᆯ: 듣(듣다, 聞)- + -ᄌᆞᇦ(← -ᄌᆞᆸ-: 객높)- + -옴(명전) + -ᄋᆞᆯ(목조)

68) 즐기더니: 즐기[즐기다, 嗜: 즑(즐거워하다, 喜: 자동)- + -이(사접)-]- + -더(회상)- + -니(연어, 설명 계속)

69) 너비: [널리, 普(부사): 넙(넓다, 光: 형사)- + -이(부조)]

70) 비취샤ᄆᆞᆯ: 비취(비추다, 照)- + -샤(← -시-: 주높)- + -ㅁ(← -옴: 명전) + -ᄋᆞᆯ(목조)

[87 앞]

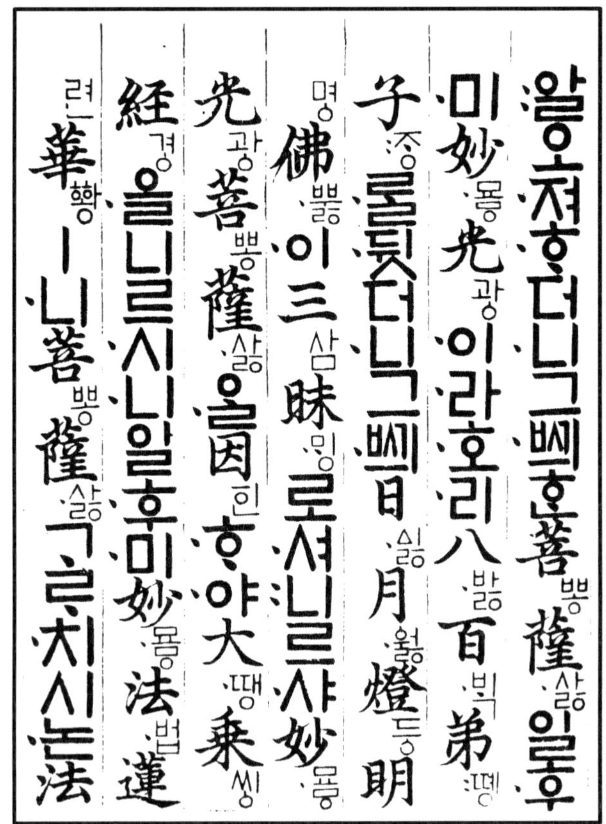

알고자 하더니, 그때에 한 菩薩(보살)이 (그) 이름이 妙光(묘광)이라고 하는 이가 八百(팔백)의 弟子(제자)를 두어 있더니, 그때에 日月燈明佛(일월등명불)이 三昧(삼매)로부터서 일어나시어, 妙光菩薩(묘광보살)로 因(인)하여 大乘經(대승경)을 이르시니 그 이름이 妙法蓮華(묘법연화)이니, (이는) 菩薩(보살)을 가르치는 法(법)이며

알오져[71] ᄒᆞ더니 그 ᄢᅴ ᄒᆞᆫ 菩뽕薩삻 일후미 妙묘ᇢ光광이라 호리[72] 八밣百ᄇᆡᆨ 弟똉子ᄌᆼ를 뒷더니[73] 그 ᄢᅴ 日ᅀᅵᇙ月ᅌᅯᇙ燈등明명佛뿛이 三삼昧ᄆᆡᆼ[74]로셔 니르샤[75] 妙묘ᇢ光광菩뽕薩삻ᄋᆞᆯ[76] 因ᅙᅵᆫᄒᆞ야 大땡乘씽經경[77]을 니르시니 일후미 妙묘ᇢ法법蓮련華ᅘᅪᆼ[78]ㅣ니 菩뽕薩삻 ᄀᆞᄅᆞ치시논[79] 法법이며

---

71) 알오져: 알(알다, 知)- + -오져(← -고져: -고자, 연어, 의도)

72) 호리: ㅎ(← ᄒᆞ다: 하다, 曰)- + -오(대상)- + -ㄹ(관전) # 이(이, 者: 의명) + -Ø(← -이: 주조)

73) 뒷더니: 두(두다, 有)- + -어(연어) # 잇(← 이시다: 있다, 보용, 완료 지속)- + -더(회상)- + -니(연어, 설명 계속) ※ '뒷더니'는 '두어 잇더니'가 축약된 형태이다.

74) 三昧: 삼매. 잡념을 떠나서 오직 하나의 대상에만 정신을 집중하는 경지이다. 이 경지에서 바른 지혜를 얻고 대상을 올바르게 파악하게 된다.

75) 니르샤: 닐(일어나다, 起)- + -으샤(← -으시-: 주높)- + -Ø(← -아: 연어)

76) 妙光菩薩ᄋᆞᆯ: 妙光菩薩(묘광보살) + -ᄋᆞᆯ(-로: 목조, 보조사적 용법, 의미상 부사격) ※ '妙光菩薩(묘광보살)'은 문수보살(文殊菩薩)이 일월등명불(日月燈明佛)의 문하에 있을 적에 불리어지던 칭호이다.(= 妙光)

77) 大乘經: 대승경. 대승(大乘)의 교법(敎法)을 해설한 다섯 가지의 불경(佛經)이다. 곧 '화엄경(華嚴經)·범망경(梵網經)·반야경(般若經)·법화경(法華經)·유마경(維摩經)'이다.

78) 妙法蓮華(經): 묘법연화(경). 법화삼부경의 하나이다. 가야성(迦耶城)에서 도를 이룬 부처가 세상에 나온 본뜻을 말한 것으로, 모든 불교 경전 가운데 가장 존귀하게 여겨지는 경전이다. 쿠마라지바가 중국어로 번역하였다. 8권 28품(= 법화경, 法華經)

79) ᄀᆞᄅᆞ치시논: ᄀᆞᄅᆞ치(가르치다, 敎)- + -시(주높)- + -ㄴ(← -ᄂᆞ-: 현시)- + -오(대상)- + -ㄴ(관전)

[87 뒤]

법이며 부텨 護ᅘᅩᆼ念념ᄒᆞ시논 배라 여쉰 小숗劫겁을 座쫭애 니디 아니ᄒᆞ시니 모다 듣ᄌᆞᄫᆞ리도 ᄒᆞᆫ고대 안자 여쉰 小숗劫겁을 몸과 ᄆᆞᅀᆞᆷ괘 뮈디 아니ᄒᆞ야 부텻 마ᄅᆞᆯ 듣ᄌᆞᄫᅩᄃᆡ 밥 머긇 ᄉᆞᅀᅵ만 너겨 ᄒᆞ나토 ᄀᆞᆺ븐 ᄠᅳ들 내리 업더라 녯 衆즁이 여쉰 小숗劫겁을 밥 머긇 덧만 너기고 이젯 衆즁이 쉰 小숗劫겁을 半반 날만

부처가 護念(호념)하시는 바이다. (일월등명불이) 예순 小劫(소겁)을 座(좌)에서 일어나지 아니하시니, 모여서 (묘법연화경을) 들을 이도 한 곳에 앉아 예순 小劫(소겁)을 몸과 마음이 움직이지 아니하여 부처의 말을 듣되, (그 예순 소겁을) 밥 먹을 사이만큼 여겨서 하나도 고단한 뜻을 내는 이가 없더라. 【 옛날의 衆(중)이 예순 小劫(소겁)을 밥을 먹을 사이만큼 여기고, 이제의 衆(중)이 쉰 小劫(소겁)을 半(반) 날만큼

부텨 護ᅘᅩᆼ念념ᄒᆞ시논[80] 배라[81] 여쉰 小쇼ᇢ劫겁[82]을 座쫘애 니디[83] 아니 ᄒᆞ시니 모다[84] 듣ᄌᆞᄫᆞ리도[85] ᄒᆞᆫ 고대 안자 여쉰[86] 小쇼ᇢ劫겁을 몸과 ᄆᆞᅀᆞᆷ괘[87] 뮈디 아니ᄒᆞ야 부텻 마ᄅᆞᆯ 듣ᄌᆞ보ᄃᆡ[88] 밥 머글 ᄊᆞᅀᅵ[89] 만[90] 너겨 ᄒᆞ나토[91] 잇븐[92] ᄠᅳᆮ 내리[93] 업더라 【녯[94] 衆즁이 여쉰 小쇼ᇢ劫겁을 밥 머긇 덛[95] 만 너기고 이젯[96] 衆즁[97]이 쉰 小쇼ᇢ劫겁을 半반날[98] 만

---

80) 護念ᄒᆞ시논: 護念ᄒᆞ[호념하다: 護念(호념: 명사) + -ᄒᆞ(동접)-]- + -시(주높)- + -ㄴ(← -ᄂᆞ-: 현시)- + -오(대상)- + -ㄴ(관전) ※ '護念(호념)'은 불보살이 선행을 닦는 중생을 늘 잊지 않고 보살펴 주는 일이다.

81) 배라: 바(바, 所: 의명) + -ㅣ(← -이-: 서조)- + -Ø(현시)- + -라(← -다: 평종)

82) 小劫: 소겁. 인간의 수명이 8만 세에서 100년에 한 살씩 줄어 10세에 이르는 시간이다.

83) 니디: 니(← 닐다: 일어나다, 起)- + -디(-지: 연어, 부정)

84) 모다: 몯(모이다, 集)- + -아(연어)

85) 듣ᄌᆞᄫᆞ리도: 듣(듣다, 聽)- + -ᄌᆞᇦ(← -ᄌᆞᆸ-: 객높)- + -ᄋᆞᆯ(관전) # 이(이, 者: 의명) + -도(보조사, 첨가)

86) 여쉰: 예순, 六十(관사, 양수)

87) ᄆᆞᅀᆞᆷ괘: ᄆᆞᅀᆞᆷ(마음, 心) + -과(접조) + -ㅣ(← -이: 주조)

88) 듣ᄌᆞ보ᄃᆡ: 듣(듣다, 聞)- + -ᄌᆞᇦ(← -ᄌᆞᆸ-: 객높)- + -오ᄃᆡ(-되: 연어, 설명 계속)

89) ᄊᆞᅀᅵ: ᄊᆞᅀᅵ(← ᄉᆞᅀᅵ: 사이, 間) ※ '밥 머글 ᄊᆞᅀᅵ'는 용언의 관형사형의 뒤에서 된소리되기를 표기에 반형한 것이다. '밥 머긇 ᄉᆞᅀᅵ'로 표기하기도 했다.

90) 만: 만큼, 如(의명) ※ '-만'은 '만큼'의 뜻을 나타내는 의존 명사이다.

91) ᄒᆞ나토: ᄒᆞ낳(하나, 一: 수사, 양수) + -도(보조사, 강조)

92) 잇븐: 잇브(고단하다, 懈惓)- + -Ø(현시)- + -ㄴ(관전)

93) 내리: 내[내다, 生: 나(나다, 生: 자동)- + -ㅣ(← -이-: 사접)-]- + -ㄹ(관전) # 이(이, 者: 의명) + -Ø(← -이: 주조)

94) 녯: 녜(옛날, 예전, 昔: 명사) + -ㅅ(-의: 관조)

95) 덛: 덧, 時. 얼마 안 되는 퍽 짧은 시간이다.

96) 이젯: 이제[이제, 今: 이(이, 此: 관사, 지시, 정칭) + 제(제, 때, 時: 의명)] + -ㅅ(-의: 관조)

97) 衆: 중. 대중(大衆)이다. 많이 모인 승려. 또는 비구, 비구니, 우바새, 우바니를 통틀어 이르는 말이다.

98) 半날: [반날: 半(반) + 날(날, 낮, 日)] ※ '半날'은 하루 낮의 절반이다.

너기니다法법華ᅘᅪᆼ三삼昧ᄆᆡᆼᄅᆞᆯ得득ᄒᆞᆯᄊᆡ道똫애게으르디아니ᄒᆞ미이곤ᄒᆞ니라法법華ᅘᅪᆼ三삼昧ᄆᆡᆼ■眞진實씷ᄉᆞᆫ知딩見견力륵은갓가ᄫᆞ며오라며로옮디아니ᄒᆞ며時씽와劫겁ᄋᆞ로더으며損손티아니ᄒᆞᆯᄊᆡ니라日싏月ᅌᅯᇙ燈등明명佛뿛이여ᅀᅳᆫ小ᄉᆖᇢ劫겁을이經경니ᄅᆞ시고즉자히梵뻠魔망沙상門몬婆빵羅랑門몬과天텬人신阿항脩슣羅랑衆즁中듕에니ᄅᆞ샤

여기니 다 法華三昧(법화삼매)를 得(득)하므로 道(도)에 게으르지 아니하는 것이 이와 같으니라. 法華三昧(법화삼매) (곧) 眞實(진실)의 知見力(지견력)은 가까우며 오랜 것으로 옮지 아니하며, 時(시)와 劫(겁)으로 더하며 損(손)하지 아니하기 때문이다.】 日月燈明佛(일월등명불)이 예순 小劫(소겁)을 이 經(경)을 이르시고, 즉시 梵(범) · 魔(마) · 沙門(사문) · 婆羅門(바라문)과 天人(천인) · 阿脩羅(아수라)의 衆(중)의 中(會中, 회중)에 이르시되

너기니 다 法법華뽱三삼昧밍[99]를 得득ᄒᆞᇙ씨 道똠애 게으르디 아니호미[1] 이[2] ᄀᆞᆮᄒᆞ니라 法법華뽱三삼昧밍■ 眞진實씷ㅅ 知딩見견力륵[3]은 갓가ᄫᆞ며[4] 오라ᄆᆞ로[5] 옮디 아니ᄒᆞ며 時씽와 劫겁과로 더으며 損손티[6] 아니ᄒᆞᇙ씨니라[7]】 日ᅀᅵᇙ月웛燈등明명佛뿛이 여쉰 小숗劫겁을 이 經경 니르시고 즉자히[8] 梵뻠[9] 魔망[10] 沙상門몬[11] 婆빵羅랑門몬[12]과 天텬人신[13] 阿항脩슣羅랑[14] 衆즁 中듕에 니ᄅᆞ샤ᄃᆡ

---

99) 法華三昧: 법화삼매. 법화경을 꾸준히 읽어서 그 묘한 이치를 깨닫는 일이다.

1) 아니호미: 아니ᄒᆞ[← 아니ᄒᆞ다(아니하다, 不): 아니(아니, 不: 부사) + -ᄒᆞ(형접)-]- + -옴(명전) + -이(주조)

2) 이: 이(이, 此: 지대) + -∅(← -이: 부조, 비교)

3) 智見力: 지견력. 지식과 견문으로 얻게 되는 힘이다.

4) 갓가ᄫᆞ며: 갓갛(가깝다, 近)- + -ᄋᆞ며(연어, 나열)

5) 오라ᄆᆞ로: 오라(오래다, 久)- + -ㅁ(← -옴: 명전) + -ᄋᆞ로(부조, 방편)

6) 損티: 損ᄒᆞ[← 損ᄒᆞ다(손하다): 損(손: 불어) + -ᄒᆞ(동접)-]- + -디(-지: 연어, 부정) ※'損(손)'은 덜거나 줄이는 것이다.

7) 아니ᄒᆞᇙ씨니라: 아니ᄒᆞ[아니하다, 不: 아니(아니, 不: 부사) + -ᄒᆞ(형접)-]- + -ㄹ씨(-므로: 연어, 이유) + -∅(← -이-: 서조)- + -∅(현시)- + -니(원칙)- + -라(← -다: 평종)

8) 즉자히: 즉시로, 곧, 卽(부사)

9) 梵: 범. 범천(梵天). 색계(色界) 초선천(初禪天)의 우두머리이다. 제석천(帝釋天)과 함께 부처를 좌우에서 모시는 불법 수호의 신이다.

10) 魔: 마. 마왕(魔王). 천마(天魔)의 왕이다. 정법(正法)을 해치고 중생이 불도에 들어가는 것을 방해하는 귀신이다.

11) 沙門: 사문. 부지런히 모든 좋은 일을 닦고 나쁜 일을 일으키지 않는다는 뜻으로, 불문에 들어가서 도를 닦는 사람(중, 僧)을 이르는 말이다.

12) 婆羅門: 바라문. 브라만(Brahman)의 음역어이다. 인도 카스트 제도에서 가장 높은 지위인 승려 계급을 이른다.

13) 天人: 천인. 하늘(天)과 사람(人)을 아울러 이르는 말이다.

14) 阿脩羅: 아수라. 팔부중의 하나이다. 싸우기를 좋아하는 귀신으로, 항상 제석천과 싸움을 벌인다.

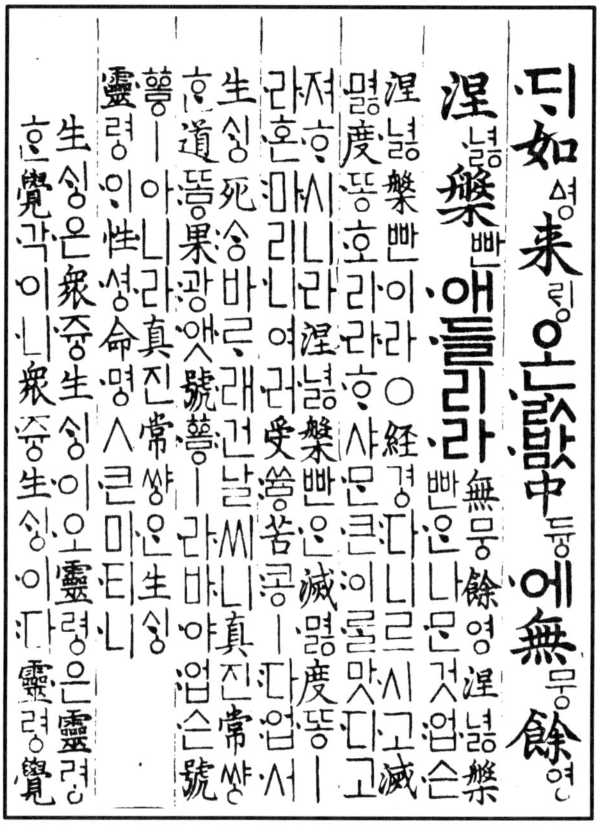

"如來(여래)가 오늘의 밤중(中)에 無餘涅槃(무여열반)에 들리라."【無餘涅槃(무여열반)은 남은 것이 없는 涅槃(열반)이다. ◯ (여래가) 經(경)을 다 이르시고 "(내가) 滅度(멸도)하리라."라고 하신 것은 큰 일을 맡기고자 하셨니라. 涅槃(열반)은 滅度(멸도)이라고 한 말이니, 여러 受苦(수고)가 다 없어 生死(생사)의 바다에 건너는 것이니, 眞常(진상)한 道果(도과)의 號(호)이라서 바야(?) 없는 號(호)가 아니다. 眞常(진상)은 生靈(생령)이 가진 性命(성명)의 큰 밑(根本)이니,

生(생)은 衆生(중생)이고 靈(영)은 靈(영)한 覺(각)이니, 衆生(중생)이 다 靈覺(영각)을

如셩來링 오ᄂᆞᆳ[15] 밦中듕에[16] 無뭉餘영涅녏槃빤[17]애 들리라【無뭉餘영涅녏槃빤ᄋᆞᆫ 나ᄆᆞᆫ[18] 것 업슨 涅녏槃빤이라 ○ 經경 다 니르시고 滅몛度똥호리라[19] ᄒᆞ샤ᄆᆞᆫ 큰 이ᄅᆞᆯ 맛디고져[20] ᄒᆞ시니라 涅녏槃빤ᄋᆞᆫ 滅몛度똥ㅣ라 ᄒᆞᆫ 마리니 여러 受쓯苦콩ㅣ 다 업서 生ᄉᆡᆼ死ᄉᆞᆼ 바ᄅᆞ래 건날[21] 씨니 眞진常썅ᄒᆞᆫ[22] 道똫果광앳[23] 號ᅘᅩᇢㅣ라[24] 바야 업슨[25] 號ᅘᅩᇢㅣ 아니라 眞진常썅ᄋᆞᆫ 生ᄉᆡᆼ靈령[26]ᄋᆡ 性셩命명[27]ㅅ 큰 미티니[28]

生ᄉᆡᆼᄋᆞᆫ 衆즁生ᄉᆡᆼ이오 靈령ᄋᆞᆫ 靈령ᄒᆞᆫ 覺각이니 衆즁生ᄉᆡᆼ이 다 靈령覺각[29]ᄋᆞᆯ

---

15) 오ᄂᆞᆳ: 오ᄂᆞᆯ(오늘, 今日) + -ㅅ(-의: 관조)

16) 밦中에: 밦中[밤중, 中夜: 밤(밤, 夜) + -ㅅ(관조, 사잇) + 中(중)] + -에(부조, 위치)

17) 無餘涅槃: 무여열반. 모든 번뇌를 끊고 분별(分別)의 지혜를 떠나 몸까지 없애고 적정(寂靜)에 돌아간 경지로서, 죽은 후에 들어가는 열반을 이른다.

18) 나ᄆᆞᆫ: 남(남다, 餘)- + -Ø(과시)- + -ᄋᆞᆫ(관전)

19) 滅度호리라: 滅度ᄒᆞ[← 滅度ᄒᆞ다(멸도하다): 滅度(멸도: 명사) + -ᄒᆞ(동접)-]- + -오(주높)- + -리(미시)- + -라(← -다: 평종) ※ '滅度(멸도)'는 모든 번뇌의 얽매임에서 벗어나고, 진리를 깨달아 불생불멸의 법을 체득한 경지를 이르거나, 혹은 승려가 죽는 것(입적, 入寂)을 이른다. 여기서는 입적(入寂)의 뜻으로 쓰였다.

20) 맛디고져: 맛디[맡기다, 託: 맜(맡다, 任: 타동)- + -이(사접)-]- + -고져(-고자: 연어, 의도)

21) 건날: 건나[← 걷나다(건너다, 渡): 걷(걷다, 步)- + 나(나다, 出)-]- + -ㄹ(관전)

22) 眞常ᄒᆞᆫ: 眞常ᄒᆞ[진상하다: 眞常(진상): 眞常(진상) + -ᄒᆞ(형접)-]- + -Ø(현시)- + -ㄴ(관전) ※ '眞常(진상)'은 진실로 불변한 것으로, 여래가 얻은 바의 법이 진실하고 상주(常住)한 것을 이른다.

23) 道果앳: 道果(도과) + -애(-에: 부조, 위치) + -ㅅ(-의: 관조) ※ '道果(도과)'는 수행을 통해서 얻은 과보(果報)이다. 곧, 보리(菩提)의 과보로써 얻은 열반의 깨달음이다.

24) 號ㅣ라: 號(호) + -ㅣ(← -이-: 서조)- + -Ø(현시)- + -라(← -아: 연어)

25) 바야 업슨: '바야'의 형태와 의미를 알 수 없다.

26) 生靈: 생령. 살아 있는 넋이다.

27) 性命: 성명. '목숨'이나 '생명'을 달리 이르는 말이다.

28) 미티니: 밑(밑, 本) + -이(서조)- + -니(연어, 설명 계속)

29) 靈覺: 영각. 육체 밖에 따로 있다고 생각되는 정신적 실체이다.

[89 앞]

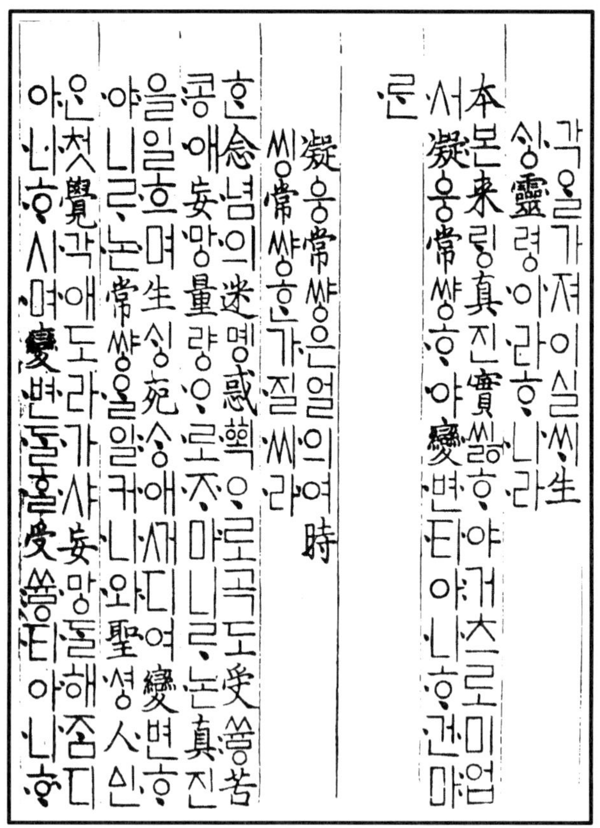

가져 있으므로 生靈(생령)이라고 하였니라.

本來(본래) 眞實(진실)하여 허망함이 없어 凝常(응상)하여 變(변)하지 아니하건마는

凝常(응상)은 엉기어 時常(시상) 한가지인 것이다.

한 念(염)의 迷惑(미혹)으로 꼭두각시(幻影)의 受苦(수고)에 妄量(망량)으로 잠기어, 이른바 眞(진)을 잃으며 生死(생사)에 꺼지어 變(변)하여 이른바 常(상)을 잃거니와, 聖人(성인)은 첫 覺(각)에 돌아가시어 妄(망)들에 잠기지 아니하시며 變(변)들을 受(수)하지 아니하시므로,

가져 이실ᄊᆡ 生ᄉᆡᇰ靈령이라 ᄒᆞ니라

本본來ᄅᆡᆼ 眞진實ᄴᅵᇙᄒᆞ야 거츠로미[30] 업서 凝ᅌᅳᆼ常쌰ᇰ[31]ᄒᆞ야 變변티[32] 아니ᄒᆞ건마ᄅᆞᆫ[33]

凝ᅌᅳᆼ常쌰ᇰ은 얼의여[34] 時씽常쌰ᇰ[35] ᄒᆞᆫ가질[36] 씨라[37]

ᄒᆞᆫ 念념의 迷몡惑ᅘᅬᆨᄋᆞ로 곡도[38] 受ᄴᅲᇢ苦콩애 妄망量량[39]ᄋᆞ로 ᄌᆞ마[40] 니ᄅᆞ논[41] 眞진을 일흐며 生ᄉᆡᇰ死ᄉᆞᆼ애 써디여[42] 變변ᄒᆞ야 니ᄅᆞ논 常쌰ᇰ[43]ᄋᆞᆯ 일커니와[44] 聖셩人ᅀᅵᆫᄋᆞᆫ 첫 覺각애 도라가샤 妄망ᄃᆞᆯ해[45] ᄌᆞᆷ디 아니ᄒᆞ시며 變변[46]ᄃᆞᆯᄒᆞᆯ 受ᄴᅲᇢ티 아니ᄒᆞ실ᄊᆡ

---

30) 거츠로미: 거츨(허망하다, 망령되다, 妄靈)- + -옴(명전) + -이(주조)

31) 凝常: 응상. 서로 엉기어서 항상 한가지인 것을 이른다.

32) 變티: 變ᄒᆞ[變ᄒᆞ다(변하다): 變(변: 불어) + -ᄒᆞ(동접)-]- + -디(-지: 연어, 부정)

33) 아니ᄒᆞ건마ᄅᆞᆫ: 아니ᄒᆞ[아니하다, 不: 아니(부사, 부정)- + -ᄒᆞ(동접)-]- + -건마ᄅᆞᆫ(-건마는: 연어, 인정 대조)

34) 얼의여: 얼의(엉기다, 凝)- + -여(← -어: 연어)

35) 時常: 시상. 언제나, 늘, 항상(부사)

36) ᄒᆞᆫ가질: ᄒᆞᆫ가지[한가지, 마찬가지: ᄒᆞᆫ(한, 一: 관사, 양수) + 가지(가지: 의명)] + -Ø(← -이-: 서조)- + -ㄹ(관전)

37) 씨라: ㅆ(← ᄉᆞ: 것, 의명) + -이(서조)- + -Ø(현시)- + -라(← -다: 평종)

38) 곡도: 환영(幻影). 꼭두각시.

39) 妄量: 망량. 망녕되게 말이나 행동을 함부로 하는 것이다.

40) ᄌᆞ마: ᄌᆞᆷ(잠기다, 浸)- + -아(연어)

41) 니ᄅᆞ논: 니ᄅᆞ(이르다, 말하다, 曰)- + -ㄴ(← -ᄂᆞ-: 현시)- + -오(대상)- + -ㄴ(관전) ※ '니ᄅᆞ논'은 '소위(所謂)'나 '이른바'로 의역하여 옮긴다.

42) 써디여: 써디(꺼지다, 陷沒)- + -여(← -어: 연어)

43) 常: 상. 변하지 않는 성질이다.

44) 일커니와: 잃(잃다, 失)- + -거니와(연어, 인정 대조)

45) 妄ᄃᆞᆯ해: 妄ᄃᆞᆯㅎ[妄들: 妄(망, 망령) + -ᄃᆞᆯㅎ(-들: 복접)] + -애(-에: 부조, 위치) ※ '妄(망)'은 '망령된 것'이다.

46) 變: 변. 변화이다. 상(常)과 변(變)은 변치 않는 것과 변하는 것으로 대립한다.

[89 뒤]

眞常(진상)이라 하였니라. 有餘(유여) · 無餘(무여)는 小乘(소승)이 生死(생사)의 苦(고)를 싫게 여겨 三界(삼계)에 빨리 (벗어)나고자 하여, 기운 眞(진)에 막히어서 性證(성증)하는 것이 원만하지 못하므로 有餘(유여)이고, 大乘(대승)은 生死(생사)의 見(견)을 떠나서 물러나는 것도 없으며 (벗어)나는 것도 없어서, 엉기어서 時常(시상) 寂(적)하여 性證(성증)하는 것이 이미 원만하므로 無餘(무여)이다. "이제 涅槃(열반)에 들리라."고 하신 것은 꼭두각시(幻影)와 같은 망령되고 어지러운 티끌을 벗어서, 本眞(본진)의 凝寂(응적)에 돌아간 것을 보이셨니라. 】 그때에 한 菩薩(보살)의 이름이 德藏(덕장)이더니,

眞진常썅이라 ᄒᆞ니라 有욿餘영[47] 無뭉餘영[48]ᄂᆞᆫ 小숗乘씽[49]이 生싱死ᄉᆞᆼ 苦콩ᄅᆞᆯ 슬히[50] 너겨 三삼界갱예 ᄲᆞᆯ리[51] 나고져[52] ᄒᆞ야 기운[53] 眞진에 머굴위여[54] 性셩證징호미[55] 두렵디[56] 몯ᄒᆞᆯ씨 有욿餘영ㅣ오 大땡乘씽[57]은 生싱死ᄉᆞᆼ 見견을 여희여 믈롬도[58] 업스며 남도[59] 업서 얼의여 時씽常썅 寂쩍[60]ᄒᆞ야 性셩證징호미 ᄒᆞ마 두려ᄫᅳᆯ씨 無뭉餘영ㅣ라 이제 涅넗槃빤애 드로리라[61] ᄒᆞ샤ᄆᆞᆫ 곡도 ᄀᆞᄐᆞᆫ 거츤 어즈러ᄫᅳᆫ[62] 드트를[63] 버서 本본眞진 凝응寂쩍[64]에 도라가ᄆᆞᆯ 뵈시니라[65]】 그 ᄢᅴ ᄒᆞᆫ 菩뽕薩삻 일후미 德득藏짱이러니[66]

---

47) 有餘: 유여. 지나친 것. 사기(邪氣)가 왕성한 것을 말한다.

48) 無餘: 무여. 온갖 번뇌(煩惱)를 다 없애고 분별(分別)하는 슬기를 떠나 육신(肉身)까지도 없애어, 완전(完全)히 정적(靜寂)으로 들어선 경지(境地)이다.

49) 小乘: 소승. 수행을 통한 개인의 해탈을 가르치는 교법이다.

50) 슬히: [싫게(부사): 슳(싫다, 嫌: 형사)- + -이(부접)]

51) ᄲᆞᆯ리: [빨리, 速(부사): ᄲᆞᆯㄹ(← ᄲᆞᄅᆞ다: 빠르다, 速, 형사)- + -이(부접)]

52) 나고져: 나(나다, 나가다, 벗어나다, 出)- + -고져(-고자: 연어, 의도)

53) 기운: 기우(← 기울다: 기울다, 傾)- + -Ø(과시)- + -ㄴ(관전)

54) 머굴위여: 머굴위[막히다, 걸리다, 碍: 머굴우(막다: 타동)- + -ㅣ(← -이-: 피접)]- + -여(← -어: 연어)

55) 性證호미: 性證ᄒᆞ[性證ᄒᆞ다(성증하다): 性證(성증) + -ᄒᆞ(동접)-]- + -옴(명전) + -이(주조) ※ '性證(성증)'은 본성을 밝히는 것이다.

56) 두렵디: 두렵[둥글다, 원만하다: 두리(두르다, 圍)- + -업(형접)-]- + -디(-지: 연어, 부정)

57) 大乘: 대승. 중생을 제도하여 부처의 경지에 이르게 하는 것을 이상으로 하는 불교나 교리이다.

58) 믈롬도: 믈ㄹ(← 므르다: 물러나다, 退)- + -옴(명전) + -도(보조사, 첨가)

59) 남도: 나(나다, 벗어나다, 出)- + -ㅁ(← -옴: 명전) + -도(보조사, 첨가)

60) 寂: 적. 마음에 번뇌가 없고, 몸에 괴로움이 사라진 해탈 · 열반의 경지이다.

61) 드로리라: 들(들다, 入)- + -오(화자)- + -리(미시)- + -라(← -다: 평종)

62) 어즈러ᄫᅳᆫ: 어즈러ᇦ[어즈럽다, 亂: 어즐(불어) + -업(형접)-]- + -Ø(현시)- + -은(관전)

63) 드트를: 드틀(티끌, 塵) + -을(목조)

64) 凝寂: 응적. 극히 고요하거나, 쥐죽은 듯 잠잠한 것이다.

65) 뵈시니라: 뵈[보이다, 示: 보(보다, 見)- + -ㅣ(← -이-: 사접)-]- + -Ø(과시)- + -니(원칙)- + -라(← -다: 평종)

66) 德藏이러니: 德藏(덕장) + -이(서조)- + -러(← -더-: 회상)- + -니(연어, 설명 계속)

[90 앞]

日月燈明佛(일월등명불)이 授記(수기)하여 比丘(비구)더러 이르시되 "이 德藏菩薩(덕장보살)이 이어서 부처가 되어, 號(호)를 淨身多陁阿伽度阿羅訶三藐三佛陁(정신다타아가도아라하삼먁삼불타)라고 하리라." 【多陁阿伽度(다타아가도)는 如來(여래)라고 한 말이다.】 부처가 授記(수기)를 다 하시고 곧 밤중에

日싏月웛燈등明명佛뿛이 授쓯記긩[67]ᄒᆞ야 比삥丘쿨ᄃᆞ려[68] 니ᄅᆞ샤ᄃᆡ 이 德득藏짱菩뽕薩삻이 버거[69] 부텨[70] ᄃᆞ외야 號황ᄅᆞᆯ 淨쪙身신多당陁땅阿항伽깡度똥阿항羅랑訶항三삼藐막三삼佛뿛陁땅ㅣ라[71] ᄒᆞ리라【多당陁땅阿항伽깡度똥ᄂᆞᆫ 如셩來링라 ᄒᆞᆫ 마리라】부텨 授쓯記긩 다 ᄒᆞ시고 곧 밦中듕에[72]

67) 授記: 수기. 부처가 그 제자에게 내생에 성불(成佛)하리라는 예언기(豫言記)를 주는 것이다.

68) 比丘ᄃᆞ려: 比丘(비구, 남자중) + -ᄃᆞ려(-더러, -에게: 부조, 상대)

69) 버거: [이어서, 뒤따라, 次(부사): 벅(다음가다, 次: 동사)- + -어(연어 ▷ 부접)]

70) 부텨: 부텨(부처, 佛) + -ㅣ(← -이: 보조)

71) 淨身 多陁阿伽度 阿羅訶 三藐三佛陁: 정신 다타아가도 아라하 삼먁삼불타. '淨身(정신)'은 깨끗한 몸이라는 뜻이다. '多陁阿伽度(다타아가도)'는 부처님의 다른 이름으로, 번역하여 '여래(如來)·여거(如去)'라 한다. '阿羅訶(아라가)'는 번역하여 응공(應供)이라고 한다. 온갖 번뇌를 끊어서 인간과 천상(天上)의 중생(衆生)들로부터 공양을 받을 만한 덕이 있는 사람이라는 뜻이며, 아라한(阿羅漢)이라고도 한다. '三藐三佛陁(삼먁삼불타)'는 번역하여 정변지(正遍知)·정등각(正等覺)·등정각(等正覺)이라고 한다. 부처님이 깨달은 지혜(知慧)를 이르는데, 곧 부처의 깨달음인 정등각을 이른다.

72) 밦中에: 밦中[밤중, 中夜: 밤(밤, 夜) + -ㅅ(관조, 사잇) + 中(중)] + -에(부조, 위치)

[90 뒤]

둥에 無뭉餘영涅녏槃빤애 드르시니
라 부톄 滅멿度똥ᄒᆞ신 後흫에 妙묭光
광菩뽕薩삻이 妙묭法법蓮련華홧經
경을 가져 八밣十씹小숗劫겁을 사ᄅᆞᆷ
爲윙ᄒᆞ야 불어 니르더니 日싏月웛燈
등明명佛뿛ㅅ 여듧 아ᄃᆞ니미 다 妙묭
光광ᄋᆞᆯ 스승 삼ᄋᆞ시니 妙묭光광이

無餘涅槃(무여열반)에 드셨니라. 부처가 滅度(멸도)하신 後(후)에 妙光菩薩(묘광보살)이 妙法蓮華經(묘법연화경)을 가져 八十(팔십) 小劫(소겁)을 사람을 爲(위)하여 펴뜨려 이르더니, 日月燈明佛(일월등명불)의 여덟 아드님이 다 妙光(묘광)을 스승으로 삼으시니, 妙光(묘광)이 가르쳐

無뭉餘영涅녀ᇙ槃빤애 드르시니라[73)] 부톄 滅며ᇙ度똥ᄒᆞ신[74)] 後ᅘᅮᇢ에 妙묘ᇢ光광 菩뽕薩사ᇙ이 妙묘ᇢ法법蓮련華ᅘᅪᆼ經경을 가져 八바ᇙ十씹 小셔ᇢ劫겁[75)]을 사ᄅᆞᆷ 爲윙ᄒᆞ야 불어[76)] 니르더니 日ᅀᅵᇙ月ᅌᅯᇙ燈등明명佛뿌ᇙㅅ 여듧 아ᄃᆞ니미[77)] 다 妙묘ᇢ光광ᄋᆞᆯ ᄉᆞ승 사ᄆᆞ신대[78)] 妙묘ᇢ光광이 ᄀᆞᄅᆞ쳐

73) 드르시니라: 들(들다, 入)- + -으시(주높)- + -Ø(과시)- + -니(원칙)- + -라(← -다: 평종)

74) 滅度ᄒᆞ신: 滅度ᄒᆞ[멸도하다: 滅度(멸도) + -ᄒᆞ(동접)-]- + -시(주높)- + -Ø(과시)- + -ㄴ(관전)
※ '滅度(멸도)'는 승려가 죽는 것이다.

75) 小劫: 소겁. 인간의 수명이 8만 세에서 100년에 한 살씩 줄어 10세에 이르는 시간이다.

76) 불어: 불(← 부르다: 퍼뜨리다, 演)- + -어(연어)

77) 아ᄃᆞ니미: 아ᄃᆞ님[아드님, 子: 아ᄃᆞ(← 아ᄃᆞᆯ: 아들, 子) + -님(높접)] + -이(주조)

78) 사ᄆᆞ신대: 삼(삼다, 爲)- + -ᄋᆞ시(주높)- + -ㄴ대(-는데, -니: 연어, 반응)

[91 앞]

阿耨多羅三藐三菩提(아뇩다라삼먁삼보리)에 굳으시게 하니, 이 王子(왕자)들이 無量(무량)한 百千萬億(백천만억)의 부처를 供養(공양)하고 다 佛道(불도)를 이루시니, 가장 後(후)에 成佛(성불)하신 이름이 燃燈(연등)이시니라. 【妙光(묘광)이 옛날의 燈明(등명)을 도와서 然燈(연등)의 스승이 되시고, 이제 釋迦(석가)를 도와서

阿항耨녹多당羅랑三삼藐막三삼菩뽕提뗑예 구드시긔[79] ᄒᆞ니 이 王왕子ᄌᆼ ᄃᆞᆯ히 無뭉量량 百ᄇᆡᆨ千쳔萬먼億ᅙᅳᆨ 부텨를 供공養양ᄒᆞᅀᆞᆸ고 다 佛뿛道똫ᄅᆞᆯ 일우시니 ᄆᆞᆺ 後ᅘᅮᇢ에 成쎵佛뿛ᄒᆞ신[80] 일후미 燃ᅀᅧᆫ燈ᄃᆼ이시니라[81]【妙묳光광이 녜[82] 燈ᄃᆼ明명을 ᄃᆞᆸᄉᆞᄫᅡ 然ᅀᅧᆫ燈ᄃᆼㅅ 스스이[83] ᄃᆞ외시고 이제[84] 釋셕迦강ᄅᆞᆯ ᄃᆞᆸᄉᆞᄫᅡ

---

79) 구드시긔: 굳(굳다, 堅固)- + -ᄋᆞ시(주높)- + -긔(-게: 연어, 사동)

80) 成佛ᄒᆞ신: 成佛ᄒᆞ[성불하다: 成佛(성불: 명사) + -ᄒᆞ(동접)-]- + -시(주높)- + -Ø(과시)- + -ㄴ(관전) ※ '成佛(성불)'은 부처가 되는 일이다. 곧, 보살이 자리(自利)와 이타(利他)의 덕을 완성하여 궁극적인 깨달음의 경지를 실현하는 것을 이른다.

81) 燃燈이시니라: 燃燈(연등) + -이(서조)- + -시(주높)- + -Ø(현시)- + -니(원칙)- + -라(← -다: 평종) ※ '燃燈(연등)'은 석가모니에게 미래에 성불(成佛)한다는 예언을 한 부처이다.

82) 녜: 옛날, 昔(명사)

83) 스스이: 스승(스승, 師) + -이(주조)

84) 이제: [이제, 今(부사): 이(이, 此: 관사, 지시, 정칭) + 제(제, 때, 時: 의명)]

[91 뒤]

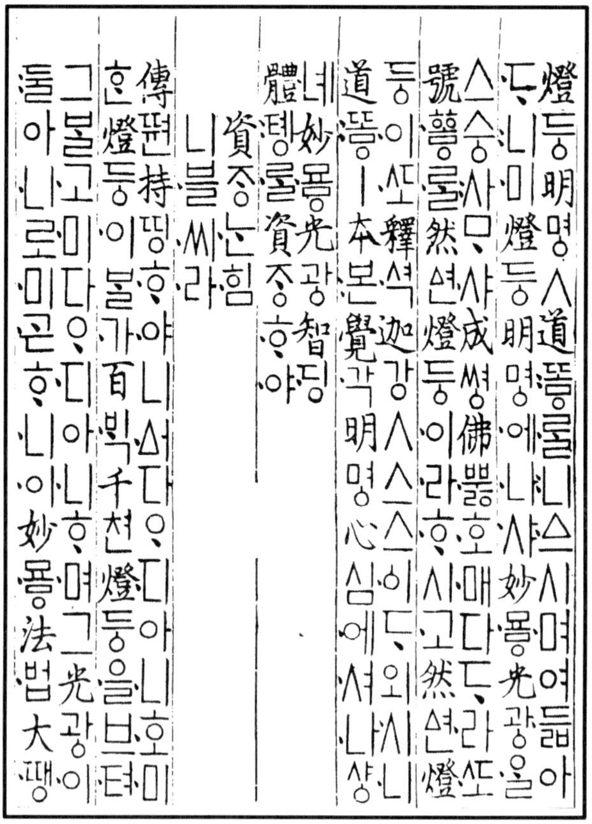
燈등明명ㅅ道똫ᄅᆞᆯ니ᅀᆞ시며여듧아
ᄃᆞ니미燈등明명에나샤妙묭光광ᄋᆞᆯ
ᄉᆞ승사ᄆᆞ샤成쎵佛뿛ᄒᆞ매다ᄃᆞ라ᄯᅩ
號흫ᄅᆞᆯ然연燈등이라ᄒᆞ시고然연燈
등이ᄯᅩ釋셕迦강ㅅᄉᆞ스ᇰ이ᄃᆞ외시니
道ᄯᅳᆼㅣ本본覺각明명心심에셔나샤
네妙묭光광智딩
體톙ᄅᆞᆯ資ᄌᆞᆼᄒᆞ야
資ᄌᆞᆼᄂᆞᆫ힘니블씨라
傳뎐持띵ᄒᆞ야니ᅀᅥ다ᄋᆞ디아니호미
ᄒᆞᆫ燈등이ᄇᆞᆯ가百ᄇᆡᆨ千쳔燈등ᄋᆞᆯ브터
그ᄇᆞᆯ고미다ᄋᆞ디아니ᄒᆞ며그光광이
ᄃᆞ리아니로미곧ᄒᆞ니이妙묭法법大땡

燈明(등명)의 道(도)를 이으시며, 여덟 아드님이 燈明(등명)에 나시어 妙光(묘광)을 스승으로 삼으시어 成佛(성불)함에 다달아 또 號(호)를 然燈(연등)이라고 하시고, 然燈(연등)이 또 釋迦(석가)의 스승이 되시니 道(도)가 本覺(본각)의 明心(명심)에서 나서 항상 妙光(묘광)의 智體(지체)를 資(자)하여,

資(자)는 힘을 입는 것이다.

傳持(전지)하여 이어 다하지 아니한 것이, 한 燈(등)이 밝아서 百千(백천) 燈(등)을 (불)붙여 그 밝은 것이 다하지 아니하며 그 光(광)이 둘이 아닌 것과 같으니, 이것이 妙法(묘법)의 大本(대본)이다.】

燈등明명ㅅ 道똫ᄅᆞᆯ 니ᅀᅳ시며[85] 여듧 아ᄃᆞ니미[86] 燈등明명에 나샤 妙묳光광ᄋᆞᆯ 스승 사ᄆᆞ샤 成쎵佛뿛호매[87] 다ᄃᆞ라[88] ᄯᅩ 號ᅘᅩᇢᄅᆞᆯ 然션燈등이라 ᄒᆞ시고 然션燈등이 ᄯᅩ 釋셕迦강ㅅ 스ᄉᆼ이 ᄃᆞ외시니 道똫ㅣ 本본覺각[89] 明명心심[90]에셔 나 샹녜 妙묳光광 智딩體톙ᄅᆞᆯ 資중[91]ᄒᆞ야

資중ᄂᆞᆫ 힘 니블[92] 씨라

傳뛴持띵ᄒᆞ야[93] 니ᅀᅥ 다ᄋᆞ디 아니호미 ᄒᆞᆫ 燈등이 블가 百빅千쳔燈등을 브텨[94] 그 블고미 다ᄋᆞ디[95] 아니ᄒᆞ며 그 光광이 둘 아니로미[96] ᄀᆞᆮᄒᆞ니 이[97] 妙묳法법[98] 大땡本본[99]이라 】

---

85) 니ᅀᅳ시며: 닝(← 닛다, ㅅ불: 잇다, 繼)- + -으시(주높)- + -며(연어, 나열)

86) 아ᄃᆞ니미: 아ᄃᆞ님[아드님, 子: 아ᄃᆞ(← 아ᄃᆞᆯ: 아들, 子) + -님(높접)] + -이(주조)

87) 成佛호매: 成佛ᄒᆞ[← 成佛ᄒᆞ다(성불하다): 成佛(성불) + -ᄒᆞ(동접)]- + -옴(명전) + -애(부조, 위치) ※ '成佛(성불)'은 부처가 되는 일이다. 보살이 자리(自利)와 이타(利他)의 덕을 완성하여 궁극적인 깨달음의 경지를 실현하는 것을 이른다.

88) 다ᄃᆞ라: 다ᄃᆞᆮ[← 다ᄃᆞᆮ다, ㄷ불(다다르다, 至: 다(다, 悉: 부사) + ᄃᆞᆮ(닫다, 달리다, 走)-]- + -아(연어)

89) 本覺: 본각. 삼각(三覺)의 하나이다. 우주에 존재하는 모든 것의 본성을 깨달음을 이른다. ※ '三覺(삼각)'은 승기신론에서, 본각(本覺) · 시각(始覺) · 구경각(究竟覺)을 통틀어 이르는 말이다.

90) 明心: 명심. 마음을 밝고 깨끗하게 하는 것이다.

91) 資ᄒᆞ야 : 資ᄒᆞ[자하다, 힘입다: 資(자: 불어) + -ᄒᆞ(동접)-]- + -야(← -아: 연어)

92) 니블: 닙(입다, 당하다, 被)- + -을(관전)

93) 傳持ᄒᆞ야: 傳持ᄒᆞ[전지하다: 傳持(전지) + -ᄒᆞ(동접)-]- + -야(← -아: 연어) ※ '傳持(전지)'는 교법(敎法)을 전하여 받아 지니는 것이나 또는 그런 일이다.

94) 브텨: 브티[붙이다, 點火: 븥(붙다, 着)- + -이(사접)]- + -어(언어)

95) 다ᄋᆞ디: 다ᄋᆞ(다하다, 盡)- + -디(-지: 연어, 부정)

96) 아니로미: 아니(아니다, 不)- + -롬(← -옴: 명전) + -이(-과: 부조, 비교)

97) 이: 이(이, 이것, 此: 지대, 정칭) + -∅(← -이: 주조)

98) 妙法: 묘법. 불교의 신기하고 묘한 법문(法文)이다. 묘(妙)란 불가사의한 것, 법(法)은 교법(敎法)을 뜻한다. 즉 부처님 일대의 설교 전체를 가리킨다. 제법(諸法) 실상(實相)에 대한 법문을 뜻한다.

99) 大本: 대본. 크고 중요한 근본이다.

[92 앞]

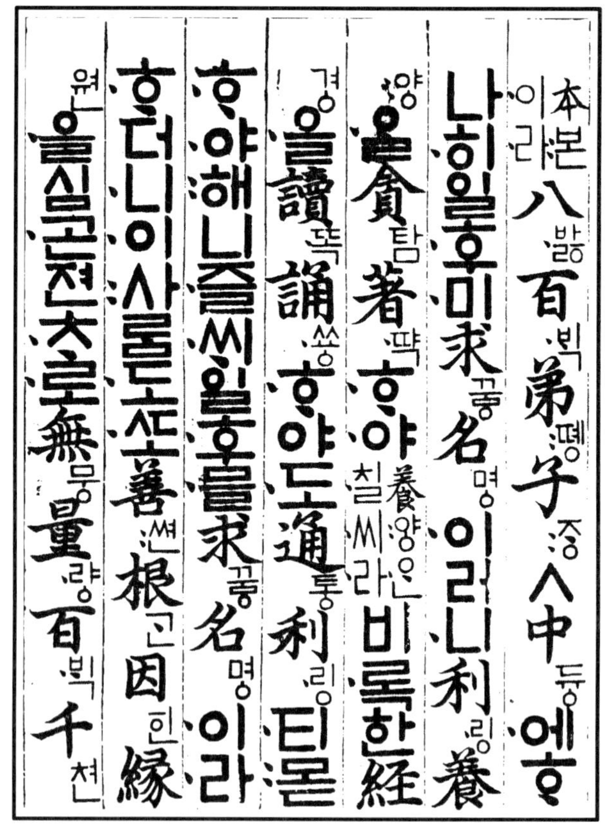

本본이라 八밣百빅弟뎽子ᄌᆞᆼ中듕에 ᄒᆞ나히 일후미 求끃名명이러니 利링養양ᄋᆞᆯ 貪탐著땩ᄒᆞ야 養양ᄋᆞᆫ 칠씨라 비록 한 經경ᄋᆞᆯ 讀똑誦쏭ᄒᆞ야도 通통利링티 몯ᄒᆞ야 해 니즐씨 일후믈 求끃名명이라 ᄒᆞ더니 이 사ᄅᆞᆷ도 ᄯᅩ 善쎤根곤因힌緣원ᄋᆞᆯ 심군 젼ᄎᆞ로 無뭉量량百빅千쳔

(묘광보살의) 八百(팔백) 弟子(제자)의 中(중)에 하나가 이름이 求命(구명)이더니 利養(이양)을 貪著(탐착)하여【 養(양)은 치는 것이다. 】 비록 많은 經(경)을 讀誦(독송)하여도 通利(통리)하지 못하여 많이 잊으므로 이름을 求名(구명)이라 하더니, 이 사람도 또 善根(선근)의 因緣(인연)을 심은 까닭으로, 無量(무량)한 百千萬億(백천만억)의

八밣百빅 弟뗑子증ㅅ 中듕에 ᄒᆞ나히[1)] 일후미 求꿓名명이러니[2)] 利링養양[3)] ᄋᆞᆯ 貪탐著땩[4)]ᄒᆞ야【養양ᄋᆞᆫ 칠[5)] 씨라】비록 한 經경을 讀똑誦쑝[6)]ᄒᆞ야도 通통利링티[7)] 몯ᄒᆞ야 해[8)] 니즐ᄊᆡ[9)] 일후믈 求꿓名명이라 ᄒᆞ더니 이 사ᄅᆞᆷ도 ᄯᅩ 善썬根근[10)] 因인緣원을 심곤[11)] 젼ᄎᆞ로 無뭉量량 百빅千쳔萬먼億흑

---

1) ᄒᆞ나히: ᄒᆞ나ㅎ(하나, 一: 수사, 양수)+-이(주조)

2) 求名이러니: 求名(구명)+-이(서조)-+-러(←-더-: 회상)-+-니(연어, 설명 계속) ※ '求名(구명)'은 '이름 내기 좋아한다.'는 뜻이다. 이 이름 내기 좋아하는 부처의 제자는 공부도 잘하지 못하면서 이익만 탐하는데, 그는 곧 일반 중생의 모습이다.

3) 利養: 이양(lābha). 이익, 이득, 재물. ※ '利養(이양)'은 재리(財利)를 탐하며, 자기를 자양하려는 것이다.

4) 貪著: 탐착. 만족할 줄 모르고 탐내어 집착하거나 욕심에 사로잡혀 헤어나지 못하는 것이다.

5) 칠: 치(치다, 키우다, 기르다)-+-ㄹ(관전)

6) 讀誦: 독송. 소리 내어 읽거나 외우는 것이다.

7) 通利티: 通利ㅎ[通利ᄒᆞ다(통리하다): 通利(명사)+-ᄒᆞ(동접)-]-+-디(-지: 연어, 부정) ※ '通利(통리)'는 그 일에 잘 통해서 걸림이 없는 것이 칼날 잘 드는 것과 같음을 나타내는 말이다.

8) 해: [많이, 多(부사): 하(많다, 多: 형사)-+-ㅣ(←-이: 부접)]

9) 니즐ᄊᆡ: 닞(잊다, 忘)-+-을ᄊᆡ(-므로: 연어, 이유)

10) 善根: 선근. 온갖 선(善)을 낳는 근본(因)이다. 욕심부리지 않음, 성내지 않음, 어리석지 않음 따위이다. 착한 행업의 공덕 신근을 심으면 반드시 선과(善果)를 맺는다고 한다.

11) 심곤: 싊(←시므다: 시다, 種)-+-Ø(과시)-+-오(대상)-+-ㄴ(관전)

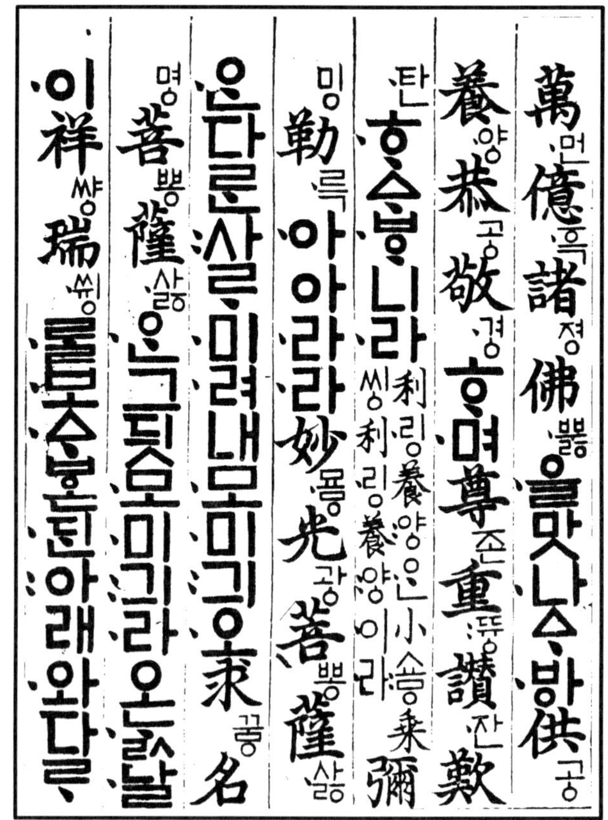
萬먼億흑諸졍佛뿛ᄋᆞᆯ맛나ᅀᆞᄫᅡ供공
養양恭공敬경ᄒᆞ며尊존重뜡讚잔歎
탄ᄒᆞᅀᆞᄫᆞ니라 利링養양ᄋᆞᆫ小쇼乘씽利링養양이라 彌
밍勒륵아아라라妙묠光광菩뽕薩삻
ᄋᆞᆫ다ᄅᆞᆫ사ᄅᆞ미리여내모미긔오求꿓名
명菩뽕薩삻ᄋᆞᆫ그듸모미긔라오ᄂᆞᆳ날
이祥썅瑞쒱ᄅᆞᆯ보ᅀᆞᄫᆞᆫ댄아래와다ᄅᆞ

諸佛(제불)을 만나서 供養(공양) 恭敬(공경)하며 尊重(존중) 讚嘆(찬탄)하였니라.【 利養(이양)은 小乘(소승)의 利養(이양)이다.】 彌勒(미륵)아, 알아라. 妙光菩薩(묘광보살)은 다른 사람이겠느냐? 내 몸이 그이요, 求名菩薩(구명보살)은 그대의 몸이 그이다. 오늘날 이 祥瑞(상서)를 보면 예전과 다르지

[92 뒤]

諸졍佛뿛을 맛나ᄉᆞᄫᅡ[12] 供공養양 恭공敬경ᄒᆞ며 尊존重뜡 讚잔嘆탄ᄒᆞᄉᆞᄫᆞ니라[13]【利링養양ᄋᆞᆫ 小숗乘씽[14] 利링養양이라】彌밍勒륵아 아라라 妙묳光광菩뽕薩삻ᄋᆞᆫ 다ᄅᆞᆫ 사ᄅᆞ미리여[15] 내 모미 긔오[16] 求끃名명菩뽕薩삻[17]ᄋᆞᆫ 그딋[18] 모미 긔라[19] 오ᄂᆞᆳ날 이 祥썅瑞쒱ᄅᆞᆯ 보ᄉᆞᄫᆞᆫᄃᆞᆫ[20] 아래와[21] 다ᄅᆞ디

12) 맛나ᄉᆞᄫᅡ: 맛나[만나다, 遇: 맛(← 맞다: 맞다, 迎)- + 나(나다, 出)-]- + -ᄉᆞᇦ(← -ᄉᆞᆸ-: 객높)- + -아(연어)

13) 讚嘆ᄒᆞᄉᆞᄫᆞ니라: 讚嘆ᄒᆞ[찬탄하다: 讚嘆(찬탄: 명사) + -ᄒᆞ(동접)-]- + -ᄉᆞᇦ(← -ᄉᆞᆸ-: 객높)- + -Ø(과시)- + -ᄋᆞ니(원칙)- + -라(← -다: 평종)

14) 小乘: 소승. 수행을 통한 개인의 해탈을 가르치는 교법이다. 석가모니가 죽은 지 약 100년 뒤부터 시작하여 수백 년간 지속된 교법으로 성문승(聲聞乘)과 연각승(緣覺乘)이 있다. 소극적이고 개인적인 열반만을 중시한 나머지, 자유스럽고 생명력이 넘치는 참된 인간성의 구현을 소홀히 하는 데에 반발하여 대승(大乘)이 일어났다.

15) 사ᄅᆞ미리여: 사ᄅᆞᆷ(사람, 人) + -이(서조)- + -리(미시)- + -여(-냐: 의종, 판정)

16) 긔오: 그(그, 彼: 인대, 정칭) + -ㅣ(← -이-: 서조)- + -오(← -고: 연어, 나열)

17) 求名菩薩: 구명보살. '求名(구명)'은 '이름 내기 좋아한다.'는 뜻이다. 이 이름 내기 좋아하는 부처의 제자는 공부도 잘 하지 못하면서 이익만 탐하는데, 그는 곧 일반 중생의 모습이다.

18) 그딋: 그듸[그대, 汝: 그(그, 彼: 인대, 정칭) + -듸(높접)] + -ㅅ(-의: 관조)

19) 긔라: 그(그, 彼: 인대, 정칭) + -ㅣ(← -이-: 서조)- + -Ø(현시)- + -라(← -다: 평종)

20) 보ᄉᆞᄫᆞᆫᄃᆞᆫ: 보(보다, 見)- + -ᄉᆞᇦ(← -ᄉᆞᆸ-: 객높)- + -ᄋᆞᆫᄃᆞᆫ(-면: 연어, 조건)

21) 아래와: 아래(예전, 본디, 本) + -와(← -과: 부조, 비교)

[93 앞]

아니하시니, 이러므로 (내가) 헤아려 보니 오늘날의 如來(여래)가 마땅히 大乘經(대승경)을 이르시겠으니, (그) 이름이 妙法蓮花(묘법연화)이니 菩薩(보살)을 가르치시는 法(법)이며 부처가 護念(호념)하시는 바이다.【 이까지는 序品(서품)을 마치고 아래는 方便品(방편품)이다. ◯ 앞에 한 光(광)이 東(동)녘으로 비치심에 妙體(묘체)가 이미 온전하건마는, 잠자코 알면서도 말을 아니 하여서 信(신)하는 것은 때(垢)가 므거운 衆生(중생)이

아니ᄒᆞ시니 이럴ᄊᆡ[22] 혜여 호니[23] 오ᄂᆞᆳ날 如ᅀᅧᆼ來ᄙᆼ 당다이[24] 大땡乘씽經경을 니르시리니[25] 일후미 妙묘ᇢ法법蓮련華ᅘᅪᆼ ㅣ니 菩뽕薩사ᇙ ᄀᆞᄅᆞ치시논[26] 法법이며 부텨 護ᅘᅩᆼ念념ᄒᆞ시논[27] 배라[28]【잇 ᄀᆞ장[29] 序쎵品픔[30] ᄆᆞᆾ고[31] 아래ᄂᆞᆫ 方방便뼌品픔[32]이라 ◯ 알ᄑᆡ[33] ᄒᆞᆫ 光광이 東동녀그로[34] 비취샤매 妙묘ᇢ體톙 ᄒᆞ마 올언마ᄅᆞᆫ[35] ᄌᆞᆷᄌᆞᆷ코[36] 알며 말 아니ᄒᆞ야셔 信신호ᄆᆞᆫ ᄣᆡ[37] 므거ᄫᅳᆫ[38] 衆즁生ᄉᆡᆼᄋᆡ[39]

---

22) 이럴ᄊᆡ: 이러[이러하다, 是故: 이러(이러, 是故: 불어) + -Ø(← -ᄒᆞ-: 형접)-]- + -ㄹᄊᆡ(-므로: 연어, 이유)

23) 혜여 호니: 혜(헤아리다, 惟忖)- + -여(← -어: 연어) # ㅎ(← ᄒᆞ다: 보용)- + -오(화자)- + -니(연어, 이유) ※ '혜여 호니'는 '내가 헤아려 보니'로 의역하여 옮긴다.

24) 당다이: 마땅히, 當(부사)

25) 니르시리니: 니르(이르다, 說)- + -시(주높)- + -리(미시)- + -니(연어, 설명 계속)

26) ᄀᆞᄅᆞ치시논: ᄀᆞᄅᆞ치(가르치다, 敎)- + -시(주높)- + -ㄴ(← -ᄂᆞ-: 현시)- + -오(대상)- + -ㄴ(관전)

27) 護念ᄒᆞ시논: 護念ᄒᆞ[호념하다: 護念(호념: 명사) + -ᄒᆞ(동접)-]- + -시(주높)- + -ㄴ(← -ᄂᆞ-: 현시)- + -오(대상)- + -ㄴ(관전) ※ '護念(호념)'은 불보살이 선행을 닦는 중생을 늘 잊지 않고 보살펴 주는 일이다.

28) 배라: 바(바, 所: 의명) + -ㅣ(← -이-: 서조)- + -Ø(현시)- + -라(← -다: 평종)

29) 잇 ᄀᆞ장: 이(이, 여기, 此處: 지대, 정칭) + -ㅅ(-의: 관조) # ᄀᆞ장(-까지: 의명, 도달, 미침)

30) 序品: 서품. 원래는 경전의 내용을 추려 나타낸 개론 부분을 이르는데, 여기서는 법화경 28품의 제1품을 뜻한다.

31) ᄆᆞᆾ고: ᄆᆞᆾ(← 마치다, 終)- + -고(연어, 나열, 계기)

32) 方便品: 방편품. 『묘법연화경(妙法蓮華經)』 제2품이다. 부처님께서 사리불에게 『묘법연화경』의 이전에 말씀하신 3승(三乘)의 가르침이 그대로 1승(一乘) 진실의 교인 것을 알린 편(篇)이다.

33) 알ᄑᆡ: 앒(앞, 前) + -ᄋᆡ(-에: 부조, 위치)

34) 東녀그로: 東녁[동녘, 동쪽: 東(동) + 녁(녘, 쪽: 의명)] + -으로(부조, 방향)

35) 올언마ᄅᆞᆫ: 올(← 오ᄋᆞᆯ다: 온전하다, 全)- + -언마ᄅᆞᆫ(← -건마ᄅᆞᆫ: 건마는, 연어, 인정 대조)

36) ᄌᆞᆷᄌᆞᆷ코: [잠자코, 黙(부사): ᄌᆞᆷᄌᆞᆷ(잠잠: 불어) + -ㅎ(← -ᄒᆞ-: 동접)- + -고(연어 ▹ 부접)]

37) ᄣᆡ: ᄣᆡ(때, 垢) + -Ø(← -이: 주조) ※ 'ᄣᆡ'는 번뇌(煩惱)를 비유적으로 표현한 것이다.

38) 므거ᄫᅳᆫ: 므거ᇦ[← 므겁다, ㅂ불(무겁다, 重): 믁(불어)- + -업(형접)-]- + -Ø(현시)- + -은(관전) ※ '믁-'은 '무거워지다(重)'의 뜻을 나타내는 불완전 어근이다.

39) 衆生ᄋᆡ: 衆生(중생) + -ᄋᆡ(관조, 의미상 주격) ※ '衆生ᄋᆡ'는 '衆生이'로 의역하여 옮긴다.

[93 뒤]

미칠 일이 아니므로, 모름지기 말씀을 빌려서 方便(방편)으로 열어서 보여야 하겠으므로, 方便品(방편품)이라고 하였니라. 諸法(제법)의 寂滅相(적멸상)은 말로 펴지 못하고, 오직 方便(방편)으로 열어 보이어 자기(= 중생)가 알아서 (적멸상에) 들게 하여야만 하겠으므로, 아래에서 正(정)히 이르신 文字(문자)에 다만 이르시되, "이와 같은 妙法(묘법)은 諸佛(제불) · 如來(여래)의 時節(시절)에야 이르시느니라."고 하시며, 또 이르시되 "諸佛(제불)이 오직 한 큰 일로 나서 現(현)하시어, 衆生(중생)들이 부처의 知見(지견)을 열게 하고자 하시느니라."고 하시고, 이 밖에 다시 正(정)히 이르신 말이 없고 오직 다른 方便(방편)으로 第一義(제일의)를 미출[40] 이리 아닐ᄊᆡ 모로매[41] 말ᄊᆞ믈 비러 方방便뼌[42]으로 여러 뵈야ᅀᅡ[43] ᄒᆞ릴ᄊᆡ 方방便뼌品픔이라 ᄒᆞ니라 諸졍法법의 寂쩍滅멿相샹[44]ᄋᆞᆫ 말로 펴디 몯고[45] 오직 方방便뼌으로 여러 뵈야 제 아라 들에[46] ᄒᆞ야ᅀᅡ ᄒᆞ릴ᄊᆡ 아래 正졍히 니ᄅᆞ샨[47] 文문字ᄍᆞᆼ애 다ᄆᆞᆫ 니ᄅᆞ샤ᄃᆡ 이 ᄀᆞᆮᄒᆞᆫ 妙묳法법은 諸졍佛뿛 如ᅀᅧᆼ來ᄅᆡᆼ 時씽節졇에ᅀᅡ 니ᄅᆞ시ᄂᆞ니라[48] ᄒᆞ시며 ᄯᅩ 니ᄅᆞ샤ᄃᆡ 諸졍佛뿛이 오직 ᄒᆞᆫ 큰 일로 나 現ᅘᅧᆫᄒᆞ샤 衆즁生ᄉᆡᆼᄃᆞᆯ히 부텻 知딩見견[49]을 열에 코져[50] ᄒᆞ시ᄂᆞ니라 ᄒᆞ시고 이 밧긔[51] ᄂᆞ외야[52] 正졍히 니ᄅᆞ샨 마리 업고 오직 다ᄅᆞᆫ 方방便뼌으로 第뗑一ᅙᅵᇙ義ᅌᅴᆼ[53]를

---

40) 미출: 및(미치다, 及)-+-우(대상)-+-ㄹ(관전)

41) 모로매: 반드시, 必(부사)

42) 方便: 방편. 십바라밀의 하나로서, 중생을 구제하기 위하여 쓰는 묘한 수단과 방법이다.

43) 뵈샤ᅀᅡ: 뵈[보이다, 示: 보(보다, 見: 타동)-+-ㅣ(←-이-: 사접)-]-+-샤(←-시-: 주높)-+-ᅀᅡ(←-아ᅀᅡ: 연어, 필연적 조건)

44) 寂滅相: 적멸상. 적멸은 번뇌(煩惱)의 경지를 벗어나 생사의 괴로움을 끊는 것이다. 죽음. 입적(入寂). 열반(涅槃)이다. 따라서 적멸상은 모든 대립이나 차별을 떠난 있는 그대로의 평온한 모습을 이른다.

45) 몯고: 몯[←몯ᄒᆞ다(못하다, 不能: 보용, 부정): 몯(못, 不能: 부사)+-Ø(←-ᄒᆞ-: 동접)-]-+-고(연어, 나열)

46) 들에: 들(들다, 入)-+-에(←-게: 연어, 사동)

47) 니ᄅᆞ샨: 니ᄅᆞ(이르다, 說)-+-샤(←-시-: 주높)-+-Ø(과시)-+-Ø(←-오-: 대상)-+-ㄴ(관전)

48) 니ᄅᆞ시ᄂᆞ니라: 니ᄅᆞ(이르다, 曰)-+-시(주높)-+-ᄂᆞ(현시)-+-니(원칙)-+-라(←-다: 평종)

49) 知見: 지견. 슬기와 식견. 바른 지혜로서 불생불멸 인과보응의 이치를 바르게 아는 것이다. 정지견(正知見) · 지견(知見)이라고도 한다.

50) 코져: ㅎ(←ᄒᆞ다: 하다, 爲, 보용, 사동)-+-고져(-고자: 연어, 의도)

51) 밧긔: 밝(밖, 外)+-의(-에: 부조, 위치)

52) ᄂᆞ외야: [다시, 福(부사): ᄂᆞ외(거듭하다, 復: 동사)-+-아(연어▹부접)]

53) 第一義: 제일의. 산스크리트어 paramārtha의 음사로서, 가장 뛰어난 이치나 궁극적인 이치이다. 모든 현상의 있는 그대로의 참모습이나 '열반(涅槃)'을 뜻하기도 한다.

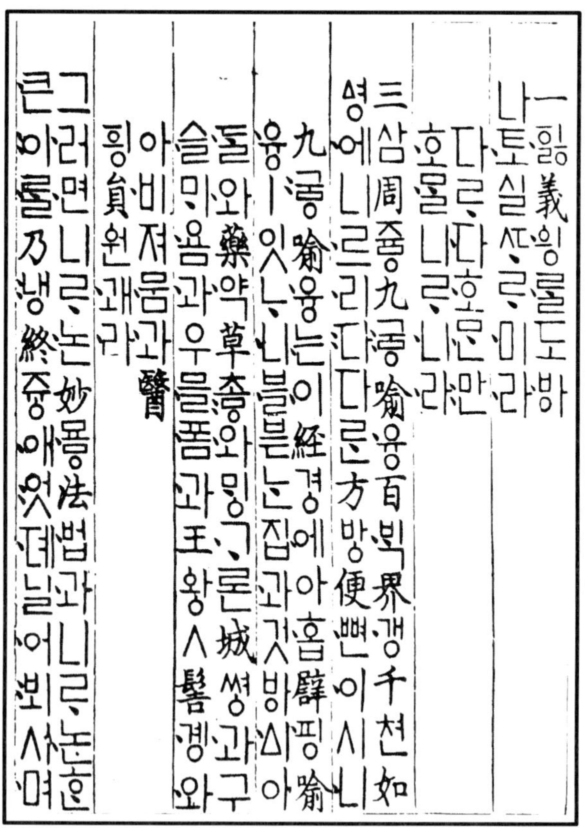

도와 나타내실 따름이다.

'다르다'고 한 것은 많음을 일렀니라.

三周(삼주) · 九喩(구유) 百界千如(백계천여)에 이르도록 다 다른 方便(방편)이 있으니,

九喩(구유)는 이 經(경)에 아홉 譬喩(비유)가 있나니, 불붙는 집과 거지 아들과 藥草(약초)와 만든 城(성)과 구슬을 맨 것과 우물을 판 것과 王(왕)의 髻(계)와 아버지가 젊은 것과 醫圓(의원)이다.

그러면 (부처가) 이르는 妙法(묘법)과 이르는 한 큰 일을 乃終(내종, 나중)에 어찌 일러 보이시며,

도ᄫᅡ[54] 나토실[55] ᄡᆞᄅᆞ미라[56]

다ᄅᆞ다 호ᄆᆞᆫ 만호ᄆᆞᆯ[57] 니ᄅᆞ니라

三삼周즇[58] 九궇喩융[59] 百ᄇᆡᆨ界갱千쳔如ᅀᅧᆼ[60]에 니르리[61] 다 다ᄅᆞᆫ 方방便뼌 이시니

九궇喩융는 이 經경에 아홉 譬핑喩융ㅣ 잇ᄂᆞ니 블븓ᄂᆞᆫ[62] 집과 것ᄫᅡᅀᅵ[63] 아ᄃᆞᆯ와 藥약草촣와 ᄆᆡᆼᄀᆞ론[64] 城쎵과 구슬 ᄆᆡ욤과[65] 우믈[66] 폼과[67] 王왕ㅅ 髻곙[68]와 아비 져뭄과[69] 醫ᅙᅵᆼ圓원괘라[70]

그러면 니ᄅᆞ논[71] 妙ᄆᆞᇢ法법과 니ᄅᆞ논 ᄒᆞᆫ 큰 이ᄅᆞᆯ 乃냉終즁애[72] 엇뎨 닐어 뵈시며

---

54) 도ᄫᅡ: 돕(← 돕다, ㅂ불: 돕다, 助)- + -아(연어)

55) 나토실: 나토[나타내다, 現: 낟(나타나다, 現: 자동)- + -호(사접)-]- + -시(주높)- + -ㄹ(관전)

56) ᄡᆞᄅᆞ미라: ᄡᆞᄅᆞᆷ(따름, 耳: 의명) + -이(서조)- + -Ø(현시)- + -라(← -다: 평종)

57) 만호ᄆᆞᆯ: 만ᄒᆞ(← 만ᄒᆞ다: 많다, 多)- + -옴(명전) + -ᄋᆞᆯ(목조)

58) 三周: 삼주. 세 가지 일이 족한 것으로 법화삼주(法華三周)를 말한다. 부처님이 법화경을 말씀하실 적에 듣는 이의 기근(機根)에 상 · 중 · 하의 삼류가 있어서, 깨닫는 데 빠르고 늦은 차이가 있었다. 그러므로 법화삼주는 법화경의 내용을 삼단으로 나누어 거듭 말하신 것이니, 곧 법설주(法說周) · 유설주(喩說周: 譬喩說周) · 인연설주(因緣說周)가 그것이다.

59) 九喩: 구유. 아홉 가지의 비유이다.

60) 百界千如: 백계천여. 10계(界)에 10계를 곱하여 백계라 하고, 백계에 각 각 열 가지의 사리(事理), 곧 10여(如)를 갖추었으므로 10여를 곱하여 천여(千如)라 한다. 곧, 백계천여(百界千如)란 우리 마음에서 한 순간도 쉬지 않고 일어나는 제법의 실상이다.

61) 니르리: [이르도록, 至(부사): 니를(이르다, 至: 동사)- + -이(부접)]

62) 블븓ᄂᆞᆫ: 블븓[← 블븥다(불붙다, 點火): 블(불, 火) + 븥(붙다, 着)-]- + -ᄂᆞ(현시)- + -ㄴ(관전)

63) 것ᄫᅡᅀᅵ: 거지. 乞人.

64) ᄆᆡᆼᄀᆞ론: ᄆᆡᆼᄀᆞᆯ(만들다, 製)- + -Ø(과시)- + -오(대상)- + -ㄴ(관전)

65) ᄆᆡ욤과: ᄆᆡ(매다, 縛)- + -욤(← -옴: 명전) + -과(접조)

66) 우믈: [우물, 井: 움(움, 穴) + 믈(물, 水)]

67) 폼과: ᄑ(← ᄑᆞ다: 파다, 鑿)- + -옴(명전) + -과(접조)

68) 髻: 계. 상투.

69) 져뭄과: 졈(젊다, 幼)- + -움(명전) + -과(접조)

70) 醫圓괘라: 醫圓(의원) + -과(접조) + -ㅣ(← -이-: 서조)- + -Ø(현시)- + -라(← -다: 평종)

71) 니ᄅᆞ논: 니ᄅᆞ(이르다, 曰)- + -ㄴ(← -ᄂᆞ-: 현시)- + -오(대상)- + -ㄴ(관전)

72) 乃終애: 乃終(내종, 나중, 끝: 명사) + -애(-에: 부조, 위치)

[94 뒤]

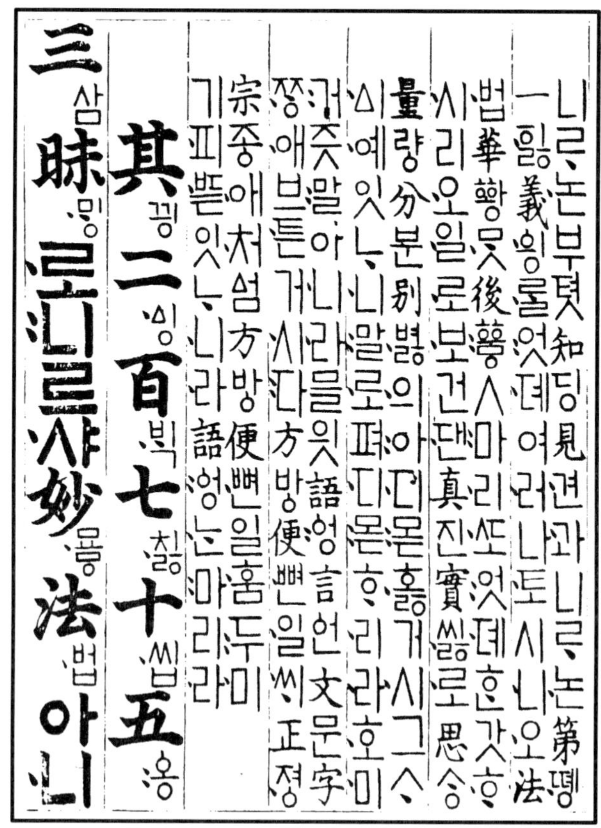

니르논부텨知딩見견과니르논第뗑一힗義읭롤엇뎨여러나토시니오法법華황ㅅ後흫ㅅ마리또엇뎨혼갓ᄒᆞ시리오일로보건댄眞진實씷로思ᄉᆞ量량分분別볋의아디몯홇거시그ᄉᆞᅀᅵ예잇ᄂᆞ니말로펴디몯ᄒᆞ리라ᄒᆞ미거즛마리아니라믈읫語엉言언文문字ᄍᆞᆼ애브트니다方방便뼌일ᄊᆡ正졍宗종애처ᅀᅥᆷ方방便뼌일홈두미기픈ᄠᅳ디잇ᄂᆞ니라語엉ᄂᆞᆫ마리라

其끵二ᅀᅵᆼ百ᄇᆡᆨ七칧十씹五ᅌᅩᆼ

三삼昧ᄆᆡᆼ로니르샤妙묳法법아니

이르는 부처의 知見(지견)과 이르는 第 一義(제일의)를 어찌 열어서 나타내셨느냐? 法華(법화)의 가장 後(후)의 말이 또 어찌 공연히 하셨겠느냐? 이로 본다면 眞實(진실)로 思量(사량)과 分別(분별)으로 알지 못할 것이 그 사이에 있나니, "말로 펴지 못하겠다."고 한 것이 거짓말이 아니다. 무릇 語言(어언)·文字(문자)에 의지한 것이 다 方便(방편)이므로, 正宗(정종)에 처음 方便(방편)의 이름을 둔 것이 깊이 뜻이 있느니라. 語(어)는 말이다.】

[第一卷(제1권) 第二(제이) 方便品(방편품)]

其二百七十五(기이백칠십오)

三昧(삼매)로 이르시어 妙法(묘법)을 아니

니ᄅᆞ논 부텻 知딩見견과 니ᄅᆞ논 第뗑 一ᅙᅵᇙ義ᅌᅴᆼ를 엇뎨 여러 나토시니오[73] 法법華ᅘᅪᆼ ᄆᆞᆺ 後ᅘᅮᇢㅅ 마리 ᄯᅩ 엇뎨 ᄒᆞᆫ갓[74] ᄒᆞ시리오 일로 보건댄[75] 眞진實씷로 思ᄉᆞᆼ量량[76] 分분別뼈ᇙ[77]의 아디 몯ᄒᆞᇙ 거시 그 ᄉᆞᅀᅵ예[78] 잇ᄂᆞ니 말로 펴디 몯ᄒᆞ리라 호미 거즛말[79] 아니라 믈읫[80] 語ᅌᅥᆼ言언 文문字ᄍᆼ애 브튼 거시 다 方방便뼌일ᄊᆡ 正졍宗종[81]애 처ᅀᅥᆷ[82] 方방便뼌 일훔[83] 두미[84] 기피[85] ᄠᅳᆮ 잇ᄂᆞ니라 語ᅌᅥᆼᄂᆞᆫ 마리라】

其끵二ᅀᅵᆼ百ᄇᆡᆨ七ᄎᆡᇙ十씹五ᅌᅩᆼ

三삼昧ᄆᆡᆼ[86]로 니르샤[87] 妙므ᇢ法법 아니

---

73) 나토시니오: 나토[나타내다, 現(타동): 낟(나타나다, 現: 자동)-+-호(사접)-]-+-시(주높)-+-Ø(과시)-+-니(원칙)-+-오(←-고: 의종, 설명)

74) ᄒᆞᆫ갓: 한갓, 공연히, 고작하여야 다른 것 없이 겨우(부사)

75) 보건댄: 보(보다, 見)-+-거(확인)-+-ㄴ댄(-은즉, -니까: 연어, 이유) ※ '-ㄴ댄'은 앞 절의 일이 뒤 절의 근거나 이유나 조건임을 나타내는 연결 어미이다.

76) 思量: 사량. 생각하여 헤아리는 것이다.

77) 分別: 분별. 세상 물정에 대한 바른 생각이나 판단이다.

78) ᄉᆞᅀᅵ예: ᄉᆞᅀᅵ(사이, 中間)+-예(←-에: 부조, 위치)

79) 거즛말: [거짓말, 嘘: 거즛(거짓, 假)+말(말, 言)]

80) 믈읫: ① 모든, 諸(관사) ② 무릇, 凡(부사)

81) 正宗: 정종. 불교에서 창시자의 정통을 이어받은 종파이다.

82) 처ᅀᅥᆷ: [처음(명사): 첫(← 첫: 첫, 初, 관사, 서수)+-엄(명접)]

83) 일훔: 이름, 名.

84) 두미: 두(두다, 置)-+-ㅁ(←-움: 명전)+-이(주조)

85) 기피: [깊이, 深(부사): 깊(깊다, 深)-+-이(부접)] ※ '기피'는 문맥상 '깊은'으로 의역하여 옮길 수 있다.

86) 三昧: 삼매. 잡념을 떠나서 오직 하나의 대상에만 정신을 집중하는 경지이다. ※ '念佛三昧(염불삼매)'는 염불로 잡념을 없애고, 제법 실상을 보기에 이르는 경지이다.

87) 니르샤: 닐(일어나다, 起)-+-으샤(←-으시-: 주높)-+-Ø(←-아: 연어)

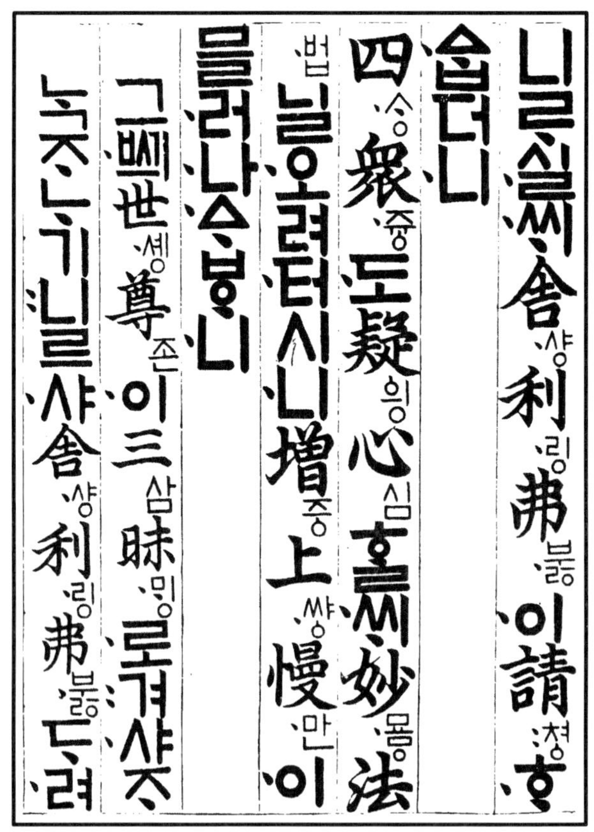
니ᄅᆞ실ᄊᆡ 舍샹利링弗붏이 請쳥ᄒᆞ
ᅀᆞᆸ더니
四ᄉᆞᆼ衆즁도 疑읭心심ᄒᆞᆯᄊᆡ 妙묠法
법 닐오려터시니 增증上썅慢만이
믈러나ᅀᆞᄫᆞ니
그ᄢᅴ 世솅尊존이 三삼昧밍로 겨샤ᄌᆞ
ᄂᆞᄌᆞᄂᆞ기 니ᄅᆞ샤 舍샹利링弗붏ᄃᆞ려

이르시므로 舍利弗(사리불)이 請(청)하더니.

四衆(사중)도 疑心(의심)하므로 妙法(묘법)을 이르려 하시더니 增上慢(증상만)이 물러났으니.

그때에 世尊(세존)이 三昧(삼매)로 계시어 자늑자늑하게 일어나시어, 舍利弗(사리불)더러

니ᄅᆞ실씨 舍샹利링弗붏[88]이 請쳥ᄒᆞᅀᆞᆸ더니[89]

四ᄉᆞᆼ衆즁[90]도 疑읭心심ᄒᆞᆯ씨 妙묘ᇢ法법 닐오려[91] 터시니[92] 增증上썅慢만[93]이 믈러나ᅀᆞᄫᆞ니[94]

그 ᄣᅴ[95] 世솅尊존이 三삼昧밍로 겨샤 ᄌᆞᄂᆞᆨᄌᆞᄂᆞ기[96] 니르샤[97] 舍샹利링弗붏ᄃᆞ려[98]

---

88) 舍利弗: 사리불. 석가모니의 십대 제자 가운데 한 사람(?~B.C. 486)이다. 마갈타국 왕사성 북쪽의 나라촌(那羅村)에서 바라문의 가문에서 태어났다. 일찍 깨달음을 얻어 대중의 신뢰와 존경을 받아 주로 교화 활동에 종사했는데, 경전 중에는 석가를 대신하여 설법한 경우도 적지 않음을 볼 수 있다. 석가모니불의 후계자로 지목받았으나 석가모니불보다 먼저 입적했다.

89) 請ᄒᆞᅀᆞᆸ더니: 請ᄒᆞ[청하다: 請(청: 명사) + -ᄒᆞ(동접)-]- + -ᅀᆞᆸ(객높)- + -더(회상)- + -니(연어, 설명 계속)

90) 四衆: 사중. 부처의 네 종류 제자이다. 곧, 비구(比丘, 남자중), 비구니(比丘尼, 여자중), 우바새(優婆塞, 속세의 남자), 우바니(優婆尼, 속세의 여자)이다.

91) 닐오려: 닐(← 니ᄅᆞ다: 이르다, 說)- + -오려(-으려: 연어, 의도)

92) 터시니: ㅎ(← ᄒᆞ다: 하다, 보용, 의도)- + -더(회상)- + -시(주높)- + -니(연어, 설명 계속)

93) 增上慢: 증상만. 사만(四慢)의 하나이다. 최상의 교법과 깨달음을 얻지 못하고서 이미 얻은 것처럼 교만하게 우쭐대는 마음을 이른다.

94) 믈러나ᅀᆞᄫᆞ니: 믈러나[물러나다, 退: 믈ㄹ(← 므르다: 무르다)- + -어(연어) + 나(나다, 出)-]- + -Ø(과시)- + -ᅀᆞᇦ(← -ᅀᆞᆸ-: 객높)- + -ᄋᆞ니(평종, 반말)

95) ᄣᅴ: ᄣ(← ᄣᅳ: 때, 時) + -의(-에: 부조, 위치)

96) ᄌᆞᄂᆞᆨᄌᆞᄂᆞ기: [자늑자늑하게, 安詳(부사): ᄌᆞᄂᆞᆨ(자늑: 불어) + ᄌᆞᄂᆞᆨ(자늑: 불어) + -Ø(← -ᄒᆞ-: 형접)- + -이(부접)] ※ ‘ᄌᆞᄂᆞᆨᄌᆞᄂᆞ기’는 동작이 조용하며 가볍고 진득하게 부드럽고 가벼운 것이다.

97) 니르샤: 닐(일어나다, 起)- + -으샤(← -으시-: 주높)- + -Ø(← -아: 연어)

98) 舍利弗ᄃᆞ려: 舍利弗(사리불) + -ᄃᆞ려(-더러, -에게: 부조, 상대)

[95 뒤]

니ᄅᆞ샤ᄃᆡ 諸졍佛뿛ㅅ 智딩慧휑 甚씸
히 깁고 그지업스샤 그 智딩慧휑門몬
이 아로미 어렵ᄫᅳ며 드루미 어려ᄫᅳ니
一ᅙᅵᇙ切쳉 聲셩聞문 辟벽支징佛뿛의
能능히 아디 몯ᄒᆞᇙ 거시라 【二싱智딩와 一ᅙᅵᇙ乘씽의
기푸ᄆᆞᆯ 讚잔歎탄ᄒᆞ시니 諸졍佛뿛智
딩慧휑ᄂᆞᆫ 權꿘實씷 二싱智딩ᄅᆞᆯ ᄀᆞᄅᆞ
치시니 權꿘智딩ᄂᆞᆫ 法법을 니ᄅᆞ시고
實씷智딩ᄂᆞᆫ 法법을 證징ᄒᆞ시ᄂᆞ니라 二智

이르시되 "諸佛(제불)의 智慧(지혜)가 甚(심)히 깊고 그지없으시어 智慧(지혜)의 門(문)이 아는 것이 어려우며 들어가는 것이 어려우니, 一切(일체)의 聲聞(성문)과 辟支佛(벽지불)이 能(능)히 알지 못할 것이다. 【二智(이지)와 一乘(일승)이 깊은 것을 讚歎(찬탄)하시니, 諸佛(제불)의 智慧(지혜)는 權實(권실)의 二智(이지)를 가르치시니, 權智(권지)는 法(법)을 證(증)하시느니라. 그 智慧門(지혜문)은

니ᄅᆞ샤ᄃᆡ 諸졍佛뿛ㅅ 智딩慧ᅘᅰᆼ 甚씸히 깁고[99] 그지업스샤[1] 智딩慧ᅘᅰᆼㅅ 門몬이 아로미[2] 어려ᄫᅳ며[3] 드루미[4] 어려ᄫᅳ니 一ᅙᅵᇙ切쳉ㅅ 聲셩聞문[5] 辟벽支징佛뿛[6]의 能능히 아디 몯ᄒᆞᇙ 거시라【二ᅀᅵᆼ智딩[7]와 一ᅙᅵᇙ乘씽의[8] 기푸믈 讚잔歎탄ᄒᆞ시니 諸졍佛뿛 智딩慧ᅘᅰᆼᄂᆞᆫ 權꿘實씷[9] 二ᅀᅵᆼ智딩ᄅᆞᆯ ᄀᆞᄅᆞ치시니 權꿘智딩ᄂᆞᆫ 法법을 證징ᄒᆞ시ᄂᆞ니라[10] 그 智딩慧ᅘᅰᆼ門몬ᄋᆞᆫ

---

99) 깁고: 깁(← 깊다: 깊다, 深)- + -고(연어, 나열)

1) 그지업스샤: 그지없[그지없다, 無量: 그지(끝, 한계, 限: 명사) + 없(없다, 無: 형사)-]- + -으샤(← -으시-: 주높)- + -Ø(← -아: 연어)

2) 아로미: 알(알다, 解)- + -옴(명전) + -이(주조)

3) 어려ᄫᅳ며: 어ᄅᆟᇦ(← 어렵다, ㅂ불: 어렵다, 難)- + -으며(연어, 나열)

4) 드루미: 들(들다, 入)- + -움(명전) + -이(주조)

5) 聲聞: 성문. 설법을 듣고 사제(四諦)의 이치를 깨달아 아라한이 되고자 하는 불제자이다.

6) 辟支佛의: 辟支佛(벽지불) + -의(관조, 의미상 주격) ※ '辟支佛(벽지불)'은 홀로 깨달은 자라는 뜻으로, 독각(獨覺)이나 연각(緣覺)이라고 번역한다. 스승 없이 홀로 수행하여 깨달은 자이다.

7) 二智: 이지. 성자가 갖춘 두 가지 지혜이다. 권지(權智)와 실지(實智), 근본지(根本智)와 후득지(後得智), 여리지(如理智)와 여량지(如量智), 일체지(一切智)와 일체종지(一切種智) 따위가 있다. 여기서는 권지(權知)와 실지(實智)를 아울러서 이른 말이다.

8) 一乘의: 一乘(일승) + -의(관조: 의미상 주격) ※ '乘(승)'은 중생을 깨달음으로 인도하는 부처의 가르침을 뜻한다. 그리고 '일승(一乘)'은 깨달음에 이르게 하는 오직 하나의 궁극적인 부처의 가르침이다. 부처가 중생의 능력이나 소질에 따라 여러 가지로 가르침을 설하였지만, 그것은 결국 하나의 가르침으로 귀착한다는 뜻이다.

9) 權實: 권실. 權智(권지)와 實知(실지)를 이른다. 권지(權智)는 부처와 보살의 방편으로 중생을 교화하는 지혜이며, 실지(實智)는 모든 존재의 있는 그대로의 진실한 모습을 밝게 아는 지혜이다.

10) 證ᄒᆞ시ᄂᆞ니라: 證ᄒᆞ[증하다(밝히다, 증명하다): 證(증: 불어) + -ᄒᆞ(동접)-]- + -시(주높)- + -ᄂᆞ(현시)- + -니(원칙)- + -라(← -다: 평종)

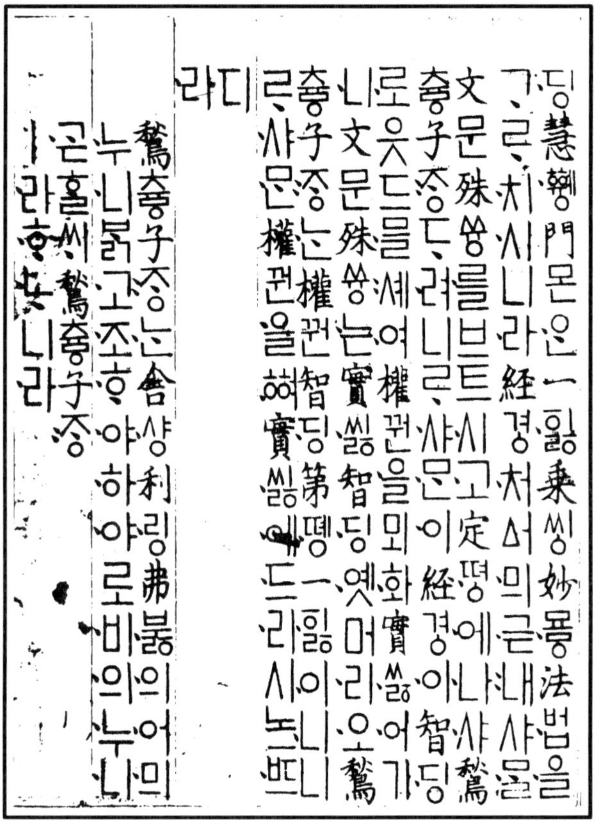
딩慧ᅘᅰᆼ門몬은 一ᅙᅵᇙ乘씽妙묳法법을
ᄀᆞᄅᆞ치시니라 經경 처ᅀᅥᆷ믜 ᄭᅳᆫ내샤ᄆᆞᆯ
文문殊쓩를 브트시고 定뗭에 나샤 鶖
츙子ᅎᆞᆼᄃᆞ려 니ᄅᆞ샤ᄆᆞᆫ 이 經경 智딩
로 읏드믈 셰여 權꿘을 뫼화 實씷에 가
니 文문殊쓩는 實씷智딩예 머리오 鶖
츙子ᅎᆞᆼ는 權꿘智딩 第똉一ᅙᅵᇙ이니
ᄅᆞ샤ᄆᆞᆫ 權꿘을 ᅘᅧ 實씷에 드리시논 ᄠᅳ디
라
鶖츙子ᅎᆞᆼ는 舍샹利링弗붏의 어미
누니 ᄇᆞᆰ고 조ᄒᆞ야 하야로비의 누니
곧ᄒᆞᆯᄊᆡ 鶖츙子ᅎᆞᆼ
ㅣ라 ᄒᆞᄂᆞ니라

一乘(일승)의 *妙法*(묘법)을 가르치셨니라. 經(경)을 처음에 끝내신 것을 文殊(문수)를 의지하시고, 定(정)에서 (벗어)나시어 鶖子(추자)에게 이르신 것은 이 經(경)이 智(지)로 으뜸을 세워서 權(권)을 모아 實(실)에 가게 하니, 文殊(문수)는 實智(실지)에 있어서 머리요 鶖子(추자)는 權智(권지)의 第一(제일)이니, (부처가 사리불에게) 이르신 것은 權(권)을 끌어서 實(실)에 들어가게 하는 뜻이다.

鶖子(추자)는 舍利弗(사리불) 어머니의 눈이 밝고 맑아서 해오라기의 눈과 같으므로, 鶖子(추자)라고 하느니라.】

一잃乘씽 妙묠法법을 ᄀᆞᄅᆞ치시니라 經경 처ᅀᅥ믜[11] 귿내샤ᄆᆞᆯ[12] 文문殊쓩[13]를 브트시고 定뗭[14]에 나샤 鶖츌子ᄌᆞᆼ ᄃᆞ려[15] 니ᄅᆞ샤ᄆᆞᆫ 이 經경이 智딩로 웃드믈[16] 셰여[17] 權뀐[18]을 뫼화[19] 實씷에 가니 文문殊쓩는 實씷智딩옛[20] 머리오 鶖츌子ᄌᆞᆼᄂᆞᆫ 權뀐智딩[21] 第뗑一잃이니 니ᄅᆞ샤ᄆᆞᆫ 權뀐을 혀[22] 實씷에 드리시논[23] ᄠᅳ디라

鶖츌子ᄌᆞᆼᄂᆞᆫ 舍샹利링弗붏의 어믜[24] 누니 ᄇᆞᆰ고 조ᄒᆞ야[25] 하야로비의[26] 누니[27] ᄀᆞᆮᄒᆞᆯᄊᆡ 鶖츌子ᄌᆞᆼㅣ라 ᄒᆞᄂᆞ니라】

---

11) 처ᅀᅥ믜: 처ᅀᅥᆷ[처음, 初: 첫(← 첫: 첫, 第一, 관사, 서수) + -엄(명접)] + -의(-에: 부조, 위치)

12) 귿내샤ᄆᆞᆯ: 귿내[끝내다, 終: 귿(← 긑: 끝, 終) + 나(나다, 出)- + -ㅣ(← -이-: 사접)-]- + -샤(← -시-: 주높)- + -ㅁ(← -옴: 명전) + -ᄋᆞᆯ(목조)

13) 文殊: 문수((Manju). 사보살(四菩薩) 중의 하나이다. 제불(諸佛)의 지혜를 맡은 보살로, 부처의 오른쪽에 있는 보현보살과 함께 삼존불(三尊佛)을 이룬다. 그 모양이 가지각색이나 보통 사자를 타고 오른손에 지검(智劍), 왼손에 연꽃을 들고 있다.

14) 定: 정. 마음을 한 곳에 집중하여 움직이지 않는 안정(安定)된 상태(狀態)이다. 선정(禪定).

15) 鶖子ᄃᆞ려: 鶖子(추자) + -ᄃᆞ려(-더러, -에게: 부조, 위치) ※ '鶖子(추자)'는 석가(釋迦)의 제자 중의 한 사람인 사리불(舍利弗)을 음역(音譯)한 것이다.

16) 웃드믈: 웃듬(으뜸, 第一) + -을(목조)

17) 셰여: 셰[세우다: 셔(서다, 立: 자동)- + -ㅣ(← -이-: 사접)-]- + -여(← -어: 연어)

18) 權: 권. 방편(方便)의 다른 이름이다.

19) 뫼화: 뫼호(모으다, 集)- + -아(연어)

20) 實智옛: 實智(실지) + -예(-에: 부조, 위치) + -ㅅ(-의: 관조) ※ '實智(실지)'는 모든 존재의 있는 그대로의 진실한 모습을 밝게 아는 지혜이다.

21) 權智: 권지. 부처와 보살이 방편으로 중생을 교화하는 지혜이다.

22) 혀: 혀(끌다, 引)- + -어(연어)

23) 드리시논: 드리[들이다, 入: 들(들다, 入)- + -이(사접)-]- + -시(주높)- + -ㄴ(← -ᄂᆞ-: 현시)- + -오(대상)- + -ㄴ(관전)

24) 어믜: 엄(← 어미: 어머니, 母) + -의(관조)

25) 조ᄒᆞ야: 조ᄒᆞ(좋다, 淨)- + -야(← -아: 연어)

26) 하야로비의: 하야로비(해오라기, 鷺) + -의(관조)

27) 누니: 눈(눈, 目) + -이(-과: 부조, 비교)

[96 뒤]

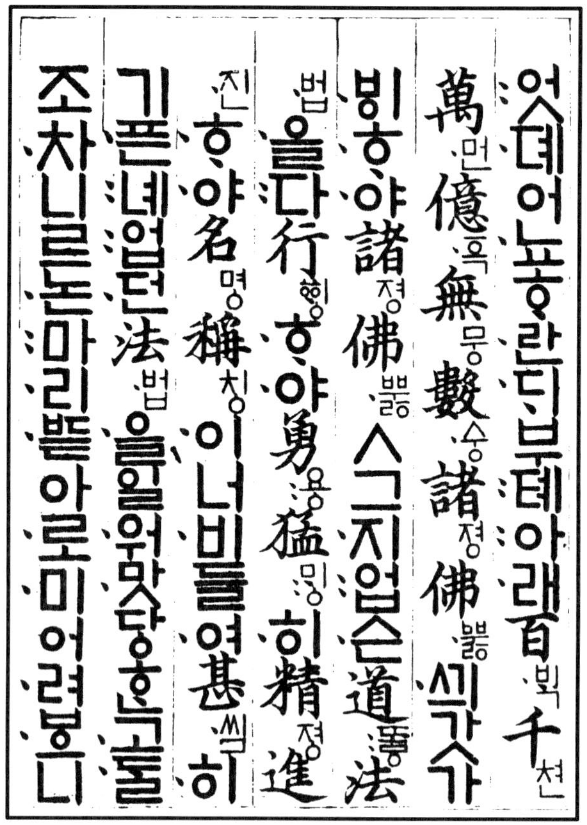

엇뎨어뇨ᄒᆞ란ᄃᆡ부톄아래百ᄇᆡᆨ千쳔萬먼億ᅙᅳᆨ無뭉數숭諸졍佛뿛ᄭᅴ갓가ᄫᅵᄒᆞ야諸졍佛뿛ㅅ그지업슨道똫法법을다行ᅘᆡᆼᄒᆞ야勇용猛ᄝᆡᆼ히精졍進진ᄒᆞ야名명稱칭이너비들여甚씸히기픈녜업던法법을일워맛당ᄒᆞᆫ고ᄃᆞᆯ조차니르논마리ᄠᅳ들아로미어려ᄫᅳ니

"(그것이) 어째서이냐?"고 한다면, 부처가 예전에 百千萬億(백천만억)의 無數(무수)한 諸佛(제불)께 가까이하여, 諸佛(제불)의 그지없는 道法(도법)을 다 行(행)하여, 勇猛(용맹)히 精進(정진)하여 名稱(명칭)이 널리 들리어, 甚(심)히 깊은 '옛날에 없던 法(법)'을 이루어, (부처가) 마땅한 것을 좇아서 이르는 말의 뜻을 (일체의 성문과 벽지불이) 아는 것이 어려우니라.

엇뎨어뇨[28] ᄒᆞ란ᄃᆡ[29] 부톄 아래 百ᄇᆡᆨ千쳔萬먼億ᅙᅳᆨ 無뭉數ᄉᆔᆼ 諸졍佛뿛ᄭᅴ[30] 갓가ᄫᅵᄒᆞ야[31] 諸졍佛뿛ㅅ 그지업슨 道또ᇢ法법[32]을 다 行ᅘᆡᆼᄒᆞ야 勇용猛ᄆᆡᆼ히[33] 精졍進진ᄒᆞ야 名명稱칭이 너비[34] 들여[35] 甚씸히[36] 기픈 네 업던 法법을 일워[37] 맛당ᄒᆞᆫ[38] 고ᄃᆞᆯ[39] 조차[40] 니르논[41] 마리[42] ᄠᅳᆮ 아로미[43] 어려ᄫᅳ니라[44]

---

28) 엇뎨어뇨: 엇뎨(어째서, 何: 부사) + -∅(← -이-: 서조)- + -∅(현시)- + -어(← -거-: 확인)- + -뇨(-냐: 의종, 설명)

29) ᄒᆞ란ᄃᆡ: ᄒᆞ(하다: 曰)- + -란ᄃᆡ(-을진대, -을 것이면: 연어, 조건)

30) 諸佛ᄭᅴ: 諸佛(제불) + -ᄭᅴ(-께: 부조, 상대, 높임)

31) 갓가ᄫᅵᄒᆞ야: 갓가ᄫᅵᄒᆞ[가까이하다, 親近: 갓갛(← 갓갑다, ㅂ불: 가깝다, 近, 형사)- + -이(부접) + -ᄒᆞ(동접)-]- + -야(← -아: 연어)

32) 道法: 도법. 깨달음에 이르는 올바른 법이다.

33) 勇猛히: [용맹히(부사): 勇猛(용맹: 명사) + -ㅎ(← -ᄒᆞ-: 형접)- + -이(부접)]

34) 너비: [널리, 普(부사): 넙(넓다, 廣: 형사)- + -이(부접)]

35) 들여: 들이[들리다, 聞: 들(← 듣다, ㄷ불: 듣다, 聞)- + -이(피접)-]- + -어(연어)

36) 甚히: [심히, 심하게, 甚(부사): 甚(심: 불어) + -ㅎ(← -ᄒᆞ-: 형접)- + -이(부접)]

37) 일워: 일우[이루다, 成: 일(이루어지다, 成: 자동)- + -우(사접)-]- + -어(연어)

38) 맛당ᄒᆞᆫ: 맛당ᄒᆞ[마땅하다, 宜: 맛당(마땅: 불어) + -ᄒᆞ(형접)-]- + -∅(현시)- + -ㄴ(관전)

39) 고ᄃᆞᆯ: 곧(것, 者: 의명) + -ᄋᆞᆯ(목조)

40) 조차: 좇(좇다, 隨)- + -아(연어)

41) 니르논: 니르(이르다, 說)- + -ㄴ(← -ᄂᆞ-: 현시)- + -오(대상)- + -ㄴ(관전)

42) 마리: 말(말, 言) + -이(주조)

43) 아로미: 알(알다, 解)- + -옴(명전) + -이(주조)

44) 어려ᄫᅳ니라: 어렵(← 어렵다, ㅂ불: 어렵다, 難)- + -∅(현시)- + -으니(원칙)- + -라(← -다: 평종) ※ '맛당ᄒᆞᆫ 고ᄃᆞᆯ 조차 니르논 마리 ᄠᅳᆮ 아로미 어려ᄫᅳ니라'는 '隨宜所說 意趣難解'를 언해한 것이다. 이 한문을 직역하면 '마땅한 것을 좇아서 이르는 바의 뜻을 아는 것이 어렵다.'로 되는데, 이를 참조하여 '(부처가) 마땅한 것을 좇아서 이르는 말의 뜻을 (일체의 성문과 벽지불이) 아는 것이 어려우니라.'로 의역하여 옮긴다.

[97 앞]

라 우흿 智딩 기프며 法법 기픈 주를 사기시니라 無뭉數숭佛뿛을 갓가ᄫᅵ ᄒᆞ샤ᄆᆞᆫ ᄇᆡ호샤미 기프샤미오 그지업ᄉᆞᆫ 道똫 行ᅘᆡᆼᄒᆞ샤ᄆᆞᆫ 나ᅀᅡ가샤미 기프샤미오 勇용猛ᄆᆡᆼ精정進진ᄒᆞ샤ᄆᆞᆫ ᄠᅳ들 셰샤미 기프샤미오 名명稱칭이 너비 들이샤ᄆᆞᆫ 德득 ᄡᅡᄒᆞ샤미 기프샤미오 기픈 法법 일우샤ᄆᆞᆫ 證징ᄒᆞ샤미 기프샤미오 맛다ᇰ호ᄆᆞᆯ 조차 니ᄅᆞ샤ᄆᆞᆫ 方방便뼌이 기프샤미니 그럴ᄊᆡ 아로미 어려ᄫᅳ며 드로미 어려ᄫᅳ니라 이 ᄀᆞ티 ᄀᆞ장 讚잔歎탄ᄒᆞ샤ᄆᆞᆫ 쟝ᄎᆞ 權꿘을 ᅘᅧ 實씷에 드리며 세흘 뫼화 ᄒᆞ나해 가게 ᄒᆞ시릴ᄊᆡ 二ᅀᅵᆼ乘씽의 願원慕모ᄅᆞᆯ 니ᄅᆞ

【 위에 있는 智(지)가 깊으며 法(법)이 깊은 것을 풀이하셨니라. 無數(무수)한 佛(불)을 가까이 하신 것은 배운 것이 깊은 것이요, 그지없는 道(도)를 行(행)하신 것은 나아가신 것이 깊으신 것이요, 勇猛精進(용맹정진)하신 것은 뜻을 세우신 것이 깊으신 것이요, 名稱(명칭)이 널리 들리신 것은 德(덕)을 쌓으신 것이 깊으신 것이요, 깊은 法(법)을 이루신 것은 證(증)하신 것이 깊으신 것이요, 마땅함을 좇아서 이르신 것은 方便(방편)이 깊으신 것이니, 그러므로 (부처의 말을) 아는 것이 어려우며 듣는 것이 어려우니라. 이와 같이 매우 讚歎(찬탄)하신 것은 장차 權(권)을 끌어서 實(실)에 들이며 셋을 모아서 하나에 가게 하시겠으므로, 二乘(이승)의 願慕(원모)를 일으키고자

【우흿[45] 智딩 기프며 法법 기픈[46] 주를 사기시니라[47] 無뭉數숭 佛뿛을 갓가빙[48] ᄒᆞ샤ᄆᆞᆫ ᄇᆡ호샤ᄆᆡ[49] 기프샤미오 그지업슨[50] 道뙇 行ᅘᆡᇰᄒᆞ샤ᄆᆞᆫ 나ᅀᅡ가샤ᄆᆡ[51] 기프샤미오 勇용猛ᄆᆡᆼ精졍進진[52]ᄒᆞ샤ᄆᆞᆫ ᄠᅳᆮ 세샤ᄆᆡ 기프샤미오 名명稱칭이 너비 들이샤ᄆᆞᆫ 德득 ᄡᅡᄒᆞ샤ᄆᆡ 기프샤미오 기픈 法법 일우샤ᄆᆞᆫ 證징ᄒᆞ샤ᄆᆡ[53] 기프샤미오 맛당호ᄆᆞᆯ 조차 니ᄅᆞ샤ᄆᆞᆫ 方방便뼌이 기프샤미니 그럴ᄊᆡ[54] 아로미 어려ᄫᅳ며 드로미 어려ᄫᅳ니라 이 ᄀᆞ티 ᄀᆞ장 讚잔歎탄ᄒᆞ샤ᄆᆞᆫ 쟝ᄎᆞ 權꿘을 ᅘᅧ 實씷에 드리며 세흘[55] 뫼화 ᄒᆞ나해[56] 가게 ᄒᆞ시릴ᄊᆡ 二싱乘씽[57]의 願원慕몽[58]를 니ᄅᆞ왇고져[59]

45) 우흿: 우ㅎ(위, 上) + -의(-에: 부조, 위치) + -ㅅ(-의: 관조) ※ '우흿'는 '위에 있는'으로 의역하여 옮긴다.

46) 기픈: 깊(깊다, 深)- + -Ø(현시)- + -우(대상)- + -ㄴ(관전)

47) 사기시니라: 사기(새기다, 풀이하다, 解)- + -시(주높)- + -Ø(과시)- + -니(원칙)- + -라(←-다: 평종)

48) 갓가빙: [가까이, 近(부사): 갓갛(←갓갑다, ㅂ불: 가깝다, 近, 형사)- + -이(부접)]

49) ᄇᆡ호샤ᄆᆡ: ᄇᆡ호[배우다, 學: ᄇᆡᆼ(습관이 되다, 習)- + -오(사접)-]- + -샤(←-시-: 주높)- + -ㅁ(←-옴: 명전) + -ᄋᆡ(주조, 위치)

50) 그지업슨: 그지없[그지업다, 한없다, 無量: 그지(한도, 量) + 없(없다, 無)-]- + -Ø(현시)- + -은(관전)

51) 나ᅀᅡ가샤ᄆᆡ: 나ᅀᅡ가[나아가다, 進: 낫(낫다, ㅅ불: 나아가다, 進)- + -아(연어) + 가(가다, 去)-]- + -샤(←-시-: 주높)- + -ㅁ(←-옴: 명전) + -ᄋᆡ(부조, 위치)

52) 勇猛精進: 용맹정진. 용맹(勇猛)스럽게 불도(佛道)를 수행(修行)하는 것이다.

53) 證ᄒᆞ샤ᄆᆡ: 證ᄒᆞ[증하다, 깨닫다: 證(증: 불어) + ᄒᆞ(동접)-]- + -샤(←-시-: 주높)- + -ㅁ(←-옴: 명전) + -ᄋᆡ(관조, 의미상 주격)

54) 그럴ᄊᆡ: [그러므로, 故(부사): 그러(←그러ᄒᆞ다: 그러하다, 형사) + -ㄹᄊᆡ(-므로: 연어▷부접)]

55) 세흘: 세ㅎ(셋, 三: 수사, 양수) + -을(목조)

56) ᄒᆞ나해: ᄒᆞ나ㅎ(하나, 一: 수사, 양수) + -애(부조, 위치)

57) 二乘: 이승. 대승과 소승, 성문승과 독각승 또는 성문승과 보살승을 통틀어 이르는 말이다.

58) 願慕: 원모. 바라고 사랑하는 것이다.

59) 니ᄅᆞ왇고져: 니ᄅᆞ왇[일으키다: 닐(일어나다, 起)- + -ᄋᆞ(사접)- + -왇(강접)-]- + -고져(-고자: 연어, 의도)

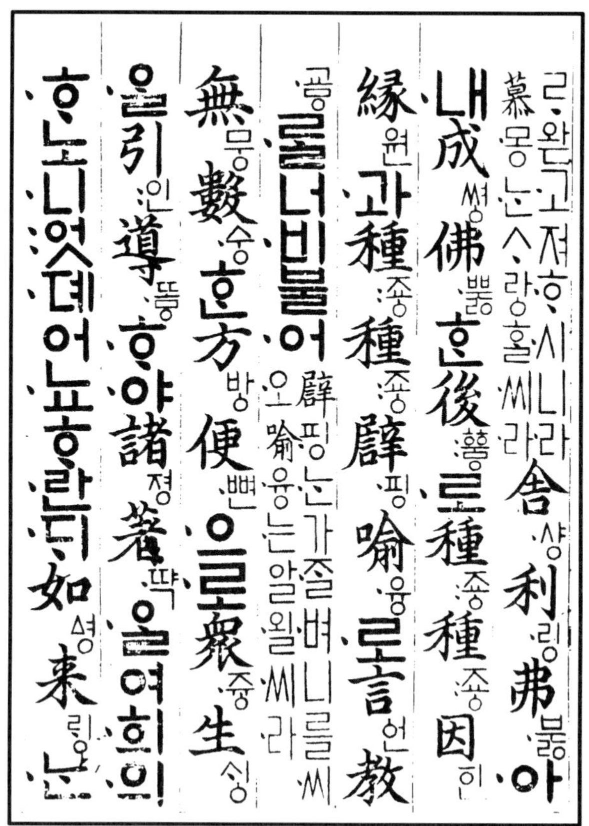

ᄅᆞ왼고져ᄒᆞ시니라 慕몽ᄂᆞᆫ ᄉᆞ랑ᄒᆞᆯ 씨라 舍샹利링弗붏아 내 成쎵佛뿛ᄒᆞᆫ 後ᅘᅮᆼ로 種죵種죵 因ᅙᅵᆫ緣원과 種죵種죵 譬핑喩융로 言언敎ᇢᄅᆞᆯ 너비 펴어 譬핑ᄂᆞᆫ 가ᄌᆞᆯ벼 니ᄅᆞᆯ 씨오 喩융ᄂᆞᆫ 알욀 씨라 無뭉數숭ᄒᆞᆫ 方방便뼌으로 衆즁生ᄉᆡᆼᄋᆞᆯ 引ᅙᅵᆫ導또ᇢᄒᆞ야 諸졍著뚁ᄋᆞᆯ 여희의 ᄒᆞᄂᆞ니 엇뎨어뇨 ᄒᆞ란ᄃᆡ 如셩來링ᄂᆞᆫ

하셨니라. 慕(모)는 사랑하는 것이다.】 舍利弗(사리불)아, 내가 成佛(성불)한 後(후)로 種種(종종)의 因緣(인연)과 種種(종종)의 譬喩(비유)로 말씀을 널리 퍼뜨리어【譬(비)는 비유하여 이르는 것이요 喩(유)는 알리는 것이다.】, 無數(무수)한 方便(방편)으로 衆生(중생)을 引導(인도)하여 諸著(제착)을 떨치게 하니, "(그것이) 어째서이냐?"고 한다면, 如來(여래)는

ᄒᆞ시니라 慕몽ᄂᆞᆫ ᄉᆞ랑ᄒᆞᆯ 씨라】 舍샹利링弗붏아 내 成쎵佛뿛ᄒᆞᆫ 後흫로 種죵種죵 因인緣원과 種죵種죵 譬핑喩융로 말ᄊᆞᄆᆞᆯ 너비 불어[60]【譬핑ᄂᆞᆫ 가ᄌᆞᆯ벼[61] 니를 씨오 喩융는 알욀[62] 씨라】 無뭉數숭ᄒᆞᆫ 方방便뼌[63]으로 衆즁生싱ᄋᆞᆯ 引인導똫ᄒᆞ야 諸졍着땩[64]ᄋᆞᆯ 여희의[65] ᄒᆞ노니[66] 엇뎨어뇨[67] ᄒᆞ란ᄃᆡ[68] 如셩來링ᄂᆞᆫ

---

60) 불어: 불(← 부르다: 퍼뜨리다, 演)- + -어(연어)

61) 가ᄌᆞᆯ벼: 가ᄌᆞᆯ비(비유하다, 譬)- + -어(연어)

62) 알욀: 알외[알리다, 告: 알(알다, 知)- + -오(사접)- + -ㅣ(← -이-: 사접)-]- + -ㄹ(관전)

63) 方便: 방편. 교묘한 수단과 방법이다. 불보살이 중생을 깨달음으로 인도하기 위해 일시적인 수단으로 설한 가르침이다.

64) 諸着: 제착. 여러 가지의 집착이다. 곧 마음이 속세에 끌리는 여러 가지 요소이다.

65) 여희의: 여희(떨치다, 이별하다, 別)- + -의(← -긔: -게, 연어, 사동)

66) ᄒᆞ노니: ᄒᆞ(하다: 보용, 사동)- + -ㄴ(← -ᄂᆞ-: 현시)- + -오(화자)- + -니(연어, 설명 계속)

67) 엇뎨어뇨: 엇뎨(어째서, 何) + -Ø(← -이-: 서조)- + -어(← -거-: 확인)- + -뇨(-냐: 의종, 설명)

68) ᄒᆞ란ᄃᆡ: ᄒᆞ(하다, 曰)- + -란ᄃᆡ(-을진대, -을 것이면: 연어, 조건)

方便(방편)과 知見(지견)의 波羅蜜(바라밀)이 다 갖추어져 있기 때문이니라. 【方便波羅蜜(방편바라밀)은 權智(권지)요, 知見波羅蜜(지견바라밀)은 實智(실지)이니, 權(권)이 아니면 衆生(중생)의 引導(인도)를 못 하시겠고 實(실)이 아니면 著(착)을 여의게 못 하시겠으므로, 모름지기 둘이 갖추어져 있어야 하리라. 諸著(제착)은 굵으면 六塵(육진)의 業(업)이요 가늘면 二乘(이승법)이다.】 舍利弗(사리불)아, 如來(여래)의 智見(지견)이 넓고 크고 깊고 멀어서, 無量(무량)과 無礙(무애)와

方방便뼌 知딩見견 波방羅랑蜜밇[69]이 다 ᄀᆞᄌᆞᆯ씨니라[70]【方방便뼌波방羅랑蜜밇ᄋᆞᆫ 權꿘智딩오 知딩見견波방羅랑蜜밇ᄋᆞᆫ 實씷智딩니 權꿘 아니면 衆즁生ᄉᆡᆼ 引인導똫 몯ᄒᆞ시리오[71] 實씷 아니면 著땩[72] 여희에[73] 몯 ᄒᆞ시릴씨[74] 모로매 둘히[75] ᄀᆞ자ᅀᅡ[76] ᄒᆞ리라 諸졍著땩[77]ᄋᆞᆫ 굴그면 六륙塵띤[78] 業업이오 ᄀᆞᄂᆞᆯ면[79] 二ᅀᅵᆼ乘씽法법이라】舍샹利링弗붏아 如ᅀᅧᆼ來링ㅅ 知딩見견이 크고 깁고 머러 無뭉量량[80]과 無뭉礙ᅌᆡᆼ[81]와

69) 波羅蜜: 바라밀. 태어나고 죽는 현실의 괴로움에서 번뇌와 고통이 없는 경지인 피안으로 건넌다는 뜻으로, 열반에 이르고자 하는 보살의 수행을 이른다.

70) ᄀᆞᄌᆞᆯ씨니라: ᄀᆞᆽ(갖추어져 있다, 具足)-+-ㄹ씨(-므로: 연어, 이유)+-Ø(←-이-: 서조)-+-니(원칙)-+-라(←-다: 평종) ※ 'ᄀᆞᄌᆞᆯ씨니라'는 용언의 열결형에 서술격 조사가 붙어서 활용한 형태이다.

71) 몯ᄒᆞ시리오: 몯ᄒᆞ[못하다, 不能(보용, 부정): 몯(못, 不: 부사, 부정)+-ᄒᆞ(동접)-]-+-시(주높)-+-리(미시)-+-오(←-고: 연어, 나열)

72) 著: 착. 집착(執著)이다. 허망한 분별로써 어떤 것에 마음이 사로잡혀 헤어나지 못함. 그릇된 분별로써 어떤 것을 탐내어 그것에서 벗어나지 못하는 것이다.

73) 여희에: 여희(이별하다, 別)-+-에(←-게: 연어, 사동)

74) ᄒᆞ시릴씨: ᄒᆞ(하다, 爲)-+-시(주높)-+-리(미시)-+-ㄹ씨(-므로: 연어, 이유)

75) 둘히: 둘ㅎ(둘, 二: 수사, 양수)+-이(주조)

76) ᄀᆞ자ᅀᅡ: ᄀᆞᆽ(갖추어져 있다, 具)-+-아ᅀᅡ(-아야: 연어, 필연적 조건)

77) 諸著: 제착. 모든 집착(執著)이다.

78) 六塵: 육진. 심성을 더럽히는 육식(六識)의 대상계(對象界)로서 색(色)·성(聲)·향(香)·미(味)·촉(觸)·법(法)의 육경(六境)을 말한다. 이 육경은 육근을 통하여 몸속에 들어가서 우리들의 정심(淨心)을 더럽히고, 진성(眞性)을 덮어 흐리게 하므로 진(塵)이라 한다.

79) ᄀᆞᄂᆞᆯ면: ᄀᆞᄂᆞᆯ(가늘다, 細)-+-면(연어, 조건)

80) 無量: 무량. 사무량(四無量). 네 가지 한량없는 덕(德)이다. 곧, 자무량(慈無量)·비무량(悲無量)·희무량(喜無量)·사무량(捨無量)이다.

81) 無礙: 무애. 사무애(四無礙). 네 가지 막힌 곳 없는 것이다. 법무애(法無礙)·의무애(義無礙)·사무애(辭無礙)·요설무애(樂說無礙)이다.

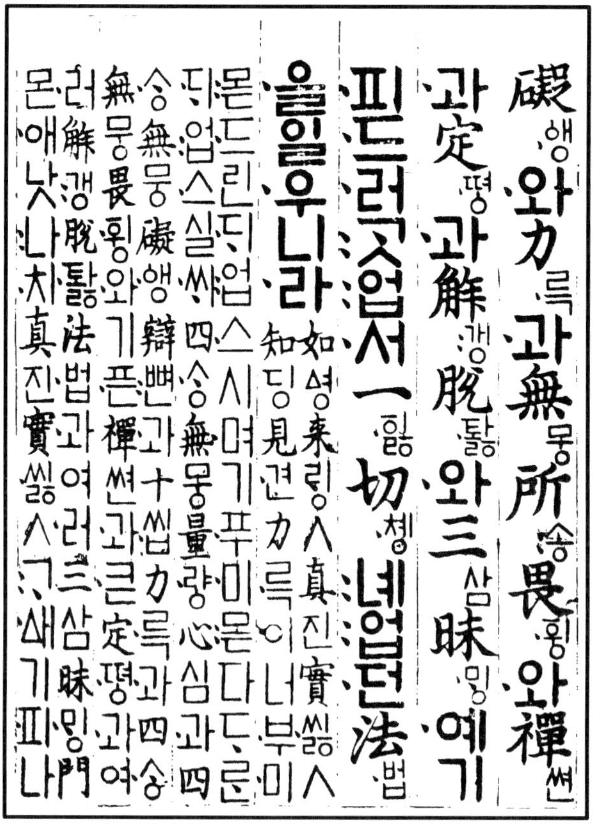
礙ᅌᆡᆼ·와力륵·과無뭉所송畏ᅙᅬᆼ·와禪쎤
·과定뗭·과解갱脫퇋·와三삼昧밍·예기
피·드러·갸·업서一ᅙᅵᇙ切촁·녜·업던法법
·을일·우니·라 如ᅀᅧᆼ來ᄅᆡᆼㅅ眞진實씷ㅅ
知딩見견力륵·이너·부·미
몯드·린ᄃᆡ·업스·시·며기·푸·미몯다ᄃᆞ·ᄅᆞᆫ
ᄃᆡ·업스·실·ᄊᆡ四ᄉᆞᆼ無뭉量량心심·과四
ᄉᆞᆼ無뭉礙ᅌᆡᆼ辯뼌·과十씹力륵·과四ᄉᆞᆼ
無뭉畏ᅙᅬᆼ·와기·픈禪쎤·과·큰定뗭·과·여
·러解갱脫퇋法법·과·여·러三삼昧밍門
몬·애·낫·나·치眞진實씷ㅅᄀᆞᅀᆡ·예기·피·나

力(역)과 無所畏(무소외)와 禪(선)과 定(정)과 解脫(해탈)과 三昧(삼매)에 깊이 들어 가(邊)가 없어, 一切(일체)의 옛날에 없던 法(법)을 이루었니라.【如來(여래)의 眞實(진실)의 知見力(지견력)이 넓음이 못 드리운 데가 없으시며 깊음이 못 다다른 데가 없으시므로, 四無量心(사무량심)과 四無碍辨(사무애변)과 十力(십력)과 四無畏(사무외)와 깊은 禪(선)과 큰 定(정)과 여러 解脫法(해탈법)과 여러 三昧門(삼매문)에 낱낱이 眞實(진실)의 가(邊)에 깊이 나아가시어,

[98 뒤]

力륵[82)]과 無뭉所송畏횡[83)]와 禪쎤과 定뗭[84)]과 解갱脫퇋[85)]와 三삼昧밍[86)]예 기피 드러 ᄀᆞᆺ 업서 一힗切쳉 녜[87)] 업던 法법을 일우니라【如셩來링ㅅ 眞진實씷ㅅ 知딩見견力륵[88)]이 너부미[89)] 몯 드린[90)] ᄃᆡ[91)] 업스시며 기푸미 몯 다ᄃᆞᄅᆞᆫ[92)] ᄃᆡ 업스실씨 四숭無뭉量량心심[93)]과 四숭無뭉碍앵辨뼌[94)]과 十씹力륵[95)]과 四숭無뭉畏횡[96)]와 기픈 禪쎤과 큰 定뗭과 여러 解갱脫퇋法법과 여러 三삼昧밍門몬애 낫나치[97)] 眞진實씷ㅅ ᄀᆞᅀᅢ[98)] 기피 나ᅀᅡ가샤

82) 力: 역. 십력(十力). ※ '十力(십력)'은 부처만이 갖추고 있는 열 가지 지혜의 능력이다.

83) 無所畏: 무소외. 불도를 닦는 데에 부닥치는 온갖 장애에 대하여 두려움이 없는 것이다.

84) 禪과 定: 선과 정. ※ '禪定(선정)'은 한마음으로 사물을 생각하여 마음이 하나의 경지에 정지하여 흐트러짐이 없는 것이다.

85) 解脫: 해탈. 번뇌의 얽매임에서 풀리고 미혹의 괴로움에서 벗어나는 것이다. 본디 열반과 같이 불교의 궁극적인 실천 목적이다.

86) 三昧: 삼매(Samādhi). 불교 수행의 한 방법으로 심일경성(心一境性)이라 하여, 마음을 하나의 대상에 집중하는 정신력이다.

87) 녜: 옛날, 昔.

88) 智見力: 지견력. 지식과 견문으로 얻게 되는 힘이다.

89) 너부미: 넙(넓다, 廣)- + -움(명전) + -이(주조)

90) 드린: 드리(드리워지다, 垂)- + -Ø(과시)- + -ㄴ(관전)

91) ᄃᆡ: ᄃᆡ(데, 處: 의명) + -Ø(← -이: 주조)

92) 다ᄃᆞᄅᆞᆫ: 다ᄃᆞᆮ[← 다ᄃᆞᆮ다, ㄷ불(다다르다, 到): 다(다, 悉: 부사) + ᄃᆞᆮ(닫다, 달리다, 走)-]- + -Ø(과시)- + -ᄋᆞᆫ(관전)

93) 四無量心: 사무량심. 한 없는 중생을 어여삐 여기는 네 가지 마음이다.

94) 四無碍辨: 사무애변. 막힘이 없는 네 가지의 지혜이다.(= 사무애지, 四無礙智)

95) 十力: 십력. 부처만이 지니고 있는 열 가지 지혜의 힘이다. 처비처지력(處非處智力), 업이숙지력(業異熟智力), 정려해탈등지등지지력(靜慮解脫等持等至智力), 근상하지력(根上下智力), 종종승해지력(種種勝解智力), 종종계지력(種種界智力), 편취행지력(遍趣行智力), 숙주수념지력(宿住隨念智力), 사생지력(死生智力), 누진지력(漏盡智力) 등이 있다.

96) 四無畏: 사무외. 부처가 가르침을 설할 때에, 확신하고 있기 때문에 누구에게도 두려움이 없는 네 가지이다. 정등각무외(正等覺無畏)·누영진무외(漏永盡無畏)·장법무외(說障法無畏)·출도무외(說出道無畏) 등이다.

97) 낫나치: [일일이, 하나하나, 낱낱이, 一一(부사): 낫(← 낯: 낱, 個, 명사) + 낯(낱, 個: 명사) + -이(부접)]

98) ᄀᆞᅀᅢ: ᄀᆞᇫ(← ᄀᆞᆺ: 가, 邊) + -애(-에: 부조, 위치)

[99 앞]

사가사ᄆᆞᆯ잇 一힗切쳉녜업던法법을
다일로브터일우시니이智딩■一힗
切쳉法법을모도자바샤미虛헝空콩
이비ᄎᆞᆯᄢᅳ류미곧고一힗切쳉相샹ᄋᆞᆯ
노기샤미바ᄅᆞ리흐르는믈드료미곧
ᄒᆞ실ᄊᆡ넙고크고깁고머다ᄒᆞ시니라
舍샹利링弗붏아如셩來링能능히種
종種종ᄋᆞ로ᄀᆞᆯᄒᆡ야諸졍法법을工공
巧쿙히닐어말ᄊᆞ미보ᄃᆞ라ᄫᆞ모ᄃᆞᆫ
ᄆᆞᅀᆞ매맛당케ᄒᆞᄂᆞ니 工공巧쿙히니ᄅᆞ샤ᄆᆞᆫ機긩를조차

무릇 一切(일체)의 옛날에 없던 法(법)을 다 이로부터 이루시니, 이 智(지)가 一切(일체)의 法(법)을 모아서 잡으신 것이 虛空(허공)이 빛을 둘러싸는 것과 같고, 一切(일체) 相(상)을 녹이는 것이 바다가 흐르는 물을 들이는 것과 같으시므로, '(여래의 지견이) 넓고 크고 깊고 멀다.'고 하셨니라.】 舍利弗(사리불)아, 如來(여래)가 能(능)히 種種(종종)으로 가려서 諸法(제법)을 工巧(공교)히 일러서 말씀이 보드러워 모든 마음에 마땅하게 하나니【工巧(공교)히 이르신 것은 機(기)를 좇아

믈읫 一ᅙᅵᇙ切쳉 녜 업던 法법을 다 일로브터[99] 일우시니 이 智딩 一ᅙᅵᇙ切쳉 法법을 모도자ᄫᆞ샤미[1] 虛헝空콩이 비ᄎᆞᆯ ᄢᅳ류미[2] ᄀᆞᆮ고 一ᅙᅵᇙ切쳉 相샹ᄋᆞᆯ 노기샤미[3] 바ᄅᆞ리[4] 흐르는 믈 드료미[5] ᄀᆞᆮᄒᆞ실ᄊᆡ 넙고 크고 깁고 머다[6] ᄒᆞ시니라】 舍샹利링弗부ᇙ아 如ᅀᅧᆼ來링 能능히 種죵種죵ᄋᆞ로 ᄀᆞᆯᄒᆡ야[7] 諸졍法법을 工공巧쿄ᇢ히[8] 닐어 말ᄊᆞ미[9] 보ᄃᆞ라ᄫᅡ[10] 모ᄃᆞᆫ[11] ᄆᆞᅀᆞ매 맛당케[12] ᄒᆞᄂᆞ니【工공巧쿄ᇢ히 니ᄅᆞ샤ᄆᆞᆫ 機긩[13]를 조차

---

99) 일로브터: 일(← 이: 이, 此, 지대, 정칭) + -로(부조, 방편) + -브터(-부터: 보조사, 비롯함)

1) 모도잡자ᄫᆞ샤미: 모도잡[모아서 잡다, 총괄하다, 摠: 몯(모이다, 集: 자동)- + -오(사접) + 잡(잡다, 執)-]- + -ᄋᆞ샤(← -ᄋᆞ시-: 주높)- + -ㅁ(← -옴: 명전) + -이(주조)

2) ᄢᅳ류미: ᄢᅳ리(꾸리다, 싸다, 숨기다, 擁)- + -움(명전) + -이(-과: 부조, 비교)

3) 노기샤미: 노기[녹이다, 融: 녹(녹다, 融: 자동)- + -이(사접)-]- + -샤(← -시-: 주높)- + -옴(명전) + -이(주조)

4) 바ᄅᆞ리: 바ᄅᆞᆯ(바다, 海) + -이(주조)

5) 드료미: 드리[들이다, 入: 들(들다, 入: 자동)- + -이(사접)-]- + -옴(명전) + -이(-과: 부조, 비교)

6) 머다: 머(← 멀다: 멀다, 遠)- + -∅(현시)- + -다(평종)

7) ᄀᆞᆯᄒᆡ야: ᄀᆞᆯᄒᆡ(가리다, 分別)- + -야(← -아: 연어)

8) 工巧히: [공교히(부사): 工巧(공교: 명사) + -ㅎ(← -ᄒᆞ-: 형접)- + -이(부접)]

9) 말ᄊᆞ미: 말ᄊᆞᆷ[말씀, 言辭: 말(말, 言) + -ᄊᆞᆷ(-씀: 접미)] + -이(주조)

10) 보ᄃᆞ라ᄫᅡ: 보ᄃᆞ라ᇦ[← 보ᄃᆞ랍다, ㅂ불(보드랍다, 柔軟): 보ᄃᆞᆯ(보들: 불어) + -압(형접)-]- + -아(연어)

11) 모ᄃᆞᆫ: [모든, 衆(관사): 몯(모이다, 集: 동사)- + -ᄋᆞᆫ(관전 ▷ 관접)]

12) 맛당케: 맛당ᄒᆞ[마땅하다, 應: 맛(← 맞다: 맞다) + 당(당, 當당)- + -ᄒᆞ(형접)-]- + -게(연어, 사동)

13) 機: 기. 본래 '조종', '용수철 장치'라는 뜻으로, 불교에서 심기(心機) · 근기(根機) · 기연 등을 뜻하는 말이다. '기(機)'는 다음과 같이 여러 가지 뜻으로 쓰인다. 여기서는 석가의 가르침에 접하여 발동되는 수행자의 정신적 능력, 중생의 종교적 소질·역량·기근(機根) 등의 뜻으로 쓰였다.

[99 뒤]

三삼乘씽을 니ᄅᆞ실 씨라 舍샹利링弗붏아 모도아 니ᄅᆞ건댄 無뭉量량無뭉邊변ᄒᆞᆫ 녜 업던 法법을 부텨 다 일우니라 二싱智딩의 德득과 用용과ᄅᆞᆯ 結겷ᄒᆞ니라 結겷은 ᄆᆡᄌᆞᆯ 씨니 모도아 니ᄅᆞᆯ 씨라 말라 舍샹利링弗붏아 구틔여 다시 니ᄅᆞ디 마라ᅀᅡ ᄒᆞ리라 엇뎨어뇨 ᄒᆞ란ᄃᆡ 부텨 일우온 第뗑一힗엣 希횡有웋ᄒᆞᆫ 아ᄅᆞ미

三乘(삼승)을 이르시는 것이다.】, 舍利弗(사리불)아, 모아서 이르면 無量無邊(무량무변)한 옛날에 없던 法(법)을 부처가 다 이루었느니라.【二智(이지)의 德(덕)과 用(용)을 結(결)하였느니라. 結(결)은 맺는 것이니 모아서 이르는 것이다.】 말라, 舍利弗(사리불)아. 구태어 다시 이르지 말아야 하리라. "(그것이) 어째서이냐?"고 한다면, 부처가 이룬 第一(제일)가는 希有(희유)하고 알기가

三삼乘씽을 니ᄅᆞ실 씨라[14)] 】 舍샹利링弗붏아 모도아[15)] 니르건댄[16)] 無뭉量량 無뭉邊변ᄒᆞᆫ 네 업던 法법을 부톄 다 일우니라【二ᅀᅵᆼ智딩의 德득과 用용과ᄅᆞᆯ 結겷ᄒᆞ니라 結겷은 ᄆᆡᄌᆞᆯ[17)] 씨니[18)] 모도아 니ᄅᆞᆯ 씨라】 말라[19)] 舍샹利링弗붏아 구틔여[20)] 다시 니ᄅᆞ디 마라ᅀᅡ[21)] ᄒᆞ리라 엇뎨어뇨 ᄒᆞ란ᄃᆡ 부텨 일우온[22)] 第똉一ᅙᅵᇙ엣[23)] 希힁有ᅌᅮᇢᄒᆞᆫ[24)] 아로미[25)]

---

14) 씨라: ㅆ(← ᄉᆞ: 것, 의명) + -이(서조)- + -Ø(현시)- + -라(← -다: 평종)

15) 모도아: 모도[모ᄋᆞ다, 取: 몯(모이다, 集: 자동)- + -오(사접)-]- + -아(연어)

16) 니르건댄: 니르(이르다, 言)- + -거(확인)- + -ㄴ댄(-면: 연어, 조건)

17) ᄆᆡᄌᆞᆯ: ᄆᆡᆽ(맺다, 結)- + -ᄋᆞᆯ(관전)

18) 씨니: ㅆ(← ᄉᆞ: 것, 의명) + -이(서조)- + -니(연어, 설명의 계속)

19) 말라: 말(말다, 止)- + -라(명종, 아주 낮춤)

20) 구틔여: [구태여(부사): 구틔(억지로 하다)- + -여(← -어: 연어 ▷ 부접)]

21) 마라ᅀᅡ: 말(말다, 不)- + -아ᅀᅡ(-아야: 연어, 필연적 조건)

22) 일우온: 일우[이루다, 成: 일(이루어지다, 成: 자동)- + -우(사접)-]- + -Ø(과시)- + -오(대상)- + -ㄴ(관전)

23) 第一엣: 第一(제일) + -에(부조, 위치) + -ㅅ(-의: 관조) ※ '第一엣'은 그 뒤에 실현된 法(법)을 수식하는데, 여기서는 '第一가는'로 옮긴다.

24) 希有ᄒᆞᆫ: 希有ᄒᆞ[희유하다: 希有(희유: 명사) + -ᄒᆞ(형접)-]- + -Ø(현시)- + -ㄴ(관전) ※ '希有(희유)'는 드물게 있어서 흔하지 아니한 것이다.

25) 아로미: 알(알다, 解)- + -옴(명전) + -이(주조)

어려ᄫᅳᆫ法법은부텨와부텨왜ᅀᅡ能능
히諸졍法법實씷相샹ᄋᆞᆯ다아ᄂᆞ니라
말라ᄒᆞ샤ᄆᆞᆫ深심妙묳ᄅᆞᆯ더욱나토시
니라第뗑一힗엣아로미어려ᄫᅳᆫ法법
은곧實씷相샹妙묳法법이니말ᄊᆞ미
미츯ᄃᆡ아닐씨다시니ᄅᆞ디말라ᄒᆞ시
니라ᄠᅳ디다ᄃᆞᄅᆞᇙᄃᆡ아닐씨希힁有웋
ᄒᆞᆫ아로미어렵다ᄒᆞ시니라二싱乘씽
의나ᅀᅡ갏ᄃᆡ아닐씨오직부텨
ᅀᅡ能능히다아ᄂᆞ다ᄒᆞ시니라
닐ᄋᆞᆫ
諸졍法법의如셩是씽相샹과如셩是

어려운 法(법)은 부터와 부처야말로 能(능)히 諸法(제법)의 實相(실상)을 다 아느니라.【(이르지) 말라고 하신 것은 深妙(심묘)를 더욱 나타내셨니라. '第一(제일)가는 알기 어려운 法(법)'은 곧 實相(실상)의 妙法(묘법)이니, 말씀이 미칠 데가 아니므로 다시 이르지 말라고 하셨니라. 뜻에 다다를 것이 아니므로 '希有(희유)한, 아는 것이 어렵다'고 하셨니라. 二乘(이승)이 나아갈 데가 아니므로 '오직 부처야말로 能(능)히 다 안다.'고 하셨니라.】 이른바 諸法(제법)의 如是相(여시상)과 如是性(여시성)과 어려ᄫᅳᆫ 法법[26]은 부텨와 부텨왜ᅀᅡ[27] 能능히 諸졍法법 實씷相샹ᄋᆞᆯ 다 아ᄂᆞ니라【말라 ᄒᆞ샤ᄆᆞᆫ 深심妙묳[28]ᄅᆞᆯ 더욱 나토시니라[29] 第뗑一힗엣 아로미 어려ᄫᅳᆫ 法법은 곧 實씷相샹[30] 妙묳法법이니 말ᄊᆞ미 미츯[31] ᄃᆡ[32] 아닐ᄊᆡ 다시 니ᄅᆞ디 말라 ᄒᆞ시니라 ᄠᅳ디[33] 다ᄃᆞᄅᆶ[34] ᄃᆡ 아닐ᄊᆡ 希힁有웋ᄒᆞᆫ 아로미 어렵다 ᄒᆞ시니라 二ᅀᅵᆼ乘씽의 나ᅀᅡ갏[35] ᄃᆡ 아닐ᄊᆡ 오직 부톄ᅀᅡ 能능히 다 아ᄂᆞ다 ᄒᆞ시니라】 니ᄅᆞ논 諸졍法법[36]의 如ᅀᅧᆼ是씽相샹[37]과 如ᅀᅧᆼ是씽性셩[38]과

---

26) 第一엣 쉽디 몯ᄒᆞᆫ 아디 어려ᄫᅳᆫ 法: '第一엣', '쉽디 몯ᄒᆞᆫ', '아디 어려ᄫᅳᆫ'은 모두 '法'을 수식한다. 여기서는 국어의 표현 방식을 좇아서 '제일가는 희유하고 알기 어려운 法(법)'으로 의역하여거 옮긴다. 『묘법연화경』의 한문 원문에는 '第一希有難解之法'으로 기술되어 있다.

27) 부텨왜ᅀᅡ: 부텨(부처, 佛) + -와(← -과: 접조)- + -ㅣ(← -이: 주조) + -ᅀᅡ(-야: 보조사, 한정 강조)

28) 深妙: 심묘. 매우 미묘한 것이다.

29) 나토시니라: 나토[나타내다, 現: 낟(나타나다, 現: 자동)- + -호(사접)-]- + -시(주높)- + -Ø(과시)- + -니(원칙)- + -라(← -다: 평종)

30) 實相: 실상. 있는 그대로의 모양이다. 모든 존재의 참된 본성이나 있는 그대로의 모습이다. 실(實)은 참, 진실이라는 뜻이며, 상(相)은 무상(無相)이라는 뜻. 진실불허한 우주만유의 본체. 진여(眞如) · 일여(一如) · 실성(實性) · 무위(無爲) · 진상(眞相) · 진제(眞諦)라고도 한다. 석가모니불이 깨친 본연청정한 진실. 일원상의 진리 그 자체를 실상이라고 한다.

31) 미츯: 및(미치다, 及)- + -을(관전)

32) ᄃᆡ: ᄃᆡ(데, 處: 의명) + -Ø(← -이: 보조)

33) ᄠᅳ디: ᄠᅳᆮ(뜻, 義) + -의(-에: 부조, 위치)

34) 다ᄃᆞᄅᆶ: 다ᄃᆞᆯ[← 다ᄃᆞᆮ다, ㄷ불(다다르다, 至): 다(다, 悉: 부사) + ᄃᆞᆮ(닫다, 달리다, 走)]- + -오(대상)- + -ㅭ(관전)

35) 나ᅀᅡ갏: 나ᅀᅡ가[나아가다, 進: 낫(← 낫다, ㅅ불: 나아가다, 進)- + -아(연어) + 가(가다, 去)-]- + -ㅭ(관전)

36) 諸法: 제법. 여기서 말하는 제법(諸法)은 十如是(십여시)를 이른다. 모든 현상의 있는 그대로의 참모습에 갖추어져 있는 열 가지 성질이다. 여시상(如是相)·여시성(如是性)·여시체(如是體)·여시력(如是力)·여시작(如是作)·여시인(如是因)·여시연(如是緣)·여시과(如是果)·여시보(如是報)·여시본말구경등(如是本末究竟等)이 있다.

37) 如是相: 여시상. ※ '如是(여시)'는 온갖 사물의 있는 그대로의 모양을 이르는 말이다. 그리고 '상(相, lakṣaṇa)'은 외계에 나타나서 마음의 상상이 되는 사물의 모양이다.

38) 如是性: 여시성. '성(性)'은 상(相)의 근원으로서, 나면서부터 가진 본연의 성품(性品)이다.

如是體(여시체)와 如是力(여시력)과 如是作(여시작)과 如是因(여시인)과 如是緣(여시연)과 如是果(여시과)와 如是報(여시보)와 如是本末究竟(여시본말구경) 들(等)이다.【 위에 이른 實相(실상)이 곧 世間(세간) 諸法(제법)의 性(성)·相(상)體(체)·力(력)·本末究竟(본말구경) 等(등)이 그것이다. 보는 것이 相(상)이요, 相(상)의 根源(근원)이 性(성)이요, 모습이 갖추어 진 것이 體(체)이요, 利(이)하게 쓰는 것이 力(역)이요,

如ᅀᅧᆼ是씽體톙[39]와 如ᅀᅧᆼ是씽力륵[40]과 如ᅀᅧᆼ是씽作작[41]과 如ᅀᅧᆼ是씽因인[42]과 如ᅀᅧᆼ是씽緣원[43]과 如ᅀᅧᆼ是씽果광[44]와 如ᅀᅧᆼ是씽報봉[45]와 如ᅀᅧᆼ是씽本본末맗究궇竟경[46] ᄃᆞᆯ히라[47] 【우희 닐온[48] 實씷相샹[49]이 곧 世솅間간 諸졍法법의 性셩 相샹 體톙 力륵 本본末맗究궇竟경 等등이 긔라[50] 보는 거시 相샹이오 相샹ㅅ 根ᄀᆞᆫ源원이 性셩이오 얼굴[51] ᄀᆞ조미[52] 體톙오 利링히[53] ᄡᅮ미[54] 力륵이오

39) 體: 체. 만물의 일정 불변한 본 모양이다.

40) 力: 역. 어떠한 일을 일어나게 하는 것이다.

41) 作: 작. 어떠한 일이 잠시 일어나는 것이다.(= 작용, 作用)

42) 因: 인(hetu). 어떤 결과를 일으키는 직접 원인이나 내적 원인이다. 넓은 뜻으로는 간접 원인이나 외적 원인 또는 조건을 뜻하는 연(緣)도 포함한다.

43) 緣: 연(pratyaya). 어떤 결과를 일으키는 간접 원인이나 외적 원인 또는 조건이다. 넓은 뜻으로는 직접 원인이나 내적 원인을 뜻하는 인(因)도 포함한다.

44) 果: 과(phala). 인(因)으로 말미암아 생긴 결과이다.

45) 報: 보. 연(緣)으로 생기는 결과이다.

46) 本末究竟: 본말구경. '本末(본말)'은 처음과 끝이며, '究竟(구경)'은 '마지막까지 다하는 것'이다. 곧, 시작과 끝은 궁극에 가서는 다 같다는 것이다.

47) ᄃᆞᆯ히라: ᄃᆞᆯㅎ(들, 등, 等: 의명) + -이(서조)- + -Ø(현시)- + -라(← -다: 평종)

48) 닐온: 닐ㄹ(← 니르다: 이르다, 曰)- + -Ø(과시)- + -오(대상)- + -ㄴ(관전)

49) 性相: 성상. 성(性)은 태어나면서부터 가진 본연의 성품이며, 상(相)은 외계(外界)에 나타나 마음에 상상(想像)되는 사물의 모양이다.

50) 긔라: 그(그, 그것, 彼: 지대, 정칭) + -ㅣ(← -이-: 서조)- + -Ø(현시)- + -라(← -다: 평종)

51) 얼굴: 형상, 모습.

52) ᄀᆞ조미: ᄀᆞᆽ(갖추어져 있다, 備)- + -옴(명전) + -이(주조)

53) 利히: [이롭게(부사): 利(이: 불어) + -Ø(← -ᄒᆞ-: 형접)- + -이(부조)]

54) ᄡᅮ미: ᄡ(← ᄡᅳ다: 쓰다, 用)- + -움(명전) + -이(주조)

[101 앞]

잠깐 일어나는 것이 作(작)이요, 비롯함이 因(인)이요, 因(인)을 도우는 것이 緣(연)이요, 緣(연)이 익은 것이 果(과)이요, 果(과)를 맞는 것이 報(보)이요, 처음과 乃終(내종, 나중)이 本末(본말)이요 한 끝에 다다른 것이 究竟(구경)이니, 一切(일체) 諸法(제법)이 열(十)에서 떠나지 못하나니, 또 各各(각각)이 열이 갖추어져 있느니라. 如是(여시)는 일(事)을 좇아서 法(법)을 가리킨 말이니, 諸法(제법)이 이와 같은 相(상)이 있으며 이와 같은 性(성)이 있으며 이와 같이 究竟(구경)을 함에 이르도록 實相(실상)이 아닌 것이 없다고 한 말이다. 여기에 나아가 미루어 보면 앞에 있는 種種(종종)의 소리가 곧고 가시가 굽고 鵠(곡)이 희고 까마귀가 검고 대(竹)가 이와 같이 잢간[55] 니로미[56] 作작이오 비르소미[57] 因인이오 因인 도ᄫᅩ미[58] 緣원이오 緣원 니그니 果광ㅣ오 果광 마ᄌᆞ니[59] 報볼ㅣ오 처ᅀᅥᆷ과[60] 乃냉終즁괘[61] 本본末맗이오 ᄒᆞᆫ ᄀᆞ테[62] 다ᄃᆞ로미[63] 究궇竟경이니 一힗切쳉 諸졍法법이 열헤[64] 여희디 몯ᄒᆞᄂᆞ니 ᄯᅩ 各각各각이 열히 ᄀᆞᄌᆞ니라[65] 如셩是씽[66]ᄂᆞᆫ 이ᄅᆞᆯ 조차셔[67] 法법을 ᄀᆞᄅᆞ촌[68] 마리니 諸졍法법이 이 ᄀᆞᄐᆞᆫ 相샹 이시며 이 ᄀᆞᄐᆞᆫ 性셩이 이시며 이ᄀᆞ티 究궇竟경 호매 니르리[69] 實씷相샹 아니니[70] 업다 혼 마리라 이에[71] 나ᅀᅡ가 미러[72] 보면 알ᄑᆡ[73] 잇ᄂᆞᆫ 種죵種죵앳 소리 곧고 가ᄉᆡ[74] 곱고 鵠흫[75]이 ᄒᆡ오[76] 가마귀 검고 대 이 ᄀᆞ티

---

55) 잢간: [잠깐, 暫間: 잠(잠, 暫) + -ㅅ(관조, 사잇) + 간(간, 間)]
56) 니로미: 닐(일다, 起)- + -옴(명전) + -이(주조)
57) 비르소미: 비릇(비롯하다, 始)- + -옴(명전) + -이(주조)
58) 도ᄫᅩ미: 도ᇦ(← 돕다, ㅂ불: 돕다, 助)- + -옴(명전) + -이(주조)
59) 마ᄌᆞ니: 맞(맞다, 當)- + -Ø(과시)- + -ᄋᆞᆫ(관전) # 이(이, 것, 者: 의명) + -Ø(← -이: 주조)
60) 처ᅀᅥᆷ과: [처음, 初: 처ᇫ(← 첫: 첫, 初, 관사) + -엄(명접)] + -과(접조)
61) 乃終괘: 乃終(내종, 나중) + -과(접조) + -ㅣ(← -이: 주조)
62) ᄀᆞ테: ᄀᆞᇀ(끝, 末) + -에(부조, 위치)
63) 다ᄃᆞ로미: 다ᄃᆞᆯ[← 다ᄃᆞᆮ다, ㄷ불(다다르다, 到): 다(다, 完: 부사) + ᄃᆞᆮ(닫다, 달리다, 走)-]- + -옴(명전) + -이(주조)
64) 열헤: 열ㅎ(열, 十) + -에(주조, 위치) ※ '열ㅎ'은 '열 가지'라는 뜻이다.
65) ᄀᆞᄌᆞ니라: ᄀᆞᆽ(갖추어져 있다, 具)- + -Ø(현시)- + -ᄋᆞ니(원칙)- + -라(← -다: 평종)
66) 如是: 여시. '이와 같다'의 뜻으로, 온갖 사물의 있는 그대로의 모양을 이르는 말이다.
67) 조차셔: 좇(좇다, 따르다, 從)- + -아(연어) + -셔(-서: 보조사, 위치 강조)
68) ᄀᆞᄅᆞ촌: ᄀᆞᄅᆞ치(가리키다, 指)- + -Ø(과시)- + -오(대상)- + -ㄴ(관전)
69) 니르리: [이르도록, 至(부사): 니를(이르다, 至: 동사)- + -이(부접)]
70) 아니니: 아니(아니다, 非)- + -Ø(현시)- + -ㄴ(관전) # 이(이, 것: 의명) + -Ø(← -이: 주조)
71) 이에: 여기에, 此處(지대, 정칭)
72) 미러: 밀(미루다, 推)- + -어(연어)
73) 알ᄑᆡ: 앒(앞, 前) + -ᄋᆡ(-에: 부조, 위치)
74) 가ᄉᆡ: 가ᄉᆡ(가시, 棘) + -Ø(← -이: 주조)
75) 鵠: 곡. 고니.
76) ᄒᆡ오: ᄒᆡ(희다, 白)- + -오(← -고: 연어, 나열)

[101 뒤]

티프르며고지이ᄀᆞ티누르러믈읫여
러가짓世솅諦뎽ㅅ이레나ᅀᅡ가實씷
相샹아니니업스니世솅諦뎽예나ᅀᅡ
가ᄃᆡ實씷相샹아니니업슬ᄊᆡ證징홇
사ᄅᆞ미天텬眞진을이저ᄇᆞ리디아니
ᄒᆞ며當당體톙ᄅᆞᆯ여희디아니ᄒᆞ야ᅀᅥ
色식心심밧긔ᄌᆞᆷᄌᆞ미得득ᄒᆞ리니이
ᄅᆞᆯ닐온第뗑一ᅙᅵᇙ엣希힁有웋ᄒᆞᆫ아로
미어려ᄫᅳᆫ法법이라녯사ᄅᆞ미四ᄉᆞᆼ聖
셩六륙凡뻠十씹法법界갱로닐오ᄃᆡ
四ᄉᆞᆼ聖셩ᄋᆞᆫ부텨와三삼乘씽괘오
六륙凡뻠ᄋᆞᆫ六륙道똫ㅣ니어우러
十씹法법界갱라

푸르며 꽃이 이와 같이 누르러, 무릇 여러 가지의 世諦(세제)의 일에 나아가 實相(실상)이 아닌 것이 없으니, 世諦(세제)에 나아가되 實相(실상)이 아닌 것이 없으므로 證(증)하는 사람이 天眞(천진)을 이지러져서 버리지 아니하며, 當體(당체)를 떠나지 아니하여서 色心(색심)의 밖에서 잠잠히 得(득)하겠으니, 이를 이른 것이 '第一(제일)가는 希有(희유)하고 알기 어려운 法(법)'이다. 옛 사람이 四聖(사성) · 六凡(육범) · 十法界(십법계)로 이르되,

四聖(사성)은 부처와 三乘(삼승)이요 六凡(육범)은 六道(육도)이니, (이들이) 합하여 十法界(십법계)이다.

프르며 고지 이[77] ᄀᆞ티[78] 누르러[79] 믈읫 여러 가짓 世솅諦뎽[80]ㅅ 이레 나ᅀᅡ가 實씷相샹 아니니[81] 업스니 世솅諦뎽예 나ᅀᅡ가ᄃᆡ 實씷相샹 아니니 업슬씨 證징흟 사ᄅᆞ미 天텬眞진[82]을 이저[83] ᄇᆞ리디 아니ᄒᆞ며 當당體톙[84]를 여희디 아니ᄒᆞ야셔 色식心심[85] 밧긔[86] ᄌᆞᄌᆞ미[87] 得득ᄒᆞ리니 이를 닐온 第뗑一힗엣 希힁有윻ᄒᆞᆫ 아로미 어려ᄫᅳᆫ 法법이라 녯[88] 사ᄅᆞ미 四ᄉᆞᆼ聖셩[89] 六륙凡뻠[90] 十씹法법界갱[91]로 닐오ᄃᆡ

四ᄉᆞᆼ聖셩ᄋᆞᆫ 부텨와 三삼乘씽괘오[92] 六륙凡뻠은 六륙道똫ㅣ니 어우러[93] 十씹法법界갱라

77) 이: 이(이, 此: 지대, 정칭) + -Ø(← -이: -와, 부조, 비교)

78) ᄀᆞ티: [같이, 同(부사): ᄀᆞᇀ(← ᄀᆞᆮᄒᆞ다: 같다, 同, 형사)- + -이(부접)]

79) 누르러: 누르(누르다, 黃)- + -어(연어)

80) 世諦: 세제. 삼제(三諦)의 하나이다. 세상에서 일반적으로 인정하는 진리로, 여러 가지 차별이 있는 현실 생활의 이치를 이른다.

81) 아니니: 아니(아니다, 不)- + -Ø(현시)- + -ㄴ(관전) # 이(이, 것, 者: 의명) + -Ø(← -이: 주조)

82) 天眞: 천진. 불생불멸의 참된 마음이다.

83) 이저: 잊(이지러지다, 缺)- + -어(연어)

84) 當體: 당체. 직접적으로 그 본체를 가리켜 이르는 말이다.

85) 色心: 색심. 색법(色法)과 심법(心法)을 아울러 이르는 말. 곧 물질과 마음을 이른다.

86) 밧긔: 밝(밖, 外) + -의(부조, 위치)

87) ᄌᆞᄌᆞ미: [잠잠히, 黙(부사): ᄌᆞᄌᆞᆷ(잠잠: 불어) + -Ø(← -ᄒᆞ-: 형접)- + -이(부접)]

88) 녯: 녜(옛날, 예전, 昔: 명사) + -ㅅ(-의: 관조)

89) 四聖: 사성. 불도(佛道)를 깨달은 이의 네 단계(段階)로 불(佛), 보살(菩薩), 연각(緣覺), 성문(聲聞)이 있다.

90) 六凡: 육범. 십계(十界) 가운데 여섯 가지 범부(凡夫)의 세계이다. 지옥(地獄), 아귀(餓鬼), 축생(畜生), 아수라(阿脩羅), 인간(人間), 천상(天上)을 이른다.

91) 十法界: 십법계. 깨달음의 정도에 따라 나누는 10가지 경지이다. 미계(迷界)의 지옥계, 아귀계, 축생계, 아수라계, 인간계, 천상계와 오계(悟界)의 성문계, 연각계, 보살계, 불계이다.

92) 三乘괘오: 三乘(삼승) + -과(접조) + -ㅣ(← -이-: 서조)- + -오(← -고: 연어, 나열)

93) 어우러: 어울(아우르다, 합하다, 竝)- + -어(연어)

[102 앞]

一ᅙᅵᇙ界갱各각各각十씹如ᅀᅧᆼㅣ ᄀᆞ자
모도아 十씹界갱 百ᄇᆡᆨ如ᅀᅧᆼㅣ오 ᄯᅩ 모
도아 百ᄇᆡᆨ界갱 千쳔如ᅀᅧᆼㅣ오 노겨 無
뭉盡찐ᄒᆞ매 니르니 이ᄂᆞᆫ 實씷相샹애
나ᅀᅡ가 法법性
셩을 ᄇᆞᆯ기니라
界갱마다 十씹如ᅀᅧᆼ에 남디 아니ᄒᆞ
니 地띵獄옥界갱 當당ᄒᆞᆫ ᄯᅡ해 ᄍᆞᆼ相
샹性셩本본末맔 ᄀᆞᆺ고 ᄯᅩ 畜흉生ᄉᆡᆼ
界갱옛 相샹性셩本본末맔 ᄀᆞᆺ고 佛
뿛法법界갱옛 相샹性셩本본末맔
ᄀᆞ조매 니르러 이즌 ᄃᆡ 업스며 녀느
九궁法법界갱도 ᄯᅩ 이 ᄀᆞᆮᄒᆞ야 界갱
마다 다 九궁界갱 十씹如ᅀᅧᆼㅣ 잇ᄂᆞ

一界(일계)가 各各(각각) 十如(십여)가 갖추어져 있어, 모아서 十界(십계) 百如(백여)이요, 또 모아서 百界(백계) 千如(천여)이요, 녹여서 無盡(무진)함에 이르니, 이는 實相(실상)에 나아가 法性(법성)을 밝혔니라.

界(계)마다 十如(십여)에 넘지 아니하니, 地獄界(지옥계)에 當(당)한 곳에 스스로가 相(상) · 性(성) · 本末(본말)이 갖추어져 있고, 또 畜生界(축생계)의 相(상) · 性(성) · 本末(본말)이 갖추어져 있고, 佛法界(불법계)의 相(상) · 性(성) · 本末(본말)이 갖추어져 있음에 이르러 이지러진 데가 없으며, 여느 九法界(구법계)도 또 이와 같아서 界(계)마다 다 九界(구계) 十如(십여)가 있나니,

一ᅙᅵᇙ界갱 各각各각 十씹如셩ㅣ ᄀᆞ자 모도아[94] 十씹界갱 百ᄇᆡᆨ如셩ㅣ오 ᄯᅩ 모도아 百ᄇᆡᆨ界갱 千쳔如셩ㅣ오 노겨[95] 無뭉盡찐[96]호매 니르니 이ᄂᆞᆫ 實씷相샹애 나ᅀᅡ가 法법性셩[97]을 ᄇᆞᆯ기니라[98]

界갱마다 十씹如셩에 남디[99] 아니ᄒᆞ니 地띵獄옥界갱[1] 當당ᄒᆞᆫ ᄯᅡ해[2] 제[3] 相샹 性셩 本본末ᄆᆞᇙ[4] ᄀᆞᆽ고[5] ᄯᅩ 畜흉生ᄉᆡᆼ界갱[6]옛 相샹 性셩 本본末ᄆᆞᇙᄀᆞᆽ고 佛뿛法법界갱[7]옛 相샹 性셩 本본末ᄆᆞᇙ ᄀᆞ조매[8] 니르러 이즌[9] ᄃᆡ 업스며 녀느[10] 九궇法법界갱도 ᄯᅩ 이 ᄀᆞᆮᄒᆞ야 界갱마다 다 九궇界갱 十씹如셩ㅣ 잇ᄂᆞ니

---

94) 모도아: 모도[모으다, 集: 몯(모이다, 集)- + -오(사접)-]- + -아(연어)

95) 노겨: 노기[녹이다, 融: 녹(녹다, 融: 자동)- + -이(사접)-]- + -어(연어)

96) 無盡: 무진. 다함이 없을 만큼 매우 많은 것이다.

97) 法性: 법성. 우주 만물의 본체이다.

98) ᄇᆞᆯ기니라: ᄇᆞᆯ기[밝히다, 照明: ᄇᆞᆰ(밝다, 明: 형사)- + -이(사접)-]- + -∅(과시)- + -니(원칙)- + -라(← -다: 평종)

99) 남디: 남(넘다, 越)- + -디(-지: 연어, 부정)

1) 地獄界: 지옥계. 십계(十界)의 하나로서, 악인(惡人)들이 사후(死後)에 가는 세계(世界)이다.

2) ᄯᅡ해: ᄯᅡㅎ(땅, 곳, 處) + -애(-에: 부조, 위치)

3) 제: 저(저, 자기, 己: 인대, 재귀칭) + -ㅣ(← -이: 주조) ※ 이때의 '제'는 '스스로가'로 의역하여 옮긴다.

4) 相 性 本末: 상(相)과 성(性)과 본말(本末)이다.

5) ᄀᆞᆽ고: ᄀᆞᆽ(← ᄀᆞᆽ다: 갖추어져 있다, 備)- + -고(연어, 나열)

6) 畜生界: 축생계. 육도세계 중 짐승으로 태어나는 세계이다. 생전에 저지른 악한 일에 대한 대가로 죽은 뒤에 짐승이 되어 괴로움을 당하는 세계를 이른다.

7) 佛法界: 불법계. 부처의 교법이 지배하는 세계를 이른다.

8) ᄀᆞ조매: ᄀᆞᆽ(갖추어져 있다, 備)- + -옴(명전) + -애(-에: 부조, 위치)

9) 이즌: 잊(이지러지다, 缺)- + -∅(과시)- + -은(관전)

10) 녀느: 여느, 다른, 他(관사)

[102 뒤]

니제位윙옛九궁界갱ᄅᆞᆯ비취면十
씹如셩ㅣ다일후미權꿘이ᄃᆞ외오
제位윙옛佛뿛界갱ᄅᆞᆯ비취면十씹
如셩ㅣ일후미實씷이ᄃᆞ외ᄂᆞ니라
一힗中듕에無뭉量량이ᄀᆞᆺ고無뭉
量량中듕에一힗이ᄀᆞᄌᆞᆯ씨일후미
不붏可캉思ᄉᆞ
ᅀᆼ議읭라
또三삼觀관ᄋᆞᆯ서르횟돌아사교ᄃᆡ空
콩ᄋᆞᆫ是씽相샹이如셩ᄒᆞ고假강ᄂᆞᆫ如
셩是씽相샹이오中듕ᄋᆞᆫ相샹애如셩
是씽ᄒᆞ다ᄒᆞ니이ᄂᆞᆫ實씷相샹애나ᅀᅡ가
觀관智딩ᄅᆞᆯ ᄇᆞᆯ기니그러나이ᄂᆞᆫ諸졍
法법實씷相샹ᄋᆞᆯ正졍히ᄇᆞᆯ겨一힗乘

자기의 位(위)에 있는 九界(구계)를 비추면 十如(십여)가 다 이름이 權(권)이 되고, 자기의 位(위)에 있는 佛界(불계)를 비추면 十如(십여)가 이름이 實(실)이 되느니라. 一(일) 中(중)에 無量(무량)이 갖추어져 있고 無量(무량) 中(중)에 一(일)이 갖추어져 있으므로, 이름이 不可思議(불가사의)이다.

또 三觀(삼관)을 서로 돌이켜 풀이하되 "空(공)은 是相(시상)과 如(여)하고 假(가)는 如是相(여시상)이요 中(중)은 相(상)이 如是(여시)하다."고 하니, 이는 實相(실상)에 나아가 觀智(관지)를 밝히니, 그러나 이는 諸法(제법)의 實相(실상)을 正(정)히 밝혀 一乘(일승)의

제[11] 位윙옛[12] 九궁界갱ᄅᆞᆯ 비취면 十씹如ᅀᅧᆼㅣ 다 일후미 權꿘[13]이 ᄃᆞ외오[14] 제 位윙옛 佛뿛界갱ᄅᆞᆯ 비취면 十씹如ᅀᅧᆼㅣ 일후미 實씷[15]이 ᄃᆞ외ᄂᆞ니라 一힗 中듕에 無뭉量량이 ᄀᆞᆽ고 無뭉量량 中듕에 一힗이 ᄀᆞᄌᆞᆯᄊᆡ 일후미 不붏可캉思ᄉᆞᆼ議읭라[16]

ᄯᅩ 三삼觀관[17]ᄋᆞᆯ 서르 횟돌아[18] 사교ᄃᆡ[19] 空콩[20]ᄋᆞᆫ 是씽相샹이[21] 如ᅀᅧᆼᄒᆞ고[22] 假강[23]ᄂᆞᆫ 如ᅀᅧᆼ是씽相샹이오 中듕[24]ᄋᆞᆫ 相샹이 如ᅀᅧᆼ是씽타[25] ᄒᆞ니 이ᄂᆞᆫ 實씷相샹애 나ᅀᅡ가 觀관智딩ᄅᆞᆯ ᄇᆞᆯ기니 그러나 이ᄂᆞᆫ 諸졍法법 實씷相샹ᄋᆞᆯ 正졍히 ᄇᆞᆯ겨 一힗乘씽ㅅ

---

11) 제: 저(저, 彼: 인대, 재귀칭) + -ㅣ(← -의: 관조)

12) 位옛: 位(위: 자리) + -예(← -에: 부조, 위치) + -ㅅ(-의: 관조)

13) 權: 권. 부처나 보살이 사용하는 '방편(方便)'이다.

14) ᄃᆞ외오: ᄃᆞ외(되다, 爲)- + -오(← -고: 연어, 나열)

15) 實: 실. 모든 존재의 있는 그대로의 진실한 모습이다.

16) 不可思議라: 不可思議(불가사의) + -Ø(← -이-: 서조)- + -Ø(현시)- + -라(← -다: 평종)
※ '不可思議(불가사의)'는 마음으로 헤아릴 수 없는 오묘한 이치이다. 본래 불교에서 말로 표현하거나 마음으로 생각할 수 없는 오묘한 이치 또는가르침을 뜻하며, 언어로 표현할 수 없는 놀라운 상태를 일컫기도 한다.

17) 三觀: 삼관. 진리를 관찰하는 세 가지 방법이다. 예를 들어서 천태종(天台宗)에서는 공관(空觀), 가관(假觀), 중관(中觀)으로 나눈다.

18) 횟돌아: 횟돌[← 횟도ᄅᆞ다(돌이키다, 旋): 횟(접두, 강조)- + 돌(돌다, 回: 동사)- + -ᄋᆞ(사접)-]- + -아(연어)

19) 사교ᄃᆡ: 사기(새기다, 풀이하다, 刻)- + -오ᄃᆡ(-되: 연어, 설명 계속)

20) 空: 공. 공관(空觀)이다. 천태종(天台宗)에서 삼관(三觀)의 하나이다. 곧 만유(萬有)는 모두 인연(因緣)에 따라 생긴 것으로 그 실체(實體)가 없고 자성이 없는 것이라고 보는 것이다.

21) 是相이: 是相(시상) + -이(부조, 비교)

22) 如ᄒᆞ고: 如ᄒᆞ[여하다, 같다: 如(여: 불어) + -ᄒᆞ(형접)-]- + -고(연어, 나열)

23) 假: 가. 가관(假觀)이다. 천태종(天台宗)에서의 삼관의 하나이다. 만유(萬有)의 모든 법은 실재(實在)한 것이 없으나, 그 차별이 분명하게 나타난 것은 대개 서로 다른 것에 의지하여 존재(存在)한다고 본다.

24) 中: 중. 중관(中觀)이다. 천태 삼관(天台三觀)의 하나이다. 공(空) · 가(假) · 중(中)의 중제(中諦)의 이치(理致)를 직관(直觀)하여 중도(中道)의 진리(眞理)를 구명(究明)하는 일이다.

25) 如是타: 如是[← 如是ᄒᆞ다: 如是(여시: 이와 같다) + -ᄒᆞ(형접)-]- + -Ø(현시)- + -다(평종)

[103 앞]

씽ㅅ至징極끅ᄒᆞᆫ마리라如셩如셩ᄒᆞᆫ
理링性셩으로사교미몯ᄒᆞ리니ᄒᆞ믈
며十씹如셩三삼觀관은大땡乘씽ㅅ
두려ᄫᅵ노균法법이라一힗乘씽實씷
相샹애길흔ᄒᆞᆫ가지오이ᄅᆞᆫ다ᄅᆞ
니通통達딿ᄒᆞᆫ사ᄅᆞ미ᄉᆞᆯ펴보라】그ᄢᅴ
大땡衆즁中듕에聲셩聞문漏릏다ᄋᆞᆫ
阿항羅랑漢한阿항若샹憍굫陳띤如
셩等등千쳔二싱百빅사ᄅᆞᆷ과聲셩聞
문辟벽支징佛뿛ᄆᆞᅀᆞᆷ發벓ᄒᆞᆫ比삥丘

至極(지극)한 말이다. 如如(여여)한 理性(이성)으로 풀이하는 것을 못 하겠으니, 하물며 十如(십여) 三觀(삼관)은 大乘(대승)이 원만히 녹인 法(법)이다. 一乘(일승)이 實相(실상)에 (가는) 길은 한 가지요 일은 다르니, 通達(통달)한 사람이 살펴보라.】 그때에 大衆(대중) 中(중)에 聲聞漏(성문루)가 다한 阿羅漢(아라한)인 阿若憍陳如(아약교진여) 等(등) 一千二百(일천이백) 사람과 聲聞(성문)과 辟支佛(벽지불)의 마음을 發(발)한 比丘(비구)·

至징極끅ᄒᆞᆫ 마리라 如ᅀᅧᆼ如ᅀᅧᆼ[26)]ᄒᆞᆫ 理링性셩ᄋᆞ로 사교미 몯 ᄒᆞ리니 ᄒᆞ믈며[27)] 十씹如ᅀᅧᆼ三삼觀관ᄋᆞᆫ 大땡乘씽ㅅ[28)] 두려비[29)] 노균[30)] 法법이라 一ᅙᅵᇙ乘씽 實씨ᇙ相샹애 길ᄒᆞᆫ[31)] ᄒᆞᆫ 가지오 이ᄅᆞᆫ[32)] 다ᄅᆞ니 通통達ᄄᆞᇙᄒᆞᆫ 사ᄅᆞ미 ᄉᆞᆯ펴보라】 그 ᄢᅴ[33)] 大땡衆즁 中듕에 聲셩聞문漏루ᇹ[34)] 다ᄋᆞᆫ[35)] 阿항羅랑漢한 阿항若ᅀᅣᆼ憍굠陳띤如ᅀᅧᆼ[36)] 等등 千쳔二ᅀᅵᆼ百ᄇᆡᆨ 사ᄅᆞᆷ과 聲셩聞문[37)] 辟벽支징佛뿌ᇙ[38)] ᄆᆞᅀᆞᆷ 發버ᇙᄒᆞᆫ 比삥丘쿠ᇹ

26) 如如: 여여. 분별이 끊어져 마음 작용이 일어나지 않는 상태이다. 곧 분별이 끊어져, 있는 그대로 대상이 파악되는 마음 상태이다.

27) ᄒᆞ믈며: 하물며, 況(부사)

28) 大乘ㅅ: 大乘(대승) + -ㅅ(관조, 의미상 주격)

29) 두려비: [둥그렇게, 원만히, 圓(부사): 두렿(← 두렵다, ㅂ불: 둥글다, 圓, 형사)- + -이(부접)]

30) 노균: 노기[녹이다, 融: 녹(녹다: 자동)- + -이(사접)-]- + -Ø(과시)- + -우(대상)- + -ㄴ(관전)

31) 길ᄒᆞᆫ: 길ㅎ(길, 道, 路) + -ᄋᆞᆫ(보조사, 주제)

32) 이ᄅᆞᆫ: 일(일, 事) + -ᄋᆞᆫ(보조사, 주제)

33) ᄢᅴ: ᄣ(← ᄣᅳ: 때, 時) + -의(-에: 부조, 위치)

34) 聲聞漏: 성문루. 성문(聲聞)이 겪는 번뇌이다.

35) 다ᄋᆞᆫ: 다ᄋᆞ(다하다, 盡)- + -Ø(과시)- + -ㄴ(관전)

36) 阿若憍陳如: 아야교진여(ājñāta-kauṇḍinya). 오비구(五比丘)의 한 명이다. 아야(阿若)는 이름이고, 교진여(憍陳如)는 성(姓)이다. 우루벨라(uruvelā)에서 싯다르타 태자와 함께 고행했으나 그가 네란자라(nerañjarā) 강에서 목욕하고 또 우유죽을 얻어 마시는 것을 보고 싯타르타 태자가 타락했다고 하여, 그곳을 떠나 녹야원(鹿野苑)에서 고행하고 있었다. 그때에 깨달음을 성취한 석가모니가 그곳을 찾아가 설한 사제(四諦)의 가르침을 듣고 최초의 제자가 되었다.

37) 聲聞: 성문. 설법을 듣고 사제(四諦)의 이치를 깨달아 아라한(阿羅漢)이 되고자 하는 불제자이다.

38) 辟支佛: 벽지불. 부처의 가르침에 기대지 않고 스스로 도를 깨달은 성자(聖者)이다.(= 연각, 緣覺)

쿻比삥丘쿻尼닝優훟婆빵塞싁優훟
婆빵夷잉各각各각너교ᄃᆡ오ᄂᆞᆳ世
솅尊존이엇던젼ᄎᆞ로方방便뼌을브
ᄌᆞ러니일ᄏᆞ라讚잔歎탄ᄒᆞ샤니ᄅᆞ샤
ᄃᆡ부텨得득ᄒᆞᆫ法법이甚씸히기퍼아
로미어려ᄫᅮ며니ᄅᆞ논ᄆᆞᆯᄠᅳ디아로미
어려ᄫᅥ一힗切촁聲셩聞문辟벽支징

比丘尼(비구니)·優婆塞(우바새)·優婆夷(우바이)가 各各(각각) 여기되, "世尊(세존)이 어떤 까닭으로 方便(방편)을 부지런히 일컬어 讚歎(찬탄)하시어 이르시되, '부처가 得(득)한 法(법)이 甚(심)히 깊어 아는 것이 어려우며, 一切(일체)의 聲聞(성문)과 辟支佛(벽지불)이

[103 뒤]

比삥丘쿨尼닝 優훙婆빵塞싱 優훙婆빵夷잉 各각各각 너교ᄃᆡ[39] 오ᄂᆞᆳ날 世솅尊존이 엇던[40] 젼ᄎᆞ로[41] 方방便뼌[42]을 브즈러니[43] 일ᄏᆞ라[44] 讚잔歎탄ᄒᆞ샤[45] 니ᄅᆞ샤ᄃᆡ 부텨 得득혼 法법이 甚씸히[46] 기퍼 아로미 어려ᄫᅮ며 一ᅙᅵᇙ切쳉 聲셩聞문 辟벽支징佛뿛의

39) 너교ᄃᆡ: 너기(여기다, 念)- + -오ᄃᆡ(-되: 연어, 설명 계속)

40) 엇던: [어떤, 何(관사, 미지칭): 엇더(어떠: 불어) + -Ø(← -ᄒᆞ-: 형접)- + -ㄴ(관전▷관접)]

41) 젼ᄎᆞ로: 젼ᄎᆞ(까닭, 故) + -로(부조, 방편)

42) 方便: 방편(upāya-kausalya). 기본적으로 훌륭한 교화 방법, 곧, 선교방편(善巧方便))이다. 중생을 진실한 가르침으로 이끌기 위해서 대신 설정한 가르침이라는 의미이다.

43) 브즈러니: [부지런히, 꾸준하게, 慇懃(부사): 브즈런(부지런, 慇懃: 명사) + -Ø(← -ᄒᆞ-: 형접)- + -이(부접)] ※ '브즈러니'는 『묘법연화경』의 한문 원문에는 '慇懃(은근)'으로 기술되어 있다. '慇懃(은근)'은 야단스럽지 않고 꾸준한 것이다.

44) 일ᄏᆞ라: 일ᄏᆞᆯ(← 일ᄏᆞᆮ다, ㄷ불: 일컫다, 칭찬하여 이르다, 稱)- + -아(연어)

45) 讚歎ᄒᆞ샤: 讚歎ᄒᆞ[찬탄하다: 讚歎(찬탄: 명사) + -ᄒᆞ(동접)-]- + -샤(← -시-: 주높)- + -Ø(← -아: 연어) ※ '讚歎(찬탄)'은 칭찬하며 감탄하는 것이다.

46) 甚히[심히, 甚(부사): 甚(심: 불어) + -ㅎ(← -ᄒᆞ-: 형접)- + -이(부접)]

[104 앞]

佛뿛의 能능히 미츠디 몯ᄒᆞᇙ 배라 ᄒᆞ거시ᄂᆞᆯ 부텨 니르시논 解갱脫퇋ᄋᆞᆯ 우리도 得득ᄒᆞ야 涅녫槃빤애 다ᄃᆞ로니 오ᄂᆞᆳ날 이 ᄠᅳ들 몰아ᅀᆞᄫᆞ리로다 부텨 解갱脫퇋ᄋᆞᆯ 讚잔歎탄ᄒᆞ실ᄊᆡ 二싱乘씽 解갱脫퇋로다가 부텻 解갱脫퇋ᄋᆡ 가ᄌᆞᆯ벼 제 ᄒᆞ마 得득ᄒᆞ라 ᄒᆞ니 二싱乘씽은 다ᄆᆞᆫ 虛헝妄망ᄋᆞᆯ 여희여 解갱脫퇋이라 ᄒᆞᆯ ᄲᅮᆫ뎡 實씷엔 一힗切촁 解갱脫퇋ᄋᆞᆯ 몯 得득ᄒᆞᆫ ᄃᆞᆯ 모ᄅᆞ니라 그 ᄢᅴ 舍샹

(부처의 법에) 能(능)히 미치지 못하는 바이다.'라고 하셨느냐? 부처가 이르시는 解脫(해탈)을 우리도 得(득)하여 涅槃(열반)에 다다르니, 오늘날 이 뜻을 못 알겠구나." 【부처가 解脫(해탈)을 讚歎(찬탄)하시므로, 二乘(이승)의 解脫(해탈)로다가 부처의 解脫(해탈)에 비교하여 '자기가 이미 (해탈을) 得(득)하였다.'고 하니, 二乘(이승)은 다만 虛妄(허망)을 떨쳐서 解脫(해탈)이라 할 뿐이지, 實(실)에는 一切(일체)의 解脫(해탈)을 못 得(득)한 것을 몰랐니라.】 그 때에 舍利弗(사리불)이

能ᄂᆖᆼ히 믿디 몯ᄒᆞᇙ 배라 ᄒᆞ거시뇨 부텨 니르시논 解갱脫ᄐᆞᇙ[47]을 우리도 得득ᄒᆞ야 涅ᄂᆧᇙ槃빤[48]애 다ᄃᆞ로니[49] 오ᄂᆞᆳ날 이 ᄠᅳ들 몯 아ᅀᆞᄫᆞ리로다[50]【부톄 解갱脫ᄐᆞᇙ올 讚잔歎탄ᄒᆞ실ᄊᆡ 二ᅀᅵᆼ乘씽[51] 解갱脫ᄐᆞᇙ로다가[52] 부텻 解갱脫ᄐᆞᇙ이 가ᄌᆞᆯ벼[53] 제 ᄒᆞ마 得득호라[54] ᄒᆞ니 二ᅀᅵᆼ乘씽은 다ᄆᆞᆫ 虛헝妄망[55]올 여희여 解갱脫ᄐᆞᇙ이라 ᄒᆞᆯᄲᆞᆫ뎡[56] 實씨ᇙ엔[57] 一ᅙᅵᇙ切쳉 解갱脫ᄐᆞᇙ올 몯 得득ᄒᆞᆫ ᄃᆞᆯ[58] 모ᄅᆞ니라】 그 ᄢᅴ 舍샹利링弗ᄇᆖᇙ이

47) 解脫: 해탈. 번뇌의 얽매임에서 풀리고 미혹의 괴로움에서 벗어나는 것이다. 본디 열반과 같이 불교의 궁극적인 실천 목적이다.

48) 涅槃: 열반. 모든 번뇌의 얽매임에서 벗어나고, 진리를 깨달아 불생불멸의 법을 체득한 경지이다. 불교의 궁극적인 실천 목적이다.

49) 다ᄃᆞ로니: 다ᄃᆞᆯ[← 다ᄃᆞᆮ다(다다르다, 到): 다(다, 悉: 부사) + ᄃᆞᆮ(닫다, 달리다, 走)-]- + -오(화자)- + -니(연어, 설명 계속)

50) 아ᅀᆞᄫᆞ리로다: 아(← 알다: 알다, 知)- + -ᅀᆞᇦ(← -ᅀᆞᆸ-: 객높)- + -ᄋᆞ리(미시)- + -로(← -도-: 감동)- + -다(평종)

51) 二乘: 이승. 대승과 소승, 성문승과 독각승 또는 성문승과 보살승을 통틀어 이르는 말이다.

52) 解脫로다가: 解脫(해탈) + -로(부조, 방편) + -다가(보조사: 강조) ※ '-다가'는 어떤 일이나 동작을 강조하여 표현하는 보조사이다.

53) 가ᄌᆞᆯ벼: 가ᄌᆞᆯ비(비교하다, 比)- + -어(연어)

54) 得호라: 得ᄒᆞ[득하다, 얻다) 得(득: 불어) + -ᄒᆞ(동접)-]- + -Ø(과시)- + -오(화자)- + -라(← -다: 평종)

55) 虛妄: 허망. 거짓되고 망령된 것이다.

56) ᄒᆞᆯᄲᆞᆫ뎡: ᄒᆞ(하다, 曰)- + -ㄹᄲᆞᆫ뎡(-뿐이지: 연어, 다른 것은 무관함)

57) 實엔: 實(실, 사실) + -에(부조, 위치) + -ㄴ(← -는: 보조사, 주제)

58) ᄃᆞᆯ: ᄃᆞ(것: 의명) + -ㄹ(← -ᄅᆞᆯ: 목조)

利링弗붏이四ᄉᆼ衆즁의疑ᅌᅵᆼ心심도
알며자내도몰라부텻긔ᄉᆞᆯᄫᆞᄃᆡ世솅
尊존하엇던因ᅙᅵᆫ緣원으로諸졍佛뿛
ㅅ第뗑一ᅙᅵᇙ方방便뼌과甚씸深심微밍
妙묳ᄒᆞᆫ아로미어려ᄫᅳᆫ法법을브즈러
니일ᄏᆞ라讚잔歎탄ᄒᆞ시ᄂᆞ니ᅌᅵᆺ고내
아래브터부텻긔이런마ᄅᆞᆯ몯듣ᄌᆞᄫᅡ

四衆(사중)의 疑心(의심)도 알며 자기도 (그 뜻을) 몰라 부처께 사뢰되, "世尊(세존)이시여, 어떤 因緣(인연)으로 '諸佛(제불)의 第一(제일)가는 方便(방편)'과 '甚深(심심)하고 微妙(미묘)하여 알기가 어려운 法(법)'을 부지런히 讚歎(찬탄)하십니까? 내가 예전부터 부처께 이런 말을 못 들었으며

四숭衆즁의 疑읭心심도 알며 자내도[59] 몰라 부텻긔[60] ᄉᆞᆯᄫᆞᄃᆡ 世솅尊존하 엇던 因인緣원으로 諸졍佛뿛ㅅ 第뗑一힗 方방便뼌과 甚씸深심[61] 微밍妙묠ᄒᆞᆫ 아디[62] 어려ᄫᆞᆫ 法법을[63] 브즈러니[64] 讚잔嘆탄ᄒᆞ시ᄂᆞ니잇고[65] 내 아래브터[66] 부텻긔 이런 마ᄅᆞᆯ 몯 듣ᄌᆞᄫᆞ며[67]

---

59) 자내도: 자내(자기, 己: 인대, 재귀칭) + -도(보조사, 첨가)

60) 부텻긔: 부텨(부처, 佛) + -ᄭᅴ(-께: 부조, 상대, 높임)

61) 甚深: 심심. 대단히 깊은 것이다.

62) 아디: 아(← 알다: 알다, 知)- + -디(-기: 명전) + -∅(← -이: 주조) ※ 이때의 ‘-디’은 명사절을 형성하는 전성 어미인데, 서술어가 ‘어렵다, 슳다, 둏다’ 등일 때에 실현된다.

63) 諸佛ㅅ 第一 方便 甚히 기픈 微妙ᄒᆞᆫ 아디 어려ᄫᆞᆫ 法을: ‘諸佛(제불)의 第一(제일)가는 方便(방편)과 甚(심)히 깊고 微妙(미묘)하여 알기가 어려운 法(법)을’로 의역하여 옮긴다.

64) 브즈러니: [부지런히, 勤(부사): 브즈런(부지런, 勤: 명사) + -∅(← -ᄒᆞ-: 형접)- + -이(부접)]

65) 讚嘆ᄒᆞ시ᄂᆞ니잇고: 讚嘆ᄒᆞ[찬탄하다: 讚嘆(찬탄: 명사) + -ᄒᆞ(동접)-]- + -시(주높)- + -ᄂᆞ(현시)- + -잇(← -이-: 상높, 아높)- + -니…고(-까: 의종, 설명) ※ 이 책에서는 상대 높임의 등분을 약어로 다음과 같이 표시한다. 곧, ‘아주 높임’은 ‘아높’으로 ‘예사 높임’은 ‘예높’으로 약어로 표시하고, ‘예사 낮춤’은 ‘예높’으로 ‘아주 낮춤’은 ‘아낮’으로 약어로 표시한다.

66) 아래브터: 아래(예전, 昔) + -브터(-부터: 보조사, 비롯함)

67) 듣ᄌᆞᄫᆞ며: 듣(듣다, 聞)- + -ᄌᆞᇦ(← -ᄌᆞᆸ-: 객높)- + -ᄋᆞ며(-으며: 연어, 나열)

며 오ᄂᆞᆳ나래 四ᄉᆞᆼ衆즁ᄃᆞᆯ히 다 疑ᅌᅵᆼ心심
ᄒᆞᄂᆞ니 願원ᄒᆞᆫᄃᆞᆫ 世솅尊존이 이 이ᄅᆞᆯ
펴 니르쇼셔 世솅尊존이 엇던 젼ᄎᆞ로
甚씸深심 微밍妙묳ᄒᆞᆫ 아로미 어려ᄫᅳᆫ
法법을 브즈러니 일ᄏᆞ라 讚잔歎탄ᄒᆞ
시ᄂᆞ니잇고 그ᄢᅴ 부톄 舍샹利링弗붏
ᄃᆞ려 니ᄅᆞ샤ᄃᆡ 말라 말라 구틔여 다시

오늘날에 四衆(사중)들이 다 疑心(의심)하나니, 願(원)하건대 世尊(세존)이 이 일을 펴서 이르소서.” 世尊(세존)이 어떤 까닭으로 甚深(심심) 微妙(미묘)한 알기 어려운 法(법)을 부지런히 일컬어 讚歎(찬탄)하십니까? 그때에 부처가 舍利弗(사리불)더러 이르시되, “말라, 말라. 구태여 다시

오ᄂᆞᆳ날 四ᄉᆞᆼ衆즁ᄃᆞᆯ히[68] 다 疑읭心심ᄒᆞᄂᆞ니 願원ᄒᆞᆫᄃᆞᆫ[69] 世솅尊존이 이 이ᄅᆞᆯ 펴 니르쇼셔 世솅尊존이 엇던 젼ᄎᆞ로[70] 甚씸深심[71] 微밍妙묳ᄒᆞᆫ 아로미[72] 어려ᄫᅳᆫ 法법을 브즈러니 일ᄏᆞ라[73] 讚잔歎탄ᄒᆞ시ᄂᆞ니잇고[74] 그 ᄢᅴ 부텨 舍샹利링弗붏ᄃᆞ려 니ᄅᆞ샤ᄃᆡ 말라[75] 말라 구틔여[76] 다시

---

68) 四衆ᄃᆞᆯ히: 四衆ᄃᆞᆯㅎ[사중들: 四衆(사중) + -ᄃᆞᆯㅎ(-들: 복접)] + -이(주조) ※ '四衆(사중)'은 부처의 네 종류 제자이다. 비구(比丘)·비구니(比丘尼)·우바새(優婆塞)·우바니(優婆尼)이다.

69) 願ᄒᆞᆫᄃᆞᆫ: 願ᄒᆞ[원하다: 願(원: 명사) -ᄒᆞ(동접)-]- + -ㄴᄃᆞᆫ(-건대: 연어, 주제 제시) ※ '-ㄴᄃᆞᆫ'은 [-ㄴ(관전) + ᄃᆞ(것, 者: 의명) + -ㄴ(← -ᄂᆞᆫ: 보조사, 주제)]의 방식으로 형성된 연결 어미이다. 뒤 절의 내용이 화자가 보거나 듣거나 바라거나 생각하는 따위의 내용임을 미리 밝히는 연결 어미이다.

70) 젼ᄎᆞ로: 젼ᄎᆞ(까닭, 由) + -로(부조, 방편, 이유)

71) 甚深: 심심. 아주 깊은 것이다.

72) 아로미: 알(알다, 知)- + -옴(명전) + -이(주조)

73) 일ᄏᆞ라: 일ᄏᆞᆯ(← 일ᄏᆞᆮ다, ㄷ불: 일컫다, 曰)- + -아(연어)

74) 讚歎ᄒᆞ시ᄂᆞ니잇고: 讚歎ᄒᆞ[찬탄하다: 讚歎(찬탄: 명사) + -ᄒᆞ(동접)-]- + -시(주높)- + -ᄂᆞ(현시)- + -잇(← -이-: 상높, 아높)- + -니…고(-까: 의종, 설명)

75) 말라: 말(말다, 止)- + -라(명종, 아낮)

76) 구틔여: [구태어, 억지로, 必(부사): 구틔(강요하다, 强)- + -여(← -어: 연어 ▷ 부접)]

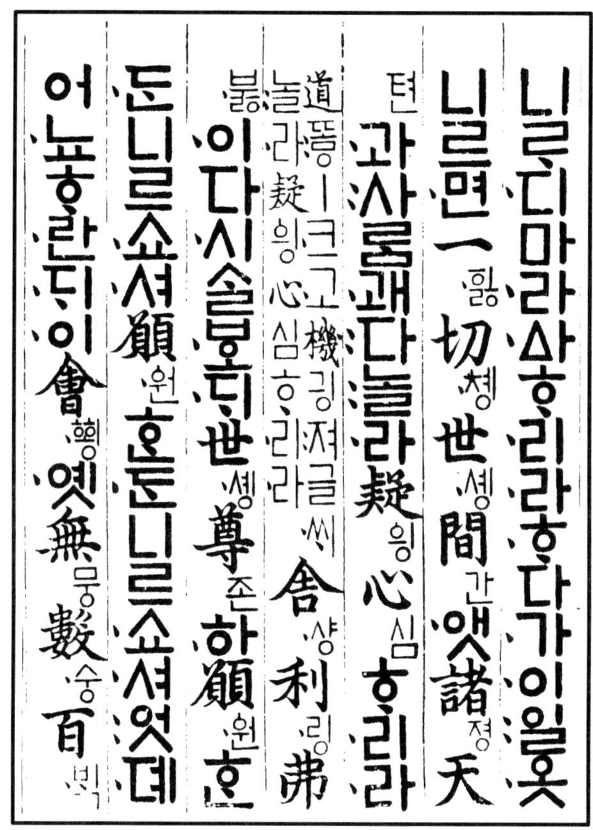
니ᄅᆞ디 마라ᅀᅡ ᄒᆞ리라 ᄒᆞ다가 이 일옷
니ᄅᆞ면 一힗切쳉 世솅間간앳 諸졍天
텬과 사ᄅᆞᆷ괘 다 놀라 疑ᅌᅵᆼ心심 ᄒᆞ리라
道뜰ㅣ 크고 機긩 져글ᄊᆡ 舍샹利링弗
놀라 疑ᅌᅵᆼ心심 ᄒᆞ리라
붏이 다시 ᄉᆞᆯᄫᆞᄃᆡ 世솅尊존하 願원ᄒᆞᆫ
ᄃᆞᆫ 니ᄅᆞ쇼셔 願원ᄒᆞᆫᄃᆞᆫ 니ᄅᆞ쇼셔 엇뎨
어뇨 ᄒᆞᆫᄃᆡ 이 會ᅘᅬᆼ옛 無뭉數숭 百ᄇᆡᆨ

이르지 말아야 하겠으니, 만일 이 일이야말로 (내가) 이르면 一切(일체)의 世間(세간)에 있는 諸天(제천)과 사람이 다 놀라 疑心(의심)하리라." 【道(도)가 크고 機(기)가 작으므로 놀라 疑心(의심)하리라.】 舍利弗(사리불)이 다시 사뢰되, "世尊(세존)이시여, 願(원)컨대 이르소서." "(그것이) 어째서이냐?"라고 한다면, 이 會(회, 會中)에 있는 無數(무수)한 百千萬億(백천만억)

니ᄅᆞ디 마라ᅀᅡ[77] ᄒᆞ리니 ᄒᆞ다가 이 일옷[78] 니르면 一ᅙᅵᇙ切촁 世솅間간앳 諸졍天텬과 사ᄅᆞᆷ괘 다 놀라 疑읭心심ᄒᆞ리라[79]【道또ᇢㅣ 크고 機긩[80] 져글씨 놀라 疑읭心심ᄒᆞ리라】 舍샹利링弗부ᇙ이 다시 ᄉᆞᆯᄫᆞᄃᆡ 世솅尊존하 願원ᄒᆞᆫᄃᆞᆫ[81] 니르쇼셔 願원ᄒᆞᆫᄃᆞᆫ 니르쇼셔 엇뎨어뇨[82] ᄒᆞ란ᄃᆡ[83] 이 會ᅘᅫᆼ옛[84] 無뭉數숭 百ᄇᆡᆨ千쳔萬먼億ᅙᅳᆨ

---

77) 마라ᅀᅡ: 말(말다, 止)- + -아ᅀᅡ(-아야: 연어, 필연적 조건)

78) 일옷: 일(일, 事) + -옷(← -곳: -이야말로, 보조사, 한정 강조)

79) 疑心ᄒᆞ리라: 疑心ᄒᆞ[의심하다: 疑心(의심: 명사) + -ᄒᆞ(동접)-]- + -리(미시)- + -라(명종, 아낮)

80) 機: 기. 부처의 가르침에 접하여 발동되는 수행자의 정신적 능력이다.

81) 願ᄒᆞᆫᄃᆞᆫ: 願ᄒᆞ[원하다: 願(원: 명사) + -ᄒᆞ(동접)-]- + -ㄴᄃᆞᆫ(-건대: 연어, 희망) ※ '-ㄴᄃᆞᆫ'은 [-ㄴ(관전) # ᄃᆞ(것, 者: 의명) + -ㄴ(← -ᄂᆞᆫ: 보조사, 주제)]의 방식으로 형성된 연결 어미이다. 그리고 '-ㄴᄃᆞᆫ'은 뒤 절의 내용이 화자가 보거나 듣거나 바라거나 생각하는 따위의 내용임을 미리 밝히는 뜻을 나타낸다.

82) 엇뎨어뇨: 엇뎨(어째서, 何: 부사) + -∅(← -이-: 서조)- + -∅(현시)- + -어(← -거-: 확인)- + -뇨(-냐: 의종, 설명)

83) ᄒᆞ란ᄃᆡ: ᄒᆞ(하다, 曰)- + -란ᄃᆡ(-면: 연어, 조건)

84) 會옛: 會(회, 모임) + -예(← -에: 부조, 위치) + -ㅅ(-의: 관조) ※ '會옛'은 '會(모임, 會中)에 있는'으로 의역하여 옮긴다.

[106 앞]

千쳔萬먼億흑阿항僧승祇낑衆즁生
싱이 아래 諸졍佛뿛을 보ᅀᆞᄫᆞ 諸졍根
근이 놀캅고 智딩慧휑 ᄇᆞᆯ가 부텻 마ᄅᆞᆯ
듣ᄌᆞᄫᆞ면 能능히 恭공敬경ᄒᆞ야 信신
ᄒᆞᅀᆞᄫᆞ리이다 부텨는 小숗根근을 브터 말이실ᄊᆡ 다ᄆᆞᆫ 니르
샤ᄃᆡ 天텬人신이 놀라 疑읭心심ᄒᆞ리라 ᄒᆞ시고 舍샹利링弗붏은 大땡根근
ᄋᆞᆯ 브터 請청ᄒᆞᅀᆞᄫᆞᆯᄊᆡ 너비 닐오ᄃᆡ 諸졍根근이 ᄇᆞᆰ다 ᄒᆞ니라 부텨 ᄯᅩ

阿僧祇(아승기)의 衆生(중생)이 예전에 諸佛(제불)을 보아서 諸根(제근)이 날카롭고 智慧(지혜)가 밝아서, 부처의 말을 들으면 능히 恭敬(공경)하여 信(신)하겠습니다."【부처는 小根(소근)을 말미암아 말리시므로, 다만 이르시되 "天人(천인)이 놀라 疑心(의심)하리라."고 하시고, 舍利弗(사리불)은 大根(대근)을 말미암아 請(청)하므로 널리 이르되 "諸根(제근)이 밝다."고 하였니라.】 부처가 또

阿항僧승祇낑[85] 衆즁生싱이 아래[86] 諸졍佛뿛을 보ᅀᆞᄫᅡ 諸졍根근[87]이 ᄂᆞᆯ캅고[88] 智딩慧쮕 ᄇᆞᆯ가[89] 부텻 마ᄅᆞᆯ 듣ᄌᆞᄫᆞ면 能능히 恭공敬경ᄒᆞ야 信신ᄒᆞᅀᆞᄫᆞ리이다[90]【부텨는 小숗根근[91]을 브터[92] 말이실ᄊᆡ[93] 다ᄆᆞᆫ 니ᄅᆞ샤ᄃᆡ 天텬人신[94]이 놀라 疑읭心심ᄒᆞ리라 ᄒᆞ시고 舍샹利링弗붏은 大땡根근[95]을 브터 請청ᄒᆞᅀᆞᄫᆞᆯᄊᆡ[96] 너비[97] 닐오ᄃᆡ 諸졍根근[98]이 ᄇᆞᆰ다 ᄒᆞ니라】 부톄 ᄯᅩ

85) 阿僧祇: 아승기. 항하사(恒河沙)의 만 배가 되는 수(數)나, 그런 수의. 즉 10의 56승을 이른다.
86) 아래: 아래(예전, 昔) + -애(-에: 부조, 위치)
87) 諸根: 제근. '오근(五根)'을 달리 이르는 말이다. ※ '오근(五根)'은 번뇌를 누르고 깨달음의 길로 이끄는 다섯 가지 근원이다. '신근(信根)·정진근(精進根)·염근(念根)·정근(定根)·혜근(慧根)'을 이른다.
88) ᄂᆞᆯ캅고: ᄂᆞᆯ캏[날카롭다, 猛利: ᄂᆞᆯㅎ(날, 刃: 명사) + -갑(형접)-]- + -고(연어, 나열)
89) ᄇᆞᆯ가: ᄇᆞᆰ(밝다, 明了)- + -아(연어)
90) 信ᄒᆞᅀᆞᄫᆞ리이다: 信ᄒᆞ[신하다: 信(신: 불어) + -ᄒᆞ(동접)-]- + -ᅀᆞᇦ(← -ᅀᆞᆸ-: 객높)- + -오(화자)- + -리(미시)- + -이(상높, 아높)- + -다(평종)
91) 小根: 소근. 소승교의 교법을 받아들이기에 합당한 근기(根機)이다. ※ '근기(根機)'는 교법(敎法)을 받을 수 있는 중생의 능력이다.
92) 브터: 븥(붙다, 의지하다, 附)- + -어(연어)
93) 말이실ᄊᆡ: 말이[말리다, 止: 말(말다, 勿)- + -이(사접)-]- + -시(주높)- + -ㄹᄊᆡ(-므로: 연어, 이유)
94) 天人: 천인. 천신(天神)과 사람(人)이다.
95) 大根: 대근. 대승교의 교법을 받아들이기에 합당한 근기(根機)이다.
96) 請ᄒᆞᅀᆞᄫᆞᆯᄊᆡ: 請ᄒᆞ[청하다: 請(청: 명사) + -ᄒᆞ(동접)-]- + -ᅀᆞᇦ(← -ᅀᆞᆸ-: 객높)- + -ᄋᆞᆯᄊᆡ(-므로: 연어, 이유)
97) 너비: [널리(부사): 넙(넓다, 廣: 형사)- + -이(부접)]
98) 諸根: 제근. '안근(眼根), 이근(耳根), 비근(鼻根), 설근(舌根), 신근(身根)'의 감각 기관이다.

[106 뒤]

舍샹利링弗붏을 말이샤ᄃᆡ ᄒᆞ다가 이ᄅᆞᆯ 니르면 一ᅙᅵᇙ切촁世솅間간앳 天텬人신 阿항脩슣羅랑ㅣ 다 놀라 疑읭心심ᄒᆞ며 增증上썅慢만 比삥丘쿻ㅣ 쟝ᄎᆞ 큰 구데 ᄢᅥ러디리라 큰 구데 ᄢᅥ러디다 ᄒᆞ문 法법헐오 惡학道똫애 ᄢᅥ러디다 ᄒᆞ듯ᄒᆞᆫ 마리라 舍샹利링弗붏이 다시 ᄉᆞᆲᄫᆞᄃᆡ 世솅尊존하 願원ᄒᆞᆫᄃᆞᆫ

舍利弗(사리불)을 말리시되 “만일 이 일을 이르면, 一切(일체)의 世間(세간)에 있는 天人(천인)과 阿脩羅(아수라)가 다 놀라 疑心(의심)하며, 增上慢(증상만)하는 比丘(비구)가 큰 구덩이에 떨어지리라.” 【‘큰 구덩이에 떨어졌다.’고 하는 것은 ‘惡道(악도)에 떨어졌다.’고 하듯 한 말이다.】 舍利弗(사리불)이 다시 사뢰되, “世尊(세존)이시여, 願(원)컨대

[106 뒤]

舍샹利링弗붏을 말이샤딕[99] 흐다가[1] 이 이를 니르면 一읧切쳉 世솅間간앳[2] 天텬人신 阿항脩슐羅랑[3] ㅣ 다 놀라아 疑읭心심흐며 增증上썅慢만[4] 比삥丘쿻ㅣ 큰 구데[5] 뻐러디리라[6]【큰 구데 뻐러디다 호문 法법 혈오 惡악道똫[7]애 뻐디다[8] 흐둣[9] 흔 마리라】 舍샹利링弗붏이 다시 술보딕 世솅尊존하 願원흔든[10]

99) 말이샤딕: 말이[말리다, 止: 말(말다, 勿)- + -이(사접)-]- + -샤(← -시-: 주높)- + -딕(← -오딕: -되, 연어, 설명 계속)

1) 흐다가: 만약, 若(부사)

2) 世間앳: 世間(세간) + -애(-에: 부조, 위치) + -ㅅ(-의: 관전) ※ '世間앳'은 '세간에 있는'으로 의역하여 옮긴다.

3) 阿脩羅: 아수라. 팔부중(八部衆)의 하나이다. 싸우기를 좋아하는 귀신으로, 항상 제석천(帝釋天)과 싸움을 벌인다.

4) 增上慢: 최상의 교법(敎法)과 깨달음을 얻지도 못하고서 깨달음을 얻었다고 생각하여, 제가 잘난 체하는 거만(倨慢)이다. 곧, 자신(自身)을 가치(價値) 이상(以上)으로 생각하는 것이다.

5) 구데: 굳(구덩이, 坑) + -에(부조, 위치)

6) 뻐러디리라: 뻐러디[떨어지다, 墜落: 뻘(떨다, 離)- + -어(연어) + 디(지다, 落)-]- + -리(미시)- + -라(← -다: 평종)

7) 惡道: 악도. 불교의 윤회사상에서 말하는 악한 일을 많이 저지른 자가 장차 태어나게 될 좋지 않은 곳이다.

8) 뻐디다: 뻐디[떨어지다, 落: ㅄ(← 쁘다: 뜨다, 隔)- + -어(연어) + 디(지다, 落)-]- + -Ø(과시)- + -다(평종)

9) 흐둣: 흐(하다, 謂)- + -둣(-듯: 연어, 흡사)

10) 願흔든: 願흐[원하다: 願(원: 명사) + -흐(동접)-]- + -ㄴ든(-건대: 연어, 희망)

니르쇼셔 願(원)ᄒᆞᄂᆞᆫ 니르쇼셔 이 모ᄃᆞᆫ
中(듕)에 우리ᄒᆞᆫ가짓 百(ᄇᆡᆨ)千(쳔)萬(먼)億(ᅙᅳᆨ)
이 世(솅)世(솅)예 ᄒᆞ마 부텨를 졷ᄌᆞᄫᅡ
敎(ᅙᅩᇢ)化(황)를 受(쓯)ᄒᆞᅀᆞᄫᅡ 잇ᄂᆞ니 이 곧
ᄒᆞᆫ 사ᄅᆞᆷᄃᆞᆯ히 반ᄃᆞ기 能(ᄂᆞᆼ)히 恭(공)敬(경)
ᄒᆞ야 信(신)ᄒᆞᅀᆞᄫᅡ 긴 바ᄆᆡ 便(뼌)安(ᅙᅡᆫ)ᄒᆞ
야 饒(ᅀᅧᇢ)益(ᅙᅧᆨ)ᄒᆞ미 만ᄒᆞ리이다 ᄢᅴ 世

이르소서. 世願(원)컨대 이르소서. 이 모인 中(중, 會中)에 우리와 한가지인 百千萬億(백천만억)의 사람이 世世(세세)에 이미 부처를 좇아서 敎化(교화)를 受(수)하여 있나니, 이 같은 사람들이 반드시 能(능)히 恭敬(공경)하여 信(신)하여 긴 밤에 便安(편안)하여 饒益(요익)함이 많겠습니다. 그때에 世尊(세존)이

니르쇼셔[11] 願원ᄒᆞᆫᄃᆞᆫ 니르쇼셔 이 모ᄃᆞᆫ[12] 中듕[13]에 우리[14] ᄒᆞᆫ가짓 百ᄇᆡᆨ千쳔萬먼億ᅙᅳᆨ이 世솅世솅예[15] ᄒᆞ마[16] 부텨를 좃ᄌᆞᄫᅡ[17] 教ᄀᆞᇢ化ᅘᅪᆼᄅᆞᆯ 受ᄊᆛᇢᄒᆞᅀᆞᄫᅡ[18] 잇ᄂᆞ니 이 ᄀᆞᆮᄒᆞᆫ 사ᄅᆞᆷᄃᆞᆯ히[19] 반ᄃᆞ기[20] 能ᄂᆞᆼ히[21] 恭공敬경ᄒᆞ야 信신ᄒᆞᅀᆞᄫᅡ 긴 바ᄆᆡ 便뼌安안ᄒᆞ야 饒ᅀᅶᇢ益ᅙᅧᆨ호미[22] 만ᄒᆞ리이다[23] 그 ᄢᅴ 世솅尊존이

11) 니르쇼셔: 니르(이르다, 說)- + -쇼셔(-소서: 명종, 아높)
12) 모ᄃᆞᆫ: 몯(모이다, 會)- + -Ø(과시)- + -ᄋᆞᆫ(관전)
13) 모ᄃᆞᆫ 中: 『묘법연화경』에 기술된 '會中(회중)'을 직역한 표현이다. '會中(회중)'은 많이 모여 있는 사람들을 뜻한다.
14) 우리: 우리(우리, 我等: 인대, 1인칭) + -Ø(← -이: 부조, 비교) ※ '우리'는 『묘법연화경』에서 '如我等比'로 기술되어 있는데, 여기서는 '우리와 한가지인'으로 의역하여 옮긴다.
15) 世世예: 世世(세세) + -예(← -에: 부조, 위치) ※ '世世(세세)'는 거듭된 여러 대이다.
16) ᄒᆞ마: 하마, 이미, 已(부사)
17) 좃ᄌᆞᄫᅡ: 좃(← 좇다: 좇다, 從)- + -ᄌᆞᇦ(← -ᄌᆞᆸ-: 객높)- + -아(연어)
18) 受ᄒᆞᅀᆞᄫᅡ: 受ᄒᆞ[수하다, 받다: 受(수: 불어) + -ᄒᆞ(동접)-]- + -ᅀᆞᇦ(← -ᅀᆞᆸ-: 객높)- + -아(연어)
19) 사ᄅᆞᆷᄃᆞᆯ히: 사ᄅᆞᆷᄃᆞᆶ[사람들, 人等: 사ᄅᆞᆷ(사람, 人) + -ᄃᆞᆶ(-들: 복접)]- + -이(주조)
20) 반ᄃᆞ기: [반드시, 必(부사): 반ᄃᆞᆨ(불어) + -Ø(← -ᄒᆞ-: 형접)- + -이(부접)]
21) 能히: [능히(부사): 能(능: 불어) + -ㅎ(← -ᄒᆞ-: 동접)- + -이(부접)]
22) 饒益호미: 饒益ㅎ[← 饒益ᄒᆞ다(요익하다): 饒益(요익) + -ᄒᆞ(형접)-]- + -옴(명전) + -이(주조) ※ '饒益(요익)'은 자비로운 마음으로 중생에게 넉넉하게 이익을 주는 것이다.
23) 만ᄒᆞ리이다: 만ᄒᆞ(많다, 重)- + -리(미시)- + -이(상높, 아높)- + -다(평종)

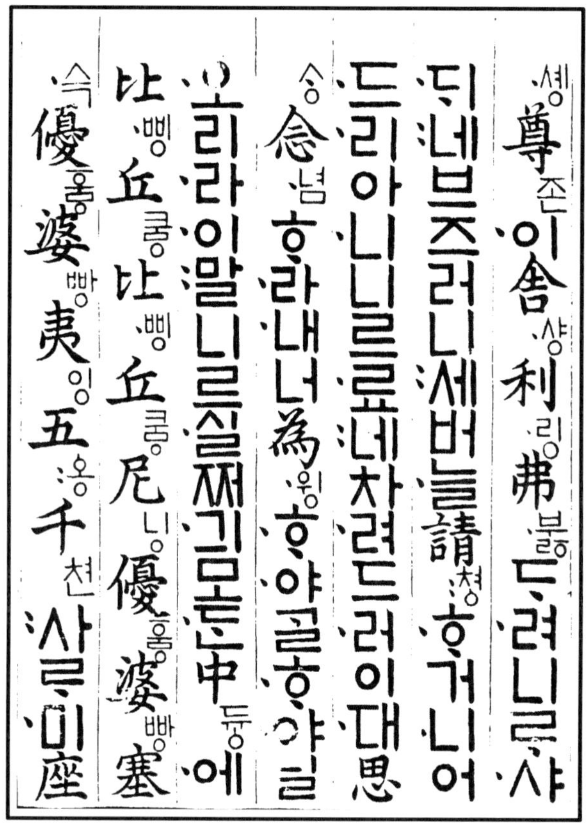

世솅尊존이 舍샹利링弗붏ᄃᆞ려 니ᄅᆞ샤ᄃᆡ 네 브즈러니 세 버늘 請쳥ᄒᆞ거니 어드리 아니 니ᄅᆞ료 네 차려 드러 이대 思ᄉᆞᆼ念념ᄒᆞ라 내 너 爲윙ᄒᆞ야 ᄀᆞᆯᄒᆡ야 닐오리라 이 말 니ᄅᆞ실 쩌긔 모ᄃᆞᆫ 中듕에 比삥丘쿻 比삥丘쿻尼닝 優ᅙᅮᇢ婆ᄬᅡᆼ塞ᄾᆡᆼ 優ᅙᅮᇢ婆ᄬᅡᆼ夷잉 五ᅌᅩᆼ千쳔 사ᄅᆞ미 座

舍利弗(사리불)더러 이르시되 "네가 부지런히 세 번을 請(청)하니 어찌 아니 이르랴? 네가 (정신을) 차려 들어서 잘 思念(사념)하라. 내가 너를 爲(위)하여 가려서 이르리라." 이 말을 이르실 적에 모인 중(中)에 比丘(비구) · 比丘尼(비구니) · 優婆塞(우바새) · 優婆夷(우바이) (등의) 五千(오천) 사람이 座(좌)로부터서

舍샹利링弗붏ᄃᆞ려 니ᄅᆞ샤ᄃᆡ 네 브즈러니[24] 세 버늘 請쳥ᄒᆞ거니[25] 어드리[26] 아니 니ᄅᆞ료[27] 네 차려[28] 드러 이대[29] 思ᄉᆞᆼ念념ᄒᆞ라 내 너 爲윙ᄒᆞ야 내 ᄀᆞᆯᄒᆡ야[30] 닐오리라[31] 이 말 니ᄅᆞ실 쩌긔[32] 모ᄃᆞᆫ 中듕에 比삥丘쿻[33] 比삥丘쿻尼닝[34] 優ᅙᅮᇢ婆빵塞싱[35] 優ᅙᅮᇢ婆빵夷잉[36] 五ᅌᅩᆼ千쳔 사ᄅᆞ미 座쫭로셔[37]

---

24) 브즈러니: [부지런히, 慇懃(부사): 브즈런(부지런, 慇懃: 명사) + -Ø(← -ᄒᆞ-: 형접)- + -이(부접)]
25) 請ᄒᆞ거니: 請ᄒᆞ[청하다: 請(청: 명사) + -ᄒᆞ(동접)-]- + -거(확인)- + -니(연어, 설명 계속)
26) 어드리: 어찌, 豈(부사)
27) 니ᄅᆞ료: 니ᄅᆞ(이르다, 說)- + -료(-랴: 의종, 미시, 설명)
28) 차려: 차리(차리다, 살피다, 諦)- + -어(연어)
29) 이대: [잘, 善(부사): 읻(좋다, 善: 형사)- + -애(부접)]
30) ᄀᆞᆯᄒᆡ야: ᄀᆞᆯᄒᆡ이(← ᄀᆞᆯᄒᆡ다: 가리다, 分別)- + -아(연어)
31) 닐오리라: 닐(← 니ᄅᆞ다: 이르다, 說)- + -오(화자)- + -리(미시)- + -라(← -다: 평종)
32) 쩌긔: 쩍(← 적: 적, 때, 時: 의명) + -의(-에: 부조, 위치)
33) 比丘: 비구. 출가하여 구족계를 받은 남자 승려이다. ※ '구족계(具足戒)'는 비구와 비구니가 지켜야 할 계율이다. 비구에게는 250계, 비구니에게는 348계가 있다.
34) 比丘尼: 비구니. 출가하여 구족계를 받은 여자 승려이다.
35) 優婆塞: 우바새. 속세에 있으면서 불교를 믿는 남자이다.
36) 優婆夷: 우바이. 불교를 믿고 삼귀(三歸)와 오계(五戒)의 계율을 받은 세속의 여자이다.
37) 座로셔: 座(좌, 앉은자리) + -로(부조, 방향) + -셔(-서: 보조사, 위치 강조)

[108 앞]

·쫭로셔니러부텻긔禮롕數·숭ᄒᆞᅀᆞᆸ고
믈러나니엇뎨어뇨ᄒᆞᆫ딘·이무리罪
·쬥根ᄀᆞᆫ이깁고增증上·썅慢·만ᄒᆞ야몯得·득ᄒᆞᆫ
이ᄅᆞᆯ得·득ᄒᆞ라너기며몯證·징ᄒᆞᆫ이ᄅᆞᆯ
證·징ᄒᆞ라너겨이런허므리이실ᄊᆡ잇
디몯ᄒᆞ거늘世·솅尊존이ᄌᆞᆷᄌᆞᆷᄒᆞ샤말
·이디아니ᄒᆞ시니라 부텨니ᄅᆞ디아니ᄒᆞ샤ᄆᆞᆫ이무ᄅᆞᆯ爲

일어나 부처께 禮數(예수)하고 물러나니, "(그것이) 어째서이냐?"고 한다면, 이 무리가 罪根(죄근)이 깊고 增上慢(증상만)하여, 못 得(득)한 일을 得(득)하였다고 여기며, 못 證(증)한 일을 證(증)하였다고 여겨, 이런 허물이 있으므로 (그 자리에) 있지 못하거늘, 世尊(세존)이 잠잠하시어 (그들을) 말리지 아니하셨니라.【 부처가 (오천 명의 사람에게 말을) 이르지 아니하신 것은 이 무리를 爲(위)하시므로,

니러[38] 부텻긔[39] 禮롕數숭ᄒᆞᅀᆞᆸ고[40] 믈러나니[41] 엇뎨어뇨 ᄒᆞ란ᄃᆡ 이 무리[42] 罪쬥根근[43]이 깁고 增증上쌍慢만ᄒᆞ야 몯 得득혼[44] 이ᄅᆞᆯ 得득호라[45] 너기며 몯 證징혼[46] 이ᄅᆞᆯ 證징호라 너겨 이런 허므리[47] 이실ᄊᆡ 잇디[48] 몯ᄒᆞ거늘 世솅尊존이 ᄌᆞᆷᄌᆞᆷᄒᆞ샤[49] 말이디[50] 아니ᄒᆞ시니라[51] 【부톄 니ᄅᆞ디 아니ᄒᆞ샤ᄆᆞᆫ 이 무ᄅᆞᆯ[52] 爲윙ᄒᆞ실ᄊᆡ

38) 니러: 닐(일어나다, 起)- + -어(연어)

39) 부텻긔: 부텨(부처, 佛) + -ᄭᅴ(-께: 부조, 상대, 높임)

40) 禮數ᄒᆞᅀᆞᆸ고: 禮數ᄒᆞ[예수하다: 禮數(예수: 명사) + -ᄒᆞ(동접)-]- + -ᅀᆞᆸ(객높)- + -고(연어, 나열) ※ '禮數(예수)'는 주인과 손님이 서로 만나서 인사하는 것이다.

41) 믈러나니: 믈러나[물러나다, 退: 믈ㄹ(← 므르다: 무르다, 退)- + -어(연어) + 나(나다, 出)-]- + -니(연어, 설명 계속)

42) 무리: 물(무리, 衆) + -이(주조)

43) 罪根: 죄근. 죄악을 낳는 근본인 무명번뇌(無明煩惱)이다.

44) 得혼: 得ㅎ[← 得ᄒᆞ다(득하다, 얻다): 得(득: 불어) + -ᄒᆞ(동접)-]- + -Ø(과시)- + -오(대상)- + -ㄴ(관전)

45) 得호라: 得ㅎ[得ᄒᆞ다(득하다): 得(득: 불어) + -ᄒᆞ(동접)-]- + -Ø(과시)- + -오(화자)- + -라(← -다: 평종)

46) 證혼: 證ㅎ[← 證ᄒᆞ다(증하다, 깨닫다, 득도하다): 證(증: 불어) + -ᄒᆞ(동접)-]- + -Ø(과시)- + -오(대상)- + -ㄴ(관전)

47) 허므리: 허믈(허물, 失) + -이(주조)

48) 잇디: 잇(← 이시다: 있다, 머무르다, 住)- + -디(-지: 연어, 부정)

49) ᄌᆞᆷᄌᆞᆷᄒᆞ샤: ᄌᆞᆷᄌᆞᆷᄒᆞ[잠잠하다, 默然: ᄌᆞᆷᄌᆞᆷ(잠잠: 불어) + -ᄒᆞ(동접)-]- + -샤(← -시-: 주높)- + -Ø(← -아: 연어)

50) 말이디: 말이[말리다, 制止: 말(말다, 勿: 자동)- + -이(사접)-]- + -디(-지: 연어, 부정)

51) 아니ᄒᆞ시니라: 아니ᄒᆞ[아니하다, 不(보용, 부정): 아니(아니, 不: 부사, 부정) + -ᄒᆞ(동접)-]- + -시(주높)- + -Ø(과시)- + -니(원칙)- + -라(← -다: 평종)

52) 무ᄅᆞᆯ: 물(무리, 衆) + -ᄋᆞᆯ(목조)

[108 뒤]

增上慢(증상만)들이 果然(과연) 물러나니, 그러나 靈山(영산)의 높은 會集(회집)에 어찌 凡材(범재)가 있겠느냐? 큰 權(권)이 자취를 보여 末世(말세)에 있는 배울 사람을 警戒(경계)하여 나아가게 하였니라. 材(재)는 쓸 나무이니, 根機(근기)라고 하는 것과 한가지이다.】 그때에 부처가 舍利弗(사리불)더러 이르시되, "나의 이 衆(중)이 다시는 가지와 잎이 없고 다 正(정)한 열매가 있나니, 舍利弗(사리불)아 이런 增上慢(증상만)하는 사람은

增증上쌍慢만ᄃᆞᆯ히 果광然션 믈러나니 그러나 靈령山산[53] 노ᄑᆞᆫ 會횅集찝에 엇뎨 凡뻠材찡[54] 이시리오 큰 權꿘[55]이 자최ᄅᆞᆯ[56] 뵈야 末맗世셍옛[57] ᄇᆡ홇[58] 사ᄅᆞᄆᆞᆯ 警경戒갱ᄒᆞ야 나소니라[59] 材찡ᄂᆞᆫ ᄡᅮᇙ[60] 남기니[61] 根근機긩라[62] 호미[63] ᄒᆞᆫ가지라[64]】 그ᄢᅴ 부톄 舍샹利링弗붏ᄃᆞ려 니ᄅᆞ샤ᄃᆡ 내[65] 이 衆즁이 ᄂᆞ외야[66] 가지와 닙괘[67] 업고 다 正졍ᄒᆞᆫ 여르미[68] 잇ᄂᆞ니 舍샹利링弗붏아 이런 增증上쌍慢만ᄒᆞᄂᆞᆫ 사ᄅᆞᄆᆞᆫ

---

53) 靈山: 영산. 고대 인도 마갈타국(摩竭陀國)의 왕사성 동북쪽에 있는 산. 석가모니여래가 법화경과 무량수경을 강(講)하였다는 곳이다.

54) 凡材: 凡材(범재) + -Ø(← -이: 주조) ※ '凡材(범재)'는 평범한 재주를 가진 사람이다. ※ '엇뎨 凡材 이시리오'는 '범재가 없다.'는 뜻으로 쓰였다. 곧, 靈山의 높은 會集에는 모두 뛰어난 재주를 가진 사람들이 모였다는 뜻이다.

55) 權: 권. 부처나 보살이 사용하는 '방편(方便)'이다.

56) 자최ᄅᆞᆯ: 자최(자취, 跡) + -ᄅᆞᆯ(목조)

57) 末世옛: 末世(말세) + -예(← -에: 부조, 위치) + -ㅅ(-의: 관조) ※ '末世(말세)'는 말법(末法)의 세상이다. '말법(末法)'은 삼시법의 하나. 정법시와 상법시의 다음에 오는 시기로 석가모니가 열반한 뒤 만 년 후에 온다. 이 시기에는 교법만 있고 수행이나 증과가 없다.

58) ᄇᆡ홇: ᄇᆡ호[배우다, 學: ᄇᆡᇂ(버릇이 되다, 길들다, 習: 자동)- + -오(사접)-]- + -ㅭ(관전)

59) 나소니라: 나소[나아가게 하다, 進: 나ᇫ(← 낫다, ㅅ불: 나아가다, 進)- + -오(사접)-]- + -Ø(과시)- + -니(원칙)- + -라(← -다: 평종)

60) ᄡᅮᇙ: ᄡ(← ᄡᅳ다: 쓰다, 用)- + -우(대상)- + -ㄹ(관전)

61) 남기니: 남ㄱ(← 나모: 나무, 木) + -이(서조)- + -니(연어, 설명 계속)

62) 根機라: 根機(근기) + -Ø(← -이-: 서조)- + Ø(현시)- + -라(← -다: 평종) ※ '根機(근기)'는 교법(敎法)을 받을 수 있는 중생의 능력이다.

63) 호미: ㅎ(← ᄒᆞ다: 하다, 曰)- + -옴(명전) + -이(-과: 부조, 비교)

64) ᄒᆞᆫ가지라: ᄒᆞᆫ가지[한가지, 같은 것, 同(명사): ᄒᆞᆫ(한, 一: 관사, 양수) + 가지(가지, 類: 의명)] + -Ø(서조)- + -Ø(현시)- + -라(← -다: 평종)

65) 내: 나(나, 我: 인대, 1인칭) + -ㅣ(← -ᄋᆡ: 관조)

66) ᄂᆞ외야: [다시, 復(부사): ᄂᆞ외(거듭하다, 復: 동사)- + -야(← -아: 연어 ▷ 부접)]

67) 닙괘: 닙(← 닢: 잎, 葉) + -과(접조) + -ㅣ(← -이: 주조)

68) 여르미: 여름[열매, 果: 열(열다, 맺다, 結: 동사)- + -음(명접)] + -이(주조)

[109 앞]

물러가도 좋으니라. 네가 잘 들어라. 너를 위하여 이르리라.” 舍利弗(사리불)이 사뢰되 “唯然(유연). 世尊(세존)이시여, 願(원)컨대 듣고자 합니다.” 【唯(유)는 恭敬(공경)하여 對答(대답)하는 것이니, 唯然(유연)은 “예”라고 하듯 한 말이다.】 부처가 舍利弗(사리불)더러 이르시되 “이와 같은 *妙法*(묘법)은 【*妙法*(묘법)의 全體(전체)를 바로 가르치셨니라. 아래에 ‘一大事(일대사)이라.’고

믈러가도[69] 됴ᄒᆞ니라[70] 네 이대[71] 드르라 너 위ᄒᆞ야 닐오리라[72] 舍샹利링弗붏이 ᄉᆞᆯ보ᄃᆡ 唯윙然ᅀᅧᆫ[73] 世솅尊존하 願원ᄒᆞᆫᄃᆞᆫ[74] 듣ᄌᆞᆸ고져[75] ᄒᆞ노이다[76]【唯윙ᄂᆞᆫ 恭공敬경ᄒᆞ야 對됭答답ᄒᆞᆯ 씨니 唯윙然ᅀᅧᆫ은 엥[77] ᄒᆞᄃᆺ ᄒᆞᆫ 마리라】 부톄 舍샹利링弗붏ᄃᆞ려 니ᄅᆞ샤ᄃᆡ 이 ᄀᆞᆮᄒᆞᆫ 妙묳法법[78]은【妙묳法법의 全쭨體톙ᄅᆞᆯ 바ᄅᆞ[79] ᄀᆞᄅᆞ치시니라[80] 아래 一ᅙᅵᇙ大땡事ᄊᆞᆼㅣ라

---

69) 믈러가도: 믈러가[물러가다, 退去: 믈ㄹ(← 므르다: 무르다, 退)- + -어(연어) + 가(가다, 去)-]- + -아도(연어, 양보)

70) 됴ᄒᆞ니라: 둏(좋다, 佳)- + -Ø(현시)- + -ᄋᆞ니(원칙)- + -라(← -다: 평종)

71) 이대: [잘, 善(부사): 읻(좋다, 善: 형사)- + -애(부접)]

72) 닐오리라: 닐(← 니ᄅᆞ다: 이르다, 說)- + -오(화자)- + -리(미시)- + -라(← -다: 평종)

73) 唯然: 유연. 예, 그러합니다.

74) 願ᄒᆞᆫᄃᆞᆫ: 願ᄒᆞ[원하다: 願(원: 명사) + -ᄒᆞ(동접)-]- + -ㄴᄃᆞᆫ(-건대: 연어, 희망)

75) 듣ᄌᆞᆸ고져: 듣(듣다, 聞)- + -ᄌᆞᆸ(객높)- + -고져(-고자: 연어, 의도)

76) ᄒᆞ노이다: ᄒᆞ(하다: 보용, 의도)- + -ㄴ(← -ᄂᆞ-: 현시)- + -오(화자)- + -이(상높, 아높)- + -다(평종)

77) 엥: 예(감사, 대답말)

78) 妙法: 묘법. 불교의 신기하고 묘한 법문이다.

79) 바ᄅᆞ: [바로, 직접, 正(부사): 바ᄅᆞ(바르다, 正: 형사)- + -Ø(부접)]

80) ᄀᆞᄅᆞ치시니라: ᄀᆞᄅᆞ치(가르키다, 指)- + -시(주높)- + -Ø(과시)- + -니(원칙)- + -라(← -다: 평종)

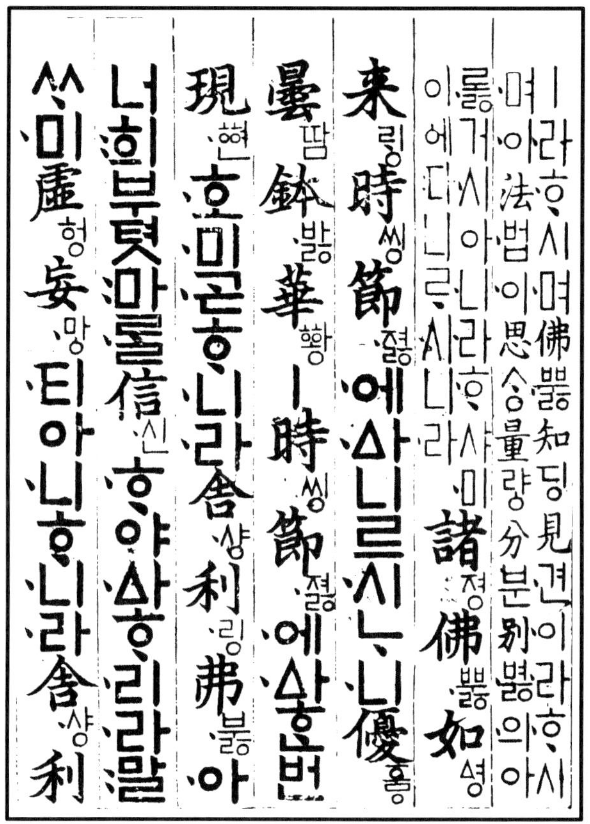

ㅣ라 ᄒᆞ시며 佛뿛知딩見견이라 ᄒᆞ시며 이 法법이 思ᄉᆞ量량分분別볋로 아롤 거시 아니라 ᄒᆞ샤미 이에 다 니르시니라 諸졍佛뿛如셩來링 時씽節졇에ᅀᅡ 니르시ᄂᆞ니 優흫曇땀鉢밣華황ㅣ 時씽節졇에ᅀᅡ ᄒᆞᆫ 번 現현ᄒᆞ미 ᄀᆞᄐᆞ니라 舍샹利링弗붏아 너희 부텻 마ᄅᆞᆯ 信신ᄒᆞ야ᅀᅡ ᄒᆞ리라 말ᄊᆞ미 虛헝妄망티 아니ᄒᆞ니라 舍샹利링

하시며, '佛知見(불지견)이라.'고 하시며, '이 法(법)이 思量分別(사량분별)으로 알 것이 아니니라.'고 하신 것이 여기에 다 이르셨니라.】 諸佛(제불)과 如來(여래)가 때가 되어야 이르시나니, (이는) 優曇鉢華(우담발화)가 때가 되어야 한 번 現(현)하는 것과 같으니라.【優曇鉢(우담발)은 優曇鉢羅(우담바라)이다.】 舍利弗(사리불)아, 너희가 부처의 말을 信(신)하여야 하리라. (부처의 말은) 허망하지 아니하니라. 舍利弗(사리불)아,

ᄒᆞ시며 佛뿛知딩見견[81]이라 ᄒᆞ시며 이 法법이 思ᄉᆞᆼ量량分분別볋[82]의 아롫[83] 거시 아니라 ᄒᆞ샤미 이에 다 니ᄅᆞ시니라】 諸졍佛뿛 如ᅀᅧᆼ來ᄅᆡᆼ 時씽節졇에ᅀᅡ[84] 니르시ᄂᆞ니 優ᅙᅮᇢ曇땀鉢밣華ᅘᅪᆼ[85]ㅣ 時씽節졇에ᅀᅡ ᄒᆞᆫ 번 現ᅘᅧᆫ호미 ᄀᆞᆮᄒᆞ니라 舍샹利링弗붏아 너희[86] 부텻 마ᄅᆞᆯ 信신ᄒᆞ야ᅀᅡ ᄒᆞ리라 말ᄊᆞ미 虛헝妄망티 아니ᄒᆞ니라 舍샹利링弗붏아

81) 佛知見: 불지견. 제법(諸法) 실상(實相)의 이치를 깨닫고 비추어 보는 부처님의 지혜이다. 모든 부처님이 세간(世間)에 출현하는 까닭은 중생으로 하여금 이 부처님의 지견(知見)을 얻게 하기 위한 것이라고 한다.

82) 思量分別: 사량분별. 복잡한 생각으로 헤아리는 것과 사념망상(邪念妄想)으로 계교(計巧)하는 것이다. 이 사량분별은 진리를 깨치는 데에 방해가 된다.

83) 아롫: 알(알다, 知)- + -오(대상)- + -ㅭ(관전)

84) 時節에ᅀᅡ: 時節(시절, 때) + -에(부조, 위치) + -ᅀᅡ(-야: 보조사, 한정 강조) ※ '時節에ᅀᅡ'는 '때가 되어야'로 의역하여 옮긴다.

85) 優曇鉢華: 우담발화. 전륜성왕이 나타날 때에 꽃이 핀다는 식물이다. 보통 3천 년에 한 번 꽃이 핀다고 하며, 불교에서는 매우 드물고 희귀한 것을 비유할때 곧잘 쓰인다.(= 優曇鉢羅, 우담바라)

86) 너희: 너희[너희, 汝等: 너(너, 汝: 인대, 2인칭) + -희(복접, 等)] + -Ø(← -이: 주조)

[110 앞]

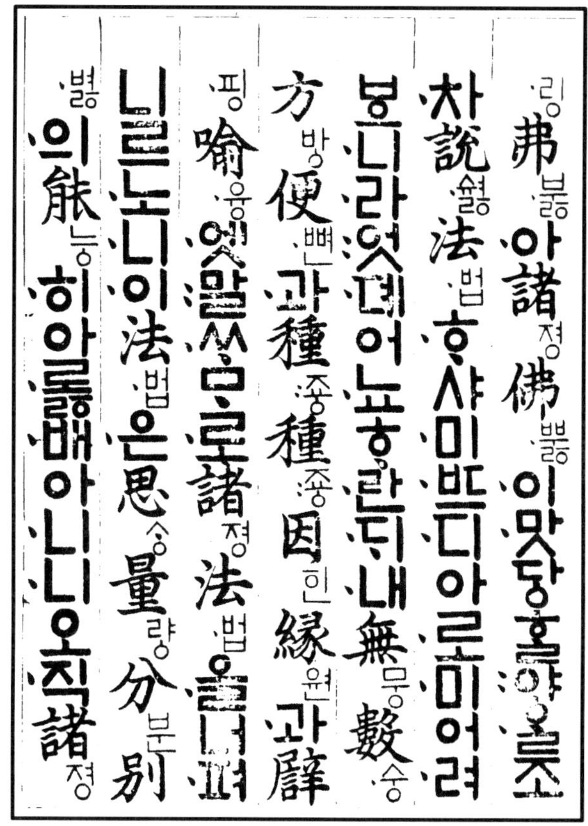

링弗붏아 諸졍佛뿛이 맛당호ᄆᆞᆯ 조
차 說쉻法법ᄒᆞ샤미 ᄠᅳ디 아로미 어려
보니라 엇뎨어뇨 ᄒᆞᆫ댄 내 無뭉數숭
方방便뼌과 種죵種죵因힌緣원과 譬
핑喩융엣 말ᄊᆞ모로 諸졍法법을 너펴
니르노니 이 法법은 思숭量량分분別
볋의 能능히 아롤 배 아니니 오직 諸졍

諸佛(제불)이 마땅한 모습을 좇아서 說法(설법)하신 것이 (그) 뜻을 아는 것이 어려우니라. "(그것이) 어째서이냐?"고 한다면, 내가 無數(무수)한 方便(방편)과 種種(종종)의 因緣(인연)과 比喩(비유)로 하는 말씀으로 諸法(제법)을 퍼뜨려서 이르니, 이 法(법)은 思量分別(사량분별)로 能(능)히 알 바가 아니니, 오직 諸佛(제불)이야말로

諸졍佛뿌ᇙ이 맛당ᄒᆞᆯ[87] 야ᄋᆞᆯ[88] 조차[89] 說ᄉᆑᇙ法법ᄒᆞ샤미 ᄠᅳ디[90] 아로미[91] 어려ᄫᅳ니라 엇뎨어뇨 ᄒᆞ란ᄃᆡ[92] 내 無뭉數숭 方방便뼌과 種죵種죵 因인緣원과 譬핑喩융엣[93] 말ᄊᆞᄆᆞ로[94] 諸졍法법[95]을 너펴[96] 니르노니[97] 이 法법은 思ᄉᆞᆼ量량分분別볋의 能능히 아롫 배 아니니 오직 諸졍佛뿌ᇙ이ᅀᅡ[98]

---

87) 맛당ᄒᆞᆯ: 맛당ᄒᆞ[마땅하다, 宜: 맛당(마땅: 불어) + -ᄒᆞ(형접)-]- + -ㄹ(관전)

88) 야ᄋᆞᆯ: 양(모습, 樣: 의명) + -ᄋᆞᆯ(목조)

89) 조차: 좇(좇다, 隨)- + -아(연어)

90) ᄠᅳ디: ᄠᅳᆮ(뜻, 意) + -이(주조, 의미상 목적격) ※ ‘ᄠᅳ디’는 ‘ᄠᅳ들’로 의역하여 옮긴다.

91) 아로미: 알(알다, 知)- + -옴(명전) + -이(주조)

92) ᄒᆞ란ᄃᆡ: ᄒᆞ(하다, 曰)- + -란ᄃᆡ(-을진대, -을 것이면: 연어, 조건)

93) 譬喩엣: 譬喩(비유) + -에(부조, 위치) + -ㅅ(-의: 관조) ※ ‘譬喩엣’은 ‘비유로 (표현)하는’으로 의역하여 옮긴다. ※ ‘譬喩(비유)’는 어떤 현상이나 사물을 직접 설명하지 아니하고 다른 비슷한 현상이나 사물에 빗대어서 설명하는 일이다.

94) 말ᄊᆞᄆᆞ로: 말ᄊᆞᆷ[말씀, 言辭: 말(말, 言) + -ᄊᆞᆷ(-씀: 명전)] + -ᄋᆞ로(부조, 방편)

95) 諸法: 제법. 가지가지의 모든 법이다. 혹은 우주 사이에 있는 유형·무형의 모든 사물이다. 우주만유·삼라만상·천지만물 모두를 가리키는 말이다.

96) 너펴: 너피[넓히다, 演: 넙(넓다, 演: 형사)- + -히(사접)-]- + -어(연어)

97) 니르노니: 니르(이르다, 說)- + -ㄴ(←-ᄂᆞ-: 현시)- + -오(화자)- + -니(연어, 설명 계속)

98) 諸佛이ᅀᅡ: 諸佛(제불) + -이(주조) + -ᅀᅡ(-야: 보조사, 한정 강조)

[110 뒤]

能(능)히 아시리라.【'方便(방편)으로 넓혀 이른다.'고 하신 것은 權(권)을 밝히시고, '思量(사량)으로 알지 못하리라.'고 하신 것은 實(실)을 나타내시니, 思量分別(사량분별)이 아닌 것은 識情(식정)을 떠나니라.】'(그것이) 어째서이냐?'고 한다면, 諸佛(제불)과 世尊(세존)이 다만 一大事因緣(일대사인연)으로 世間(세간)에 나시느니라.【한 큰일은 一乘(일승)의 妙法(묘법)이니, 곧, 諸佛(제불)의 智見(지견)이시며 사람에게 當(당)한 妙心(묘심)이요, 萬法(만법)에는

아ᄅᆞ시리라[99] 【方방便뼌으로 너펴 니ᄅᆞ노라 ᄒᆞ샤ᄆᆞᆫ 權뀐[1]을 ᄇᆞᆯ기시고 思ᄉᆞᆼ量량ᄋᆞ로 아디 몯ᄒᆞ리라 ᄒᆞ샤ᄆᆞᆫ 實씷을 나토시니 思ᄉᆞᆼ量량分분別볋 아닌 고ᄃᆞᆫ 識식情쪙[2]을 여희니라.】 엇뎨어뇨 ᄒᆞ란ᄃᆡ 諸졍佛뿛 世솅尊존이 다ᄆᆞᆫ[3] 一ᅙᅵᇙ大땡事ᄊᆞᆼ因인緣원[4]으로 世솅間간애 나시ᄂᆞ니라【ᄒᆞᆫ 큰이ᄅᆞᆫ[5] 一ᅙᅵᇙ乘씽[6] 妙ᄆᆖᇢ法법[7]이니 곧 諸졍佛뿛 知딩見견이시며 사ᄅᆞᄆᆡ 게[8] 當당ᄒᆞ얀[9] 妙ᄆᆖᇢ心심이오 萬먼法법엔

99) 아ᄅᆞ시리라: 알(알다, 知)- + -ᄋᆞ시(주높)- + -리(미시)- + -라(← -다: 평종)

1) 權: 권. 부처나 보살이 사용하는 '방편(方便)'이다.

2) 識情: 식정. 이치에 맞지 아니한 망령된 생각을 하는 것, 또는 그 생각이다. 무슨 생각이든지 분별을 일으키면 그게 모두 식심이요 식정이며 망념이다.

3) 다ᄆᆞᆫ: 다만, 唯(부사)

4) 一大事因緣: 일대사인연. 부처님이 이 세상에 나오시게 된 지극히 중대한 인연이다.

5) 큰이ᄅᆞᆫ: 큰일[큰일, 大事: 크(크다, 大)- + -ㄴ(관전) + 일(일, 事)] + -ᄋᆞᆫ(보조사, 주제)

6) 一乘: 일승. 모든 중생이 부처와 함께 성불한다는 석가모니의 교법(教法)이다. 교법에는 소승, 대승, 3승, 5승 등의 구별이 있다. 그러나 일체 중생이 모두 성불한다는 견지에서는 그 구제하는 교법이 하나뿐이고, 또 절대 진실한 거이라고 주장하는 것이 일승이다.

7) 妙法: 묘법. 미묘한 법문(法文)이란 뜻으로, 부처님이 행한 전체의 설교(說教)를 이른다.

8) 사ᄅᆞᄆᆡ 게: 사ᄅᆞᆷ(사람, 人) + -ᄋᆡ(관조) # 게(거기에: 의명) ※ '사ᄅᆞᄆᆡ 게'는 '사람에게'로 의역하여 옮긴다.

9) 當ᄒᆞ얀: 當ᄒᆞ[당하다: 當(당: 불어) + -ᄒᆞ(동접)-]- + -Ø(현시)- + -야(← -아-: 확인)- + -ㄴ(관전)

法법엔 實씷相샹이니 둘 아니며 세 아닐씨 ᄒᆞ나히라 ᄒᆞ고 죠고맛 因인緣원이 아닐씨 큰 이리라 ᄒᆞ니라 舍샹利링弗붏아 엇데 諸졍佛뿛世솅尊존이 다ᄆᆞᆫ 一읧大땡事ᄊᆞᆼ因인緣원으로 世솅間간애 나시ᄂᆞ다 ᄒᆞ거뇨 諸졍佛뿛世솅尊존이 衆즁生ᄉᆡᆼᄋᆞᆯ 부텻 知딩見견을 여러 淸청淨쪙을 得득게 호려 ᄒᆞ샤 世솅間간애 나

實相(실상)이니 둘이 아니며 셋이 아니므로 하나라고 하고, 조그만 因緣(인연)이 아니므로 큰일이라고 하였니라.】 舍利弗(사리불)아, '어찌 諸佛(제불)과 世尊(세존)이 다만 一大事因緣(일대사인연)으로 世間(세간)에 나신다고 하였느냐?' 諸佛(제불)과 世尊(세존)이 衆生(중생)에게 부처의 智見(지견)을 열어 淸淨(청정)을 得(득)하게 하려 하시어 世間(세간)에 나시며,

妙묳法법이 둘[10] 아니며 세[11] 아닐씨 ᄒᆞ나히라[12] ᄒᆞ고 죠고맛[13] 因인緣원이 아닐씨 큰이리라[14] ᄒᆞ니라】實씷相샹이니 둘[15] 아니며 세[16] 아닐씨 ᄒᆞ나히라[17] ᄒᆞ고 죠고맛[18] 因인緣원이 아닐씨 큰이리라[19] ᄒᆞ니라】舍샹利링弗붏아 엇뎨[20] 諸졍佛뿛 世솅尊존이 다ᄆᆞᆫ 一힗大땡事쑹因인緣원으로 世솅間간애 나시ᄂᆞ다[21] ᄒᆞ거뇨[22] 諸졍佛뿛 世솅尊존이 衆즁生싱ᄋᆞᆯ[23] 부텻 知딩見견[24]을 여러 淸청淨쪙[25]을 得득게[26] 호려[27] ᄒᆞ샤 世솅間간애 나시며

---

10) 둘: 둘(← 둘ㅎ: 둘, 二, 수사, 양수)
11) 세: 세(← 세ㅎ: 셋, 三, 수사, 양수)
12) ᄒᆞ나히라: ᄒᆞ나ㅎ(하나, 一: 수사, 양수) + -이(서조)- + -Ø(현시)- + -라(← -다: 평종)
13) 죠고맛: 죠고마(조금, 小: 명사) + -ㅅ(-의: 관조)
14) 이리라: 일(일, 事) + -이(서조)- + -Ø(현시)- + -라(← -다: 평종)
15) 둘: 둘(← 둘ㅎ: 둘, 二, 수사, 양수)
16) 세: 세(← 세ㅎ: 셋, 三, 수사, 양수)
17) ᄒᆞ나히라: ᄒᆞ나ㅎ(하나, 一: 수사, 양수) + -이(서조)- + -Ø(현시)- + -라(← -다: 평종)
18) 죠고맛: 죠고마(조금, 小: 명사) + -ㅅ(-의: 관조)
19) 이리라: 일(일, 事) + -이(서조)- + -Ø(현시)- + -라(← -다: 평종)
20) 엇뎨: 어찌, 何(부사)
21) 나시ᄂᆞ다: 나(나다, 出現)- + -시(주높)- + -ᄂᆞ(현시)- + -다(평종)
22) ᄒᆞ거뇨: ᄒᆞ(하다, 云)- + -Ø(과시)- + -거(확인)- + -뇨(-느냐: 의종, 설명)
23) 衆生ᄋᆞᆯ: 衆生(중생) + -ᄋᆞᆯ(-에게: 목조, 보조사적 용법, 의미상 부사격) ※ '衆生ᄋᆞᆯ'은 '衆生에게'로 의역하여 옮긴다.
24) 知見: 지견. 지식과 견문을 아울러 이르는 말이다.
25) 淸淨: 청정. 나쁜 짓으로 지은 허물이나 번뇌의 더러움에서 벗어나 깨끗한 상태이다.
26) 得게: 得[← 得ᄒᆞ다(득하다): 得(득: 불어) + -ᄒᆞ(동접)-]- + -게(연어, 사동)
27) 호려: ㅎ(← ᄒᆞ다: 보용, 사동)- + -오려(-으려: 연어, 의도)

시며衆즁生싱익그에부텻知딩見견
을뵈요리라ᄒᆞ샤世솅間간애나시며
衆즁生싱ᄋᆞᆯ부텻知딩見견을알에ᄒᆞ
려ᄒᆞ샤世솅間간애나시며衆즁生싱
ᄋᆞᆯ부텻知딩見견道똫애들에ᄒᆞ려ᄒᆞ
샤世솅間간애나시ᄂᆞ니 부텻知딩見견은實씷相
샹ᄋᆞᆯᄉᆞᄆᆞᆺ아ᄅᆞ시ᄂᆞᆫ眞진知딩眞진見
견이라法법으론일후미一힗佛뿛乘

"衆生(중생)에게 부처의 智見(지견)을 보이리라."고 하시어 世間(세간)에 나시며, 衆生(중생)을 부처의 智見(지견)을 알게 하려 하시어 世間(세간)에 나시며, 衆生(중생)을 부처의 智見道(지견도)에 들게 하려 하시어 世間(세간)에 나시나니【부처의 知見(지견)은 實相(실상)을 꿰뚫어 아시는 眞知(진지)·眞見(진견)이다. 法(법)으로는 이름이 一佛乘(일불승)이요

衆즁生싱ᄋᆡ 그에[28] 부텻 知딩見견을 뵈요리라[29] ᄒᆞ샤 世솅間간애 나시며 衆즁生싱ᄋᆞᆯ 부텻 知딩見견을 알에[30] 호려[31] ᄒᆞ샤 世솅間간애 나시며 衆즁生싱이 부텻 知딩見견道똫[32]애 들에[33] 호려 ᄒᆞ샤 世솅間간애 나시ᄂᆞ니【부텻 知딩見견은 實씷相샹ᄋᆞᆯ ᄉᆞᄆᆞᆺ[34] 아ᄅᆞ시ᄂᆞᆫ 眞진知딩 眞진見견이라 法법으론[35] 일후미 一힗佛뿛乘씽[36]이오

28) 衆生ᄋᆡ 그에: 衆生(중생) + -ᄋᆡ(관조) # 그에(거기에: 의명, 위치) ※ '衆生ᄋᆡ 그에'는 '衆生에게'로 의역하여 옮긴다.

29) 뵈요리라: 뵈[보이다, 示: 보(보다, 見: 타동)- + -ㅣ(← -이-: 사접)-]- + -요(← -오-: 화자)- + -리(미시)- + -라(← -다: 평종)

30) 알에: 알(알다, 知)- + -에(← -게: 연어, 사동)

31) 호려: ㅎ(← ᄒᆞ다: 하다, 보용, 사동)- + -오려(-으려: 연어, 의도)

32) 부텻 知見道: 부처의 지견도(佛知見道). 제법(諸法) 실상(實相)의 이치를 깨닫고 비추어 보는 부처님의 지혜이다. 곧, 모든 부처님이 세간(世間)에 출현하는 까닭은 중생으로 하여금 이 부처님의 지견(知見)을 얻게 하기 위한 것이라고 한다.

33) 들에: 들(들다, 入)- + -에(← -게: 연어, 사동)

34) ᄉᆞᄆᆞᆺ: [꿰뚫어, 貫(부사): ᄉᆞᄆᆞᆺ(← ᄉᆞᄆᆞᆾ다: 꿰뚫다, 貫, 동사)- + -Ø(부접)]

35) 法으론: 法(법) + -으로(부조, 방편) + -ㄴ(← -는: 보조사, 주제)

36) 一佛乘: 일불승. 모든 중생이 부처와 함께 성불한다는 석가모니의 교법이다. 일체(一切) 것이 모두 부처가 된다는 법문이다.

[112 앞]

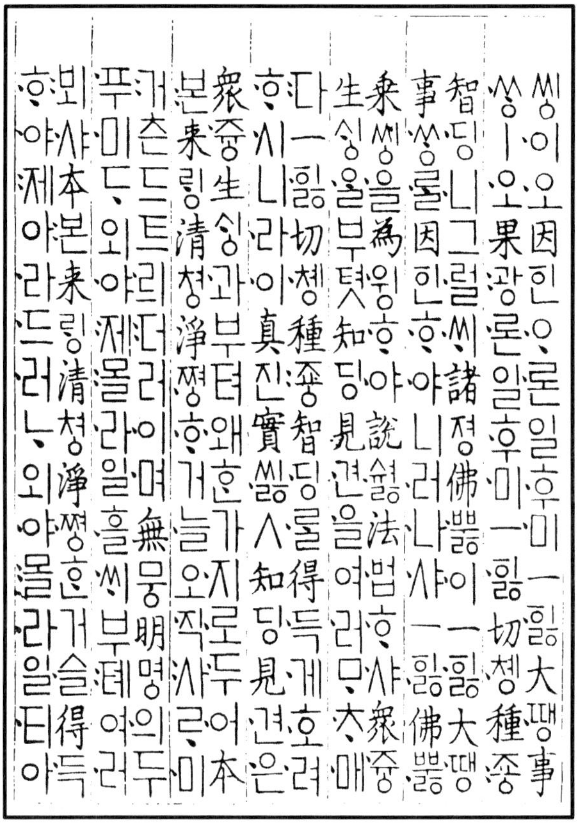

씽이오 因힌ᄋᆞ론 일후미 一힗大땡事쑹ㅣ오 果광ㅣ론 일후미 一힗切쳉種종智딩니 그럴ᄊᆡ 諸졍佛뿛이 一힗大땡事쑹를 因힌ᄒᆞ야 니러나샤 一힗佛뿛乘씽을 爲윙ᄒᆞ야 說숋法법ᄒᆞ샤 衆즁生ᄉᆡᆼ올 부텻 知딩見견을 여러 ᄆᆞᄎᆞᆷ매 다 一힗切쳉種종智딩를 得득게 ᄒᆞ려 ᄒᆞ시니라 이 眞진實씷ㅅ 知딩見견은 衆즁生ᄉᆡᆼ과 부텨왜 ᄒᆞᆫ가지로 두어 本본來ᄅᆡᆼ 淸청淨쪙ᄒᆞ거늘 오직 사ᄅᆞ미 거츤 드트릐 더러이며 無뭉明명의 두푸미 ᄃᆞ외야 제 몰라 일흘ᄊᆡ 부텨 뵈샤 本본來ᄅᆡᆼ 淸청淨쪙ᄒᆞᆫ 거슬 得득ᄒᆞ야 제 아라 ᄃᆞ시 몰라 일티 아니

因(인)으로는 이름이 一大事(일대사)이요, 果(과)로는 이름이 一切種智(일체종지)이니, 그러므로 諸佛(제불)이 一大事(일대사)를 因(인)하여 일어나시어, 一佛乘(일불승)을 爲(위)하여 說法(설법)하시어, 衆生(중생)에게 부처의 知見(지견)을 열어, 결국에 다 一切種智(일체종지)를 得(득)하게 하려 하셨니라. 이 眞實(진실)의 知見(지견)은 衆生(중생)과 부처가 한가지로 두어서 本來(본래) 淸淨(청정)하거늘, 오직 사람이 망령된 티끌에 더럽히며 無明(무명)이 덮는 바가 되어서, 자기(= 사람)가 몰라서 (진실의 지견을) 잃으므로, 부처가 열어 보이시어 本來(본래) 淸淨(청정)한 것을 得(득)하여, 자기가 알아들어 다시 몰라서 잃지 아니하게

因힌ᄋᆞ론 일후미 一ᅙᅵᇙ大땡事쑹[37] ㅣ오 果광론 일후미 一ᅙᅵᇙ切쳉種죵智딩[38]니 그럴ᄊᆡ[39] 諸졍佛뿌ᇙ이 一ᅙᅵᇙ大땡事쑹ᄅᆞᆯ 因힌ᄒᆞ야 니러나샤 一ᅙᅵᇙ佛뿌ᇙ乘씽을 爲윙ᄒᆞ야 說ᄉᆑᇙ法법ᄒᆞ샤 衆즁生싱ᄋᆞᆯ[40] 부텻 知딩見견을 여러 ᄆᆞᄎᆞ매[41] 다 一ᅙᅵᇙ切쳉 種죵智딩ᄅᆞᆯ 得득게[42] 호려[43] ᄒᆞ시니라 이 眞진實씨ᇙㅅ 知딩見견은 衆즁生싱과 부텨왜 ᄒᆞᆫ가지로 두어 本본來링 淸청淨쪙ᄒᆞ거늘 오직 사ᄅᆞ미 거츤[44] 드트릐[45] 더러이며[46] 無뭉明명의 두푸미[47] ᄃᆞ외야 제 몰라 일흘ᄊᆡ 부톄 여러 뵈샤 本본來링 淸청淨쪙ᄒᆞᆫ 거슬 得득ᄒᆞ야 제 아라드러[48] ᄂᆞ외야[49] 몰라 일티[50] 아니케

---

37) 一大事: 일대사. 가장 중요한 일. 부처님이 이 세상에 출현하는 일대 목적이다. 법화경에 '모든 부처님은 일대사 인연으로 이 세상에 오신다'고 한 것에서 유래된 말이다.

38) 一切種智: 일체종지. 현상계의 모든 존재의 각기 다른 모습과 그 속에 감추어져 있는 참모습을 알아내는 부처의 지혜이다.

39) 그럴ᄊᆡ: [그러므로, 肆(부사, 접속): 그러(그러: 불어) + -Ø(← -ᄒᆞ-: 형접)- + -ㄹᄊᆡ(-므로: 연어 ▷ 부접)]

40) 衆生ᄋᆞᆯ: 衆生(중생) + -ᄋᆞᆯ(-에게: 목조, 보조사적 용법) ※ '衆生ᄋᆞᆯ'은 목적격 조사의 보조사적 용법로 쓰였다. 문맥을 감안하면 부사격으로 쓰였으므로, '衆生에게'로 의역하여 옮긴다.

41) ᄆᆞᄎᆞ매: ᄆᆞᄎᆞᆷ[마침, 결국, 終: ᄆᆞᆾ(마치다, 終: 동사)- + -ᄋᆞᆷ(명접)] + -애(-에: 부조, 위치) ※ 'ᄆᆞᄎᆞ매'는 '결국에'로 의역하여 옮긴다.

42) 得게: 得[← 得ᄒᆞ다(득하다, 얻다): 得(득: 불어) + -ᄒᆞ(동접)-]- + -게(연어, 사동)

43) 호려: ᄒᆞ(← ᄒᆞ다: 하다, 보용, 사동)- + -오려(-려: 연어, 의도)

44) 거츤: 거츠(← 거츨다: 망령되다, 荒)- + -Ø(현시)- + -ㄴ(관전)

45) 드트릐: 드틀(티끌, 塵) + -의(부조, 위치)

46) 더러이며: 더러이[← 더러비다(더럽히다, 汚): 더러(← 더럽다, ㅂ불: 더럽다, 汚)- + -이(사접)-]- + -며(연어, 나열)

47) 두푸미: 둪(덮다, 蔽)- + -움(명전) + -이(보조)

48) 아라드러: 아라들[← 아라듣다, ㄷ불: 알(알다, 知)- + -아(연어) + 듣다(듣다, 聞)-]- + -어(연어)

49) ᄂᆞ외야: [다시, 거듭하여, 復(부사): ᄂᆞ외(거듭하다, 復)- + -야(← -아: 연어 ▷ 부접)]

50) 일티: 잃(잃다, 失)- + -디(-지: 연어, 부정)

니ᄅᆞ시ᄂᆞ니라 여르샤다 ᄒᆞ문 無뭉明명ㅅ 거프를 허르실씨오 뵈시다 ᄒᆞ문 모ᄅᆞᆫ 眞진體텡ᄅᆞᆯ ᄀᆞᄅᆞ치실씨오 아다 ᄒᆞ문 훤히 ᄉᆞᄆᆞᆺ 볼씨오 드다 ᄒᆞ문 기피 나ᅀᅡ가 제 得득ᄒᆞ야 一힗切쳉種종智딩ᄅᆞᆯ 證징ᄒᆞᆯ씨니 이ᄅᆞᆯ 닐온 佛뿛知딩見견道또ᇢㅣ라 舍샹利링弗붏아 이 諸졍佛뿛이 一힗大땡事쑹因힌緣원으로 世솅間간애 나샤미라 부톄 舍샹利링弗붏ᄃᆞ려 니ᄅᆞ샤ᄃᆡ 諸졍佛뿛如ᅀᅧᆼ來링

하시느니라. "(부처가 지견을) 여셨다."고 한 것은 無明(무명)의 꺼풀을 허시는 것이요, "(부처가 지견을) 보이셨다."고 한 것은 모르는 眞體(진체)를 가르치는 것이요, "(부처가 지견을) 알았다."고 한 것은 훤히 꿰뚫어서 보는 것이요, "(부처가 지견도에) 들었다."고 한 것은 (지견도에) 깊이 나아가 자기가 得(득)하여 一切種智(일체종지)를 證(증)하는 것이니, 이를 이른 것이 佛知見道(불지견도)이다. 】, 舍利弗(사리불)아 이것이 諸佛(제불)이 '一大事(일대사)의 因緣(인연)'으로 世間(세간)에 나신 것(= 까닭)이다." 부처가 舍利弗(사리불)더러 이르시되, "제불(諸佛)과 여래(如來)가

ᄒᆞ시ᄂᆞ니라 여르시다[51] ᄒᆞ논 無뭉明명ㅅ 거프를[52] 허르실[53] 씨오 뵈시다 ᄒᆞ논 모ᄅᆞ논[54] 眞진體톙[55]를 ᄀᆞᄅᆞ치실 씨오 아다[56] ᄒᆞ논 훤히[57] ᄉᆞᄆᆞᆺ[58] 볼 씨오 드다[59] ᄒᆞ논 기피 나ᅀᅡ가[60] 제 得득ᄒᆞ야 一ᅙᅵᇙ切쳉種죵智딩를 證징ᄒᆞᆯ[61] 씨니 이를 닐온[62] 佛뿛知딩見견道똫ㅣ라[63]】 舍샹利링弗붏아 이[64] 諸졍佛뿛이 一ᅙᅵᇙ大땡事ᄊᆞᆼ因ᅙᅵᆫ緣원[65]으로 世솅間간애 나샤미라[66] 부톄 舍샹利링弗붏ᄃᆞ려 니ᄅᆞ샤ᄃᆡ 諸졍佛뿛 如ᅀᅥᆼ來ᄅᆡᆼ

---

51) 여르시다: 열(열다, 開)- + -으시(주높)- + -Ø(과시)- + -다(평종)

52) 거프를: 거플(꺼풀, 껍질, 皮) + -을(목조)

53) 허르실: 헐(헐다, 毁)- + -으시(주높)- + -ㄹ(관전)

54) 모ᄅᆞ논: 모ᄅᆞ(모르다, 無知)- + -ㄴ(← -ᄂᆞ-: 현시)- + -오(대상)- + -ㄴ(관전)

55) 眞體: 진체. 사물의 참 모습이다. 진리의 본체 혹은 진리의 여실한 모습이다.

56) 아다: 아(← 알다: 알다, 知)- + -Ø(과시)- + -다(평종)

57) 훤히: [훤히, 훤하게(부사): 훤(훤: 불어) + -ㅎ(← -ᄒᆞ-: 형접)- + -이(부접)]

58) ᄉᆞᄆᆞᆺ: [꿰뚫어, 완전히(부사): ᄉᆞᄆᆾ(꿰뚫다, 통하다, 通: 동사)- + -Ø(부접)]

59) 드다: 드(← 들다: 들다, 入)- + -Ø(과시)- + -다(평종)

60) 나ᅀᅡ가: 나ᅀᅡ가[나아가다: 나ᇫ(← 낫다: 나아가다, 進)- + -아(연어) + 가(가다, 去)-]- + -Ø(← -아: 연어)

61) 證ᄒᆞᆯ: 證ㅎ[← 證ᄒᆞ다(깨닫다, 실현하다): 證(증: 불어) + ᄒᆞ(동접)-]- + -ㄹ(관전)

62) 닐온: 닐(← 니ᄅᆞ다: 이르다, 說)- + -Ø(과시)- + -오(대상)- + -ㄴ(관전, 명사적 용법) ※ '닐온' 관형사형 전성 어미의 명사적 용법으로 쓰였으므로, '이른 것이'로 의역하여 옮긴다.

63) 佛知見道ㅣ라: 佛知見道(불지견도: 불지견의 도) + -Ø(← -이-: 서조)- + -Ø(현시)- + -라(← -다: 평종) ※ '佛知見(불지견)'은 제법(諸法) 실상(實相)의 이치를 깨닫고 비추어 보는 부처님의 지혜이다. 곧, 모든 부처님이 세간(世間)에 출현하는 까닭은 중생으로 하여금 부처님의 지견(知見)을 얻게 하기 위한 것이라고 한다.

64) 이: 이(이, 이것, 此: 지대) + -Ø(← -이: 주조)

65) 一大事因緣: 일대사인연. 부처님이 이 세상에 나오시게 된 지극히 중대한 인연이다.

66) 나샤미라: 나(나다, 나가다, 出)- + -샤(← -시-: 주높)- + -ㅁ(← -옴: 명전) + -이(서조)- + -Ø(현시)- + -라(← -다: 평종)

[113앞]

다만 菩薩(보살)을 敎化(교화)하시어, 모든 하시는 일이 항상 하나의 일을 爲(위)하시어, 오직 부처의 智見(지견)으로 衆生(중생)에게 보여서 깨우치시나니, 舍利弗(사리불)아 如來(여래)가 다만 한 佛乘(불승)으로 衆生(중생)을 위하여 說法(설법)하시지, 다른 乘(승)이 둘이며 셋이 없으니라. 舍利弗(사리불)아,

[113 앞]

다ᄆᆞᆫ[67] 菩뽕薩삻ᄋᆞᆯ 敎꾱化황ᄒᆞ샤 믈읫[68] ᄒᆞ시논[69] 이리 샹녜[70] 이를 爲윙ᄒᆞ샤 오직 부텻 知딩見견[71]으로 衆즁生ᄉᆡᆼᄋᆞᆯ[72] 뵈여[73] 알외시ᄂᆞ니[74] 舍샹利링弗붏아 如ᅀᅧᆼ來ᄅᆡᆼ 다ᄆᆞᆫ ᄒᆞᆫ 佛뿛乘씽ᄋᆞ로[75] 衆즁生ᄉᆡᆼ 위ᄒᆞ야 說ᄉᆑᇙ法법ᄒᆞ시디ᄫᅵ[76] 녀나ᄆᆞᆫ[77] 乘씽이 둘히며[78] 세히[79] 업스니라[80] 舍샹利링弗붏아

---

67) 다ᄆᆞᆫ: 다만, 오직, 但(부사)

68) 믈읫: 모든, 諸(관사)

69) ᄒᆞ시논: ᄒᆞ(하다, 作)- + -시(주높)- + -ㄴ(← -ᄂᆞ-: 현시)- + -오(대상)- + -ㄴ(관전)

70) 샹녜: 항상, 常(부사)

71) 知見: 지견. 지식과 견문을 아울러 이르는 말이다.

72) 衆生ᄋᆞᆯ: 衆生(중생) + -ᄋᆞᆯ(-에게: 목조, 보조사적 용법)

73) 뵈여: 뵈[보이다, 示: 보(보다, 見: 타동)- + -ㅣ(← -이-: 사접)]- + -여(← -어: 연어)

74) 알외시ᄂᆞ니: 알외[알리다, 깨우치다, 示悟: 알(알다, 知: 타동)- + -오(사접)- + -ㅣ(← -이-: 사접)-]- + -시(주높)- + -ᄂᆞ(현시)- + -니(연어, 설명 계속)

75) 佛乘ᄋᆞ로: 佛乘(불승) + -ᄋᆞ로(부조, 방편) ※ '佛乘(불승)'은 중생을 깨달음의 세계로 이끄는 부처의 교법(敎法)이다.

76) 說法ᄒᆞ시디ᄫᅵ: 說法ᄒᆞ[설법하다: 說法(설법: 명사) + -ᄒᆞ(동접)-]- + -시(주높)- + -디ᄫᅵ(-지: 연어, 인정 대조)

77) 녀나ᄆᆞᆫ: [다른, 有餘(관사): 녀(← 녀느: 여느, 他) + 남(남다, 餘: 동사)- + -ᄋᆞᆫ(관전▷관접)]

78) 둘히며: 둘ㅎ(둘, 二: 수사, 양수) + -이며(접조)

79) 세히: 세ㅎ(셋, 三: 수사, 양수) + -이(주조)

80) 업스니라: 없(없다, 無)- + -Ø(현시)- + -으니(원칙)- + -라(← -다: 평종)

[113 뒤]

·링弗·붏아一·힗切·쳉十·씹方방諸졍佛
·뿛이法·법이ᄯᅩ이ᄀᆞᆮᄒᆞ시니라舍·샹利
·링弗·붏아過·광去·컹諸졍佛·뿛이無뭉
量·량無뭉數·숭方방便·뼌과種·죵種·죵
因힌緣원과譬·핑喩·융엣말ᄊᆞ므로衆
·즁生싱爲·윙ᄒᆞ야諸졍法·법을불어니
르시니이法·법이다ᄒᆞᆫ佛·뿛乘씽일ᄊᆡ

一切(일체) 十方(시방) 諸佛(제불)의 法(법)이 또 이와 같으시니라. 舍利弗(사리불)아, 過去(과거)의 諸佛(제불)이 無量無數(무량무수)한 方便(방편)과 種種(종종)의 因緣(인연)과 比喩(비유)하는 말씀으로 衆生(중생)을 위하여 諸法(제법)을 퍼뜨려 이르시니, 이 法(법)이 다 한(一) 佛乘(불승)이므로

一힗切쳉 十씹方방 諸졍佛뿛이 法법이 ᄯᅩ 이 ᄀᆞᆮᄒᆞ시니라 舍샹利링弗붏아 過광去겅 諸졍佛뿛이 無뭉量량無뭉數숭 方방便뼌과 種죵種죵 因인緣원과 譬핑喩융엣[81] 말ᄊᆞᄆᆞ로[82] 衆즁生ᄉᆡᆼ 위ᄒᆞ야 諸졍法법을 불어[83] 니르시니 이 法법이 다 ᄒᆞᆫ 佛뿛乘씽일ᄊᆡ[84]

---

81) 譬喩엣: 譬喩(비유) + -에(부조, 위치) + -ㅅ(-의: 관조) ※ '譬喩(비유)'는 어떤 현상이나 사물을 직접 설명하지 아니하고, 다른 비슷한 현상이나 사물에 빗대어서 설명하는 일이다. ※ '譬喩엣'은 '비유하는'으로 의역하여 옮긴다.

82) 말ᄊᆞᄆᆞ로: 말ᄊᆞᆷ[말씀, 言辭: 말(말, 言) + -ᄊᆞᆷ(-씀: 접미)] + -ᄋᆞ로(부조, 방편)

83) 불어: 불(← 부르다: 퍼뜨리다, 演)- + -어(연어)

84) 佛乘일ᄊᆡ: 佛乘(불승) + -이(서조)- + -ㄹᄊᆡ(-므로: 연어, 이유)

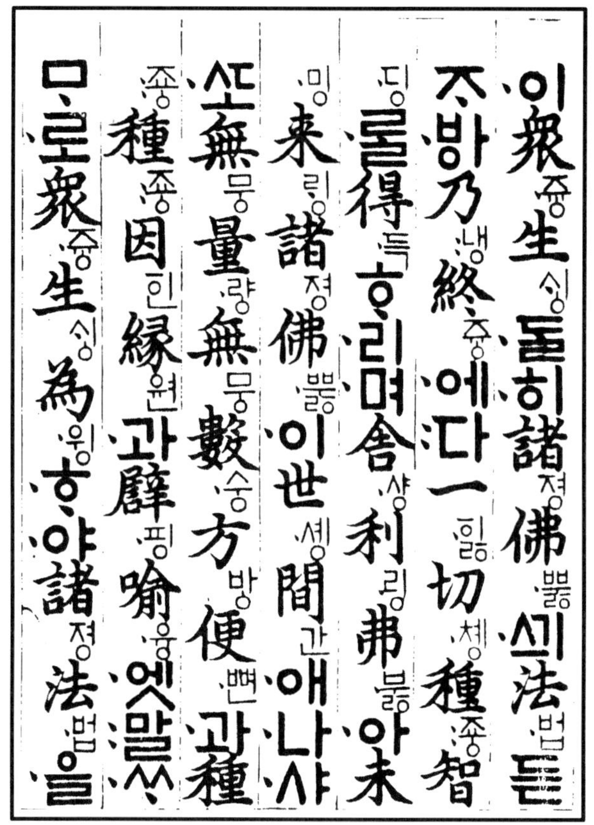
이 衆쥬ᇰ生ᄉᆡᇰ돌히 諸졍佛뿛ᄭᅴ 法법 듣ᄌᆞᄫᅡ 乃냉終쥬ᇰ애 다 一힗切쳉種쥬ᇰ智딩를 得득ᄒᆞ리며 舍샹利링弗붏아 未밍來링 諸졍佛뿛이 世솅間간애 나샤 ᄯᅩ 無뭉量랑無뭉數ᇰ숭 方방便뼌과 種쥬ᇰ種쥬ᇰ因힌緣원과 譬핑喩유엣 말ᄊᆞᄆᆞ로 衆쥬ᇰ生ᄉᆡᇰ 爲윙ᄒᆞ야 諸졍法법을

이 衆生(중생)들이 諸佛(제불)께 法(법)을 들어 나중(乃終)에 다 一切種智(일체종지)를 得(득)하겠으며, 舍利弗(사리불)아 未來(미래)의 諸佛(제불)이 世間(세간)에 나시어, 또 無量無數(무량무수)한 方便(방편)과 種種(종종)의 因緣(인연)과 譬喩(비유)로 하는 말씀으로 衆生(중생)을 위하여 諸法(제법)을

이 衆즁生ᄉᆡᆼᄃᆞᆯ히[85] 諸졍佛뿛ᄭᅴ 法법 듣ᄌᆞ바 乃냉終즁에 다 一ᅙᅵᇙ切쳉種종智딩ᄅᆞᆯ 得득ᄒᆞ리며 舍샹利링弗붏아 未밍來ᄅᆡᆼ 諸졍佛뿛이 世솅間간애 나샤 ᄯᅩ 無뭉量량無뭉數숭 方방便뼌과 種종種종 因인緣원과 譬핑喩융엣 말ᄊᆞᄆᆞ로 衆즁生ᄉᆡᆼ 爲윙ᄒᆞ야 諸졍法법을

85) 衆生ᄃᆞᆯ히: 衆生ᄃᆞᆯㅎ[중생들: 衆生(중생) + -ᄃᆞᆯㅎ(-들: 복접)] + -이(주조) ※ '衆生(중생)'은 모든 살아 있는 무리를 이른다.

[114 뒤]

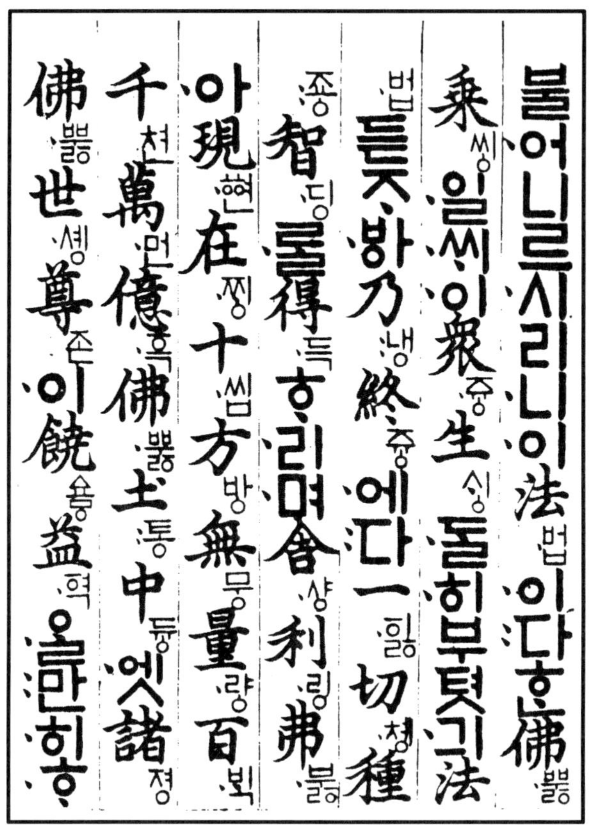

불어 닐ᄋᆞ시리니 이 法법이 다 ᄒᆞᆫ 佛뿛乘씽일ᄊᆡ 이 衆즁生ᄉᆡᆼ돌히 부텻긔 法법 듣ᄌᆞᄫᅡ 乃냉終즁에 다 一힗切쳉種죵智딩ᄅᆞᆯ 得득ᄒᆞ리며 舍샹利링弗붏아 現현在ᄍᆡᆼ 十씹方방 無뭉量량 百ᄇᆡᆨ千쳔萬먼億흑 佛뿛土통 中듕엣 諸졍佛뿛世솅尊존이 饒ᅀᅣᇢ益혁ᄋᆞᆯ 만히 ᄒᆞ

퍼뜨려 이르시겠으니, 이 法(법)이 다 한(一) 佛乘(불승)이므로 이 衆生(중생)들이 부처께 法(법)을 들어 나중(乃終)에 다 一切種智(일체종지)를 得(득)하겠으며, 舍利弗(사리불)아 現在(현재)의 十方(시방)의 無量(무량)한 百千萬億(백천만억)의 佛土(불토) 中(중)에 있는 諸佛(제불)과 世尊(세존)이 饒益(요익)을 많이 하시어 불어 니르시리니 이 法법이 다 ᄒᆞᆫ 佛뿛乘씽일ᄊᆡ[86] 이 衆쥬ᇰ生ᄉᆡᇰᄃᆞᆯ히 부텻긔 法법 듣ᄌᆞᄫᅡ 乃냉終즁에[87] 다 一ᅙᅵᇙ切쳉種죵智딩[88]ᄅᆞᆯ 得득ᄒᆞ리며 舍샹利링弗붏아 現현在ᄍᆡᆼ 十씹方방 無뭉量량 百ᄇᆡᆨ千쳔萬먼億ᅙᅳᆨ 佛뿛土통 中듕엣 諸졍佛뿛 世솅尊존이 饒ᅀᅭᇢ益ᅙᅧᆨ[89]ᄋᆞᆯ 만히[90] ᄒᆞ샤

86) 佛乘일ᄊᆡ: 佛乘(불승) + -이(서조)- + -ㄹᄊᆡ(-므로: 연어, 이유) ※ 'ᄒᆞᆫ 佛乘'은 '일불승(一佛乘)'을 이르는 말이다. 부처의 경지에 이르게 하는 오직 하나의 궁극적인 가르침이며, 모든 중생을 성불하게 하는 부처의 유일한 가르침이다.

87) 乃終에: 乃終(내종, 나중) + -에(부조, 위치)

88) 一切種智: 일체종지. 현상계의 모든 존재의 각기 다른 모습과 그 속에 감추어져 있는 참 모습을 알아내는 부처의 지혜이다.

89) 饒益: 요익. 자비로운 마음으로 중생에게 넉넉하게 이익을 주는 것이다.

90) 만히: [많이, 多(부사): 만ㅎ(← 만ᄒᆞ다: 많다, 多)- + -이(부접)]

[115 앞]

샤 衆즁生싱ᄋᆞᆯ 安한樂락게 ᄒᆞ시ᄂᆞ니 이 諸졍佛뿛이 ᄯᅩ 無뭉量량無뭉數숭 方방便뼌과 種죵種죵因힌緣원과 譬핑喩융엣 말ᄊᆞ므로 衆즁生싱 爲윙ᄒᆞ야 諸졍法법을 불어 니르시ᄂᆞ니 이 法법이 다 ᄒᆞᆫ 佛뿛乘씽일ᄊᆡ 이 衆즁生싱ᄃᆞᆯ히 부텻긔 法법 듣ᄌᆞᄫᅡ 乃냉終즁에

衆生(중생)을 安樂(안락)하게 하시나니, 이 諸佛(제불)이 또 無量無數(무량무수)한 方便(방편)과 種種(종종)의 因緣(인연)과 譬喩(비유)로 하는 말씀으로 衆生(중생)을 위하여 諸法(제법)을 퍼뜨려 이르시나니, 이 法(법)이 다 한(一) 佛乘(불승)이므로 이 衆生(중생)들이 부처께 法(법)을 들어 나중(乃終)에

衆즁生싱ᄋᆞᆯ 安한樂락게[91] ᄒᆞ시ᄂᆞ니 이 諸졍佛뿛이 ᄯᅩ 無뭉量량無뭉數숭 方방便뼌과 種죵種죵 因인緣원과 譬핑喩융엣 말ᄊᆞᄆᆞ로 衆즁生싱 爲윙ᄒᆞ야 諸졍法법을 불어 니르시ᄂᆞ니 이 法법이 다 ᄒᆞᆫ 佛뿛乘씽일ᄊᆡ 이 衆즁生싱ᄃᆞᆯ히 부텻긔 法법 듣ᄌᆞᄫᅡ 乃냉終즁에[92]

91) 安樂게: 安樂[← 安樂ᄒᆞ다(안락하다): 安樂(안락) + -ᄒᆞ(동접)-]- + -게(연어, 사동)
92) 乃終에: 乃終(내종, 나중) + -에(부조, 위치)

다 一ᅙᅵᇙ切쳉種죵智딩ᄅᆞᆯ 得득ᄒᆞ리라 비록 無뭉數숭ᄒᆞᆫ 法법門몬ᄋᆞᆯ 니ᄅᆞ시나 그 實씷은 ᄒᆞᆫ 乘씽이라 一ᅙᅵᇙ切쳉種죵智딩ᄂᆞᆫ 佛뿛果광智딩라 舍샹利링弗붏아 이 諸졍佛뿛이 다ᄆᆞᆫ 菩뽕薩삻ᄋᆞᆯ 敎공化황ᄒᆞ샤 부텻 知딩見견으로 衆즁生싱ᄋᆞᆯ 뵈오져 ᄒᆞ시며 부텻 知딩見견으로 衆즁生싱ᄋᆞᆯ ᄭᆡ오져 ᄒᆞ시며 衆즁生싱

다 一切種智(일체종지)를 得(득)하리라.【비록 無數(무수)한 法門(법문)을 이르시나, 그 實(실)은 한 乘(승)이다. 一切種智(일체종지)는 佛果智(불과지)이다.】 舍利弗(사리불)아, 이것이 諸佛(제불)들이 다만 菩薩(보살)을 教化(교화)하시어, 부처의 智見(지견)으로 衆生(중생)에게 보이고자 하시며, 부처의 知見(지견)으로 衆生(중생)을 깨우치고자 하시며, 衆生(중생)을

다 一ᅙᅵᇙ切쳉種죵智딩ᄅᆞᆯ 得득ᄒᆞ리라【비록 無뭉數숭ᄒᆞᆫ 法법門몬[93] ᄋᆞᆯ 니ᄅᆞ시나 그 實씷은 ᄒᆞᆫ 乘씽이라 一ᅙᅵᇙ切쳉種죵智딩 ᄂᆞᆫ 佛뿛果광智딩[94]라】 舍샹利링弗붏아 이[95] 諸졍佛뿛이 다ᄆᆞᆫ[96] 菩뽕薩삻ᄋᆞᆯ 敎끃化황ᄒᆞ샤 부텻 知딩見견[97]으로 衆즁生ᄉᆡᆼᄋᆞᆯ 뵈오져 ᄒᆞ시며 부텻 知딩見견으로 衆즁生ᄉᆡᆼᄋᆞᆯ 알외오져[98] ᄒᆞ시며 衆즁生ᄉᆡᆼᄋᆞᆯ

---

93) 法門: 법문. 중생을 열반에 들게 하는 문이라는 뜻으로, 부처의 교법을 이르는 말이다.

94) 佛果智: 불과지. 불도를 닦아 이르는, 부처의 지위에 해당하는 지혜이다.

95) 이: 이(이것, 此: 지대) + -Ø(←-이: 주조)

96) 다ᄆᆞᆫ: 다만, 唯(부사)

97) 知見: 지견. 지식(智識)과 견문(見聞)을 아울러 이르는 말이다.

98) 알외오져: 알외[알리다, 깨우치다, 悟: 알(알다, 知: 타동)- + -오(사접)- + -ㅣ(←-이-: 사접)-]- + -오져(←-고져: -고자, 연어, 의도)

·을부텻知딩見견에드리고져ᄒᆞ시논
젼ᄎᆡ라舍샹利링弗붏아나도이곧ᄒᆞ
야衆즁生ᄉᆡᇰᄃᆞᆯ히種죵種죵欲욕과기
픈ᄆᆞᅀᆞ미著땩ᄒᆞᆫᄃᆞᆯ아라 흐린業업을브트면
五ᅌᆞᆼ塵띤을欲욕ᄒᆞ야ᄃᆞᅀᆞ매貪탐着
딱ᄒᆞ고조ᄒᆞᆫ業업을브트면小숗果광
를欲욕ᄒᆞ야二ᅀᅵᆼ乘씽
에貪탐着딱ᄒᆞᆯ씨라 제本본性셩을
조차種죵種죵因힌緣원과譬핑喩융

부처의 知見(지견)에 들이고자 하시는 까닭이다. 舍利弗(사리불)아, 나도 이와 같아서 衆生(중생)들이 種種(종종)의 欲(욕)과 깊은 마음에 著(착)한 것을 알아서【흐린 業(업)을 의지하면 五塵(오진)을 欲(욕)하야 애틋이 사랑함에 貪着(탐착)하고, 맑은 業(업)을 의지하면 小果(소과)를 欲(욕)하여 二乘(이승)에 貪着(탐착)하는 것이다.】제 本性(본성)을 좇아 種種(종종)의 因緣(인연)과 譬喩(비유)로 하는

[116 앞]

부텻 知딩見견에 드리고져[99] ᄒᆞ시논[1] 젼ᄎᆞ라[2] 舍샹利링弗붏아 나도 이[3] ᄀᆞᆮᄒᆞ야 衆즁生ᄉᆡᆼᄃᆞᆯ히 種죵種죵 欲욕[4]과 기픈 ᄆᆞᅀᆞ미 著땩ᄒᆞᆫ[5] ᄃᆞᆯ[6] 아라【흐린 業업[7]을 브트면[8] 五옹塵띤[9]ᄋᆞᆯ 欲욕ᄒᆞ야[10] ᄃᆞ소매[11] 貪탐着땩ᄒᆞ고[12] 조ᄒᆞᆫ 業업[13]을 브트면 小숗果광[14]ᄅᆞᆯ 欲욕ᄒᆞ야 二ᅀᅵᆼ乘씽[15]에 貪탐着땩ᄒᆞᆯ 씨라】 제[16] 本본性셩을 조차 種죵種죵 因인緣원과 譬핑喩융엣

---

99) 드리고져: 드리[들이다, 들게 하다, 使入: 들(들다, 入: 자동)- + -이(사동)-]- + -고져(-고자: 연어, 의도)

1) ᄒᆞ시논: ᄒᆞ(하다: 보용, 의도)- + -시(주높)- + -ㄴ(← -ᄂᆞ-: 현시)- + -오(대상)- + -ㄴ(관전)

2) 젼ᄎᆞ라: 젼ᄎᆞ(까닭, 故) + -ㅣ(← -이-: 서조)- + -Ø(현시)- + -라(← -다: 평종)

3) 이 : 이(이, 此: 지대, 정칭) + -Ø(← -이: 부조, 비교)

4) 欲: 욕. 자기가 좋아하는 대경(對境)에 대하여 그것을 얻으려고 희망하는 정신 작용이다.

5) 著ᄒᆞᆫ: 著ᄒᆞ[착하다, 붙다(동사): 著(착: 불어) + -ᄒᆞ(동접)-]- + -Ø(과시)- + -ㄴ(관전)

6) ᄃᆞᆯ: ᄃᆞ(것: 의명) + -ㄹ(← -ᄅᆞᆯ: 목조)

7) 흐린 業: 탁업(濁業). 탐욕의 흐린 마음으로 생기는 몸·입·뜻의 삼업(三業)이다.

8) 브트면: 븥(붙다, 의지하다, 附)- + -으면(연어, 조건)

9) 五塵: 오진. 중생의 진성(眞性)을 더럽히어 번뇌를 일으키는 다섯 가지 더러움이다. 색(色)·성(聲)·향(香)·미(味)·촉(觸)의 오경(五境)을 달리 이르는 말이다.

10) 欲ᄒᆞ야: 欲ᄒᆞ[욕하다, 탐내다: 欲(욕: 명사) + -ᄒᆞ(동접)-]- + -야(← -아: 연어)

11) ᄃᆞ소매: ᄃᆞᇫ(← ᄃᆞᆺ다, ㅅ불: 애틋이 사랑하다, 愛)- + -옴(명전) + -애(-에: 부조, 위치)

12) 貪着ᄒᆞ고: 貪着ᄒᆞ[탐착하다: 貪著(탐착) + -ᄒᆞ(동접)-]- + -고(연어, 나열) ※ '貪著(탐착)'은 만족(滿足)할 줄 모르고 더욱 사물(事物)에 집착(執着)하는 것이다.

13) 조ᄒᆞᆫ 業: 맑은 업. 정업(淨業). 맑고 깨끗한 선업(善業)이다.

14) 小果: 소과. 작은 열매이다.

15) 二乘: 이승. 중생을 깨달음으로 인도하는 부처의 두 가지 가르침이다. 곧, 성문승(聲聞乘)과 연각승(緣覺乘)의 가르침이다.

16) 제: 저(저, 자기, 其: 인대, 재귀칭) + -ㅣ(← -의: 관조)

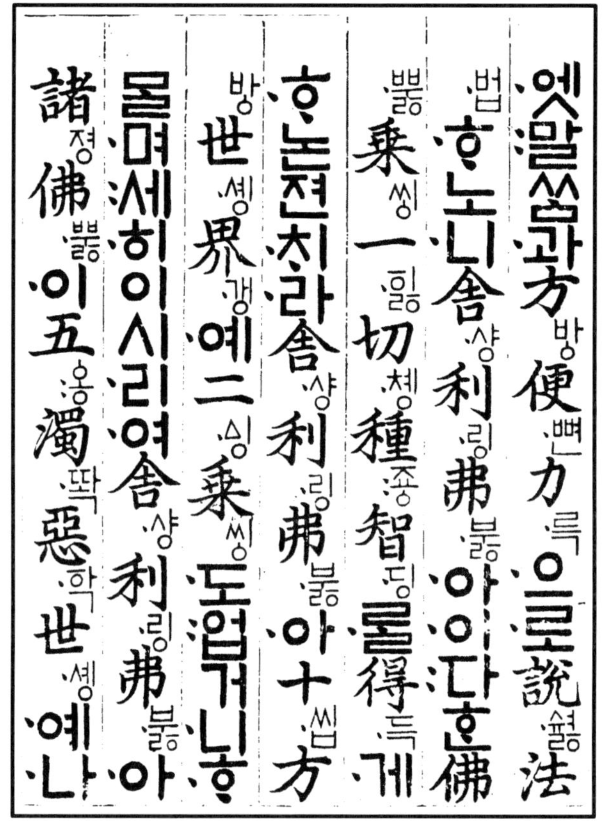

엣말ᄊᆞᆷ과方방便뼌力륵으로說쉃法
법ᄒᆞ노니舍샹利링弗붏아이다ᄒᆞᆫ佛
뿛乘씽一힗切쳉種죵智딩ᄅᆞᆯ得득게
ᄒᆞ논젼치라舍샹利링弗붏아十씹方
방世솅界갱예二싱乘씽도업거니ᄒᆞ
ᄆᆞᆯ며세히이시리여舍샹利링弗붏아
諸졍佛뿛이五옹濁뙥惡학世솅예나

말씀과 方便力(방편력)으로 說法(설법)하나니, 舍利弗(사리불)아 이것이 다 한 佛乘(불승)의 一切種智(일체종지)를 得(득)하게 하는 까닭이다. 舍利弗(사리불)아, 十方(시방) 世界(세계)에 二乘(이승)도 없으니, 하물며 셋이 있겠느냐? 舍利弗(사리불)아, 諸佛(제불)이 五濁惡世(오탁악세)에 나시어, (오탁악세는)

말쓰과 方방便뼌力륵[17]으로 說쉻法법ᄒᆞ노니[18] 舍샹利링弗붏아 이[19] 다[20]
ᄒᆞᆫ 佛뿛乘씽 一읋切쳉種죵智딩ᄅᆞᆯ 得득게[21] ᄒᆞ논 젼ᄎᆞ라 舍샹利링弗붏아
十씹方방 世솅界갱예 二싱乘씽도 업거니[22] ᄒᆞᄆᆞᆯ며[23] 세히[24] 이시리여[25]
舍샹利링弗붏아 諸졍佛뿛이 五옹濁뙥惡악世솅[26]예 나샤

17) 方便力: 방편력. 방편의 힘이다. ※ '方便(방편)'은 십바라밀의 하나로서, 중생을 구제하기 위하여 쓰는 묘한 수단과 방법이다.

18) 說法ᄒᆞ노니: 說法ᄒᆞ[설법하다: 說法(설법) + -ᄒᆞ(동접)-]- + -ㄴ(← -ᄂᆞ-: 현시)- + -오(화자)- + -니(연어, 설명 계속, 이유)

19) 이: 이(이, 이것, 此: 지대, 정칭) + -Ø(← -이: 주조)

20) 다: [다, 悉(부사): 다(← 다ᄋᆞ다: 다하다, 盡: 동사)- + -아(연어 ▹ 부접)]

21) 得게: 得[← 得ᄒᆞ다(득하다, 얻다): 得(득: 불어) + -Ø(← -ᄒᆞ-: 동접)-]- + -게(연어, 사동)

22) 업거니: 업(← 없다: 없다, 無)- + -거(확인)- + -니(연어, 이유)

23) ᄒᆞᄆᆞᆯ며: 하물며, 況(부사)

24) 세히: 세ㅎ(셋, 三: 수사, 양수) + -이(주조) ※ 여기서 '세ㅎ'은 '삼승(三乘)'을 이른다. '삼승(三乘)'은 대승불교에서 말하는 3종류의 가르침이다. 승(乘)은 원래 '타는 것'으로, 인간이 깨달음의 경지에 이르기 위해 타는 것, 즉 가르침을 의미한다. 대승불교에서는 전불교를 성문승(聲聞乘), 연각승(緣覺乘), 보살승(菩薩乘)의 3종으로 나누고, 각각 능력이 다른 3종류의 대상을 위해서 다른 가르침이 있다고 한다.

25) 이시리여: 이시(있다, 有)- + -리(미시)- + -여(-냐: 의종, 판정) ※ '이시리여'는 [이시- + -리(미시)- + -가(의종)] → [이시- + -리- + -아] → [이시- + -리- + -야] → [이시- + -리- + -여]와 같은 과정으로 변동한 형태이다.

26) 五濁惡世: 오탁악세. 오탁(五濁)으로 가득 찬 죄악의 세상이다. ※ '五濁(오탁)'은 세상의 다섯 가지 더러움이다. 곧, '겁탁(劫濁)·견탁(見濁)·번뇌탁(煩惱濁)·중생탁(衆生濁)·명탁(命濁)'을 이른다. 이 같은 말기적 현상을 드러내는 시대를 오탁악세(五濁惡世)라고 한다.

[117 앞]

샤 劫겁濁땩煩뻔惱놓濁땩衆즁生싱
濁땩見견濁땩命명濁땩이니 이ᄀᆞ티
舍샹利링弗붏아 劫겁濁땩 어즈러ᄫᅳᆫ
時씽節졇에 衆즁生싱이 ᄠᅵ 므거ᄫᅥ 앗
기며 貪탐ᄒᆞ며 새오ᄆᆞ로 여러 가지 됴
티 몯ᄒᆞᆫ 根근源원을 일울ᄊᆡ 諸졍佛뿛
이 方방便뼌力륵으로 ᄒᆞᆫ 佛뿛乘씽에

劫濁(겁탁), 煩惱濁(번뇌탁), 衆生濁(중생탁), 見濁(견탁), 命濁(명탁)이니, 이와 같이 舍利弗(사리불)아, 劫濁(겁탁)의 어지러운 時節(시절)에 衆生(중생)의 때(垢)가 무거워서, (중생이) 아끼며 貪(탐)하며 시샘으로 여러 가지의 좋지 못한 根源(근원)을 이루므로, 諸佛(제불)이 方便力(방편력)으로 한 佛乘(불승)에서

劫겁濁땩[27] 煩뻔惱놓濁땩[28] 衆즁生싱濁땩[29] 見견濁땩[30] 命명濁땩[31]이니 이 ᄀᆞ티 舍샹利링弗붏아 劫겁濁땩 어즈러ᄫᅳᆫ 時씽節졇에 衆즁生싱ᄋᆡ ᄢᅵ[32] 므거ᄫᅥ[33] 앗기며[34] 貪탐ᄒᆞ며 새오ᄆᆞ로[35] 여러 가짓 됴티[36] 몯ᄒᆞᆫ 根ᄀᆞᆫ源원을 일울ᄊᆡ[37] 諸졍佛뿛이 方방便뼌力륵으로 ᄒᆞᆫ 佛뿛乘씽[38]에

---

27) 劫濁: 겁탁. 시대의 혼탁·전쟁·전염병·기근 등이다.

28) 煩惱濁: 번뇌탁. 인간 개개인의 탐욕과 분노 등으로 세상이 탁해지는 것이다.

29) 衆生濁: 중생탁. 인간의 자질이 저하되어 사회악이 증가하는 것이다.

30) 見濁: 견탁. 사상의 혼탁, 즉 그릇된 견해와 사상이 만연해지는 것이다.

31) 命濁: 명탁. 환경이 나빠져 중생의 수명이 점차 짧아지는 것을 말한다.(= 수탁, 壽濁)

32) ᄢᅵ: ᄢᅵ(때, 垢) + -Ø(← -이: 주조) ※ 'ᄢᅵ(때, 垢)'는 번뇌(煩惱)를 상징한다.

33) 므거워 므거ᄫᅳᆫ: 므겁[← 므겁다, ㅂ불(무겁다, 重): 므기(무겁게 하다)- + -업(형접)-]- + -어(연어)

34) 앗기며: 앗기(아끼다, 慳)- + -며(연어, 나열)

35) 새오ᄆᆞ로: 새옴[샘, 시샘, 妒: 새오(시샘하다, 妒: 동사)- + -ㅁ(명접)]- + -ᄋᆞ로(부조, 방편)

36) 됴티: 둏(좋다, 善)- + -디(-지: 연어, 부정)

37) 일울ᄊᆡ: 일우[이루다, 成: 일(이루어지다, 成: 자동)- + -우(사접)-]- + -ㄹᄊᆡ(-므로: 연어, 이유)

38) 佛乘: 불승. 중생을 깨달음의 세계로 이끄는 부처의 교법(敎法)이다.

[117 뒤]

ᄀᆞᆯᄒᆡ야 세ᄒᆞᆯ 니ᄅᆞ시니라 五옹濁ᄹᅡᆨ은 다 性셩을 브터 니ᄅᆞ니 性셩이 本본來ᄅᆡᆼ ᄆᆞᆰ거늘 다ᄉᆞᆺ 이리 어즈려 드트를 니ᄅᆞ와ᄃᆞᆯᄊᆡ 濁ᄹᅡᆨ이라 ᄒᆞ니라 劫겁濁ᄹᅡᆨ은 劫겁은 時씽節졇이니 時씽節졇에 모ᄃᆞᆫ 이리 만ᄒᆞ야 흐리워 業업을 니ᄅᆞ와ᄃᆞᆯᄊᆡ라 煩뻔惱ᄂᆞᇂ濁ᄹᅡᆨ은 펴면 九궁十씹八밣使ᄉᆞᆼㅣ오 모도면 貪탐嗔친癡팅 等등 五옹鈍똔이 흐리워 이ᄅᆞᆯ 마ᄀᆞᆯᄊᆡ라 九궁十씹八밣使ᄉᆞᆼ는 見견惑ᅘᅬᆨ 八밣十씹八밣使ᄉᆞᆼ와 思ᄉᆞᆼ惑ᅘᅬᆨ 十씹使ᄉᆞᆼㅣ니 見견惑ᅘᅬᆨ 八밣十씹八밣使ᄉᆞᆼ는 欲욕界갱옌 苦콩諦뎽예 身

가려서(區分하여) 셋을 이르셨느니라. 【五濁(오탁)은 다 性(성)을 말미암아서 이르니, 性(성)이 本來(본래) 맑거늘 다섯 일이 (性을) 어지럽혀 티끌을 일으키므로 濁(탁)이라고 하였니라. '劫濁(겁탁)'은 [劫(겁)은 時節(시절)이니] 時節(시절)에 모진 일이 많아서 (性을) 흐리게 하여 業(업)을 일으키는 것이다. '煩惱濁(번뇌탁)'은 펴면 九十八使(구십팔사)이요, 모으면 貪(탐) · 嗔(진) · 癡(치) 等(등)의 五鈍(오둔)이 (性을) 흐리게 하여 일(事)을 막는 것이다.

九十八使(구십팔사)는 見惑(견혹)의 八十八使(팔십팔사)와 思惑(사혹)의 十使(십사)이니, 見惑(견혹)의 八十八使(팔십팔사)는 欲界(욕계)에는 苦諦(고제)에 身見(신견) ·

ᄀᆞᆯᄒᆞ야 세흘[39] 니르시ᄂᆞ니라[40] 【五옹濁똭ᄋᆞᆫ 다 性셩을 브터 니ᄅᆞ니 性셩이 本본來ᄅᆡᆼ ᄆᆞᆰ거늘 다ᄉᆞᆺ 이리 어즈려[41] ᄃᆞ트ᄅᆞᆯ 니ᄅᆞ와ᄃᆞᆯ씨 濁똭이라 ᄒᆞ니라 劫겁濁똭[42]ᄋᆞᆫ 劫겁 時씽節졇이니 時씽節졇에 모딘 이리 만ᄒᆞ야 흐리워[43] 業업[44]을 니ᄅᆞ와ᄃᆞᆯ 씨라 煩뻔惱놓濁똭[45]ᄋᆞᆫ 펴면 九궁十씹八밣使ᄉᆞᆼ[46]ㅣ오 모도면[47] 貪탐 嗔친 癡팅 等등 五옹鈍똔[48]이 흐리워 이ᄅᆞᆯ 마ᄀᆞᆯ 씨라

九궁十씹八밣使ᄉᆞᆼᄂᆞᆫ 見견惑ᅘᅬᆨ[49] 八밣十씹八밣使ᄉᆞᆼ와 思ᄉᆞᆼ惑ᅘᅬᆨ[50] 十씹使ᄉᆞᆼ왜니 見견惑ᅘᅬᆨ 八밣十씹八밣使ᄉᆞᆼᄂᆞᆫ 欲욕界갱옌 苦콩諦뎽[51]예 身신見견[52]

---

39) 세흘 : 세ㅎ(셋, 三: 수사, 양수) + -을(목조) ※ '세ㅎ(셋, 三)'은 '三乘(삼승)'을 이른다.

40) 니르시ᄂᆞ니라: 니르(이르다, 說)- + -시(주높)- + -ᄂᆞ(현시)- + -니(원칙)- + -라(← -다: 평종)

41) 어즈려: 어즈리[어지럽히다, 亂: 어즐(불어) + -이(사접)-]- + -어(연어)

42) 劫濁: 겁탁. 시대의 혼탁·전쟁·전염병·기근 등이다.

43) 흐리워: 흐리우[흐리게 하다: 흐리(흐리다, 濁: 형사)- + -우(사접)-]- + -어(연어)

44) 業: 업. 미래에 선악의 결과를 가져오는 원인이 된다고 하는, 몸과 입과 마음으로 짓는 선악의 소행이다.

45) 煩惱濁: 번뇌탁. 인간 개개인의 탐욕과 분노 등으로 세상이 탁해지는 것이다.

46) 九十八使: 구십팔사. 사(使)는 번뇌를 뜻한다. 견도(見道)에서 끊는 88번뇌와 수도(修道)에서 끊는 10번뇌를 통틀어 일컫는 말이다. 구십팔수면(九十八隨眠)이라고도 한다.

47) 모도면: 모도[모으다, 集: 몯(모이다, 集: 자동)- + -오(사접)-]- + -면(연어, 조건)

48) 五鈍: 오둔. 오둔사(五鈍使)이다. 사(使)는 마음을 마구 부려 산란하게 한다는 뜻으로 번뇌를 말한다. 곧, '탐(貪) · 진(瞋) · 치(癡) · 만(慢) · 의(疑)'이다.

49) 見惑: 견혹. 견도(見道)에서 끊는 번뇌라는 뜻이다. 사제(四諦)를 명료하게 주시하지 못함으로써 일어나는 번뇌이다.

50) 思惑: 사혹. 낱낱의 사물의 진상을 알지 못하여 일어나는 번뇌이다. 탐(貪) · 진(瞋) · 치(癡) 등이 있다.

51) 苦諦: 고제. 석가모니 부처의 기본 교설인 사제설의 하나로서, '괴로움'이라는 진리이다.

52) 身見: 신견. 십사(十使) · 오리사(五利使) · 오견(五見)의 하나이다. 몸을 보는 것이니, '나'다 '남'이다 하고 보는 것이다. 곧 '나'라고 할 것이 없는 줄을 알지 못하고 내가 실로 있는 것이라고 집착하는 아견(我見) · 아소견(我所見)이다.

[118 앞]

邊見(변견)·見取(견취)·戒取(계취)·邪見(사견)과 貪(탐)·嗔(친)·癡(치)·慢(만)·疑(의) (등의) 十使(십사)가 갖추어져 있고, 集諦(집제)·滅諦(멸제)에 身見(신견)·邊見(변견)·戒取(계취)가 덜고 各各(각각) 七使(칠사)이요, 道諦(도제)에 身見(신견)·邊見(변견)을 덜고 八使(팔사)이니, 합하여 三十二使(삼십이사)이다. 色界(색계)·無色界(무색계)에는 欲界(욕계)와 같되 諦(제)마다 嗔(진)을 덜면 各各(각각) 二十八使(이십팔사)이니, 먼저의 三十二(삼십이)를 아울러서 八十八使(팔십팔사)이다. 思惑(사혹)의 十使(십사)는 欲界(욕계)에는 貪(탐)·嗔(진)·癡(치)·慢(만)이요, 色界(색계)·無色界(무색계)에는

邊변見견[53] 見견取츙[54] 戒갱取츙[55] 邪썅見견[56]과 貪탐[57] 嗔친[58] 癡팅[59] 慢만[60] 疑잉[61]와 十씹使ᄉᆞᆼㅣ ᄀᆞᆽ고[62] 集찝[63] 滅몛諦뎽[64]예 身신見견 邊변見견 戒갱取츙ㅣ 덜오 各각各각 七칧使ᄉᆞᆼㅣ오 道똫諦뎽[65]예 身신見견 邊변見견 덜오 八밣使ᄉᆞᆼㅣ니 어우러[66] 三삼十씹二ᅀᅵᆼ使ᄉᆞᆼㅣ라 色ᄉᆡᆨ界갱 無뭉色ᄉᆡᆨ界갱옌 欲욕界갱 ᄀᆞᆮ호ᄃᆡ 諦뎽마다 嗔친을 덜면 各각各각 二ᅀᅵᆼ十씹八밣使ᄉᆞᆼㅣ니 몬졧[67] 三삼十씹二ᅀᅵᆼ 조쳐[68] 八밣十씹八밣使ᄉᆞᆼㅣ라 思ᄉᆞᆼ惑획 十씹使ᄉᆞᆼᄂᆞᆫ 欲욕界갱옌 貪탐 嗔친 癡팅 慢만이오 色ᄉᆡᆨ界갱 無뭉色ᄉᆡᆨ界갱옌

---

53) 邊見: 변견. 한 편 가장자리만을 보는 것이니, 몸이 늘 있는 것이라든지 본래 없는 것이라든지 한 것이다.

54) 見取: 견취. 견취견(見取見). 사나운 법을 잡아 가장 높은 것이라고 해서 제가 보는 것이 옳다고 하여 가지는 것이다. 곧 졸렬한 지견(知見)이나 졸렬한 일을 취하여 스스로 훌륭한 견해라고 여기는 견해이다.

55) 戒取: 개취. 계취견(戒取見). 그릇된 계율이나 금지 조항을 바른 것으로 간주하여 거기에 집착하는 견해이다.

56) 邪見: 사견. 인과보응의 이치와 불생불멸의 진리를 부정하고 무시하는 망령된 견해이다. 사견을 갖게 되면 그 죄가 크고 악도에 떨어지게 된다.

57) 貪: 탐. 탐내어 그칠 줄 모르는 욕심이다.

58) 嗔: 진. 왈칵 성내는 마음이다.

59) 癡: 치. 현상을 바로 알지 못하는 어리석음이다.

60) 慢: 만. 자기보다 못한 사람에 대하여 자신이 우월하다고 생각하여 높은 체하는 것이다.

61) 疑: 의. 진리를 의심하는 마음 작용이다.

62) ᄀᆞᆽ고: ᄀᆞᆽ(← ᄀᆞᆽ다: 갖추어져 있다, 備)- + -고(연어, 나열)

63) 集: 집. 집제(集諦). 괴로움의 원인이라는 진리이다. 곧, 괴로움이 일어나는 원인은 몹시 탐내어 집착하는 갈애(渴愛)라는 진리이다.

64) 滅諦: 멸제. 괴로움의 소멸이라는 진리이다. 곧, 갈애(渴愛)를 남김없이 소멸하면 괴로움이 소멸되어 열반에 이른다는 진리이다.

65) 道諦: 도제. 괴로움의 소멸에 이르는 길이라는 진리이다. 곧, 팔정도(八正道)는 갈애(渴愛)를 소멸시키는 수행법이라는 진리이다.

66) 어우러: 어울(합하다, 合)- + -어(연어)

67) 몬졧: 몬제(← 몬져: 먼저, 先) + -ㅅ(-의: 관조)

68) 조쳐: 조치[아우르다, 겸하다, 兼: 좇(좇다, 따르다, 從: 타동)- + -이(사접)-]- + -어(연어)

ᄯᅴ界갱옌 다 貪탐癡팅慢만이니 見견惑ᅘᅬᆨ 조쳐 九궁十씹八밣使ᄉᆞᆼㅣ라 ○ 法법苑원珠즁林림에 닐오ᄃᆡ 理링예 迷몡ᄒᆞ미 ᄀᆞᆽ디 아니ᄒᆞᄂᆞᆫ 真진實씷로 衆즁生ᄉᆡᆼ이 비르숨 업슨 時씽節졇브터 오매 죽사리예 그우니녀 能능히 漏릏를 긋디 몯ᄒᆞ야 出츓世솅果광ᄅᆞᆯ 得득디 몯ᄒᆞ야 十씹使ᄉᆞᆼ 煩뻔惱ᄂᇹᄅᆞᆯ 닐위ᄂᆞ니 이ᄂᆞᆫ 能능障쟝業업이오 四ᄉᆞᆼ真진諦뎽ᄂᆞᆫ 法법은 이ᄂᆞᆫ 所송障쟝理링라 四ᄉᆞᆼ諦뎽ᄂᆞᆫ 苦콩集찝滅멿道뚷ㅣ니 四ᄉᆞᆼ諦뎽의 因힌果광 次ᄎᆞᆼ第뗑 大땡小ᄉᆞᇢ同똥異잉ᄅᆞᆯ ᄀᆞᆽ초 사굠뎬 어즈

다 貪(탐) · 癡(치) · 慢(만)이니, 見惑(견혹)을 아울러서 九十八使(구십팔사)이다. ○ 法苑珠林(법원주림)에 이르되 “理(이)에 迷(미)한 것이 갖추어져 있지 아니한 것은 眞實(진실)로 衆生(중생)이 비롯함 없는 時節(시절)부터 옴에 죽살이에 굴러다녀, 能(능)히 漏(누)를 끊지 못하여 出世果(출세과)를 得(득)하지 못하여, 十使(십사)의 煩惱(번뇌)를 일으키나니, 이는 ‘能(능) · 障(장) · 業(업)’이요, 四眞諦法(사진제법)은 이는 ‘所(소) · 障(장) · 理(이)’이다. 四諦(사제)는 苦(고) · 集(집) · 滅(멸) · 道(도)이니, 四諦(사제)의 因果(인과)의 次第(차제, 차례)와 大小同異(대소동이)를 갖추어서 풀이한다면 어지러우므로

다 貪탐 癡팅 慢만이니 見견惑획 조쳐 九궇十씹八밣使ᄉᆞᆼ ㅣ라 ○ 法법苑ᅙᅯᆫ珠즁林림[69]에 닐오ᄃᆡ 理링예 迷몡호미[70] ᄀᆞᆮ디 아니호ᄆᆞᆫ 眞진實씷로 衆즁生ᄉᆡᆼ이 비르숨[71] 업슨 時씽節졇브터 오매 죽사리예[72] 그우녀[73] 能능히 漏릏[74]를 긋디[75] 몯ᄒᆞ야 出츓世솅果광[76]ᄅᆞᆯ 得득디 몯ᄒᆞ야 十씹使ᄉᆞᆼ[77] 煩뻔惱놓ᄅᆞᆯ 닐위ᄂᆞ니[78] 이ᄂᆞᆫ 能능障쟝業업이오 四ᄉᆞᆼ眞진諦뎅法법은 이ᄂᆞᆫ 所송障쟝理링라 四ᄉᆞᆼ諦뎅ᄂᆞᆫ 苦콩 集찝 滅몛 道똫ㅣ니 四ᄉᆞᆼ諦뎅의 因인果광 次ᄎᆞᆼ第뗑[79] 大땡小숗 同똥異잉ᄅᆞᆯ ᄀᆞ초[80] 사교ᇙ뎬[81] 어즈러ᄫᅳᆯᄊᆡ[82]

---

69) 法苑珠林: 법원주림. 중국 당(唐)나라의 율종승(律宗僧)인 도세(道世)가 지은 대작(大作)의 불서(佛書)이다.

70) 迷호미: 迷ㅎ[← 迷ᄒᆞ다(미혹하다): 迷(미: 불어) + -ᄒᆞ(동접)]- + -옴(명전) + -이(주조) ※ '迷(미)'는 (迷惑) · 미망(迷妄) · 미집(迷執)의 준말이다. 무명 번뇌로 인하여 사리를 밝게 깨치지 못하고 전도몽상하는 것이다.

71) 비르숨: 비릇(비롯하다, 始)- + -움(명전)

72) 죽사리예: 죽사리[죽살이, 生死: 죽(죽다, 死)- + 살(살다, 生)- + -이(명접)] + -예(← -에: 부조, 위치)

73) 그우녀: 그우니[굴러다니다, 輾轉: 그우(← 그울다: 구르다, 轉)- + 니(다니다, 行)-]- + -어(연어)

74) 漏: 누. 몸과 마음을 미혹하게 하는 여러 가지의 번뇌(煩惱)이다.

75) 긋디: 긋(← 긏다: 끊다, 斷)- + -디(-지: 연어, 부정)

76) 出世果: 출세과. 세간을 떠난 과(果)이다. 곧, 세속의 번뇌를 떠난 결과, 곧 열반이다.

77) 十使: 십사. 오리사(五利使)와 오둔사(五鈍使)를 말한다. 십사는 그 성품이 예리하고(五利使), 우둔함(五鈍使)에 의하여 항상 마음을 어지럽게 하는 번뇌이다. 곧 신견(身見) · 변견(邊見) · 사견(邪見) · 계취(戒取) · 견취(見取) · 탐(貪:貪欲) · 진(嗔) · 치(癡) · 만(慢) · 의(疑) 등이다.

78) 닐위ᄂᆞ니: 닐위[← 니르위다(이르게 하다, 至): 닐(← 니르다: 이르다, 至, 자동)- + -우(사접)- + -ㅣ(← -이-: 사접)-]- + -ᄂᆞ(현시)- + -니(연어, 설명 계속)

79) 次第: 차제. 차례.

80) ᄀᆞ초: [갖추, 고루 있는 대로, 詮(부사): ᄀᆞᆽ(갖추어져 있다, 具: 형사)- + -호(사접)- + -Ø(부접)]

81) 사교ᇙ뎬: 사기(새기다, 풀이하다, 解)- + -ᇙ뎬(-면, -을진대: 연어, 조건, 가정)

82) 어즈러ᄫᅳᆯᄊᆡ: 어즈러ᇦ[← 어즈럽다, ㅂ불(어지럽다, 亂): 어즐(어질: 불어) + -업(형접)-]- + -Ø(현시)- + -을ᄊᆡ(-므로: 연어, 이유)

[119앞]

당분간 그 이름을 대략 풀이하여 因果(인과)를 알게 한다. 生滅(생멸)이 無常(무상)하여 理(이)가 實(실)로 이처럼 受苦(수고)로워서 行者(행자)를 다그치는 것이 이름이 苦諦(고제)이다. 諦(제)는 實(실)한 뜻이니 實(실)하여 망령되지 아니하므로 諦(제)라고 하니, 아래의 세 諦(제)의 뜻이 한가지이다. 漏(누)가 있는 善惡(선악)이 다 能(능)히 果(과)를 내나니, 理(이)가 因(인)하여 集(집)하므로 이름이 集諦(집제)이요 煩惱(번뇌)가 다한 것의 이름이 滅(멸)이니, 理(이)가 實(실)로 나지 아니한 것이 이름이 滅諦(멸제)이요, 理(이)를 보아 막은 것을 덜어 이처럼 實(실)로 虛(허)하지 아니하는 것이 이름이 道諦(도제)이다.

안ᄌᆞᆨ[83] 그 일후믈 멀톄[84] 사겨 因인果광ᄅᆞᆯ 알에[85] ᄒᆞ노라[86] 生싱滅멿이 無뭉常썅ᄒᆞ야 理링[87] 實씷로 이 受쓭苦콩ᄅᆞᄫᅵ야[88] 行혱者쟝[89]ᄅᆞᆯ 다와도미[90] 일후미 苦콩諦뎽[91]라 諦뎽ᄂᆞᆫ 實씷ᄒᆞᆫ ᄠᅳ디니 實씷ᄒᆞ야 거츠디[92] 아니ᄒᆞᆯᄊᆡ 諦뎽라 ᄒᆞ니 아랫 세 諦뎽 ᄠᅳ디 ᄒᆞᆫ가지라[93] 漏릏 잇ᄂᆞᆫ 善션惡학이 다 能능히 果광[94]ᄅᆞᆯ 내ᄂᆞ니 理링 因인ᄒᆞ야 集찝ᄒᆞᆯᄊᆡ 일후미 集찝諦뎽[95]오 煩뻔惱놓 다ᄋᆞᆫ ᄯᅡ히[96] 일후미 滅멿이니 理링 實씷로 나디 아니호미 일후미 滅멿諦뎽[97]오 理링ᄅᆞᆯ 보아 마고ᄆᆞᆯ[98] 더러[99] 이 實씷로 虛헝티[1] 아니호미 일후미 道뚷諦뎽[2]라

---

83) 안ᄌᆞᆨ: 아직, 당분간, 當(부사)
84) 멀톄: 어림으로, 대략(부사)
85) 알에: 알(알다, 知)- + -에(← -게: 연어, 사동)
86) ᄒᆞ노라: ᄒᆞ(하다: 보용, 사동)- + -ㄴ(← -ᄂᆞ-: 현시)- + -오(화자)- + -라(← -다: 평종)
87) 理: 이. 경험적 인식을 초월할 상항불역(常恒不易) 보편평등의 진여(眞如)를 말한다.
88) 受苦ᄅᆞᄫᅵ야: 受苦ᄅᆞᄫᅵ[수고롭다: 受苦(수고: 명사) + -ᄅᆞᄫᅵ(형접)-]- + -야(← -아: 연어)
89) 行者: 행자. 불도를 닦는 사람. 처음에는 불도를 닦는 사람을 가리키는 말로 쓰였으나, 나중에는 절에 들어가 불도를 닦는 이를 뜻하게 되었다.
90) 다와도미: 다왇(다그치다, 叱責)- + -옴(명전) + -이(주조)
91) 苦諦: 고제. 사제(四諦)의 하나이다. 현세에서의 삶은 곧 고통이라고 하는 진리를 이른다.
92) 거츠디: 거츠(← 거츨다: 허망하다, 虛妄)- + -디(-지: 연어, 부정)
93) ᄒᆞᆫ가지라: ᄒᆞᆫ가지[한가지, 같은 것, 同(명사): ᄒᆞᆫ(한, 一: 관사, 양수) + 가지(가지, 類: 의명)] + -∅(서조)- + -∅(현시)- + -라(← -다: 평종)
94) 果: 과. 원인에 따라 일어나는 결과이다.
95) 集諦: 집제. 사제의 하나이다. 괴로움의 원인은 끝없는 애집(愛執)에 있다는 진리를 이른다.
96) ᄯᅡ히: ᄯᅡᇂ(곳, 處) + -이(주조)
97) 滅諦: 멸제. 사제(四諦)의 하나이다. 모든 욕망을 벗어나서 괴로움이 소멸한 열반의 경지를 이상이라고 풀이하는 진리를 이른다.
98) 마고ᄆᆞᆯ: 막(막다, 障)- + -옴(명전) + -ᄋᆞᆯ(목조)
99) 더러: 덜(덜다, 除)- + -어(연어)
1) 虛티: 虛ᇂ[← 虛ᄒᆞ다(허하다): 虛(허: 불어) + -ᄒᆞ(형접)-]- + -디(-지: 연어, 부정)
2) 道諦: 도제. 사제(四諦)의 하나이다. 번뇌와 업을 끊고 열반에 도달하는 길을 이른다.

[119 뒤]

한 사람에게 나아가 四諦(사제)를 論(논)한다면, 몸과 마음의 苦(고)와 樂(낙)의 漏(누)가 있는 報(보)의 가(邊)가 (이) 苦諦(고제)요, 만일 理(이)를 보지 못하면 일으키는 善惡(선악)과 八禪(팔선)에 이르는 것이 (이) 集諦(집제)요, 身心(신심)에 生滅(생멸)이 나서 없어진 것을 보면 곧 (이) 觀智(관지)와 (이) 道諦(도제)요, 이 道智(도지)가 나서 없어진 것을 볼 적을 因(인)하여 惑(혹)이 그친 데가 滅諦(멸제)이다. 迷(미)와 理(이)를 이른 것이 議論(의론)이 같지 아니하니, 毗曇論(비담론)을 의지한다면 이르되 "身見(신견)과 邊見(변견)은 오직 苦諦(고제)를 迷(미)하나니, 凡夫(범부)가 다

ᄒᆞᆫ 사ᄅᆞᄆᆡ 게[3] 나ᅀᅡ가 四ᄉᆞᆼ諦뎽ᄅᆞᆯ 論론ᄒᆞᇙ뎬[4] 몸과 ᄆᆞᅀᆞᆷ괏[5] 苦콩와 樂락과ᄋᆡ 漏룧 잇ᄂᆞᆫ 報봏[6]ㅅ ᄀᆞᅀᆡ[7] 이 苦콩諦뎽오 ᄒᆞ다가[8] 理링ᄅᆞᆯ 보ᄃᆡ 몯ᄒᆞ면 니ᄅᆞ왇논[9] 善션惡학과 八밣禪션[10]에 니르리[11] 이 集찝諦뎽오 身신心심ᄋᆡ 生ᄉᆡᆼ滅멿이나 업슨 ᄃᆞᆯ 보면 곧 이 觀관智딩[12] 이 道ᄠᅩᇴ諦뎽오 이 道ᄠᅩᇴ智딩[13] 나 업수믈 븘저글 因힌ᄒᆞ야 惑ᅘᅬᆨ 그츤 ᄡᅡ히 滅멿諦뎽라 迷몡 理링 닐오미[14] 議읭論론이 ᄀᆞᆮ디 아니ᄒᆞ니 毗삥曇땀論론[15]ᄋᆞᆯ 브투ᇙ 딘댄[16] 닐오ᄃᆡ 身신見견[17] 邊변見견[18]은 오직 苦콩諦뎽ᄅᆞᆯ 迷몡ᄒᆞᄂᆞ니[19] 凡뻠夫풍ㅣ 다

---

3) 사ᄅᆞᄆᆡ 게: 사ᄅᆞᆷ(사람, 人) + -ᄋᆡ(관조) # 게(거기에, 處: 의명, 위치)

4) 論ᄒᆞᇙ뎬: 論ᄒᆞ[論ᄒᆞ다(논하다): 論(논: 불어) + -ᄒᆞ(동접)-]- + -ᇙ뎬(← -ᇙ뎬: 연어, 조건)

5) ᄆᆞᅀᆞᆷ괏: ᄆᆞᅀᆞᆷ(마음, 心) + -과(접조) + -ㅅ(-의: 관조)

6) 報: 보. 전생에 지은 선악에 따라 현재의 행과 불행이 있고, 현세에서의 선악의 결과에 따라 내세에서 행과 불행이 있는 일이다.

7) ᄀᆞᅀᆡ: ᄀᆞᇫ(← ᄀᆞᆺ: 가, 境) + -이(주조) ※ '나랏 ᄀᆞᇫ'은 '나라의 주변(國境)'으로 의역한다.

8) ᄒᆞ다가: 만일, 若(부사)

9) 니ᄅᆞ왇논: 니ᄅᆞ왇[일으키다: 닐(일어나다, 起)- + -ᄋᆞ(사접)- + -왇(강접)-]- + -ㄴ(← -ᄂᆞ-: 현시)- + -오(대상)- + -ㄴ(관전)

10) 八禪: 팔선. 팔선은 팔선정(八禪定), 곧 팔선정사선(四禪)과 사정(四定)을 아울러서 가리키는 말이다. '사선(四禪)'은 색계의 네 선정(禪定) 즉, 초선, 제2선, 제3선, 제4선을 가리키는 말로 사색계선(四色界禪)이라 한다. '사정(四定)'은 공무변처정(空無邊處定), 식무변처정(識無邊處定), 무소유처정(無所有處定), 비상비비상처정(非想非非想處定)이다.

11) 니르리: 니르(이르다, 至)- + -ㄹ(관전) # 이(이, 者: 의명) + -Ø(← -이: 주조)

12) 觀智: 觀智(관지) + -Ø(← -이: 주조) ※ '觀智(관지)'는 진리를 살펴보는 바른 지혜이다.

13) 道智: 도지. 십지(十智)의 하나이다. 욕계 · 색계 · 무색계의 도제(道諦)를 체득한 지혜이다.

14) 닐오미: 닐(← 니ᄅᆞ다: 이르다, 曰)- + -옴(명전) + -이(주조)

15) 毗曇論: 비담론. 잡아비담심론(雜阿毗曇心論)이다. 각주 30)을 참조 할 것.

16) 브투ᇙ 딘댄: 븥(붙다, 기대다, 말미암다, 附)- + -우(대상)- + -ᇙ(관전) # ᄃᆞ(← ᄃᆞ: 것, 의명) + -이(서조)- + -ㄴ댄(-면: 연어, 조건)

17) 身見: 신견. 몸을 보는 것이니, '나(我)'다 '남(他)'이다 하고 보는 것이다. 곧 '나'라고 할 것이 없는 줄을 알지 못하고 내가 실로 있는 것이라고 집착하는 아견(我見) · 아소견(我所見)이다.

18) 邊見: 변견. 한 편 가장자리만을 보는 것이니, 몸이 늘 있는 것이라든지 본래 없는 것이라든지 한 것이다.

19) 迷ᄒᆞᄂᆞ니: 迷(미: 불어) + -ᄒᆞ(동접)- + -야(← -아: 연어) ※ '迷(미)'는 각주 29)을 참조할 것.

[120 앞]

苦콩報봉ᄅᆞᆯ자바나ᄅᆞᆯ사ᄆᆞᆯᄊᆡ身신
見견이苦콩諦뎽ᄅᆞᆯ브터나니라모
ᄆᆡ苦콩報봉ᄅᆞᆯ브터셔斷돤ᄋᆞᆯ혜며
常썅ᄋᆞᆯ혜ᇙᄊᆡ邊변見견이ᄯᅩ苦콩ᄅᆞᆯ
迷몡ᄒᆞ야나니라그럴ᄊᆡ雜짭心심
論론애닐오ᄃᆡ身신邊변二ᅀᅵᆼ見견
이果광ㅅ고대닐ᄊᆡ오직苦콩諦뎽
ᄅᆞᆯ迷몡ᄒᆞᄂᆞ니믈읫혜요ᄃᆡ罪쬥福
복이내ᄋᆡ지ᅀᅳᆫ배라ᄒᆞ고善션惡학
業업因힌ᄋᆞ로날삼디아니ᄒᆞᆯᄊᆡ身
신見견이集찝을브터니디아니ᄒᆞ
니集찝이나아닌ᄃᆞᆯ알ᄊᆡ集찝ᄋᆞᆯ迷
몡타일훔지티아니ᄒᆞ니라邊변見
견이身신ᄋᆞᆯ븓고ᄯᅩ集찝ᄋᆞᆯ븓디아

苦報(고보)를 잡아 나를 삼으므로 身見(신견)이 苦諦(고제)를 말미암아 났니라. 몸의 苦報(고보)를 말미암아서 斷(단)을 헤아리며 常(상)을 헤아리므로 邊見(변견)이 또 苦(고)를 迷(미)하여 났니라. 그러므로 雜心論(잡심론)에 이르되 "身邊(신변)의 二見(이견)이 果(과)의 곳에 일어나므로 오직 苦諦(고제)를 迷(미)하나니, 무릇 헤아리되 '罪(죄)와 福(복)이 내가 짓는 것이다."고 하고, 善惡(선악)의 業因(업인)으로 나(我)를 삼지 아니하므로, 身見(신견)이 集(집)을 말미암아서 일어나지 아니하니, 集(집)이 나(我)가 아닌 것을 알므로 "集(집)을 迷(미)하였다."고 이름을 붙이지 아니하였니라. 邊見(변견)이 身(신)을 말미암고 또 集(집)을 말미암지 아니하며

苦콩報볼[20]ᄅᆞᆯ 자바 나ᄅᆞᆯ 사ᄆᆞᆯ씨 身신見견이 苦콩諦뎽ᄅᆞᆯ 브터 나니라 모ᄆᆡ 苦콩報볼ᄅᆞᆯ 브터셔 斷돤[21]ᄋᆞᆯ 혜며 常썅[22]ᄋᆞᆯ 혤씨 邊변見견이 ᄯᅩ 苦콩ᄅᆞᆯ 迷몡ᄒᆞ야[23] 나니라 그럴씨 雜짭心심論론[24]애 닐오ᄃᆡ 身신邊변 二싱見견[25]이 果광ㅅ 고대[26] 닐씨 오직 苦콩諦뎽ᄅᆞᆯ 迷몡ᄒᆞᄂᆞ니 믈읫 혜요ᄃᆡ[27] 罪쬥 福복이 내ᄋᆡ[28] 짓논[29] 배라[30] ᄒᆞ고 善쎤惡학 業업因인으로 날 삼디 아니ᄒᆞᆯ씨 身신見견이 集쩝을 브터 니디 아니ᄒᆞ니 集쩝이 나 아닌 ᄃᆞᆯ 알씨 集쩝ᄋᆞᆯ 迷몡타[31] 일훔 지티[32] 아니ᄒᆞ니라 邊변見견이 身신ᄋᆞᆯ 븓고 ᄯᅩ 集쩝ᄋᆞᆯ 븓디 아니ᄒᆞ며

---

20) 苦報: 고보. 괴로운 과보이다. 범부가 스스로를 알지 못해 업을 지어 고통을 받는 것이다. 악도(惡道)에 떨어지는 것이 큰 고보이고, 불여의(不如意)의 보(報)를 받는 것이 작은 고보이다.

21) 斷: 단. 그른 법(法)을 이른다.

22) 常: 상, 옳은 법(法)을 이른다.

23) 迷ᄒᆞ야: 迷ᄒᆞ[미하다: 迷(미: 불어) + -ᄒᆞ(동접)-]- + -야(← -아: 연어) ※ '迷(미)'는 번뇌 때문에 잘못된 생각을 갖거나 현실을 잘못 이해하여 실현성(實現性)이 없이 허망(虛妄)되기 생각하는 것이다.

24) 雜心論: 잡심론. 잡아비담심론(雜阿毗曇心論)이다. 법구(法救)가 짓고 승가발마가 번역하였다. 법승(法勝)의 아비담심론을 11품으로 나누어 해석한 것이다.

25) 二見: 이견. 극단으로 치우친 두 가지 견해이다.

26) 고대: 곧(곳, 處: 의명) + -애(-에: 부조, 위치)

27) 혜요ᄃᆡ: 혜(헤아리다, 思)- + -요ᄃᆡ(← -오ᄃᆡ: 연어, 설명 계속)

28) 내ᄋᆡ: 나 + -ㅣ(← -ᄋᆡ: 관조) + -ᄋᆡ(관조) ※ '내ᄋᆡ'는 대명사인 '나'에 관형격 조사가 두 번 겹쳐서 실현된 형태이다. 정상적인 표기 형태는 '내'인데, 관형절 속에서 쓰인 관형격이므로 의미적으로는 주격으로 기능한다.

29) 짓논: 짓(짓다, 作)- + -ㄴ(← -ᄂᆞ-: 현시)- + -오(대상)- + -ㄴ(관전)

30) 배라: 바(바, 所: 의명) + -ㅣ(← -이-: 서조)- + -Ø(현시)- + -라(← -다: 평종)

31) 迷타: 迷ㅎ[← 迷ᄒᆞ다(미하다): 迷(미: 불어) + -ᄒᆞ(동접)]- + -Ø(과시)- + -다(평종)

32) 지티: 짛(붙이다, 附)- + -디(-지: 연어, 부정)

[120 뒤]

또 滅道(멸도)로 나를 삼지 아니하여, 斷(단)을 헤아리며 常(상)을 헤아린 것이 (그) 뜻이 다 이와 같으므로, 身邊(신변)이 오직 苦報(고보)를 말미암아 이름을 '苦諦(고제)를 迷(미)하였다.'고 하였니라. 戒取(계취)를 論(논)한다면 苦(고)와 道(도)를 迷(미)하니, 어리석은 사람이 "한갓 精勤(정근)과 苦行(고행)이 能(능)히 生死(생사)를 끊느니라."고 이르거늘, 듣고 이 말을 몰라 밤낮에 마음을 써 부지런히 苦空(고공)을 보아 生死(생사)를 이제 막 끊어 버리고, 곧 여기되 "일의 中(중)에 몸이 受苦(수고)하는 것이 道(도)이라."고 하고, 몸이 受苦(수고)하는 것이 聖道(성도)가 아닌 것을 모르므로, 戒取(계취)가 苦諦(고제)를

ᄯᅩ 滅며ᇙ道ᄯᅩᇢ로 날 삼디 아니ᄒᆞ야 斷뙨ᄋᆞᆯ 혜며 常썅ᄋᆞᆯ 혜요미[33] ᄠᅳ디[34] 다 이[35] ᄀᆞᆮᄒᆞᆯᄊᆡ 身신邊변이 오직 苦콩報보ᇢᄅᆞᆯ 브터 일후믈 苦콩諦뎽ᄅᆞᆯ 迷몡타 ᄒᆞ니라 戒갱取츙[36]를 論론ᄒᆞᇙ뎬 苦콩와 道ᄯᅩᇢ와ᄅᆞᆯ 迷몡ᄒᆞ니 어린[37] 사ᄅᆞ미 ᄒᆞᆫ갓 精졍勤끈[38] 苦콩行ᅘᆡᆼ이 能능히 生ᄉᆡᆼ死ᄉᆞᆼᄅᆞᆯ 긋ᄂᆞ니라[39] 니ᄅᆞ거늘[40] 듣고 이 마ᄅᆞᆯ 몰라 밤나재[41] ᄆᆞᅀᆞᆷ ᄡᅥ[42] 브즈러니[43] 苦콩空콩[44] 보아 生ᄉᆡᆼ死ᄉᆞᆼᄅᆞᆯ ᄀᆞᆺ[45] 그처 ᄇᆞ리고 곧 너교ᄃᆡ 잀 中듕에 몸 受쓔ᇢ苦콩호미 道ᄯᅩᇢㅣ라 ᄒᆞ고 몸 受쓔ᇢ苦콩호미 聖셩道ᄯᅩᇢ[46] 아닌 ᄃᆞᆯ 모ᄅᆞᆯᄊᆡ 戒갱取츙ㅣ 苦콩諦뎽ᄅᆞᆯ

---

33) 혜요미: 혜(헤아리다, 計)-+-욤(←-옴: 명전)+-이(주조)
34) ᄠᅳ디: ᄠᅳᆮ(뜻, 意)+-이(주조)
35) 이: 이(이, 이것, 此: 지대, 정칭)+-Ø(←-이: 부조, 비교)
36) 戒取: 계취. 그릇된 계율이나 금지 조항을 바른 것으로 간주하여 거기에 집착하는 견해이다.
37) 어린: 어리(어리석다, 愚)-+-Ø(현시)-+-ㄴ(관전)
38) 精勤: 정근. 일이나 공부 따위에 부지런히 힘쓰는 것이다.
39) 긋ᄂᆞ니라: 긋(←긓다: 끊다, 斷)-+-ᄂᆞ(현시)-+-니(원칙)-+-라(←-다: 평종)
40) 니ᄅᆞ거늘: 니ᄅᆞ(이르다, 曰)-+-거늘(연어, 상황)
41) 밤나재: 밤낮[밤낮, 晝夜: 밤(밤, 夜)+낮(낮, 晝)]+-애(부조, 위치)
42) ᄡᅥ: ᄡ(←ᄡᅳ다: 쓰다, 用)-+-어(연어)
43) 브즈러니: [부지런히, 勤(부사): 브즈런(부지런: 명사)+-이(부접)]
44) 苦空: 고공. 고(苦)는 세상의 법이 다 수고(受苦)로운 것이고, 공(空)은 수고가 본래(本來) 빈 것이라는 뜻이다.
45) ᄀᆞᆺ: 갓, 이제 막(부사)
46) 聖道: 성도. 이 세상에서 스스로의 힘으로 번뇌를 끊고 성불하는 교법(敎法). 정토교에서 깨달음을 얻는 방법의 하나이다.

[121 앞]

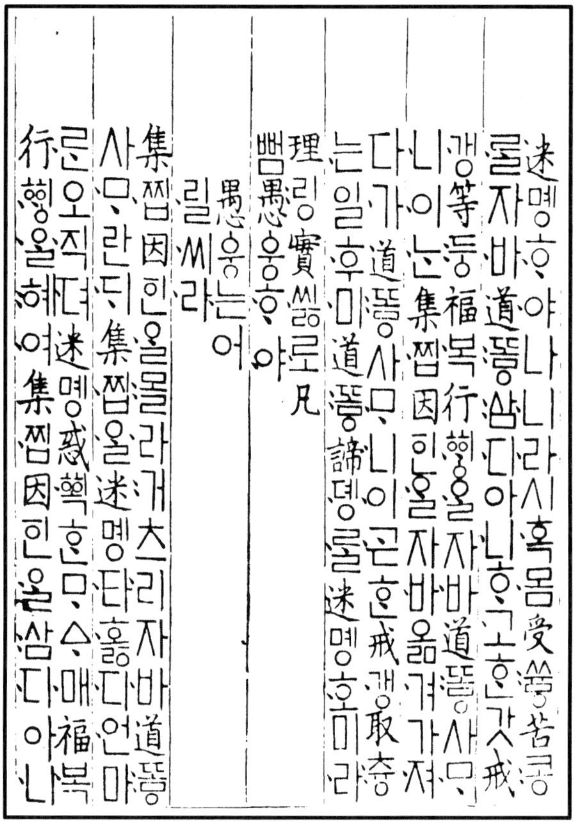

迷(미)하여 났니라. 혹은 몸의 受苦(수고)를 잡아 道(도)를 삼지 아니하고 한갓 戒等(계등)과 福行(복행)을 잡아 道(도)를 삼으니, 이는 集(집)의 因(인)을 자바 옮겨 가져다가 道(도)로 삼으니, 이와 같은 戒取(계취)는 이름이 道諦(도제)를 迷(미)함이다. 理(이)가 實(실)로 凡愚(범우)하여

愚(우)는 어리석은 것이다.

集(집)의 因(인)을 몰라 허망하게 잡아 道(도)로 삼는다면 "集(집)을 迷(미)하였다."고 할 것이건마는, 오직 저 迷惑(미혹)한 마음에 福行(복행)을 헤아려서 集(집)의 因(인)을 삼지 아니하고

迷몡ᄒᆞ야 나니라 시혹[47] 몸 受쓯苦콩ᄅᆞᆯ 자바 道똫 삼디 아니ᄒᆞ고 ᄒᆞᆫ갓 戒갱等등[48] 福복行ᅘᆡᆼ[49]ᄋᆞᆯ 자바 道똫 사ᄆᆞ니 이ᄂᆞᆫ 集찝[50] 因인[51]ᄋᆞᆯ 자바 옮겨 가져다가 道똫 사ᄆᆞ니 이 ᄀᆞᆮᄒᆞᆫ 戒갱取츙ᄂᆞᆫ 일후미 道똫諦뎽[52]ᄅᆞᆯ 迷몡호미라[53] 理링實씷로 凡뻠愚웅[54]ᄒᆞ야

愚웅ᄂᆞᆫ 어릴 씨라

集찝 因인ᄋᆞᆯ 몰라 거츠리[55] 자바 道똫 사ᄆᆞ란ᄃᆡ[56] 集찝ᄋᆞᆯ 迷몡타 ᄒᆞᇙ 디언마ᄅᆞᆫ[57] 오직 뎌 迷몡惑획ᄒᆞᆫ ᄆᆞᅀᆞ매 福복行ᅘᆡᆼᄋᆞᆯ 혜여 集찝 因인ᄋᆞᆯ 삼디 아니ᄒᆞ고

---

47) 시혹: 혹은, 혹시, 或(부사)

48) 戒等: 계등. 계(戒) 따위의 것이다.

49) 福行: 복행. 인간과 천상의 과복(果福)을 받을 행업(行業)이다.

50) 集: 집. 집제(集諦). 괴로움의 원인이라는 진리이다. 곧, 괴로움이 일어나는 원인은 몹시 탐내어 집착하는 갈애(渴愛)라는 진리이다.

51) 因: 인. 어떤 결과를 만들어 내는 직접적인 원인이다.

52) 道諦: 도제. 사제(四諦)의 하나이다. 번뇌와 업을 끊고 열반에 도달하는 길을 이른다.

53) 迷호미라: 迷ᄒ[←迷ᄒᆞ다(미하다): 迷(미: 불어)+-ᄒᆞ(동접)-]-+-옴(명전)+-이(서조)-+-Ø(현시)-+-라(←-다: 평종) ※ '迷(미)'는 무명의 번뇌로 인하여 사리를 밝게 깨치지 못하고 전도몽상(顚倒夢想)하는 것이다.

54) 凡愚: 범우. 평범하고 어리석은 것이다.

55) 거츠리: [허망하게, 虛妄(부사): 그츨(허망하다: 형사)-+-이(부접)]

56) 사ᄆᆞ란ᄃᆡ: 삼(삼다, 爲)-+-ᄋᆞ란ᄃᆡ(-으면: 연어, 조건)

57) 디언마ᄅᆞᆫ: ㄷ(←ᄃᆞ: 것, 의명)+-이(서조)-+-언마ᄅᆞᆫ(←-건마ᄅᆞᆫ: -건마는, 연어, 인정 대조)

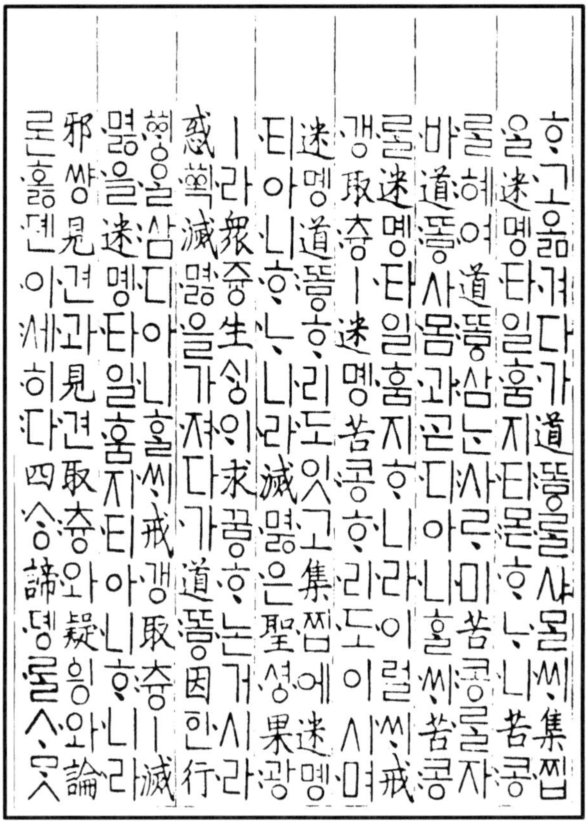

옮겨다가 道(도)로 삼으므로 "集(집)을 迷(미)하였다."고 이름을 붙이지 못하나니, 苦(고)를 헤아려 道(도)로 삼는 사람이 苦(고)를 잡아 道(도)로 삼은 것과 같지 아니하므로 "苦(고)를 迷(미)하였다."고 이름을 붙였니라. 이러므로 戒取(계취)가 迷苦(미고)하는 이도 있으며, 迷道(미도)하는 이도 있고, 集(집)에 迷(미)하지 아니하느니라. 滅(멸)은 聖果(성과)이니라. 衆生(중생)이 求(구)하는 것이다. 惑滅(혹멸)을 가져다가 道(도)의 因行(인행)을 삼지 아니하므로 "戒取(계취)가 滅(멸)을 迷(미)하였다."고 이름을 붙이지 아니하였니라. 邪見(사견)과 見取(견취)와 疑(의)를 論(논)한다면, 이 셋이 다 四諦(사제)를 완전히

옮겨다가 道ᄯᅩᇢᄅᆞᆯ 사ᄆᆞᆯ씨 集찝ᄋᆞᆯ 迷몡타 일훔 지티 몯ᄒᆞᄂᆞ니 苦콩ᄅᆞᆯ 혜여 道ᄯᅩᇢ 삼ᄂᆞᆫ 사ᄅᆞ미 苦콩ᄅᆞᆯ 자바 道ᄯᅩᇢ 사몸과[58] ᄀᆞᆮ디 아니ᄒᆞᆯ씨 苦콩ᄅᆞᆯ 迷몡타 일훔 지ᄒᆞ니라 이럴씨 戒갱取ᄎᆔᆼ ㅣ 迷몡苦콩ᄒᆞ리도[59] 이시며 迷몡道ᄯᅩᇢᄒᆞ리도 잇고 集찝에 迷몡티 아니ᄒᆞᄂᆞ니라 滅며ᇙ[60]은 聖셩果광[61] ㅣ라 衆즁生ᄉᆡᆼᄋᆡ[62] 求꾸ᇢᄒᆞ논 거시라 惑ᅘᅬᆨ滅며ᇙ[63]을 가져다가 道ᄯᅩᇢ 因인行ᅘᆡᆼ[64]ᄋᆞᆯ 삼디 아니ᄒᆞᆯ씨 戒갱取ᄎᆔᆼ ㅣ 滅며ᇙ을 迷몡타 일훔 지티 아니ᄒᆞ니라 邪ᄿᅣ見견[65]과 見견取ᄎᆔᆼ[66]와 疑ᅌᅴᆼ[67]와 論론ᄒᆞᇙ뎬[68] 이 세히[69] 다 四ᄉᆞᆼ諦뎽[70]ᄅᆞᆯ ᄉᆞᄆᆞᆺ[71]

58) 사몸과: 삼(삼다, 爲) + -옴(명전) + -과(접조)

59) 迷苦ᄒᆞ리도: 迷苦ᄒᆞ[미고하다: 迷苦(미고) + -ᄒᆞ(동접)-]- + -ㄹ(관전) # 이(이, 者: 의명) + -도(보조사, 첨가) ※ '迷苦(미고)'는 고(苦)를 미(迷)하는 것이다. 곧 무명(無明)의 번뇌로 인하여 '苦(고)'를 밝게 깨치지 못하고 헛되게 생각하는 것이다.

60) 滅: 멸. 불어서 불을 끄듯, 탐욕(貪)과 노여움(瞋)과 어리석음(癡)이 소멸된 열반의 상태이다.

61) 聖果: 성과. 성자가 수행을 쌓아 얻은 진정한 과보(果報)이다. 열반을 이른다.

62) 衆生ᄋᆡ: 衆生(중생) + -ᄋᆡ(관조: 의미상 주격)

63) 惑滅: 혹멸. 미혹에 빠진 멸(滅)이다.

64) 因行: 인행. 수행에 방해가 되는 외부의 요인에 흔들리지 아니하고 오롯이 수행 정진하는 것이다. 보살이 인행(因行)을 닦아서 깨달음의 과보(果報)를 얻는 것을 수인감과(修因感果)라고 한다.

65) 邪見: 사견. 인과보응의 이치와 불생불멸의 진리를 부정하고 무시하는 망녕된 견해이다. 사견을 갖게 되면 그 죄가 크고 악도에 떨어지게 된다.

66) 見取: 견취. 견취견(見取見). 사나운 법을 잡아 가장 높은 것이라고 해서 제가 보는 것이 옳다고 하여 가지는 것이다. 곧 졸렬한 지견(知見)이나 졸렬한 일을 취하여 스스로 훌륭한 견해라고 여기는 견해이다.

67) 疑: 의. 진리를 의심하는 마음 작용이다.(=疑心)

68) 論ᄒᆞᇙ뎬: 論ᄒᆞ[論ᄒᆞ다(논하다): 論(논: 불어) + -ᄒᆞ(동접)-]- + -옳뎬(← -ᄋᆞᇙ뎬: 연어, 조건)

69) 세히: 셓(셋, 三: 수사, 양수) + -이(주조)

70) 四諦: 사제(사체). 사성제(四聖諦)라고도 한다. '고(苦)·집(集)·멸(滅)·도(道)'의 네 가지 진리로 구성되어 있다. 석가모니의 성도(成道) 후 자기 자신의 자내증(自內證)을 고찰하여 설한 것이 십이인연(十二因緣)이라면, 사제설은 이 인연설을 알기 쉽게 타인에게 알리기 위해 체계를 세운 법문(法文)이다.

71) ᄉᆞᄆᆞᆺ: [꿰뚫어, 완전히, 철저히(부사): ᄉᆞᄆᆞᆾ(꿰뚫다, 통하다, 通: 동사)- + -∅(부접)]

迷(미)하니, “邪見(사견)은 因果(인과)가 없으니라.”고 비웃어 凡(범)과 聖(성)을 갖추어서 헐므로 완전히 迷(미)하고, 見取(견취)를 論(논)한다면 제 몸의 報(보)를 가져다가 第一(제일)을 삼으니 곧 迷苦(미고)이요, 일(事)을 善業(선업)에 헤아려 第一(제일)로 삼으니 일후미 迷集(미집)이요, 梵天(범천)과 無想天(무상천) 等(등)을 가져다가 涅槃(열반)으로 삼으니 이름이 迷滅(미멸)이요, 戒取(계취)에 이르는 道(도)를 가져다가 第一(제일)로 삼으니 이름이 迷道(미도)이다. 이러므로 見取(견취)가 四諦(사제)를 완전히 迷(미)하였니라. 疑心(의심)을 論(논)한다면, 諸(제) 凡聖(범성)이

迷몡ᄒᆞ니 邪썅見견은 因인果광ᄅᆞᆯ 업스니라[72] 비우ᅀᅥ[73] 凡뻠[74]과 聖셩[75]과ᄅᆞᆯ ᄀᆞ초[76] 혈ᄊᆡ ᄉᆞᄆᆞᆺ 迷몡ᄒᆞ고 見견取츙ᄅᆞᆯ 論론ᄒᆞᇙ뎬 제 몫 報볼ᄅᆞᆯ 가져다가 第뗑一힗ᄋᆞᆯ 사ᄆᆞ니 곧 迷몡苦콩ㅣ오 일 善쎤業업에 혜여 第뗑一힗ᄋᆞᆯ 사ᄆᆞ니 일후미 迷몡集찝이오 梵뻠天텬[77] 無뭉想샹天텬[78] 等등을 가져다가 涅녏槃빤ᄋᆞᆯ 사ᄆᆞ니 일후미 迷몡滅멿이오 戒갱取츙예 니ᄅᆞ논[79] 道똫ᄅᆞᆯ 가져다가 第뗑一힗ᄋᆞᆯ 사ᄆᆞ니 일후미 迷몡道똫ㅣ라 이럴ᄊᆡ[80] 見견取츙ㅣ 四ᄉᆞᆼ諦뎽ᄅᆞᆯ ᄉᆞᄆᆞᆺ 迷몡ᄒᆞ니라 疑읭心심을 論론ᄒᆞᇙ뎬 諸졍 凡뻠聖셩ㅅ[81]

72) 업스니라: 없(없다, 無)- + -Ø(현시)- + -으니(원칙)- + -라(← -다: 평종)

73) 비우ᅀᅥ: 비우ᇫ[← 비웃다, ㅅ불(비웃다, 嘲): 비(비-: 접두)- + 웃(웃다, 笑)-]- + -어(연어)

74) 凡: 범. 범부(凡夫)이다.

75) 聖: 성. 성인(聖人)이다.

76) ᄀᆞ초: [갖추, 모두 있는 대로, 具(부사): ᄀᆞᆽ(갖추어져 있다, 具: 형사)- + -호(사접)- + -Ø(부접)]

77) 梵天: 범천. 색계(色界) 초선천(初禪天)의 우두머리이다. 제석천(帝釋天)과 함께 부처를 좌우에서 모시는 불법 수호의 신이다.

78) 無想天: 무상천. 색계(色界) 사선천의 넷째 하늘이다. 무상(無想)의 선정(禪定)을 닦아 감득하는 곳으로, 여기에 태어나면 모든 생각이 다 없어진다.

79) 니ᄅᆞ논: 니ᄅᆞ(이르다, 至)- + -ㄴ(← -ᄂᆞ-: 현시)- + -오(대상)- + -ㄴ(관전)

80) 이럴ᄊᆡ: 이러[이러하다, 是故: 이러(이러, 是故: 불어) + -Ø(← -ᄒᆞ-: 형접)-]- + -ㄹᄊᆡ(-므로: 연어, 이유)

81) 凡聖ㅅ: 凡聖(범성) + -ㅅ(관조, 의미상 주격). ※ '凡聖(범성)'은 범인(凡人)과 성인(聖人)을 아울러 이르는 말이다.

[122 뒤]

因(인)과 果(과)에 있으며 없음을 몰라서 疑心(의심)을 내어 決斷(결단)하지 못하므로, 또 四諦(사제)를 迷(미)하였니라. 위에 이른 五見(오견)과 疑(의)는 諦理(제리)를 迷(미)할 뿐이요 "事(사)를 迷(미)하였다."고 이름을 붙이지 아니하나니, 理(이)를 迷(미)하므로 理(이)를 볼 적에 我人(아인)이 없는 것을 알아야 我心(아심)을 끊어 버리며, 慧觀(혜관)을 證(증)하여 알아 能(능)히 煩惱(번뇌)를 끊어 버리며, 凡夫(범부)의 因果(인과)와 苦集(고집)이 道(도)가 아니거늘, 이 道(도)를 알아보아야 戒取(계취)를 끊어 버리며, 滅道(멸도)를 正(정)히 알아 第一(제일)로 삼고 有漏(유루)를

因인과 果광와애[82] 이시며 업수믈 몰라 疑읭心심을 내야 決귏斷돤티 몯ᄒᆞᆯ씨 ᄯᅩ 四ᄉᆞᆼ諦뎽ᄅᆞᆯ 迷몡ᄒᆞ니라 우희[83] 닐온[84] 五옹見견과 疑읭와ᄂᆞᆫ 諦뎽理링[85]ᄅᆞᆯ 迷몡ᄒᆞᆯ ᄲᅮ니오[86] 迷몡事ᄊᆞᆼ타[87] 일훔 지티 아니ᄒᆞᄂᆞ니 理링ᄅᆞᆯ 迷몡ᄒᆞᆯ씨 理링 ᄇᆞᇙ 저긔 我앙人ᅀᅵᆫ[88] 업슨 ᄃᆞᆯ 아라ᅀᅡ[89] 我앙心심을 그처[90] ᄇᆞ리며 慧휑觀관[91]ᄋᆞᆯ 證징ᄒᆞ야[92] 아라 能능히 煩뻔惱놓ᄅᆞᆯ 그처 ᄇᆞ리며 凡뻠夫붕 因인果광 苦콩集찝이 道똫ㅣ 아니어늘 이 道똫ᄅᆞᆯ 아라보아ᅀᅡ 戒갱取츙를 그처 ᄇᆞ리며 滅멿道똫ᄅᆞᆯ 正졍히 아라 第뗑一힗을 삼고 有웋漏룽[93]를

82) 果(과) + -와(접조) + -애(-에: 부조, 위치)
83) 우희: 우ㅎ(위, 上) + -의(-에: 부조, 위치)
84) 닐온: 닐(← 니ᄅᆞ다: 이르다, 曰)- + -Ø(과시)- + -오(대상)- + -ㄴ(관전)
85) 諦理: 제리. '사제(四諦)'의 '이(理, 이치)'이다.
86) ᄲᅮ니오: ᄲᅮᆫ(뿐: 의명) + -이(서조)- + -오(← -고: 연어, 나열)
87) 迷事타: 迷事ㅎ[← 迷事ᄒᆞ다(미사하다): 迷事(미사) + -ᄒᆞ(동접)-] + -Ø(과시)- + -다(평종)
88) 我人: 아인. '나(我)'라고 하는 '사람(人)'이다.
89) 아라ᅀᅡ: 알(알다, 知)- + -아ᅀᅡ(-아야: 연어, 필연적 조건)
90) 그처: 긏(끊다, 斷)- + -어(연어)
91) 慧觀: 혜관. 지혜롭게 현상을 보는 것이다.
92) 證ᄒᆞ야: 證ᄒᆞ[증하다(깨닫다): 證(증: 불어) + -ᄒᆞ(동접)-]- + -야(← -아: 연어)
93) 有漏: 유루. 삼루의 하나이다. 번뇌에 얽매이어 깨달음을 얻지 못한 범부의 경지를 이른다.

ᄅᆞᆯ 가져다가 爲윙頭뚷ᄒᆞᆫ 됴ᄒᆞᆫ 일
삼디 아니ᄒᆞ야 世솅間간이 아쳗ᄇᆞᆫ
ᄃᆞᆯ 아라ᅀᅡ 見견取츙를 그처ᄇᆞ리며
四ᄉᆞᆼ諦뎽ᄅᆞᆯ 보ᄃᆡ 疑ᅌᅵᆼ心심ᄒᆞ야 비
웃디 아니ᄒᆞ야 證징信신ᄒᆞ야 決켫
定뗭ᄒᆞ야ᅀᅡ 邪쌰疑ᅌᅵᆼᄅᆞᆯ 그처ᄇᆞ리
ᄂᆞ니 이럴ᄊᆡ 身신邊변戒갱見견邪
쌰疑ᅌᅵᆼ理링ᄅᆞᆯ 迷몡ᄒᆞ야 낫다가 도
로 理링ᄅᆞᆯ 보아 그처ᄇᆞ리고 塵띤境
경 色ᄉᆡᆨ聲셩等등事ᄊᆞᆼᄅᆞᆯ 가져다가
我ᅌᅡᆼ人ᅀᅵᆫ사마 斷돤常썅 혜욤 들ᄒᆞᆯ
아니ᄒᆞᆯᄊᆡ 비록 色ᄉᆡᆨ聲셩等등事ᄊᆞᆼ
ᄅᆞᆯ 正졍히 아라도 我ᅌᅡᆼ心심과 疑ᅌᅵᆼ
使ᄉᆞᆼ애 니르리 긋디 몯ᄒᆞᄂᆞ니라 貪

가져다가 爲頭(위두)한 좋은 일로 삼지 아니하여, 世間(세간)이 싫은 것을 알아야 見取(견취)를 끊어 버리며, 四諦(사제)를 보되 疑心(의심)하여 비웃지 아니하여, 證信(증신)하여 決定(결정)하여야 邪疑(사의)를 끊어 버리나니, 이러므로 身(신견) · 邊見(변견) · 戒見(계견) · 邪疑(사의)의 理(이)를 見迷(견미)하여 나 있다가, 도로 理(이)를 보아 끊어 버리고 塵境(진경) · 色聲(색성) 等(등)의 事(사)를 가져다가 我人(아인)으로 삼아, 斷常(단상)의 헤아림들을 아니 하므로, 비록 色聲(색성) 等(등)의 事(사)를 正(정)히 알아도 我心(아심)과 疑使(의사)에 이르도록 끊지 못하느니라. 貪(탐) ·

가져다가 爲윙頭뚷ᄒᆞᆫ[94] 됴ᄒᆞᆫ 일 삼디 아니ᄒᆞ야 世솅間간이 아쳗븐[95] ᄃᆞᆯ 아라ᅀᅡ 見견取츙ᄅᆞᆯ 그처 ᄇᆞ리며 四ᄉᆞᆼ諦뎽ᄅᆞᆯ 보ᄃᆡ 疑읭心심ᄒᆞ야 비웃디 아니ᄒᆞ야 證징信신[96]ᄒᆞ야 決궗定뗭ᄒᆞ야ᅀᅡ 邪썅疑읭[97]ᄅᆞᆯ 그처 ᄇᆞ리ᄂᆞ니 이럴ᄊᆡ 身신[98] 邊변[99] 戒갱見견[1] 邪썅疑읭 理링ᄅᆞᆯ 迷몡ᄒᆞ야 냇다가[2] 도로 理링ᄅᆞᆯ 보아 그처 ᄇᆞ리고 塵띤境경[3] 色ᄉᆡᆨ聲셩[4] 等등 事ᄊᆞᆼᄅᆞᆯ 가져다가 我ᅌᅡᆼ人ᅀᅵᆫ 사마 斷똰常썅[5] 혜욤ᄃᆞᆯᄒᆞᆯ[6] 아니ᄒᆞᆯᄊᆡ 비록 色ᄉᆡᆨ聲셩 等등 事ᄊᆞᆼᄅᆞᆯ 正졍히 아라도 我ᅌᅡᆼ心심과 疑읭使ᄉᆞᆼ[7]애 니르리 긋디 몯ᄒᆞᄂᆞ니라 貪탐 嗔친 癡팅 慢만

---

94) 爲頭ᄒᆞᆫ: 爲頭ᄒᆞ[으뜸가다, 上首: 爲頭(으뜸: 명사) + -ᄒᆞ(동접)-]- + -Ø(과시)- + -ㄴ(관전)

95) 아쳗븐: 아쳗브[싫다, 嫌: 아쳗(싫어하다, 미워하다)- + -브(형접)-]- + -Ø(현시)- + -ㄴ(관전)

96) 證信: 증신. 참다운 믿음을 증명하는 것이다.

97) 邪疑: 사의. 스승이나 법이나 진리를 저울질하는 사악한 의심이다.

98) 身: 신. 신견(身見)이다. 몸을 보는 것이니, '나(我)'다 '남(他)'이다 하고 보는 것이다. 곧 '나'라고 할 것이 없는 줄을 알지 못하고 내가 실로 있는 것이라고 집착하는 '아견(我見)'이다.

99) 邊: 변. 변견(邊見)이다. 오견(五見)의 하나이며, 상견(常見)과 단견(斷見)의 어느 한 극단에 사로잡혀 중심을 얻지 못하는 그릇된 견해이다.

1) 戒見: 계견. 계취견(戒取見)이다. 바르지 않은 계율이나 금제(禁制) 등을 열반에 인도하는 바른 계행(戒行)이라고 고집하는 것이다.

2) 냇다가: 나(나다, 出)- + -아(연어) + 잇(← 이시다: 있다, 보용, 완료 지속)- + -다가(연어, 동작 전환) ※ '냇다가'는 '나 잇다가'가 축약된 형태이다.

3) 塵境: 진경. 심식(心識)의 대상인 육진(六塵), 곧 심성(心性)을 더럽히는 육식(六識)의 대상계(對象界)이다. 육식에서 생기는 '빛 · 소리 · 냄새 · 맛 · 감촉 · 법'의 여섯 가지 욕정(欲情)이다.

4) 色聲: 색성. 색경(色境)과 성경(聲境)이다. 색경(色境)은 안근(眼根)의 세력이 미치는 범위이자 안근의 인식 작용의 대상이다. 성경(聲境)은 이근(耳根)의 세력이 미치는 범위이자 이근의 인식 작용의 대상이다.

5) 斷常: 단상. 단견(斷見)과 상견(常見)이다. '단견(斷見)'은 만유는 허망하고 무상한 것이어서 실존하지 않는 것과 같이 인간도 죽으면 심신이 모두 없어져서 공무(空無)에 돌아간다고 고집하는 그릇된 소견(所見)을 가리킨다. '상견(常見)'은 사람은 죽으나 자아(自我)는 없어지지 않으며, 세계나 모든 존재는 과거나 미래에 상주불변(常住不變)한다고 고집하는 그릇된 견해이다.

6) 혜욤 ᄃᆞᆯᄒᆞᆯ: 혜욤ᄃᆞᆯㅎ[헤아림들: 혜(헤아리다, 計)- + -욤(← -옴: 명전) + -ᄃᆞᆯㅎ(들, 等: 의명)] + -ᄋᆞᆯ(목조)

7) 疑使: 의사. 십사(十使) · 오둔사(五鈍使)의 하나이다. 미오 인과(迷悟因果)의 도리를 결정하지 못하는 정신 작용이다.(= 의심, 疑心)

탐嗔친癡팅慢만四ᄉᆞᆼ使ᄉᆞᆼᄅᆞᆯ論론
ᄒᆞᇙ뎬見견修ᄉᆞᇢᄅᆞᆯᄉᆞᄆᆞᆺ마가다理링
事ᄊᆞᆼᄅᆞᆯ迷몡ᄒᆞ니見견을브터닐면
일후미迷몡理링오이ᄅᆞᆯ브터나면
일후미迷몡事ᄊᆞᆼㅣ라見견을브터
니로ᄆᆞᆫ貪탐ᄋᆞᆯ論론ᄒᆞᇙ뎬身신見견
ᄃᆞᄉᆞ미곧일후미貪탐이니我앙見
견ᄃᆞᄉᆞ모로ᄆᆞᅀᆞ미더욱迷몡ᄒᆞᄂᆞ
니生ᄉᆡᆼ空콩ᄒᆞᆫ돌보아無뭉我앙ᄒᆞ
몰안時씽節졇이면我앙見견을嫌
혐疑ᅌᅵᆼᄒᆞ리니이
貪탐이그츠리라
嫌혐은疑ᅌᅵᆼ心심ᄒᆞᆯ씨라

嗔(진) · 癡(치) · 慢(만)의 四使(사사)를 論(논)한다면, 見修(견수)를 철저히 막아 다 理事(이사)를 迷(미)하니, 見(견)을 말미암아 일어나면 이름이 迷理(미리)요, 일(事)을 말미암아 나면 이름이 迷事(미사)이다. 見(견)을 말미암아 일어나는 것은, 貪(탐)을 論(논)한다면, 身見(신견)을 애틋이 사랑하는 것이 곧 이름이 貪(탐)이니, 我見(아견)을 애틋이 사랑함으로써 마음이 더욱 迷(미)하나니, 生空(생공)한 것을 보아 無我(무아)함을 안 時節(시절)이면 我見(아견)을 嫌疑(혐의)하겠으니, 이 貪(탐)이 끊어지리라.

嫌(혐)은 疑心(의심)하는 것이다.

四ᄉᆞᆼ使ᄉᆞᆼᄅᆞᆯ 論론ᄒᆞᇙ뎬 見견修슈ᇹ[8]를 ᄉᆞᄆᆞᆺ 마가 다 理링事ᄊᆞᆼ[9]ᄅᆞᆯ 迷몡ᄒᆞ니 見견을 ᄇᆞ터 닐면 일후미 迷몡理링오 이ᄅᆞᆯ ᄇᆞ터 나면 일후미 迷몡事ᄊᆞᆼㅣ라 見견을 ᄇᆞ터 니로ᄆᆞᆫ 貪탐ᄋᆞᆯ 論론ᄒᆞᇙ뎬 身신見견 ᄃᆞ소미[10] 곧 일후미 貪탐이니 我앙見견 ᄃᆞ소ᄆᆞ로 ᄆᆞᅀᆞ미 더욱 迷몡ᄒᆞᄂᆞ니 生ᄉᆡᇰ空콩ᄒᆞᆫ[11] ᄃᆞᆯ 보아 無뭉我앙[12]호ᄆᆞᆯ 안 時씽節졇이면 我앙見견을 嫌혐疑ᅌᅵᆼᄒᆞ리니[13] 이 貪탐이 그ᄎᆞ리라[14]

嫌혐은 疑ᅌᅵᆼ心심ᄒᆞᆯ 씨라

8) 見修: 견수. 견사(見思). 우주의 진리가 판명되지 않은 미(迷)인 견혹(見惑)과 낱낱 사물에 대한 진상이 판명되지 않은 미(迷)를 아울러서 말하는 것이다. 곧, 사혹(四惑)을 말한다.

9) 理事: 이사. 깨달음의 진리와 차별 현상. 혹은 본체와 차별 현상이다.

10) ᄃᆞ소미: ᄃᆞᆺ(← ᄃᆞᆺ다(애틋이 사랑하다, 愛)- + -옴(명전) + -이(주조)

11) 生空: 생공. 중생은 오온(五蘊)의 일시적인 화합에 지나지 않으므로 거기에 불변하는 실체가 없는 것이다.

12) 無我: 무아. 일체의 존재는 모두 무상하며 고(苦)이므로, '나'라고 할 만한 것이 없다는 것이다.

13) 嫌疑ᄒᆞ리니: 嫌疑ᄒᆞ[혐의하다: 嫌疑(혐의) + -ᄒᆞ(동접)-]- + -리(미시)- + -니(연어, 설명 계속)
※ '嫌疑(혐의)'는 의심하거나 꺼리서 미워하는 것이다.

14) 그ᄎᆞ리라: 긏(끊어지다, 斷)- + -ᄋᆞ리(미시)- + -라(← -다: 평종)

[124 앞]

嗔친ᄋᆞᆯ論론ᄒᆞᇙ뎬我앙心심잇ᄂᆞᆫ時
씽節졇에無뭉我앙니ᄅᆞ거든드르
면瞋친恚ᅙᅴᆼ를내야잇다가
瞋친恚ᅙᅴᆼ는怒농ᄒᆞᆯ씨라
後ᅘᅮᇢ에無뭉我앙ᄅᆞᆯ보아無뭉人신
ᄒᆞᆫᄃᆞᆯ안時씽節졇에生ᄉᆡᇰ空콩ᄒᆞᆫᄃᆞᆯ
니ᄅᆞ거든드르면ᄆᆞᅀᆞ매깃그리니
그럴ᄊᆡ理링ᄅᆞᆯ볼쩌긔뎌嗔친이그츠
리라見견을브터癡팅ᄅᆞᆯ니ᄅᆞ와다
見견의허믈ᄋᆞᆯ아디몯ᄒᆞ다가後ᅘᅮᇢ
에理링ᄅᆞᆯ볼쩌긔뎌癡팅그츠리라見
견을브터慢만ᄋᆞᆯ니ᄅᆞ와다見견을

嗔(진)을 論(논)한다면, 我心(아심)이 있는 時節(시절)에 無我(무아)를 이르거든 들으면 瞋恚(진애)를 내어 있다가,

瞋恚(진애)는 怒(노)하는 것이다.

後(후)에 無我(무아)를 보아 無人(무인)한 것을 안 時節(시절)에, 生空(생공)한 것을 이르거든 들으면 마음에 기뻐하겠으니, 그러므로 理(이)를 볼 적에 저 嗔(진)이 끊어지리라. 見(견)을 말이암아 癡(치)를 일으켜서 見(견)의 허물을 알지 못하다가, 後(후)에 理(이)를 볼 적에 저 癡(치)가 끊어지리라. 見(견)을 말미암아 慢(만)을 일으켜서 다 見(견)을

嗔친[15)]ᄋᆞᆯ 論론ᄒᆞᇙ뎬 我앙心심 잇ᄂᆞᆫ 時씽節졇에 無뭉我앙 니ᄅᆞ거든 드르면 瞋친恚휭[16)]를 내야 잇다가

瞋친恚휭는 怒농ᄒᆞᆯ 씨라

後ᅘᅮᇢ에 無뭉我앙ᄅᆞᆯ 보아 無뭉人ᅀᅵᆫ호ᄆᆞᆯ 안 時씽節졇에 生ᄉᆡᆼ空콩ᄒᆞᆫ ᄃᆞᆯ 니ᄅᆞ거든 드르면 ᄆᆞᅀᆞ매 깃그리니[17)] 그럴씨 理링 ᄇᆞᆶ 저긔 뎌 嗔친이 그츠리라 見견[18)]을 브터 癡팅[19)]ᄅᆞᆯ 니ᄅᆞ와다[20)] 見견의 허므를 아디 몯ᄒᆞ다가 後ᅘᅮᇢ에 理링 ᄇᆞᆶ 저긔 뎌 癡팅 그츠리라 見견을 브터 慢만[21)]ᄋᆞᆯ 니ᄅᆞ와다 見견을

---

15) 嗔: 진. 자기 마음에 맞지 않는 경계에 대해 미워하고 분하게 여겨 몸과 마음을 편안치 못하게 하는 심리 작용이다.

16) 瞋恚: 진에. 삼독(三毒)의 하나이다. 자기의 의사(意思)에 어그러짐에 대하여 성내는 일이다. 성을 내는 마음의 작용(作用)이다.

17) 깃그리니: 깄(기뻐하다, 歡)- + -으리(미시)- + -니(연어, 설명 계속)

18) 見: 견. 생각하며 헤아리고 사물(事物)에 대한 견해(見解)를 정하는 · 견해 · 사상(思想) · 주장(主張) · 정견(正見) · 사견(邪見) 등으로 쓰여지지만 일반적으로는 나쁜 의미로 사용된다.

19) 癡: 치. 현상과 도리에 대하여 마음이 어두운 것이다.

20) 니ᄅᆞ와다: 니ᄅᆞ왇[일으키다, 起: 닐(일다, 일어나다, 起: 자동)- + -ᄋᆞ(사접)- + -왇(강접)-]- + -아(연어)

21) 慢: 만. 자기의 용모와 재력, 지위 등을 믿고 다른 이에 대해서 높은 체 뽐내는 번뇌이다.

[124 뒤]

믿고제노ᄑᆞᆫ양ᄒᆞ다가後ᅘᅮᇢ에理링
봃저긔뎌慢만이그츠리라이럴ᄊᆡ
貪탐等등이見견을브터니니도또
理링ᄅᆞᆯ迷몡ᄒᆞ고理링ᄅᆞᆯ보아ᅀᅡ긋
ᄂᆞ니녀느見견을브터니롬도이ᄒᆞᆫ
가지로어루알리라니ᄅᆞ논貪탐等
등이이ᄅᆞᆯ브터니로ᄆᆞᆫ塵띤境경色
ᄉᆡᆨ聲셩香향等등을브터이어긔貪
탐ᄋᆞᆯ니ᄅᆞ와다범그러그추미어려
볼ᄊᆡ理링봃저긔ᄉᆞᆫ지긋디몯ᄒᆞᆫ주
리잇다가後ᅘᅮᇢ에다시道또ᇢ닷가ᄌᆞ
조漸쪔漸쪔더룷디니瞋친慢만癡
팅等등의일브투미다그러ᄒᆞ니라
이十씹使ᄉᆞᆼ이理링迷몡ᄒᆞ미ᄀᆞᆫ디

믿고 자기가 높은 양하다가, 後(후)에 理(이)를 볼 적에 저 慢(만)이 끊어지리라. 이러므로 貪(탐) 等(등)이 見(견)을 말미암아 일어난 것도 또 理(이)를 迷(미)하고 理(이)를 보아야 끊어지나니, 다른 見(견)을 말미암아 일어나는 것도 이와 한가지로 가(可)히 알리라. 이른바 貪(탐) 等(등)이 일(事)을 말미암아 일어나는 것은, 塵境(진경) · 色(색경) · 聲(성경) · 香(향경) 等(등)을 말미암아 여기에 貪(탐)을 일으켜서 얽히여 끊는 것이 어려우므로, 理(이)를 볼 적에 오히려 끊지 못한 바가 있다가, 後(후)에 다시 道(도)를 닦아 자주 漸漸(점점) 덜 것이니, 嗔(진) · 慢(만) · 癡(치) 等(등)의 일을 의지하는 것이 다 그러하니라. 이것이 十使(십사)가 理(이)를 迷(미)한 것과 같지 믿고 제 노ᄑᆞᆫ 양[22] ᄒᆞ다가 後ᅘᅮᇢ에 理ᄙᅵᆼ 봃 저긔 뎌 慢만이 그츠리라 이럴ᄊᆡ 貪탐 等드ᇰ이 見견을 브터 니니도[23] ᄯᅩ 理ᄙᅵᆼ를 迷몡ᄒᆞ고 理ᄙᅵᆼ를 보아ᅀᅡ 긋ᄂᆞ니[24] 녀느 見견을 브터 니롬도[25] 이[26] ᄒᆞᆫ가지로 어루[27] 알리라 니ᄅᆞ논[28] 貪탐 等드ᇰ이 이ᄅᆞᆯ 브터 니로ᄆᆞᆫ 塵ᄣᅵᆫ境경[29] 色ᄉᆡᆨ[30] 聲셩[31] 香향[32] 等드ᇰ을 브터 이어긔[33] 貪탐ᄋᆞᆯ 니ᄅᆞ와다 범그러[34] 그추미 어려ᄫᅳᆯᄊᆡ 理ᄙᅵᆼ 봃 저긔 ᄉᆞᆫᄌᆡ[35] 긋디 몯ᄒᆞᆫ 주리[36] 잇다가 後ᅘᅮᇢ에 다시 道땋 닷가[37] ᄌᆞ조[38] 漸쪔漸쪔 더룷[39] 디니[40] 嗔친 慢만 癡칭 等드ᇰ의 일 브투미 다 그러ᄒᆞ니라 이 十씹使ᄉᆞᆼ이 理ᄙᅵᆼ迷몡호미 ᄀᆞᆮ디

---

22) 양: 양, 樣(의명)

23) 니니도: 니(← 닐다: 일어나다, 起)- + -∅(과시)- + -ㄴ(관전) # 이(이, 것, 者: 의명) + -도(보조사, 첨가)

24) 긋ᄂᆞ니: 긋(← 긏다: 끊다, 斷)- + -ᄂᆞ(현시)- + -니(연어, 설명 계속)

25) 니롬도: 닐(일다, 起)- + -옴(명전) + -도(보조사, 첨가)

26) 이: 이(이, 이것, 此: 지대, 정칭) + -∅(← -이: -와, 부조, 비교)

27) 어루: 가히, 可(부사)

28) 니ᄅᆞ논: 니ᄅᆞ(이르다, 曰)- + -ㄴ(← -ᄂᆞ-: 현시)- + -오(대상)- + -ㄴ(관전) ※ '니르논'은 '사람들이 이르는'의 뜻인데, 여기서는 '이른바(所謂)'로 의역하여 옮긴다.

29) 塵境: 진경. 심식(心識)의 대상인 육진(六塵), 곧 심성(心性)을 더럽히는 육식(六識)의 대상계(對象界)이다. 육식에서 생기는 '빛 · 소리 · 냄새 · 맛 · 감촉 · 법'의 여섯 가지 욕정(欲情)이다.

30) 色: 색. 색경(色境)은 안근(眼根)의 세력이 미치는 범위이자 안근의 인식 작용의 대상이다.

31) 聲: 성. 성경(聲境)은 이근(耳根)의 세력이 미치는 범위이자 이근의 인식 작용의 대상이다

32) 香: 향. 향경(香境)은 비근(鼻根)의 세략이 미치는 범위이자 비근의 인식 작용의 대상이다.

33) 이어긔: 여기, 여기에, 此處(지대, 지시, 정칭)

34) 범그러: 범글(얽히다, 凝)- + -어(연어)

35) ᄉᆞᆫᄌᆡ: 오히려, 猶(부사)

36) 주리: 줄(줄, 바: 의명) + -이(주조)

37) 닷가: 닭(닦다, 修)- + -아(연어)

38) ᄌᆞ조: [자주, 頻(부사): ᄌᆞᆽ(잦다, 頻: 형사)- + -오(부접)]

39) 더룷: 덜(덜다, 減)- + -우(대상)- + -ㅭ(관전)

40) 디니: ㄷ(← ᄃᆞ: 것, 의명) + -이(서조)- + 니(연어, 설명)

[125 앞]

아니ᄒᆞᄆᆞᆯ ᄇᆞᆯ기니 迷몡苦콩ㅣ 열히
오 迷몡道ᄯᅩᇢㅣ 여ᄃᆞᆯ비오 迷몡集찝
滅ᄆᆑᇙ이 各각各각 七칧使ᄉᆞᆼㅣ오 迷
몡使ᄉᆞᆼㅣ 네히니 모다 셜흔여스시
라 이ᄂᆞᆫ 欲욕界갱 凡뻠夫붕心심을
닐어니와 色싁界갱 凡뻠夫붕心심
中듕엔 셜흔ᄒᆞ나히니 더ᄂᆞᆫ 嗔친이
업슬ᄊᆡ 五옹行ᅘᆡᇰ中듕에 各각各각
ᄒᆞ나ᄒᆞᆯ 더니 四ᄉᆞᆼ諦뎽예 道ᄯᅩᇢ ᄃᆞᆺ고
ᄒᆞ 일후미 五옹行ᅘᆡᇰ이라 이럴ᄊᆡ 오
직 三삼十씹一힗使ᄉᆞᆼㅣ 잇ᄂᆞ니라
無뭉色싁 凡뻠心심도 ᄯᅩ 三삼十씹
一힗이니 三삼界갱 두루 모다 九궁
十씹八밣이니 四ᄉᆞᆼ諦뎽 理링 迷몡

아니한 것을 밝히니, 迷苦(미고)가 열이요 迷道(미도)가 여덟이요 迷(미)·集(집)·滅(멸)이 各各(각각) 七使(칠사)이요 迷使(미사)가 넷이니, 모두 서른여섯이다. 이는 欲界(욕계) 凡夫(범부)의 心(심)을 이르거니와, 色界(색계) 凡夫(범부)의 心(심) 中(중)에는 서른하나이니, 저것은 嗔(진)이 없으므로 五行(오행) 中(중)에 各各(각각) 하나를 더니, 四諦(사제)에서 道(도)를 닦는 것이 이름이 五行(오행)이다. 이러므로 오직 三十一使(삼십일사)가 있느니라. 無色(무색)의 凡心(범심)도 또 三十一(삼십일)이니, 三界(삼계)를 두루 모아서 九十八(구십팔)이니, 四諦(사제)의 理(이)가 迷(미)한 것이 아니호ᄆᆞᆯ ᄇᆞᆯ기니[41] 迷몡苦콩ㅣ 열히오 迷몡道ᄯᅩᇢㅣ 여들비오 迷몡 集찝 滅멿이 各각各각 七칧使ᄉᆞᆼㅣ오 迷몡使ᄉᆞᆼㅣ 네히니 모다[42] 셜흔여스시라[43] 이ᄂᆞᆫ 欲욕界갱[44] 凡뻠夫붕 心심을 닐어니와[45] 色ᄉᆡᆨ界갱 凡뻠夫붕 心심 中듕엔 셜흔ᄒᆞ나히니 뎌ᄂᆞᆫ[46] 嗔친이 업슬씨 五ᅌᅩᆼ行ᅘᆡᆼ 中듕에 各각各각 ᄒᆞ나ᄒᆞᆯ 더니 四ᄉᆞᆼ諦뎽예 道ᄯᅩᇢ ᄃᆞᆺ고미 일후미 五ᅌᅩᆼ行ᅘᆡᆼ이라[47] 이럴씨 오직 三삼十씹一ᅙᅵᇙ使ᄉᆞᆼㅣ 잇ᄂᆞ니라 無뭉色ᄉᆡᆨ[48] 凡뻠 心심도 ᄯᅩ 三삼十씹一ᅙᅵᇙ이니 三삼界갱[49] 두루[50] 모다 九궁十씹八밣이니 四ᄉᆞᆼ諦뎽 理링 迷몡호미

---

41) ᄇᆞᆯ기니: ᄇᆞᆯ기[밝히다, 明: ᄇᆞᆰ(밝다, 明)- + -이(사접)-]- + -니(연어, 설명 계속)

42) 모다: [모두, 皆(부사): 몯(모이다, 集: 자동)- + -아(연어▷부접)]

43) 셜흔여스시라: 셜흔여슷[서른여섯(수사, 양수): 셜흔(서른, 三十六: 수사) + 여슷(여섯, 六: 수사)] + -이(서조)- + -Ø(현시)- + -라(←-다: 평종)

44) 欲界: 욕계. 삼계(三界)의 하나이다. 유정(有情)이 사는 세계로, 지옥·악귀·축생·아수라·인간·육욕천을 함께 이르는 말이다. 여기에 있는 유정에게는 식욕, 음욕, 수면욕이 있어 이렇게 이른다.

45) 닐어니와: 닐(←니ᄅᆞ다: 이르다, 曰)- + -어니와(-거니와: 연어, 인정 대조)

46) 뎌ᄂᆞᆫ: 뎌(저, 저것, 彼: 지대, 정칭) + -ᄂᆞᆫ(보조사, 주제)

47) 五行: 오행. 보시(布施), 지계(持戒), 인욕(忍辱), 정진(精進), 지관(止觀)의 다섯 가지 보살 수행법이다.

48) 無色: 무색. 무색계(無色界)이다. 육체와 물질의 속박을 벗어난 정신적인 사유(思惟)의 세계를 이른다.

49) 三界: 삼계. 중생이 생사 왕래하는 세 가지 세계로, 욕계(欲界)·색계(色界)·무색계(無色界)이다.

50) 두루: [두루, 周(부사): 둘(둘다, 圍: 동사)- + -우(부접)]

[125 뒤]

여든여덟이요 三界(삼계)의 迷事(미사)가 열 가지이다.

身見(신견) · 邊見(변견) · 見取(견취) · 戒取(계취) · 邪見(사견)이 五利(오리)이니, 惑(혹)을 일으키는 마음이 사납고 날카로우므로 利使(이사)이다. 貪(탐) · 嗔(진) · 癡(치) · 慢(만) · 疑(의)가 五鈍(오둔)이니 利(이)를 밀어야 나므로 鈍使(둔사)이다.

'衆生濁(중생탁)'은 無明(무명)을 길러 六道(육도)에 두루 다녀 많은 모진 일이 서로 나서 흐리게 하여 性(성)을 막는 것이다. '見濁(견탁)'은 펴면 六十二見(육십이견)이요, 모으면 身邊(신변) 等(등) 五利(오리)를 흐리게 하여 理(이)를 막는 것이다.

여든여들비오 三삼界갱 迷몡事쏭 ㅣ 열 가지라

身신見견 邊변見견 見견取츙 戒갱取츙 邪썅見견이 五옹利링[51]니 惑획[52] 니르왇ᄂᆞᆫ ᄆᆞᅀᆞ미 ᄆᆡᆸ고[53] ᄂᆞᆯ카ᄫᆞᆯ씨[54] 利링使ᄉᆼ ㅣ라 貪탐嗔친癡띵慢만疑읭 五옹鈍똔[55]이니 利링ᄅᆞᆯ 미러ᅀᅡ[56] 날씨 鈍똔使ᄉᆼ ㅣ라

衆즁生싱濁똑[57]ᄋᆞᆫ 無뭉明명을 길어[58] 六륙道똘[59]애 두루 ᄃᆞᆫ녀[60] 한 모딘 이리 서르나 ᄒᆞ리워[61] 性셩을 마ᄀᆞᆯ 씨라 見견濁똑[62]ᄋᆞᆫ 펴면 六륙十씹二싱見견이오 모도면[63] 身신邊변 等등 五옹利링 ᄒᆞ리워 理링ᄅᆞᆯ 마ᄀᆞᆯ 씨라

---

51) 五利: 오리. 오리사(五利使)이다. 사(使)는 마음을 마구 부려 산란하게 한다는 뜻으로 번뇌를 말한다. 곧, '오리사(五利使)'는 이치를 추구하는 성질이어서 그 활동이 빠르고 예리한 다섯 가지 번뇌이다. 첫째, 유신견(有身見)은 오온(五蘊)의 일시적 화합에 지나지 않는 신체에 불변하는 자아가 있고, 또 오온은 자아의 소유라는 그릇된 견해이다. 둘째, 변집견(邊執見). 극단으로 치우친 견해이다. 셋째, 사견(邪見)은 인과(因果)의 이치를 부정하는 견해이다. 넷째, 견취견(見取見)은 그릇된 견해를 바른 것으로 간주하여 거기에 집착하는 견해이다. 다섯째, 계금취견(戒禁取見)은 그릇된 계율이나 금지 조항을 바른 것으로 간주하여 거기에 집착하는 견해이다.

52) 惑: 혹. 중생의 마음을 괴롭히고 산란하게 하는 번뇌이다.

53) ᄆᆡᆸ고: ᄆᆡᆸ(맵다, 사납다, 猛)- + -고(연어, 나열)

54) ᄂᆞᆯ카ᄫᆞᆯ씨: ᄂᆞᆯ캉[← ᄂᆞᆯ캅다, ㅂ불(날카롭다, 利): ᄂᆞᆯㅎ(날, 칼날, 刃) + -갑(형접)-]- + -ᄋᆞᆯ씨(-므로: 연어, 이유)

55) 五鈍: 오둔. 오둔사(五鈍使)이다. 곧, '오둔사(五鈍使)'는 이치를 추구하는 성질이 아니어서 활동이 느리고 둔한 다섯 가지 번뇌이다. 곧, 탐(貪) · 진(瞋) · 치(癡) · 만(慢) · 의(疑)를 이른다.

56) 미러ᅀᅡ: 밀(밀다, 推)- + -어ᅀᅡ(-어야: 연어, 필연적 조건)

57) 衆生濁: 중생탁. 오탁(五濁)의 하나이다. 중생(衆生)이 죄악(罪惡)이 많아서, 의리(義理)를 알지 못하는 일이다.

58) 길어: 길(← 기ᄅᆞ다(기르다, 養): 길(길다, 長)- + -ᄋᆞ(사접)-]- + -어(연어)

59) 六道: 육도. 삼악도(三惡道)와 삼선도(三善道)를 통틀어 이르는 말이다. 중생이 선악의 원인에 의하여 윤회하는 여섯 가지의 세계이다.

60) ᄃᆞᆫ녀: ᄃᆞᆫ니[← ᄃᆞᆮ니다(다니다, 行): ᄃᆞᆮ(닫다, 달리다, 走)- + 니(가다, 行)-]- + -어(연어)

61) ᄒᆞ리워: ᄒᆞ리우[흐리게 하다: ᄒᆞ리(흐리다, 濁: 형사)- + -우(사접)-]- + -어(연어)

62) 見濁: 견탁. 오탁(五濁)의 하나이다. 사악한 사상과 견해가 무성하게 일어나 더러움이 넘쳐흐름을 이른다.

63) 모도면: 모도[모으다, 集: 몯(모이다: 자동) + -오(사접)-]- + -면(연어, 조건)

[126 앞]

六륙十·씹二·싱見·견·은·내·이色·식·이·라:혜·며·내·이受쓯ㅣ·라:혜·며·내·이想
:샹·이·라:혜·며·내·이行:힝·이·라:혜·며·내·이識·식·이·라:혜·며·내色·식과·달·오·라
:혜·며·내受쓯·와·달·오·라:혜·며·내想:샹과·달·오·라:혜·며·내行:힝과·달·오·라:혜
·며·내識·식과·달·오·라:혜·며·내色·식中듕·에잇·다ᄒᆞ·며·내受쓯中듕·에잇·다
ᄒᆞ·며·내想:샹中듕·에잇·다ᄒᆞ·며·내行힝中듕·에잇·다ᄒᆞ·며·내識·식中듕·에
잇·다ᄒᆞ·며色·식·이·내中듕·에잇·다ᄒᆞ·며受쓯ㅣ·내中듕·에잇·다ᄒᆞ·며想:샹
·이·내中듕·에잇·다ᄒᆞ·며行:힝·이·내中듕·에잇·다ᄒᆞ·며識·식·이·내中듕·에잇

六十二見(육십이견)은 내가 이 '色(색)'이라고 생각하며, 내가 이 '受(수)'라고 생각하며, 내가 이 '想(상)'이라고 생각하며, 내가 이 '行(행)'이라고 생각하며, 내가 이 '識(식)'이라고 생각하며, 내가 '色(색)'과 다르다고 생각하며, 내가 '受(수)'와 다르다고 생각하며, 내가 '想(상)'과 다르다고 생각하며, 내가 '行(행)'과 다르다고 생각하며, 내가 '識(식)'과 다르다고 생각하며, 내가 色中(색중)에 있다고 하며, 내가 受中(수중)에 있다고 하며, 내 想中(상중)에 있다고 하며, 내가 行中(행중)에 있다고 하며, 내가 識中(식중)에 있다고 하며, 色(색)이 나의 中(중)에 있다고 하며, 受(수)가 나의 中(중)에 있다고 하며, 想(상)이 나의 中(중)에 있다고 하며, 行(행)이 나의 中(중)에 있다고 하며, 識(식)이 나의 中(중)에 있다고

六륙十씹二ᅀᅵᆼ見견[64]은 내[65] 이 色ᄉᆡᆨ[66]이라 혜며[67] 내 이 受쓔ᇦ[68]ㅣ라 혜며 내 이 想샹[69]이라 혜며 내 이 行ᅘᆡᇰ[70]이라 혜며 내 이 識식[71]이라 혜며 내 色ᄉᆡᆨ과 달오라[72] 혜며 내 受쓔ᇦ와 달오라 혜며 내 想샹과 달오라 혜며 내 行ᅘᆡᇰ과 달오라 혜며 내 識식과 달오라 혜며 내 色ᄉᆡᆨ 中듕에 잇다 ᄒᆞ며 내 受쓔ᇦ 中듕에 잇다 ᄒᆞ며 내 想샹 中듕에 잇다 ᄒᆞ며 내 行ᅘᆡᇰ 中듕에 잇다 ᄒᆞ며 내 識식 中듕에 잇다 ᄒᆞ며 色ᄉᆡᆨ이 내 中듕에 잇다 ᄒᆞ며 受쓔ᇦㅣ 내 中듕에 잇다 ᄒᆞ며 想샹이 내 中듕에 잇다 ᄒᆞ며 行ᅘᆡᇰ이 내 中듕에 잇다 ᄒᆞ며 識식이 내 中듕에 잇다

64) 六十二 見: 육십이 견. 63가지의 그릇된 견해이다.

65) 내: 나(나, 我: 인대)+-ㅣ(←-이: 주조)

66) 色: 색. 물질적인 형체가 있는 모든 존재이다.

67) 혜며: 혜(생각하다, 헤아리다, 想)-+-며(연어, 나열)

68) 受: 수. 십이 연기의 하나. 외계의 대상을 받아들여서 느끼는 작용을 이른다. 근(根), 경(境), 식(識)이 화합한 촉(觸)으로부터 생긴다.

69) 想: 상. 대상의 모습을 마음속으로 생각하는 일이다.

70) 行: 행. 인연으로 생겨나서 시간적으로 변천하는 것이다.

71) 識: 식. 십이 연기의 하나. 대상을 다르게 아는 마음의 작용을 이른다.

72) 달오라: 달(←다ᄅᆞ다: 다르다, 異)-+-Ø(현시)-+-오(화자)-+-라(←-다: 평종)

하여, 이 스무 가지를 過去(과거) · 現在(현재) · 未來(미래)에 생각하면 六十(육십)이요, 斷見(단견) · 常見(상견)을 겸하면 六十二見(육십이견)이다.

'命濁(명탁)'은 業識(업식)이 씨가 되어 이루어져 나서 劫(겁)을 좇아 짧으며 줄어 生死(생사)에 꺼지는 것이다. '劫濁(겁탁)'은 各別(각별)한 體(체)가 없어 오직 넷(견탁, 중생탁, 견탁, 명탁)이 더 甚(심)함을 의지하여 이름을 붙이니, 釋迦(석가)가 일어나실 적이 劫(겁)으로 목숨이 減(감)하여 百歲(백세)의 時節(시절)이다. 네 (가지) 일이 正(정)히 甚(심)하므로 이르시되 "劫濁(겁탁)의 어지러운 時節(시절)에 衆生(중생)이 때가 무겁다 하신 것 등이다.】 舍利弗(사리불)아,

ᄒᆞ야 이 스믈 가지ᄅᆞᆯ 過광去겅 現현在찡 未밍來링예 헤면 六륙十씹이오 斷돤見견[73] 常썅見견[74] 조ᄎᆞ면[75] 六륙十씹二싱見견이라

命명濁뙥[76]ᄋᆞᆫ 業업識식[77]이 ᄡᅵ[78] ᄃᆞ외야 이러[79] 나 劫겁을 조차 뎌르며[80] 조라[81] 生싱死ᄉᆞᆼ애 ᄭᅥ딜[82] ᄊᆡ라[83] 劫겁濁뙥[84]ᄋᆞᆫ 各각別볋ᄒᆞᆫ 體톙 업서 오직 네희[85] 더 甚씸호ᄆᆞᆯ 브터 일훔 지ᄒᆞ니 釋셕迦강 니ᄉᆞᇙ[86] 저기 劫겁으로 목수미 減감ᄒᆞ야 百빅歲쉥ㅅ 時씽節젏이라 네 이리[87] 正졍히 甚씸ᄒᆞᆯᄊᆡ 니ᄅᆞ샤ᄃᆡ 劫겁濁뙥 어즈러ᄫᅳᆫ[88] 時씽節젏에 衆즁生싱이 ᄣᅵ[89] 므겁다[90] ᄒᆞ샴 ᄃᆞᆯ히라[91] 】 舍샹利링弗붏아

---

73) 斷見: 단견. 세상(世上) 만사(萬事)의 단멸(斷滅)을 주장하여 인과응보(因果應報)를 인정(認定)하지 아니하는 견해이다. 사람이 한 번 죽으면 영원(永遠)히 없어진다고 보는 생각이다.

74) 常見: 상견. 세계나 모든 존재는 영겁(永劫) 불변(不變)의 실재(實在)이며, 사람은 죽으나 자아(自我)는 없어지지 않으며, 5온(蘊)은 과거(過去)나 미래(未來)에 상주(常住) 불변(不變)하여 영구(永久)히 존재(存在)한다는 망신(妄信)이다.

75) 조ᄎᆞ면: 좇(좇다, 겸하다, 兼)-+-ᄋᆞ면(연어, 조건)

76) 命濁: 명탁. 오탁(五濁)의 하나. 사람의 목숨이 짧아서 백 년을 채우기 어려운 것이다.

77) 業識: 업식. 근본무명에 의하여 처음으로 본심이 움직여진 것이다.

78) ᄡᅵ: ᄡᅵ(씨, 種)+-∅(←-이: 보조)

79) 이러: 일(이루어지다, 成)-+-어(연어)

80) 뎌르며: 뎌르(짧다, 短)-+-며(연어, 나열)

81) 조라: 졸(졸다, 줄다, 縮)-+-어(연어)

82) ᄭᅥ딜: ᄭᅥ디(꺼지다, 消)-+-ㄹ(관전)

83) ᄊᆡ라: ㅆ(←ᄉᆞ: 것, 의명)+-이(서조)-+-∅(현시)-+-라(←-다: 평종)

84) 劫濁: 겁탁. 오탁(五濁)의 하나. 기근, 질병, 전쟁 따위의 여러 가지 재앙이 일어남을 이른다.

85) 네희: 네ㅎ(넷, 四: 수사, 양수)+-의(관조, 의미상 주격)

86) 니ᄉᆞᇙ: 니(←닐다: 일어나다, 起)-+-시(주높)-+-ㅭ(관전)

87) 이리: 일(일, 事)+-이(주조)

88) 어즈러ᄫᅳᆫ: 어즈렇[←어즈럽다, ㅂ불(어지럽다, 亂): 어즐(어질: 불어)+-업(형접)-]-+-∅(현시)-+-은(관전)

89) ᄣᅵ: ᄣᅵ(때, 垢)+-∅(←-이: 주조) ※ 'ᄣᅵ(때, 垢)'는 번뇌(煩惱)를 상징한다.

90) 므겁다: 므겁(무겁다, ㅂ불(무겁다, 重): 므기(무겁게 하다)-+-업(형접)-]-+-∅(현시)-+-다(평종)

91) ᄃᆞᆯ히라: ᄃᆞᆯㅎ(들, 等: 의명)+-이(서조)-+-∅(현시)-+-라(←-다: 평종)

[127 앞]

아ᄒᆞ다가 내 弟똉子ᄌᆞᆼㅣ 제 너교ᄃᆡ 阿항羅랑漢한辟벽支징佛뿛이로라 ᄒᆞ논 사ᄅᆞ미 諸졍佛뿛如ᅀᅧᆼ來ᄅᆡᆼ 다ᄆᆞᆫ 菩뽕薩삻 敎공化황ᄒᆞ시논 이ᄅᆞᆯ 듣디 몯ᄒᆞ며 아디 몯ᄒᆞ면 부텻 弟똉子ᄌᆞᆼㅣ 아니며 阿항羅랑漢한辟벽支징佛뿛이 아니니라 ᄯᅩ 舍샹利링弗붏아 이ᄫᅡ

만일 나의 弟子(제자)가 스스로 여기되 “(내가) 阿羅漢(아라한)과 辟支佛(벽지불)이다.”라고 하여, 諸佛(제불)과 如來(여래)가 다만 菩薩(보살)만 敎化(교화)하시는 일을 듣지 못하며 알지 못하면, 부처의 弟子(제자)가 아니며 阿羅漢(아라한)과 辟支佛(벽지불)이 아니니라. 또 舍利弗(사리불)아,

ᄒᆞ다가[92] 내[93] 弟뗑子ᄌᆞᆼ ㅣ 제[94] 너교ᄃᆡ[95] 阿항羅랑漢한[96] 辟벽支징佛뿛이로라[97] ᄒᆞ야 諸졍佛뿛 如셩來링[98] 다ᄆᆞᆫ[99] 菩뽕薩삻 敎꼽化황ᄒᆞ시논[1] 이ᄅᆞᆯ 듣디 몯ᄒᆞ며 아디 몯ᄒᆞ면 부텻 弟뗑子ᄌᆞᆼ ㅣ 아니며 阿항羅랑漢한 辟벽支징佛뿛이 아니니라[2] 또 舍샹利링弗붏아 이

---

92) ᄒᆞ다가: 만일, 若(부사)

93) 내: 나(나, 我: 인대, 1인칭) + -ㅣ(← -ᄋᆡ: 관조)

94) 제: 저(저, 자기, 自: 인대, 재귀칭) + -ㅣ(← -이: 주조) ※ '제'는 '자기가'의 뜻인데, 여기서는 '스스로'로 의역하여 옮긴다.

95) 너교ᄃᆡ: 너기(여기다, 念)- + -오ᄃᆡ(-되: 연어, 설명 계속)

96) 阿羅漢: 아라한. 소승 불교의 수행자 가운데서 가장 높은 경지에 오른 이이다. 온갖 번뇌를 끊고, 사제(四諦)의 이치를 바로 깨달아 세상 사람들의 존경을 받을 만한 공덕을 갖춘 성자를 이른다.

97) 辟支佛이로라: 辟支佛(벽지불) + -이(서조)- + -Ø(현시)- + -로(← -오-: 화자)- + -라(← -다: 평종) ※ '辟支佛(벽지불)'은 부처의 가르침에 기대지 않고 스스로 도를 깨달은 성자(聖者)이다.(= 연각, 緣覺)

98) 如來: 如來(여래) + -Ø(← -이: 주조)

99) 다ᄆᆞᆫ: 다만, 오직, 唯(부사)

1) 敎化ᄒᆞ시논: 敎化ᄒᆞ[교화하다: 敎化(교화: 명사) + -ᄒᆞ(동접)-]- + -시(주높)- + -ㄴ(← -ᄂᆞ-: 현시)- + -오(대상)- + -ㄴ(관전)

2) 아니니라: 아니(아니다, 非)- + -Ø(현시)- + -니(원칙)- + -라(← -다: 평종)

[127 뒤]

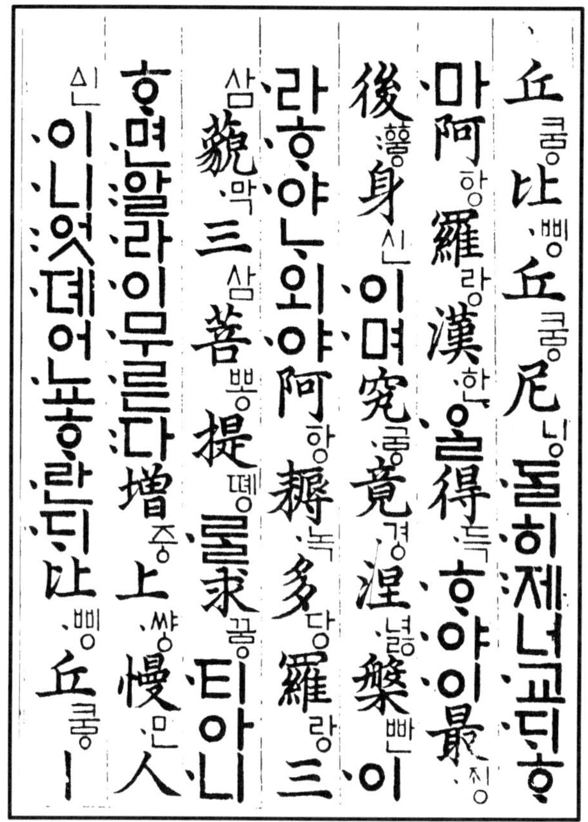

丘쿻 比삥 丘쿻 尼닝 돌히 제 너교ᄃᆡ ᄒᆞ
마 阿항羅랑漢한ᄋᆞᆯ 得득ᄒᆞ야 이 最죙
後ᅘᅮᇢ 身신 이며 究쿻竟경涅녏槃빤 이
라 ᄒᆞ야 ᄂᆞ외야 阿항耨녹多당羅랑三
삼藐막三삼菩뽕提똉ᄅᆞᆯ 求꿀 티 아니
ᄒᆞ면 알라 이 무리는 다 增증上썅慢만人
신 이니 엇뎨어뇨 ᄒᆞᆯ딘댄 比삥丘쿻ㅣ

이 比丘(비구)와 比丘尼(비구니)들이 자기가 여기되 "이미 阿羅漢(아라한)을 得(득)하여, 이것이 最後身(최후신)이며 究竟涅槃(구경열반)이다."고 하여, 다시 阿耨多羅三藐三菩提(아뇩다라삼먁삼보리)를 求(구)하지 아니하면, (너희는) 알아라. 이 무리는 다 增上慢人(증상만인)이니, "(그것이) 어째서이냐?" 고 한다면, 比丘(비구)가

[127 뒤]

이 比삥丘쿻 比삥丘쿻尼닝ᄃᆞᆯ히 제 너교ᄃᆡ ᄒᆞ마[3] 阿항羅랑漢한ᄋᆞᆯ 得득ᄒᆞ야 이[4] 最죙後ᅘᅮᇢ身신[5]이며 究궇竟경涅녏槃빤이라[6] ᄒᆞ야 ᄂᆞ외야[7] 阿항耨녹多당羅랑三삼藐막三삼菩뽕提똉[8]ᄅᆞᆯ 求끃티[9] 아니ᄒᆞ면 알라 이 무른[10] 다 增증上썅慢만人ᅀᅵᆫ이니 엇뎨어뇨 ᄒᆞ란ᄃᆡ[11] 比삥丘쿻ㅣ

---

3) ᄒᆞ마: 이미, 已(부사)

4) 이: 이(이것, 是: 지대) + -Ø(← -이: 주조)

5) 最後身: 최후신. 유전윤회(流轉輪迴)의 생사(生死)가 끊기는 마지막 몸이다. 수행이 완성되어 불과(佛果)에 이르려고 하는 몸으로, 소승에서는 무여열반을 증득(證得)하는 아라한, 대승에서는 불과를 증득하는 보살의 몸이다.

6) 究竟涅槃이라: 究竟涅槃(구경열반) + -이(서조)- + -Ø(현시)- + -라(← -다: 평종) ※ '究竟涅槃(구경열반)'은 가장 높은 경지에 이른 열반, 곧 부처의 경계를 이른다. ※ '究竟(구경)'은 마지막에 이른 경지로, 가장 지극한 깨달음의 뜻이다.

7) ᄂᆞ외야: [다시, 復(부사): ᄂᆞ외(거듭하다, 復: 동사)- + -야(← -아: 연어 ▹ 부접)]

8) 阿耨多羅三藐三菩提: 아뇩다라삼먁삼보리(anuttara-samyak-sambodhi). 가장 완벽한 깨달음을 뜻하는 말이다. '아뇩다라'란 무상(無上)이라는 뜻이다. '삼먁'이란 거짓이 아닌 진실이다. '삼보리'란 모든 지혜를 널리 깨친다는 정등각(正等覺)의 뜻이다. 이를 번역하면 무상정등정각(無上正等正覺)이라는 뜻으로, 이보다 더 위가 없는 큰 진리를 깨쳤다는 말이다. 모든 무명 번뇌를 벗어버리고 크게 깨쳐 우주 만유의 진리를 확실히 아는 부처님의 지혜라는 말로서, 삼세의 모든 부처님이 깨치게 되는 최고의 경지를 말한다.

9) 求티: 求ㅎ[← 求ᄒᆞ(구하다): 求(구: 불어)- + -ᄒᆞ(동접)-]- + -디(-지: 연어, 부정)

10) 무른: 물(무리, 輩) + -은(보조사, 주제)

11) ᄒᆞ란ᄃᆡ: ᄒᆞ(하다: 日)- + -란ᄃᆡ(-을진대, -을 것이면: 연어, 조건)

[128 앞]

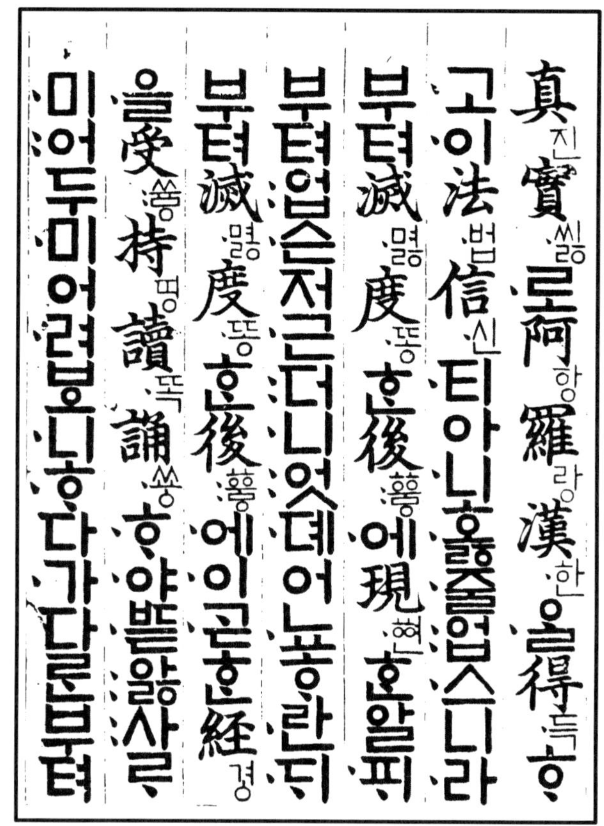

眞진實씷로阿항羅랑漢한ᄋᆞᆯ得득ᄒᆞ
고이法법信신티아니ᄒᆞᇙ줄업스니라
부텨滅멿度똥ᄒᆞᆫ後ᅘᅮᇢ에現현ᄒᆞᆫ알ᄑᆡ
부텨업슨저근더니엇뎨어뇨ᄒᆞ란ᄃᆡ
부텨滅멿度똥ᄒᆞᆫ後ᅘᅮᇢ에이ᄀᆞᆮᄒᆞᆫ經경
을受쓯持띵讀똑誦쑝ᄒᆞ야ᄠᅳᆮ알ᇙ사ᄅᆞ
미얻두미어렵ᄂᆞ니ᄒᆞ다가다ᄅᆞᆫ부텨

眞實(진실)로 阿羅漢(아라한)을 得(득)하고 이 法(법)을 信(신)하지 아니할 수가 없으니라. 부처가 滅度(멸도)한 後(후)에 現(현)한 앞에 부처가 없는 적은 덜어 내니, "(그것이) 어째서이냐?"고 한다면, 부처가 滅度(멸도)한 後(후)에 이 같은 經(경)을 受持(수지)하고 讀誦(독송)하여 (그) 뜻을 아는 이를 (얻기가) 어려우니, 만일 다른 부처를

眞진實씷로 阿ᅙᅡᆼ羅랑漢한ᄋᆞᆯ 得득ᄒᆞ고 이 法법 信신티[12] 아니홇[13] 줄[14] 업스니라 부텨 滅멿度똥ᄒᆞᆫ 後ᅘᅮᇢ에 現ᅘᅧᆫᄒᆞᆫ 알ᄑᆡ[15] 부텨 업슨 저근 더니[16] 엇뎨어뇨 ᄒᆞ란ᄃᆡ 부텨 滅멿度똥ᄒᆞᆫ 後ᅘᅮᇢ에 이 ᄀᆞᆮᄒᆞᆫ 經경을 受쓔ᇢ持띵[17] 讀똑誦쑝ᄒᆞ야 ᄠᅳᆮ 앓 사ᄅᆞ미 어두미 어려ᄫᅳ니 ᄒᆞ다가 다ᄅᆞᆫ[18] 부텨를

---

12) 信티: 信ᄒ[← 信ᄒᆞ다(신하다, 믿다): 信(신: 불어) + -ᄒᆞ(동접)-]- + -디(-지: 연어, 부정)

13) 아니홇: 아니ᄒ[← 아니ᄒᆞ다(아니하다, 不): 아니(아니, 不: 부사, 부정) + -ᄒᆞ(동접)-]- + -오(대상)- + -ㅭ(관전)

14) 줄: 수, 것, 까닭, 故(의명)

15) 現ᄒᆞᆫ 알ᄑᆡ: '現ᄒᆞᆫ 알ᄑᆡ'는 '현존해 계시기 전에'의 뜻으로 쓰였다. 곧, '부처가 다시 이 세상에 나타나기 전에'의 뜻이다.

16) 더니: 더(← 덜다(덜다, 감하다, 제외하다, 除)- + -니(연어, 설명 계속)

17) 受持: 수지. 경전이나 계율을 받아 항상 잊지 않고 머리에 새겨 가지는 것이다.

18) 다ᄅᆞᆫ: [다른, 他(관사): 다ᄅᆞ(다르다, 異: 형사)- + -ㄴ(관전▷관접)]

를맛나면이法법中듕에決궳斷똰ᄒᆞ야ᄉᆞᄆᆞᆺ아로ᄆᆞᆯ곧得득ᄒᆞ리라부텨滅멿度똥ᄒᆞ신後ᅘᅮᇢ를더루믄聖셩人ᅀᅵᆫ업거신디머러갈ᄊᆡ信신티아니ᄒᆞ리도이시려니와그러나ᄯᅩ어루得득度똥因인緣원을지ᅀᅳ릴ᄊᆡᄒᆞ다가다른부텨를맛나면이法법中듕에決궳斷똰ᄒᆞ야ᄉᆞᄆᆞᆺ아로ᄆᆞᆯ得득ᄒᆞ리라ᄒᆞ시니라舍샹利링弗붏아너희ᄃᆞᆯ히ᄒᆞᆫᄆᆞᅀᆞ모로부텻마ᄅᆞᆯ信신解갱受쓯持띵ᄒᆞ라

만나면 이 法(법) 中(중)에 決斷(결단)하여 꿰뚫어서 아는 것을 곧 得(득)하리라. 【부처가 滅度(멸도)하신 後(후)를 덜어 낸 것은 聖人(성인)이 없으신 지가 멀어 가므로 信(신)하지 아니하는 이도 있으려니와, 그러나 또 가히 得度(득도)의 因緣(인연)을 짓겠으므로, "만일 다른 부처를 만나면 이 法(법)의 中(중)에 決斷(결단)하여 완전히 아는 것을 得(득)하리라."고 하셨니라.】 舍利弗(사리불)아, 너희들이 한 마음으로 부처의 말을 信解(신해)·受持(수지)하라.

[128 뒤]

맛나면[19] 이 法법 中듕에 決귏斷돤ᄒᆞ야 ᄉᆞᄆᆺ[20] 아로ᄆᆞᆯ[21] 곧 得득ᄒᆞ리라【부텨 滅멿度똥ᄒᆞ신[22] 後훟를 더루믄[23] 聖셩人ᅀᅵᆫ 업거신[24] 디[25] 머러 갈씨 信신티 아니ᄒᆞ리도[26] 이시려니와[27] 그러나 ᄯᅩ 어루 得득度똥[28] 因인緣원을 지ᅀᅳ릴씨[29] ᄒᆞ다가 다ᄅᆞᆫ 부텨를 맛나면 이 法법 中듕에 決귏斷돤ᄒᆞ야 ᄉᆞᄆᆺ 아로ᄆᆞᆯ 得득ᄒᆞ리라 ᄒᆞ시니라】 舍샹利링弗붏아 너희ᄃᆞᆯ히[30] ᄒᆞᆫ ᄆᆞᅀᆞᄆᆞ로[31] 부텻 마ᄅᆞᆯ 信신解ᅘᆡᆼ[32] 受쓯持띵ᄒᆞ라

---

19) 맛나면: 맛나[만나다, 遇: 맛(← 맞다: 맞다, 迎) + 나(나다, 現)-]- + -면(연어, 조건)

20) ᄉᆞᄆᆺ: [사뭇, 완전히, 철저히, 永(부사): ᄉᆞᄆᆺ(← ᄉᆞᄆᆾ다: 꿰뚫다, 완전하다, 貫, 동사)- + -∅(부접)]

21) 아로ᄆᆞᆯ: 알(알다, 知)- + -옴(명전) + -ᄋᆞᆯ(목조)

22) 滅度ᄒᆞ신: 滅度ᄒᆞ[멸도하다: 滅度(멸도) + -ᄒᆞ(동접)-]- + -시(주높)- + -∅(과시)- + -ㄴ(관전)
※ '滅度(멸도)'는 모든 번뇌(煩惱)의 속박에서 벗어나고, 진리를 깨달아 불생(不生) 불멸(不滅)의 법을 체득한 경지(境地)이다. 혹은 승려(僧侶)가 죽는 것이다.

23) 더루믄: 덜(덜다, 제외하다, 減)- + -움(명전) + -ᄋᆞᆫ(보조사, 주제)

24) 업거신: 업(← 없다: 없다, 無)- + -∅(과시)- + -거(확인)- + -시(주높)- + -ㄴ(관전)

25) 디: 디(지: 의명, 시간의 경과) + -∅(← -이: 주조)

26) 아니ᄒᆞ리도: 아니ᄒᆞᆯ씨: 아니ᄒᆞ[아니하다(보용, 부정): 아니(아니, 不: 부사, 부정) + -ᄒᆞ(동접)-]- + -ㄹ(관전) # 이(이, 者: 의명) + -도(보조사, 첨가)

27) 이시려니와: 이시(있다, 有)- + -리(미시)- + -어니와(← -거니와: 연어, 인정 대조)

28) 得度: 득도. 미혹의 세계를 넘어 깨달음의 경지에 이르는 것이다.

29) 지ᅀᅳ릴씨: 짛(← 짓다, ㅅ불: 짓다, 作)- + -ᄋᆞ리(미시)- + -ㄹ씨(-므로: 연어, 이유)

30) 너희ᄃᆞᆯ히: 너희ᄃᆞᆶ[너희들, 汝等: 너(너, 汝: 인대, 2인칭) + -희(-희, 等: 복접) + -ᄃᆞᆶ(-들, 等: 복접)] + -이(주조)

31) ᄆᆞᅀᆞᄆᆞ로: ᄆᆞᅀᆞᆷ(마음, 心) + -ᄋᆞ로(부조, 방편)

32) 信解: 신해. 불법을 믿어서 진리를 터득하는 것이다.

[129 앞]

諸졩佛뿛如셩來링ㅅ 말ᄊᆞ미 虛헝妄망
ᄐᆡ 아니ᄒᆞ시니 녀나ᄆᆞᆫ 乘씽이 업고 오
직 ᄒᆞᆫ 佛뿛乘씽이라 이ᄀᆞ장 方방便뼌品픔 ᄆᆞᆾ고 아래ᄂᆞᆫ
譬핑喩융品픔이니 譬핑ᄂᆞᆫ 녇가ᄫᆞᆫ 거
슬 ᄢᅧ 기픈 거슬 가ᄌᆞ비고 喩융ᄂᆞᆫ 브터
닐어 ᄀᆞᄅᆞ쳐 알욀 ᄊᆡ니 알ᄑᆡ 法법說쉃
로 한 方방便뼌 뵈샤미 다 一힗乘씽을
爲윙ᄒᆞ야시ᄂᆞᆯ 上쌍智딩ᄂᆞᆫ ᄒᆞ마 알오
中듕根ᄀᆞᆫ은 아디 몯ᄒᆞᆯᄊᆡ 三삼車겅 一
힗門몬ᄋᆡ 녇가ᄫᆞ몰 ᄢᅧ샤 三삼乘씽一
힗道ᄄᆞᇢ의 기프믈 가ᄌᆞ비샤 ᄀᆞᄅᆞ쳐 알

諸佛(제불)과 如來(여래)의 말씀이 虛妄(허망)하지 아니하시니, 다른 乘(승)이 없고 오직 한 佛乘(불승)이다.【이까지 方便品(방편품)을 마치고 아래는 譬喩品(비유품)이니, 譬(비)는 얕은 것을 끌어서 깊은 것을 비교하고 喩(유)는 (다른 것에) 의지하여 일러서 가르쳐서 깨우치는 것이니, 앞의 法說(법설)로 많은 方便(방편)을 보이신 것이 다 一乘(일승)을 爲(위)하시거늘, 上智(상지)는 이미 알고 中根(중근)은 알지 못하므로, 三車(삼거) 一門(일문)의 얕음을 이끄시어 三乘一道(삼승일도)의 깊음을 비유하시어 가르쳐

諸졍佛뿛 如셩來링 말ᄊᆞ미 虛헝妄망티 아니ᄒᆞ시니 녀나ᄆᆞᆫ[33] 乘씽[34]이 업고 오직 ᄒᆞᆫ 佛뿛乘씽이라[35]【잇 ᄀᆞ장[36] 方방便뼌品픔[37] ᄆᆞᆾ고[38] 아래ᄂᆞᆫ 譬핑喩융品픔[39]이니 譬핑ᄂᆞᆫ 녇가ᄫᆞᆫ[40] 거슬 ᅘᅧ[41] 기픈 거슬 가ᄌᆞᆯ비고[42] 喩융ᄂᆞᆫ 브터 닐어 ᄀᆞᄅᆞ쳐 알욀[43] 씨니 알ᄑᆡ 法법說쉃로 한 方방便뼌 뵈샤미 다 一힗乘씽을 爲윙ᄒᆞ야시ᄂᆞᆯ[44] 上썅智딩[45]ᄂᆞᆫ ᄒᆞ마 알오 中듕根근[46]은 아디 몯ᄒᆞᆯᄊᆡ 三삼車겅一힗門몬[47]의 녇가보ᄆᆞᆯ ᅘᅧ샤 三삼乘씽一힗道똫[48]의 기푸믈 가ᄌᆞᆯ비샤 ᄀᆞᄅᆞ쳐

---

33) 녀나ᄆᆞᆫ: [다른, 有餘(관사): 녀(←녀느: 여느, 다른 사람, 他) + 남(남다, 餘: 동사)- + -ᄋᆞᆫ(관전 ▷관접)]

34) 乘: 승. 불교의 교의를 달리 이르는 말이다. 중생을 태워서 생사의 고해를 건너 열반의 세계에 이르게 한다는 뜻이다. 대승과 소승으로 나눈다.

35) 佛乘이라: 佛乘(불승) + -이(서조)- + -Ø(현시)- + -라(←-다: 평종) ※ '불승(佛乘)'은 중생을 깨달음의 세계로 이끄는 부처의 교법이다.

36) 잇: 이(이: 지대, 정칭) + -ㅅ(-의: 관조) # ᄀᆞ장(끝: 의명) ※ '잇 ᄀᆞ장'은 '이까지'로 의역한다.

37) 方便品: 방편품. 『묘법연화경』(妙法蓮華經)의 28품 중에서 제2품이다. 부처님께서 사리불에게 『묘법연화경』의 이전에 말씀하신 3승(三乘)의 가르침이 그대로 1승(一乘)의 진실의 교(敎)인 것을 알린 편(篇)이다.

38) ᄆᆞᆾ고: ᄆᆞᆾ(←ᄆᆞᆾ다: 마치다, 終)- + -고

39) 譬喩品: 비유품. 제3품.『묘법연화경』(妙法蓮華經)의 28품 중에서 제3품이다. 부처님이 화택(火宅) 비유를 말하며 방편품에서 말한 3승(乘)의 방편교 그대로가 1승의 진실의 교(敎)이라고 말한 것을 비교해 알게 한 것이다.

40) 녇가ᄫᆞᆫ: 녇갑[← 녇갑다(얕다, 淺), ㅂ불: 녇(← 녇다: 얕다)- + -갑(형접)-]- + -Ø(현시)- + -ᄋᆞᆫ(관전)

41) ᅘᅧ: ᅘᅧ(끌다, 引)- + -어(연어)

42) 가ᄌᆞᆯ비고: 가ᄌᆞᆯ비(비교하다, 비유하다, 比)- + -고(연어, 나열)

43) 알욀: 알외[깨우치다, 告: 알(알다, 知: 타동)- + -오(사접)- + -ㅣ(←-이-: 사접)-]- + -ㄹ(관전)

44) 爲ᄒᆞ야시ᄂᆞᆯ: 爲ᄒᆞ[위하다: 爲(위: 불어) + -ᄒᆞ(동접)-]- + -시(주높)- + -야…ᄂᆞᆯ(-거늘: 연어, 상황)

45) 上智: 상지. 가장 뛰어난 지혜. 또는 그런 지혜를 가진 사람이다.

46) 中根: 중근. 상근(上根)과 하근(下根)의 가운데 있는 사람이다. 상근은 기근(機根)이 남보다 뛰어난 사람을 말함이고, 하근은 기근이 열등한 사람을 말함이다.

47) 三車一門: 삼거일문. '세 수레(三車)와 한 문(一門)'이다. ※ '三車(삼거)'는 비유품에서 말한 것으로, 성문(聲聞)·연각(緣覺)·보살(菩薩)이 받는 가르침(敎)에 비유한 것이다.

48) 三乘一道: 삼승일도. 삼승(三乘)이 하나의 도(道)이다.

[129 뒤]

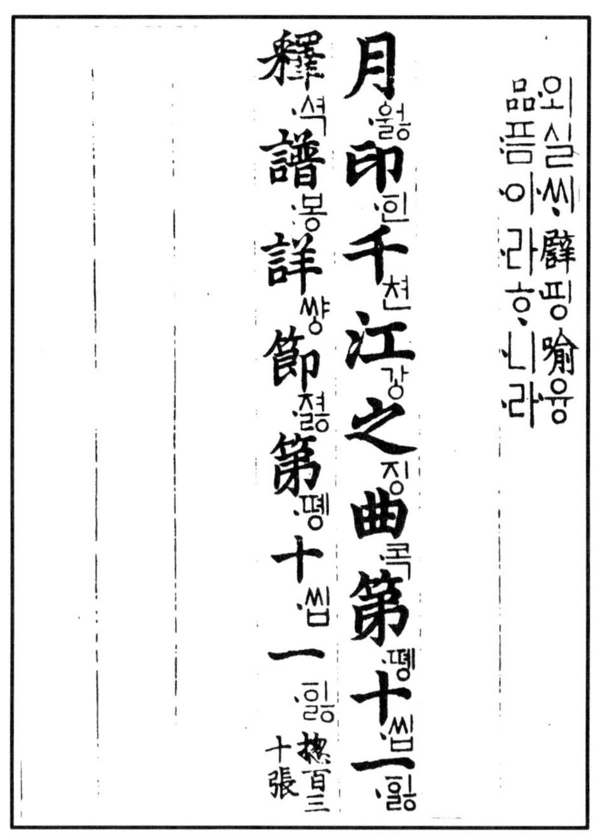

외실ᄊᆡ 譬핑喩융品픔이라 ᄒᆞ니라

月웛印힌千쳔江강之징曲콕第뗑十씹一힗

釋셕譜봉詳썅節졇第뗑十씹一힗 揔百三十張

깨우치므로, 譬喩品(비유품)이라고 하였니라.】

月印千江之曲(월인천강지곡) 第十一(제십일)

釋譜詳節(석보상절) 第十一(제십일) 【揔(총) 百三十(백삼십) 張(장)】

알외실씨[49] 譬핑喩융品픔이라 ᄒᆞ니라 】

月웛印힌千쳔江강之징曲콕 第뗑十씹一힗

釋셕譜봉詳썅節졿 第뗑十씹一힗 【 惣 百三十 張 】

49) 알외실씨: 알외[알리다, 깨우치다, 告: 알(알다, 知)- + -오(사젭)- + -ㅣ(← -이-: 사젭)]- + -시(주높)- + -ㄹ씨(-므로: 연어, 이유)

부록

'원문과 번역문의 벼리' 및 '문법 용어의 풀이'

부록 1. 원문과 번역문의 벼리

(가) 『월인석보 제십일(하)』의 원문 벼리

(나) 『월인석보 제십일(하)』의 번역문 벼리

부록 2. 문법 용어의 풀이

1. 품사
2. 불규칙 활용
3. 어근
4. 파생 접사
5. 조사
6. 어말 어미
7. 선어말 어미

[부록 1] 원문과 번역문의 벼리

(가)『월인석보 제십일』원문의 벼리

[1앞 月웛印힌千쳔江강之징曲콕 第뗑十씹一힗

釋셕譜봉詳썅節젏 第뗑十씹一힗

[第一卷 第一 序品]

其끵二싱百빅七칧十씹二싱

靈령山산애 天텬花황ㅣ 듣거늘 一힗萬먼二싱千쳔 羅랑漢한과 菩뽕薩삻 天텬人신 鬼귕 다 모댓더시니

東동方방애 白뻭毫쁗ㅣ 비취샤 [1뒤 萬먼八밣千쳔 世솅界갱와 地띵獄옥 色식界갱天텬이 다 ᄇᆞᆯᄀᆞ시니

其끵二싱百빅七칧十씹三삼

諸졍佛뿛와 菩뽕薩삻 比삥丘쿻와 衆즁生싱ᄋᆞᆯ 보ᅀᆞᄫᆞ며 說쉃法법音음聲셩을 ᄯᅩ 듣ᄌᆞᄫᆞ니

布봉施싱와 修슣行ᅘᆡᆼ 得득道똫와 [2앞 涅녏槃빤ᄋᆞᆯ 보ᅀᆞᄫᆞ며 舍샹利링 寶봉塔탑ᄋᆞᆯ ᄯᅩ 보ᅀᆞᄫᆞ니

[10뒤 其끵二ᅀᅵᆼ百ᄇᆡᆨ七칧十씹四ᄉᆞᆼ

變변化황 뵈샤ᄆᆞᆯ 彌밍勒륵이 疑읭心심ᄒᆞ샤 文문殊쓩ㅅ긔 무르시니
大땡法법 니ᄅᆞ싫 ᄃᆞᆯ 文문殊쓩ㅣ 아ᄅᆞ샤 [11앞 彌밍勒륵ㅅ긔 對됭答답ᄒᆞ시니

부톄 王왕舍샹城쎵 耆낑闍쌍堀꿇山산 中듕에 겨샤 [15앞 (부톄) 굴근 比삥丘쿻衆즁 萬먼二ᅀᅵᆼ千쳔 사ᄅᆞᆷ과 ᄒᆞᆫᄃᆡ 잇더시니 다 阿항羅랑漢한이라 [15뒤

諸졍漏릏ㅣ ᄒᆞ마 다아 ᄂᆞ외야 煩뻔惱놓ㅣ 업서 己긩利링 得득호매 미처 諸졍有웋엣 結겷이 다아 ᄆᆞᄉᆞ미 自ᄍᆞᆼ在ᄍᆡᆼᄒᆞ니러니 [17뒤 그 일후미 阿항若샹憍굫陳띤如ᅀᅧᆼ와 摩망訶항迦강葉셥과 優훟樓릏頻삔羅랑迦강葉셥과 伽꺙耶양迦강葉셥과 那낭提뗑迦강葉셥과 舍샹利링弗붏와 大땡目목揵껀連련과 摩망訶항迦강栴젼延연과 阿항㝹눃樓릏駄땅와 劫겁賓빈那낭와 [18앞 憍굫梵뻠波방提뗑와 離링婆빵多당와 畢빓陵릉伽꺙婆빵蹉창와 薄빡拘궁羅랑와 摩망訶항拘궁絺팅羅랑와 難난陁땅와 孫손陁땅羅랑難난陁땅와 富붕樓릏那낭彌밍多당羅랑尼닝子ᄌᆞᆼ와 須슝菩뽕提뗑와 阿항難난과 羅랑睺훃羅랑와 이러틋ᄒᆞᆫ 모다 [18뒤 아논 大땡阿항羅랑漢한ᄃᆞᆯ히며 [19앞

ᄯᅩ 學ᅘᅡᆨ無뭉學ᅘᅡᆨ 二ᅀᅵᆼ千쳔 사ᄅᆞᆷ과 [19뒤 摩망訶항波방闍쌍波방提뗑 比삥丘쿻尼닝 眷권屬쑉 六륙千쳔 사ᄅᆞᆷ ᄃᆞ려와 이시며 羅랑睺훃羅랑ᄋᆡ 어마님 耶양輸슝陁땅羅랑 比삥丘쿻尼닝 ᄯᅩ 眷권屬쑉 ᄃᆞ려와 이시며 [20앞

菩뽕薩삻 摩망訶항薩삻 八밣萬먼 사ᄅᆞ미 다 阿항耨녹多당羅랑三삼藐막三삼菩뽕提뗑예 므르디 아니ᄒᆞ샤 다 陁땅羅랑尼닝와 樂욯說쉻辯변才찡ᄅᆞᆯ 得득ᄒᆞ샤 므르디 아니홇 法법輪륜을 그우리샤 無뭉量량 百ᄇᆡᆨ千쳔 諸졍佛뿛을 供공養양ᄒᆞᅀᆞᄫᅡ 諸졍佛뿛ᄭᅴ [20뒤 한 德득 根근源원을 시므샤 샹녜 諸졍佛뿛이 일ᄏᆞ라 讚잔嘆탄ᄒᆞ시며

慈쭝로 몸 닷가 부텻 慧ᅘᅨᆼ예 잘 드르샤 大땡智딩예 通통達땷ᄒᆞ샤 뎌녁 ᄀᆞ새 다ᄃᆞᄅᆞ샤 名명稱칭이 無뭉量량 世솅界갱예 너비 들이샤 無뭉數숭ᄒᆞᆫ 百빅千쳔 衆즁生ᄉᆡᆼ올 [21앞 잘 濟졩渡똥ᄒᆞ시ᄂᆞᆫ 분내러시니 [21뒤

그 일후미 [22앞 文문殊쓩師ᄉᆞᆼ利링菩뽕薩삻와 觀관世솅音ᅙᅳᆷ菩뽕薩삻와 得득大땡勢솅菩뽕薩삻와 常썅精졍進진菩뽕薩삻와 不붏休흏息식菩뽕薩삻와 寶볼掌쟝菩뽕薩삻와 藥약王왕菩뽕薩삻와 勇용施싱菩뽕薩삻와 寶볼月웛菩뽕薩삻와 月웛光광菩뽕薩삻와 滿만月웛菩뽕薩삻와 大땡力륵菩뽕薩삻와 無뭉量량力륵菩뽕薩삻와 [22뒤 大땡力륵菩뽕薩삻와 無뭉量량力륵菩뽕薩삻와 越웛三삼界갱菩뽕薩삻와 跋빯陁땅婆빵羅랑菩뽕薩삻와 彌밍勒륵菩뽕薩삻와 寶볼積젹菩뽕薩삻와 導똥師ᄉᆞᆼ菩뽕薩삻와 이러틋 ᄒᆞᆫ 菩뽕薩삻 摩망訶항薩삻 八밣萬먼 사ᄅᆞ미 다 와 겨시며 [24앞

그제 [24뒤 釋셕提뗑桓환因인이 眷권屬쑉 二싱萬먼 天텬子ᄌᆞᆼ ᄃᆞ려와 이시며 ᄯᅩ 名명月웛天텬子ᄌᆞᆼ와 普퐁香향天텬子ᄌᆞᆼ와 寶볼光광天텬子ᄌᆞᆼ와 四ᄉᆞᆼ大땡天텬王왕이 眷권屬쑉 萬먼 天텬子ᄌᆞᆼ ᄃᆞ려와 이시며

自ᄍᆞᆼ在ᄍᆡᆼ天텬子ᄌᆞᆼ와 大땡自ᄍᆞᆼ在ᄍᆡᆼ天텬子ᄌᆞᆼ ㅣ [25앞 眷권屬쑉 三삼萬먼 天텬子ᄌᆞᆼ ᄃᆞ려와 이시며 娑상婆빵世솅界갱 主즁 梵뻠天텬王왕 尸싱棄킹大땡梵뻠과 光광明명大땡梵뻠 ᄃᆞᆯ히 [25뒤 眷권屬쑉 萬먼二싱 天텬子ᄌᆞᆼ ᄃᆞ려와 이시며

여듧 龍룡王왕 龍룡王왕 難난陁땅龍룡王왕과 跋빯難난陁땅龍룡王왕과 娑상伽꺙羅랑龍룡王왕과 和황修슣吉긿龍룡王왕과 德득叉창迦강龍룡王왕과 [26앞 阿앙那낭婆빵達땷多당龍룡王왕과 摩망那낭斯ᄉᆞᆼ龍룡王왕과 優흫鉢밣羅랑龍룡王왕 ᄃᆞᆯ히 各각各각 若약干간 百빅千쳔 眷권屬쑉 ᄃᆞ려와 이시며 [27앞

네 緊긴那낭羅랑王왕 法법緊긴那낭羅랑王왕과 妙묳法법緊긴那낭羅랑王왕과 大땡

法법緊긴那낭羅랑王왕과 [27뒤 持띵法법緊긴那낭羅랑王왕이 各각各각 若샥干간 百빅千쳔 眷권屬쑉 ᄃᆞ려와 이시며 네 乾껀闥탏婆빵王왕 美밍乾껀闥탏婆빵王왕과 [28앞 樂악音흠乾껀闥탏婆빵王왕과 美밍乾껀闥탏婆빵王왕과 美밍音흠乾껀闥탏婆빵王왕이 各각各각 若샥干간 百빅千쳔 眷권屬쑉 ᄃᆞ려와 이시며

네 阿앙脩슣羅랑王왕 [28뒤 婆빵稚띵阿앙脩슣羅랑王왕과 佉컹羅랑騫컨馱땅阿앙脩슣羅랑王왕과 毗뼹摩망質짏多당羅랑阿앙脩슣羅랑王왕과 羅랑睺훃阿앙脩슣羅랑王왕이 各각各각 若샥干간 百빅千쳔 眷권屬쑉 ᄃᆞ려와 이시며 [31뒤

네 迦강樓룽羅랑王왕 大땡威휭德득迦강樓룽羅랑王왕과 大땡身신迦강樓룽羅랑王왕과 大땡滿만迦강樓룽羅랑王왕과 如셩意힁迦강樓룽羅랑王왕이 [32앞 各각各각 若샥干간 百빅千쳔 眷권屬쑉 ᄃᆞ려와 이시며

韋윙提뗑希힁의 아ᄃᆞᆯ 阿앙闍쌍世솅王왕이 若샥干간 [32뒤 百빅千쳔 眷권屬쑉 ᄃᆞ려와 各각各각 부텻 바래 禮롕數숭ᄒᆞᅀᆞᆸ고 ᄒᆞᆫ녁 面면에 믈러 안ᄌᆞ니라 그제 世솅尊존ᄭᅴ 四ᄉᆞᆼ衆즁이 圍윙繞ᅀᅳᇢᄒᆞᅀᆞ바 이셔 供공養양ᄒᆞᅀᆞᄫᆞ며 恭공敬경ᄒᆞᅀᆞᄫᆞ며 尊존重뜡히 너기ᅀᆞ바 讚잔嘆탄ᄒᆞᅀᆞᆸ더니

菩뽕薩삻ᄃᆞᆯ 위ᄒᆞ샤 [33앞 大땡乘씽經경을 니르시니 일후미 無뭉量량義읭니 菩뽕薩삻 ᄀᆞᄅᆞ치시논 法법이며 부텨 護홍念념ᄒᆞ시논 배라 부톄 이 經경 니르시고 結겷加강趺붕坐쫭ᄒᆞ샤 無뭉量량義읭處쳥三삼昧밍예 드르샤 몸과 ᄆᆞᅀᆞᆷ괘 움즉디 아니ᄒᆞ야 겨시거늘 [33뒤 그제 하ᄂᆞᆯ해셔 曼만陁땅羅랑華황와 摩망訶항曼만陁땅羅랑華황와 曼만殊쓩沙상華황와 摩망訶항曼만殊쓩沙상華황ᄅᆞᆯ [34앞 부텻 우콰 大땡衆즁ᄃᆞᆯ히 그에 비흐며 너븐 부텻 世솅界갱 여슷 가지로 震진動똥ᄒᆞ더니 [34뒤

그 ᄢᅴ 會횅中듕엣 比삥丘큫 比삥丘큫尼닝 優훙婆빵塞싁 優훙婆빵夷잉 天텬 龍룡

夜양叉창 乾껀闥탏婆빵 阿항脩슣羅랑 迦강樓릉羅랑 緊긴那낭羅랑 摩망睺훙羅랑迦강人신非빙人신과 [35앞 ᄯᅩ 諸졍小숗王왕과 轉뒨輪륜聖셩王왕과 이 大땡衆즁ᄃᆞᆯ히 녜 업던 이ᄅᆞᆯ 얻ᄌᆞ바 歡환喜힁 合햡掌쟝ᄒᆞ야 ᄒᆞᆫ ᄆᆞᅀᆞᄆᆞ로 부텨를 보ᅀᆞ뱃더니 그 ᄢᅴ 부톄 眉밍間간 白뼥毫흫相샹앳 光광明명을 펴샤 東동方방앳 萬먼八밣千천 世솅界갱ᄅᆞᆯ 비취샤ᄃᆡ 周즇徧변티 아니ᄒᆞᆫ [35뒤 ᄃᆡ 업스샤 [36앞 아래로 阿항鼻삥地띵獄옥애 니를오 우흐로 阿항迦강膩닝吒당天텬에 니르니

이 世솅界갱예셔 뎌 ᄡᅡ햇 六륙趣츙 衆즁生싱ᄋᆞᆯ 다 보며 ᄯᅩ 뎌 ᄡᅡ해 겨신 諸졍佛뿛도 보ᅀᆞᄫᆞ며 諸졍佛뿛 니르시논 [36뒤 經경法법도 듣ᄌᆞᄫᆞ며 뎌 比삥丘쿻 比삥丘쿻尼닝 優훃婆빵塞싱 優훃婆빵夷잉ᄋᆡ 修슣行행ᄒᆞ야 得득道똫ᄒᆞᄂᆞ니도 조쳐 보며 ᄯᅩ 菩뽕薩삻摩망訶항薩삻ᄃᆞᆯ히 種죵種죵 因인緣원과 種죵種죵 信신解행와 種죵種죵 相샹貌몰로 [37앞 菩뽕薩삻 道똫 行행ᄒᆞ시논 양도 보며 ᄯᅩ 諸졍佛뿛이 般반涅녏槃빤ᄒᆞ시ᄂᆞ니도 보ᅀᆞᄫᆞ며 ᄯᅩ 諸졍佛뿛이 般반涅녏槃빤ᄒᆞ신 後훟에 부텻 舍샹利링로 七칧寶볼塔탑 세ᅀᆞᆸ논 양도 보리러니 [38앞

그 ᄢᅴ 彌밍勒륵菩뽕薩삻이 너기샤ᄃᆡ 오ᄂᆞᆳ나래 世솅尊존이 神씬變변相샹ᄋᆞᆯ 뵈시ᄂᆞ니 엇던 因인緣원으로 [38뒤 이 祥쌍瑞쒱 잇거시뇨 이제 世솅尊존이 三삼昧밍예 드르시니 이 不붏可캉思ᄉᆞᆼ議읭옛 希힁有웋ᄒᆞᆫ 이ᄅᆞᆯ 뵈시ᄂᆞ니 눌 더브러 무러ᅀᅡ ᄒᆞ리며 뉘ᅀᅡ 能ᄂᆞᆼ히 對됭答답ᄒᆞ려뇨 ᄒᆞ시고

ᄯᅩ 너기샤ᄃᆡ 文문殊쓩師ᄉᆞᆼ利링 法법王왕子ᄌᆞᆼㅣ [39앞 디나거신 無뭉量량 諸졍佛뿛씌 ᄒᆞ마 親친近끈히 供공養양ᄒᆞᅀᆞ바 이실ᄊᆡ 당다이 이런 希힁有웋ᄒᆞᆫ 相샹ᄋᆞᆯ 보ᅀᆞ바 잇ᄂᆞ니 내 이제 무로리라

그 ᄢᅴ 比삥丘쿻 比삥丘쿻尼닝 優훃婆빵塞싱 優훃婆빵夷잉와 天텬 龍룡 鬼귕神씬

ᄃᆞᆯ히 [39뒤 다 너교ᄃᆡ 이 부텻 光광明명 神씬通통相샹 이제 눌 더브러 무르려뇨 ᄒᆞ더니 그 ᄢᅴ 彌밍勒륵菩뽕薩삻이 ᄌᆞ걋 疑읭心심도 決궳ᄒᆞ고져 ᄒᆞ시며 ᄯᅩ 比삥丘쿻比삥丘쿻尼닁 優ᅙᅮᇢ婆빵塞ᄉᆞᆨ 優ᅙᅮᇢ婆빵夷잉와 天텬 龍룡 鬼궝神씬 等등 모든 ᄆᆞᅀᆞᄆᆞᆯ 보시고 文문殊쓩師ᄉᆞᆼ利링ᄭᅴ [40앞 묻ᄌᆞᄫᆞ샤ᄃᆡ 엇던 因인緣원으로 이 祥썅瑞쒱 겨샤 神씬通통相샹이 큰 光광明명 펴샤 東동方방 萬먼八밣千천 土통ᄅᆞᆯ 비취시니 뎌 부텻 國귁界갱 莊장嚴엄을 다 보ᄂᆞ니잇고

그 ᄢᅴ 文문殊쓩師ᄉᆞᆼ利링 [40뒤 彌밍勒륵菩뽕薩삻摩망訶항薩삻와 諸졍大땡士ᄊᆞᆼ ᄃᆞ려 니ᄅᆞ샤ᄃᆡ 善션男남子ᄌᆞᆼᄃᆞᆯ하 내 혜여 호니 이제 世솅尊존이 큰 法법을 니르시며 큰 法법雨웅ᄅᆞᆯ 비흐시며 큰 法법螺뢍ᄅᆞᆯ 부르시며 큰 法법鼓공ᄅᆞᆯ 티시며 큰 法법義읭ᄅᆞᆯ 펴려 ᄒᆞ시ᄂᆞ다 [41앞

善션男남子ᄌᆞᆼᄃᆞᆯ하 내 디나건 諸졍佛뿛ᄭᅴ 이런 祥썅瑞쒱ᄅᆞᆯ 보ᅀᆞᄫᆞ니 이런 光광明명을 펴시면 큰 法법을 니르시더니 이럴ᄊᆡ 아라라 이제 부톄 光광明명 뵈샤도 ᄯᅩ 이 ᄀᆞᆮᄒᆞ시니 衆즁生ᄉᆡᆼᄋᆞᆯ 一ᅙᅵᇙ切촁 [41뒤 世솅間간앳 信신티 어려ᄫᅳᆫ 法법을 다 듣ᄌᆞᄫᅡ 알에 호리라 ᄒᆞ샤 이런 祥썅瑞쒱ᄅᆞᆯ 뵈시ᄂᆞ니라

善션男남子ᄌᆞᆼᄃᆞᆯ하 디나건 無뭉量량無뭉邊변 不붏可캉思ᄉᆞᆼ議읭 阿항僧ᄉᆞᆼ祇낑 劫겁 時씽節졇에 부톄 겨샤ᄃᆡ 號ᅘᅩᇢᄅᆞᆯ 日ᅀᅵᇙ月ᅌᅯᇙ燈등明명 如ᅀᅧᆼ來ᄅᆡᆼ 應ᅙᅳᆼ供공 正졍徧변知딩 [42앞 明명行ᅘᆡᆼ足죡 善션逝쎙 世솅間간解갱 無뭉上썅士ᄊᆞᆼ 調뚤御ᅌᅥᆼ丈땽夫붕 天텬人ᅀᅵᆫ師ᄉᆞᆼ 佛뿛世솅尊존이러시니 [42뒤 正졍法법을 불어 니ᄅᆞ샤ᄃᆡ 初총善션 中듕善션 後ᅘᅮᇢ善션이러시니 그 ᄠᅳ디 깁고 멀며 그 말ᄊᆞ미 工공巧쿄ᇢ코 微밍妙묳ᄒᆞ야 섯근 거시 업서 淸청白ᄈᆡᆨᄒᆞᆫ 梵뻠行ᅘᆡᆼ相샹이 ᄀᆞᆮ더시니 聲셩聞문 求꿓ᄒᆞᇙ [43앞 싸ᄅᆞᆷ 爲윙ᄒᆞ샤 四ᄉᆞᆼ諦뎽法법 니ᄅᆞ샤 生ᄉᆡᆼ老롷病뼝死ᄉᆞᆼᄅᆞᆯ 벗기샤 究궇竟경涅녏槃빤킈 ᄒᆞ시고 辟

벽支징佛뿛 求꿓ᄒᆞᆯ 싸ᄅᆞᆷ 爲윙ᄒᆞ샨 十씹二싱 因인緣원法법을 니르시고 菩뽕薩삻ᄃᆞᆯ 爲윙ᄒᆞ샨 六륙波방羅랑蜜밇을 니ᄅᆞ샤 阿항耨녹多당羅랑三삼藐막三삼菩뽕提똉ᄅᆞᆯ [43뒤 得득ᄒᆞ야 一읋切쳉 種죵種죵 智딩慧쮕ᄅᆞᆯ 일우게 ᄒᆞ더시니 [44앞

버거 부톄 겨샤ᄃᆡ 또 일후미 日싫月웛燈등明명이시고 또 버거 부톄 겨샤ᄃᆡ 또 일후미 日싫月웛燈등明명이러시니 이 ᄀᆞ티 二싱萬먼 부톄 [44뒤 다 ᄒᆞᆫ 가짓 字쫑로 號홓ㅣ 日싫月웛燈등明명이시며 또 ᄒᆞᆫ 가짓 姓셩이샤 姓셩이 頗팡羅랑墮똥ㅣ러시니

彌밍勒륵아 아라라 첫 부텨 後훟ㅅ 부톄 다 ᄒᆞᆫ 가짓 字쫑로 일후미 日싫月웛燈등明명이시고 열 號홓ㅣ ᄀᆞᄌᆞ시고 니르시논 法법이 初총 中듕 後훟善쎤이러시니 [45앞

ᄆᆞᆺ 後훟ㅅ 부톄 出츓家강 아니 ᄒᆞ야 겨싫 저긔 여듧 王왕子즈ᇰᄅᆞᆯ 두 겨샤ᄃᆡ ᄒᆞᆫ 일후믄 有웋意ᅙᅴᇰ오 둘찻 일후믄 善쎤意ᅙᅴᇰ오 세찻 일후믄 無뭉量량意ᅙᅴᇰ오 네찻 일후믄 寶볼意ᅙᅴᇰ오 다ᄉᆞᆺ찻 일후믄 增증意ᅙᅴᇰ오 여슷찻 일후믄 除뗭疑읭意ᅙᅴᇰ오 닐굽찻 일후믄 響향意ᅙᅴᇰ오 [45뒤 여듧찻 일후믄 法법意ᅙᅴᇰ러시니 이 여듧 王왕子즈ᇰㅣ 威휭德득이 自쫑在찡ᄒᆞ샤 各각各각 네 天텬下향ᄅᆞᆯ 거느렛더시니 이 王왕子즈ᇰᄃᆞᆯ히 아바니미 出츓家강ᄒᆞ샤 阿항耨녹多당羅랑三삼藐막三삼菩뽕提똉ᄅᆞᆯ 得득ᄒᆞ시다 드르시고 다 王왕位윙ᄅᆞᆯ ᄇᆞ리시고 조차 [46앞 出츓家강ᄒᆞ야 大땡乘씽엣 ᄠᅳ들 發벓ᄒᆞ야 샹녜 조ᄒᆞᆫ 힝뎍 다ᄭᅡ 다 法법師ᄉᆞᇰㅣ ᄃᆞ외샤 ᄒᆞ마 千쳔萬먼 부텨ᄭᅴ 믈읫 됴ᄒᆞᆫ 根근源원을 시므시니라 [84:2뒤

그 ᄢᅴ 日싫月웛燈등明명佛뿛이 大땡乘씽經경을 니르시니 일후미 無뭉量량義읭니 菩뽕薩삻 ᄀᆞᄅᆞ치시논 法법이며 부텨 護홓念념ᄒᆞ시논 배라 이 經경을 니르시고 [85앞 즉자히 大땡衆즁 中듕에 結겷加강趺봉坐쫭ᄒᆞ샤 無뭉量량義읭處청 三삼昧밍예 드르샤 몸과 ᄆᆞᅀᆞᆷ괘 뮈디 아니ᄒᆞ야 겨시거늘 그 저긔 하ᄂᆞᆯ해셔 曼만陁땅羅랑華황

와 摩망訶항曼만陁땅羅랑華황와 曼만殊쓩沙상華황와 摩망訶항曼만殊쓩沙상華황ᄅᆞᆯ [85뒤 부텻 우콰 大땡衆즁ᄃᆞᆯ히 그에 비흐며 너븐 부텻 世솅界갱 六륙種죵震진動똥ᄒᆞ더니

그 ᄢᅴ 會횅中듕엣 比삥丘쿻 比삥丘쿻尼닝 優훟婆빵塞싱 優훟婆빵夷잉 天텬 龍룡 夜양叉창 乾껀闥탏婆빵 阿항脩슣羅랑 迦강樓릉羅랑 緊긴那낭羅랑 摩망睺훟羅랑迦강 人신非빙人신과 [86앞 또 諸졍小숗王왕과 轉둰輪륜聖셩王왕과 이 大땡衆즁ᄃᆞᆯ히 녜 업던 이ᄅᆞᆯ 얻ᄌᆞᄫᆞ 歡환喜힁 合햅掌쟝ᄒᆞ야 ᄒᆞᆫ ᄆᆞᅀᆞ모로 부텨를 보ᅀᆞᄫᆞᆸ더니 그 ᄢᅴ 如셩來링 眉밍間간 白ᄈᆡᆨ毫흫相샹 光광ᄋᆞᆯ 펴샤 東동方방 萬먼八밣千쳔 佛뿛土통ᄅᆞᆯ 비취샤ᄃᆡ 周쥼徧변티 [86뒤 아니ᄒᆞᆫ ᄃᆡ 업더니 오ᄂᆞᆳ날 보ᅀᆞᆸᄂᆞᆫ 佛뿛土통ㅣ ᄀᆮ더라

彌밍勒륵아 아라라 그 ᄢᅴ 會횅中듕에 二싱十씹億흑 菩뽕薩삻이 法법 듣ᄌᆞᄫᆞᄆᆞᆯ 즐기더니 이 菩뽕薩삻ᄃᆞᆯ히 이 光광明명이 佛뿛土통 너비 비취샤ᄆᆞᆯ 보ᅀᆞᆸ고 녜 업던 이ᄅᆞᆯ 얻ᄌᆞᄫᆞ 이 光광明명 爲윙ᄒᆞ샨 因인緣원ᄋᆞᆯ [87앞 알오져 ᄒᆞ더니

그 ᄢᅴ ᄒᆞᆫ 菩뽕薩삻 일후미 妙묠光광이라 호리 八밣百빅 弟똉子ᄌᆞᆼᄅᆞᆯ 뒷더니 그 ᄢᅴ 日싏月웛燈등明명佛뿛이 三삼昧ᄆᆡᆼ로셔 니르샤 妙묠光광菩뽕薩삻ᄋᆞᆯ 因힌ᄒᆞ야 大땡乘씽經경을 니르시니 일후미 妙묠法법蓮련華황ㅣ니 菩뽕薩삻 ᄀᆞᄅᆞ치시논 法법이며 [87뒤 부텨 護홍念념ᄒᆞ시논 배라 여쉰 小숗劫겁을 座쫭애 니디 아니ᄒᆞ시니 모다 듣ᄌᆞᄫᆞ리도 ᄒᆞᆫ 고대 안자 여쉰 小숗劫겁을 몸과 ᄆᆞᅀᆞᆷ괘 뮈디 아니ᄒᆞ야 부텻 마ᄅᆞᆯ 듣ᄌᆞᄫᆞᄃᆡ 밥 머글 ᄊᆞᅀᅵ 만 너겨 ᄒᆞ나토 잇븐 ᄠᅳᆮ 내리 업더라 [88앞

日싏月웛燈등明명佛뿛이 여쉰 小숗劫겁을 이 經경 니르시고 즉자히 梵뻠 魔망 沙상門몬 婆빵羅랑門몬과 天텬人신 阿항脩슣羅랑 衆즁 中듕에 니ᄅᆞ샤ᄃᆡ [88뒤 如셩來링 오ᄂᆞᆳ 밦中듕에 無뭉餘영涅녏槃빤애 들리라 [89뒤

그 ᄢᅴ ᄒᆞᆫ 菩뽕薩삻 일후미 德득藏짱이러니 [90앞 日싏月웛燈등明명佛뿛이 授쓭記

긩ᄒᆞ야 比삥丘큫ᄃᆞ려 니ᄅᆞ샤ᄃᆡ 이 德득藏짱菩뽕薩삻이 버거 부톄 ᄃᆞ외야 號ᅘᅩᇢᄅᆞᆯ 淨쪙身신多당陁땅阿항伽꺙度똥阿항羅랑訶항三삼藐막三삼佛뿛陁땅ㅣ라 ᄒᆞ리라

부톄 授쓯記긩 다 ᄒᆞ시고 곧 밦中듕에 [90뒤 無뭉餘영涅녏槃빤애 드르시니라 부톄 滅멿度똥ᄒᆞ신 後ᅘᅮᇢ에 妙묠光광菩뽕薩삻이 妙묠法법蓮련華ᅘᅪᆼ經경을 가져 八밣十씹 小숗劫겁을 사ᄅᆞᆷ 爲윙ᄒᆞ야 불어 니르더니 日싫月웛燈등明명佛뿛ㅅ 여ᄃᆞᆲ 아ᄃᆞ니미 다 妙묠光광ᄋᆞᆯ 스승 사ᄆᆞ신대 妙묠光광이 ᄀᆞᄅᆞ쳐 [91앞 阿항耨녹多당羅랑三삼藐막三삼菩뽕提뗑예 구드시긔 ᄒᆞ니 이 王왕子ᄌᆞᆼ ᄃᆞᆯ히 無뭉量량 百ᄇᆡᆨ千쳔萬먼億ᅙᅳᆨ 부텨를 供공養양ᄒᆞᅀᆞᆸ고 다 佛뿛道또ᇢᄅᆞᆯ 일우시니 ᄆᆞᆺ 後ᅘᅮᇢ에 成쎵佛뿛ᄒᆞ신 일후미 燃션燈등이시니라 [92앞

八밣百ᄇᆡᆨ 弟똉子ᄌᆞᆼㅅ 中듕에 ᄒᆞ나히 일후미 求꿓名명이러니 利링養양ᄋᆞᆯ 貪탐著땩ᄒᆞ야 비록 한 經경을 讀똑誦쑝ᄒᆞ야도 通통利링티 몯ᄒᆞ야 해 니즐씨 일후믈 求꿓名명이라 ᄒᆞ더니 이 사ᄅᆞᆷ도 ᄯᅩ 善쎤根근 因ᅙᅵᆫ緣원을 심곤 젼ᄎᆞ로 無뭉量량 百ᄇᆡᆨ千쳔萬먼億ᅙᅳᆨ [92뒤 諸졍佛뿛을 맛나ᅀᆞᄫᅡ 供공養양 恭공敬경ᄒᆞ며 尊존重뜡 讚잔嘆탄ᄒᆞᅀᆞᄫᆞ니라

彌밍勒륵아 아라라 妙묠光광菩뽕薩삻ᄋᆞᆫ 다ᄅᆞᆫ 사ᄅᆞ미리여 내 모미 긔오 求꿓名명菩뽕薩삻ᄋᆞᆫ 그듸 모미 긔라 오ᄂᆞᇗ날 이 祥썅瑞쒱ᄅᆞᆯ 보ᅀᆞᄫᆞᆫ딘 아래와 다ᄅᆞ디 [93앞 아니ᄒᆞ시니 이럴씨 혜여 호니 오ᄂᆞᇗ날 如셩來ᄅᆡᆼ 당다이 大땡乘씽經경을 니르시리니 일후미 妙묠法법蓮련華ᅘᅪᆼㅣ니 菩뽕薩삻 ᄀᆞᄅᆞ치시논 法법이며 부텨 護ᅘᅩᆼ念념ᄒᆞ시논 배라

[第一卷 第二 方便品]

[94뒤 其끵二ᅀᅵᆼ百ᄇᆡᆨ七칧十씹五ᅌᅩᆼ

三삼昧ᄆᆡᆼ로 니르샤 妙묠法법 아니 [95앞 니ᄅᆞ실씨 舍샹利ᄅᆡᆼ弗붏이 請쳥ᄒᆞᅀᆞᆸ더니

四ᄉᆞᆼ衆즁도 疑ᅌᅴᆼ心심ᄒᆞᆯ씨 妙묠法법 닐오려 터시니 增증上썅慢만이 믈러나ᅀᆞᄫᆞ니

그 ᄢᅴ 世솅尊존이 三삼昧ᄆᆡᆼ로 겨샤 ᄌᆞᄂᆞᆨᄌᆞᄂᆞ기 니르샤 舍샹利ᄅᆡᆼ弗붏ᄃᆞ려 [95뒤 니ᄅᆞ샤ᄃᆡ 諸졍佛뿛ㅅ 智딩慧휑 甚씸히 깁고 그지업스샤 智딩慧휑ㅅ 門몬이 아로미 어려ᄫᅳ며 드루미 어려ᄫᅳ니 一ᅙᅵᇙ切쳉ㅅ 聲셩聞문 辟벽支징佛뿛의 能능히 아디 몯ᄒᆞᇙ 거시라 [96뒤 엇뎨어뇨 ᄒᆞ란ᄃᆡ 부톄 아래 百ᄇᆡᆨ千쳔萬먼億ᅙᅳᆨ 無뭉數숭 諸졍佛뿛ᄭᅴ 갓가ᄫᅵᄒᆞ야 諸졍佛뿛ㅅ 그지업슨 道똫法법을 다 行ᅘᆡᆼᄒᆞ야 勇용猛ᄆᆡᆼ히 精졍進진ᄒᆞ야 名명稱칭이 너비 들여 甚씸히 기픈 녜 업던 法법을 일워 맛당ᄒᆞᆫ 고ᄃᆞᆯ 조차 니르논 마리 ᄠᅳᆮ 아로미 어려ᄫᅳ니라 [97뒤

舍샹利ᄅᆡᆼ弗붏아 내 成쎵佛뿛ᄒᆞᆫ 後ᅘᅮᇢ로 種죵種죵 因인緣원과 種죵種죵 譬핑喩융로 말ᄊᆞᄆᆞᆯ 너비 불어 無뭉數숭ᄒᆞᆫ 方방便뼌으로 衆즁生ᄉᆡᆼᄋᆞᆯ 引인導똫ᄒᆞ야 諸졍着딱ᄋᆞᆯ 여희의 ᄒᆞ노니 엇뎨어뇨 ᄒᆞ란ᄃᆡ 如셩來ᄅᆡᆼᄂᆞᆫ [98앞 方방便뼌 知딩見견 波방羅랑蜜ᄆᆡᇙ이 다 ᄀᆞᄌᆞᆯ씨니라

舍샹利ᄅᆡᆼ弗붏아 如셩來ᄅᆡᆼㅅ 知딩見견이 크고 깁고 머러 無뭉量량과 無뭉礙ᅌᆡᆼ와 [98뒤 力륵과 無뭉所송畏휭와 禪쎤과 定뗭과 解갱脫퇋와 三삼昧ᄆᆡᆼ예 기피 드러 ᄀᆞᇫ 업서 一ᅙᅵᇙ切쳉 녜 업던 法법을 일우니라 [99앞

舍샹利ᄅᆡᆼ弗붏아 如셩來ᄅᆡᆼ 能능히 種죵種죵ᄋᆞ로 ᄀᆞᆯᄒᆡ야 諸졍法법을 工공巧쿌히 닐어 말ᄊᆞ미 보ᄃᆞ라ᄫᅡ 모ᄃᆞᆫ ᄆᆞᅀᆞ매 맛당케 ᄒᆞᄂᆞ니 [99뒤 舍샹利ᄅᆡᆼ弗붏아 모도아 니

르건댄 無뭉量량無뭉邊변ᄒᆞᆫ 네 업던 法법을 부톄 다 일우니라

말라 舍샹利링弗붏아 구틔여 다시 니ᄅᆞ디 마라ᅀᅡ ᄒᆞ리라 엇뎨어뇨 ᄒᆞ란ᄃᆡ 부텨 일우온 第뗑一ᅙᅵᇙ엣 希힁有ᅌᅮᇢᄒᆞᆫ 아로미 [100앞 어려ᄫᅳᆫ 法법은 부텨와 부텨왜ᅀᅡ 能능히 諸졍法법 實씷相샹ᄋᆞᆯ 다 아ᄂᆞ니라 니ᄅᆞ논 諸졍法법의 如셩是씽相샹과 如셩是씽性셩과 [100뒤 如셩是씽體톙와 如셩是씽力륵과 如셩是씽作작과 如셩是씽因ᅙᅵᆫ과 如셩是씽緣원과 如셩是씽果광와 如셩是씽報볼와 如셩是씽本본末맗究궇竟경 ᄃᆞᆯ히라 [103앞

그 ᄢᅴ 大땡衆즁 中듕에 聲셩聞문漏롷 다ᄋᆞᆫ 阿항羅랑漢한 阿항若샹憍굘陳띤如셩等등 千쳔二싱百빅 사ᄅᆞᆷ과 聲셩聞문 辟벽支징佛뿛 ᄆᆞᅀᆞᆷ 發벓ᄒᆞᆫ 比삥丘쿻 [103뒤 比삥丘쿻尼닝 優ᅙᅮᇢ婆빵塞싱 優ᅙᅮᇢ婆빵夷잉 各각各각 너교ᄃᆡ 오ᄂᆞᆳ날 世솅尊존이 엇던 젼ᄎᆞ로 方방便뼌을 브즈러니 일ᄏᆞ라 讚잔歎탄ᄒᆞ샤 니ᄅᆞ샤ᄃᆡ 부텨 得득혼 法법이 甚씸히 기퍼 아로미 어려ᄫᅳ며 一ᅙᅵᇙ切쳉 聲셩聞문 辟벽支징佛뿛의 [104앞 能능히 밋디 몯ᄒᆞᇙ 배라 ᄒᆞ거시뇨 부텨 니르시논 解갱脫퇋ᄋᆞᆯ 우리도 得득ᄒᆞ야 涅녏槃빤애 다ᄃᆞ로니 오ᄂᆞᆳ날 이 ᄠᅳ들 몯 아ᅀᆞᄫᆞ리로다

그 ᄢᅴ 舍샹利링弗붏이 四ᄉᆞᆼ衆즁의 疑ᅌᅴᆼ心심도 [104뒤 알며 자내도 몰라 부텻긔 ᄉᆞᆯᄫᅩᄃᆡ 世솅尊존하 엇던 因ᅙᅵᆫ緣원으로 諸졍佛뿛ㅅ 第뗑一ᅙᅵᇙ 方방便뼌과 甚씸深심微밍妙묠ᄒᆞᆫ 아디 어려ᄫᅳᆫ 法법을 브즈러니 讚잔嘆탄ᄒᆞ시ᄂᆞ니잇고 내 아래브터 부텻긔 이런 마ᄅᆞᆯ 몯 듣ᄌᆞᄫᆞ며 [105앞 오ᄂᆞᆳ날 四ᄉᆞᆼ衆즁ᄃᆞᆯ히 다 疑ᅌᅴᆼ心심ᄒᆞᄂᆞ니 願원ᄒᆞᄃᆞᆫ 世솅尊존이 이 이ᄅᆞᆯ 펴 니르쇼셔 世솅尊존이 엇던 젼ᄎᆞ로 甚씸深심 微밍妙묠ᄒᆞᆫ 아로미 어려ᄫᅳᆫ 法법을 브즈러니 일ᄏᆞ라 讚잔歎탄ᄒᆞ시ᄂᆞ니잇고

그 ᄢᅴ 부톄 舍샹利링弗붏ᄃᆞ려 니ᄅᆞ샤ᄃᆡ 말라 말라 구틔여 다시 [105뒤 니ᄅᆞ디 마라ᅀᅡ ᄒᆞ리니 ᄒᆞ다가 이 일옷 니르면 一ᅙᅵᇙ切쳉 世솅間간앳 諸졍天텬과 사ᄅᆞᆷ괘

다 놀라 疑읭心심ᄒᆞ리라 舍샹利링弗붏이 다시 ᄉᆞᆲ보ᄃᆡ 世솅尊존하 願원ᄒᆞᆫᄃᆞᆫ 니르쇼셔 願원ᄒᆞᆫᄃᆞᆫ 니르쇼셔 엇뎨어뇨 ᄒᆞ란ᄃᆡ 이 會횅옛 無뭉數숭 百ᄇᆡᆨ千쳔萬먼億ᅙᅳᆨ [106앞 阿항僧승祇낑 衆즁生ᄉᆡᆼ이 아래 諸졍佛뿛을 보ᅀᆞᄫᅡ 諸졍根근이 ᄂᆞᆯ캅고 智딩慧휑 ᄇᆞᆯ가 부텻 마ᄅᆞᆯ 듣ᄌᆞᄫᆞ면 能능히 恭공敬경ᄒᆞ야 信신ᄒᆞᅀᆞᄫᆞ리이다

부톄 또 [106뒤 舍샹利링弗붏을 말이샤ᄃᆡ ᄒᆞ다가 이 이ᄅᆞᆯ 니르면 一ᅙᅵᇙ切쳉 世솅間간앳 天텬人ᅀᅵᆫ 阿항脩슣羅랑ㅣ 다 놀라아 疑읭心심ᄒᆞ며 增증上썅慢만 比삥丘큳ㅣ 큰 구데 ᄢᅥ러디리라

舍샹利링弗붏이 다시 ᄉᆞᆲ보ᄃᆡ 世솅尊존하 願원ᄒᆞᆫᄃᆞᆫ [107앞 니르쇼셔 願원ᄒᆞᆫᄃᆞᆫ 니르쇼셔 이 모ᄃᆞᆫ 中듕에 우리 ᄒᆞᆫ가짓 百ᄇᆡᆨ千쳔萬먼億ᅙᅳᆨ이 世솅世솅예 ᄒᆞ마 부텨를 졷ᄌᆞᄫᅡ 敎괗化황ᄅᆞᆯ 受쓯ᄒᆞᅀᆞᄫᅡ 잇ᄂᆞ니 이 ᄀᆞᆮᄒᆞᆫ 사ᄅᆞᆷᄃᆞᆯ히 반ᄃᆞ기 能능히 恭공敬경ᄒᆞ야 信신ᄒᆞᅀᆞᄫᅡ 긴 바ᄆᆡ 便뼌安한ᄒᆞ야 饒ᅀᅣᇢ益ᅙᅧᆨ호미 만ᄒᆞ리이다

그 ᄢᅴ 世솅尊존이 [107뒤 舍샹利링弗붏ᄃᆞ려 니ᄅᆞ샤ᄃᆡ 네 브ᅀᅳ러니 세 버늘 請쳥ᄒᆞ거니 어드리 아니 니르료 네 차려 드러 이대 思ᄉᆞᆼ念념ᄒᆞ라 내 너 爲윙ᄒᆞ야 내 ᄀᆞᆯᄒᆞ야 닐오리라 이 말 니르실 쩌긔 모ᄃᆞᆫ 中듕에 比삥丘큳 比삥丘큳尼닝 優ᅙᅮᇢ婆빵塞ᄉᆞᆨ 優ᅙᅮᇢ婆빵夷잉 五옹千쳔 사ᄅᆞ미 座쫭로셔 [108앞 니러 부텻긔 禮롕數숭ᄒᆞᅀᆞᆸ고 믈러나니 엇뎨어뇨 ᄒᆞ란ᄃᆡ 이 무리 罪쬥根근이 깁고 增증上썅慢만ᄒᆞ야 몯 得득ᄒᆞᆫ 이ᄅᆞᆯ 得득호라 너기며 몯 證징ᄒᆞᆫ 이ᄅᆞᆯ 證징호라 너겨 이런 허므리 이실ᄊᆡ 잇디 몯ᄒᆞ거늘 世솅尊존이 줌줌ᄒᆞ샤 말이디 아니ᄒᆞ시니라 [108뒤

그 ᄢᅴ 부톄 舍샹利링弗붏ᄃᆞ려 니ᄅᆞ샤ᄃᆡ 내 이 衆즁이 ᄂᆞ외야 가지와 닙괘 업고 다 正졍ᄒᆞᆫ 여르미 잇ᄂᆞ니 舍샹利링弗붏아 이런 增증上썅慢만ᄒᆞᄂᆞᆫ 사ᄅᆞᄆᆞᆫ [109앞 믈러가도 됴ᄒᆞ니라 네 이대 드르라 너 위ᄒᆞ야 닐오리라

舍샹利링弗붏이 ᄉᆞᆲ보ᄃᆡ 唯윙然션 世솅尊존하 願원ᄒᆞᆫᄃᆞᆫ 듣ᄌᆞᆸ고져 ᄒᆞ노이다 부톄

舍샹利링弗붏ᄃᆞ려 니ᄅᆞ샤ᄃᆡ 이 ᄀᆞᄐᆞᆫ 妙묠法법은 [109뒤 諸졍佛뿛 如ᅀᅧᆼ來링 時씽節졿에ᅀᅡ 니르시ᄂᆞ니 優ᅙᅮᆼ曇땀鉢밣華황ㅣ 時씽節졿에ᅀᅡ ᄒᆞᆫ 번 現현호미 ᄀᆞᄐᆞ니라

舍샹利링弗붏아 너희 부텻 마ᄅᆞᆯ 信신ᄒᆞ야ᅀᅡ ᄒᆞ리라 말ᄊᆞ미 虛헝妄망티 아니ᄒᆞ니라 舍샹利링弗붏아 [110앞 諸졍佛뿛이 맛당ᄒᆞᆯ 야ᇰᄋᆞᆯ 조차 說쉃法법ᄒᆞ샤미 ᄠᅳ디 아로미 어려ᄫᅳ니라 엇뎨어뇨 ᄒᆞ란ᄃᆡ 내 無뭉數숭 方방便뼌과 種죵種죵 因힌緣원과 譬핑喩융엣 말ᄊᆞᄆᆞ로 諸졍法법을 너펴 니르노니 이 法법은 思ᅀᆼ量량分분別볋의 能능히 아롫 배 아니니 오직 諸졍佛뿛이ᅀᅡ [110뒤 아ᄅᆞ시리라 엇뎨어뇨 ᄒᆞ란ᄃᆡ 諸졍佛뿛 世솅尊존이 다ᄆᆞᆫ 一힗大땡事쑹因힌緣원으로 世솅間간애 나시ᄂᆞ니 [111앞

舍샹利링弗붏아 엇뎨 諸졍佛뿛 世솅尊존이 다ᄆᆞᆫ 一힗大땡事쑹因힌緣원으로 世솅間간애 나시ᄂᆞ다 ᄒᆞ거뇨 諸졍佛뿛 世솅尊존이 衆즁生ᄉᆡᆼᄋᆞᆯ 부텻 知딩見견을 여러 淸청淨쪙을 得득게 호려 ᄒᆞ샤 世솅間간애 나시며 [111뒤 衆즁生ᄉᆡᆼᄋᆡ 그에 부텻 知딩見견을 뵈요리라 ᄒᆞ샤 世솅間간애 나시며 衆즁生ᄉᆡᆼᄋᆞᆯ 부텻 知딩見견을 알에 호려 ᄒᆞ샤 世솅間간애 나시며 衆즁生ᄉᆡᆼ이 부텻 知딩見견道똥애 들에 호려 ᄒᆞ샤 世솅間간애 나시ᄂᆞ니 [112뒤 舍샹利링弗붏아 이 諸졍佛뿛이 一힗大땡事쑹 因힌緣원으로 世솅間간애 나샤미라 [113앞

부톄 舍샹利링弗붏ᄃᆞ려 니ᄅᆞ샤ᄃᆡ 諸졍佛뿛 如ᅀᅧᆼ來링 다ᄆᆞᆫ 菩뽕薩삻ᄋᆞᆯ 敎꾕化황ᄒᆞ샤 믈읫 ᄒᆞ시논 이리 샹녜 이ᄅᆞᆯ 爲윙ᄒᆞ샤 오직 부텻 知딩見견으로 衆즁生ᄉᆡᆼᄋᆞᆯ 뵈여 알외시ᄂᆞ니 舍샹利링弗붏아 如ᅀᅧᆼ來링 다ᄆᆞᆫ ᄒᆞᆫ 佛뿛乘씽ᄋᆞ로 衆즁生ᄉᆡᆼ 위ᄒᆞ야 說쉃法법ᄒᆞ시디ᄫᅵ 녀나ᄆᆞᆫ 乘씽이 둘히며 세히 업스니라 舍샹利링弗붏아 [113뒤 一힗切쳉 十씹方방 諸졍佛뿛이 法법이 ᄯᅩ 이 ᄀᆞᄐᆞ시니라

舍샹利링弗붏아 過광去겅 諸졍佛뿛이 無뭉量량無뭉數숭 方방便뼌과 種죵種죵 因

인緣원과 譬핑喩융엣 말ᄊᆞᄆᆞ로 衆즁生싱 위ᄒᆞ야 諸졍法법을 불어 니르시니 이 法법이 다 ᄒᆞᆫ 佛뿛乘씽일ᄊᆡ [114앞 이 衆즁生싱ᄃᆞᆯ히 諸졍佛뿛ᄭᅴ 法법 듣ᄌᆞᄫᆞ 乃냉終즁에 다 一읋切쳉種죵智딩ᄅᆞᆯ 得득ᄒᆞ리며

舍샹利링弗붏아 未밍來링 諸졍佛뿛이 世솅間간애 나샤 ᄯᅩ 無뭉量량無뭉數숭 方방便뼌과 種죵種죵 因인緣원과 譬핑喩융엣 말ᄊᆞᄆᆞ로 衆즁生싱 爲윙ᄒᆞ야 諸졍法법을 [114뒤 불어 니르시리니 이 法법이 다 ᄒᆞᆫ 佛뿛乘씽일ᄊᆡ 이 衆즁生싱ᄃᆞᆯ히 부텻긔 法법 듣ᄌᆞᄫᆞ 乃냉終즁에 다 一읋切쳉種죵智딩ᄅᆞᆯ 得득ᄒᆞ리며

舍샹利링弗붏아 現현在찡 十씹方방 無뭉量량百빅千쳔萬먼億흑 佛뿛土통 中듕엣 諸졍佛뿛 世솅尊존이 饒ᅀᅣᇢ益혁을 만히 ᄒᆞ샤 [115앞 衆즁生싱ᄋᆞᆯ 安한樂락게 ᄒᆞ시ᄂᆞ니 이 諸졍佛뿛이 ᄯᅩ 無뭉量량無뭉數숭方방便뼌과 種죵種죵 因인緣원과 譬핑喩융엣 말ᄊᆞᄆᆞ로 衆즁生싱 爲윙ᄒᆞ야 諸졍法법을 불어 니르시ᄂᆞ니 이 法법이 다 ᄒᆞᆫ 佛뿛乘씽일ᄊᆡ 이 衆즁生싱ᄃᆞᆯ히 부텻긔 法법 듣ᄌᆞᄫᆞ 乃냉終즁에 [115뒤 다 一읋切쳉種죵智딩ᄅᆞᆯ 得득ᄒᆞ리라

舍샹利링弗붏아 이 諸졍佛뿛이 다ᄆᆞᆫ 菩뽕薩삻ᄋᆞᆯ 敎ᇢ化황ᄒᆞ샤 부텻 知딩見견으로 衆즁生싱ᄋᆞᆯ 뵈오져 ᄒᆞ시며 부텻 知딩見견으로 衆즁生싱ᄋᆞᆯ 알외오져 ᄒᆞ시며 衆즁生싱ᄋᆞᆯ [116앞 부텻 知딩見견에 드리고져 ᄒᆞ시ᄂᆞᆫ 젼ᄎᆞ라

舍샹利링弗붏아 나도 이 ᄀᆞᆮᄒᆞ야 衆즁生싱ᄃᆞᆯ히 種죵種죵 欲욕과 기픈 ᄆᆞᅀᆞᄆᆡ 著땩ᄒᆞᆫ ᄃᆞᆯ 아라 제 本본性셩을 [116뒤 말ᄊᆞᆷ과 方방便뼌力륵으로 說쉻法법ᄒᆞ노니 舍샹利링弗붏아 이 다 ᄒᆞᆫ 佛뿛乘씽 一읋切쳉種죵智딩ᄅᆞᆯ 得득게 ᄒᆞᄂᆞᆫ 젼ᄎᆞ라 舍샹利링弗붏아 十씹方방 世솅界갱예 二싱乘씽도 업거니 ᄒᆞ믈며 세히 이시리여

舍샹利링弗붏아 諸졍佛뿛이 五옹濁똭惡학世솅예 나샤 [117앞 劫겁濁똭 煩뻔惱놓

濁똭 衆즁生싱濁똭 見견濁똭 命명濁똭이니 이ᄀᆞ티 舍샹利링弗붏아 劫겁濁똭 어즈러ᄫᅳᆫ 時씽節졇에 衆즁生싱ᄋᆡ ᄠᅵ 므거ᄫᅵ 앗기며 貪탐ᄒᆞ며 새오ᄆᆞ로 여러 가짓 됴티 몯ᄒᆞᆫ 根근源원을 일울ᄊᆡ 諸졍佛뿛이 方방便뼌力륵으로 ᄒᆞᆫ 佛뿛乘씽에 [117뒤 ᄀᆞᆯᄒᆞ야 세흘 니르시ᄂᆞ니라 [126뒤

舍利弗(사리불)아, [127앞 ᄒᆞ다가 내 弟뎽子ᄌᆞᆼ ㅣ 제 너교ᄃᆡ 阿항羅랑漢한 辟벽支징佛뿛이로라 ᄒᆞ야 諸졍佛뿛 如셩來링 다ᄆᆞᆫ 菩뽕薩삻 敎ᄀᇢ化황ᄒᆞ시논 이ᄅᆞᆯ 듣디 몯ᄒᆞ며 아디 몯ᄒᆞ면 부텻 弟뎽子ᄌᆞᆼ ㅣ 아니며 阿항羅랑漢한 辟벽支징佛뿛이 아니니라

또 舍샹利링弗붏아 이 [127뒤 이 比삥丘쿻 比삥丘쿻尼닝ᄃᆞᆯ히 제 너교ᄃᆡ ᄒᆞ마 阿항羅랑漢한ᄋᆞᆯ 得득ᄒᆞ야 이 最죙後ᅘᇢ身신이며 究궁竟경涅녏槃빤이라 ᄒᆞ야 ᄂᆞ외야 阿항耨녹多당羅랑三삼藐막三삼菩뽕提뗑ᄅᆞᆯ 求꿓티 아니ᄒᆞ면 알라 이 무른 다 增증上썅慢만人신이니 엇뎨어뇨 ᄒᆞ란ᄃᆡ 比삥丘쿻 ㅣ [128앞 眞진實씷로 阿항羅랑漢한ᄋᆞᆯ 得득ᄒᆞ고 이 法법 信신티 아니홇 줄 업스니라 부텨 滅멿度똥ᄒᆞᆫ 後ᅘᇢ에 現ᅘᅧᆫᄒᆞᆫ 알ᄑᆡ 부텨 업슨 저근 더니 엇뎨어뇨 ᄒᆞ란ᄃᆡ 부텨 滅멿度똥ᄒᆞᆫ 後ᅘᇢ에 이 ᄀᆞᆮᄒᆞᆫ 經경을 受쓯持띵 讀똑誦쑝ᄒᆞ야 ᄠᅳᆮ 앓 사ᄅᆞ미 어두미 어려ᄫᅳ니 ᄒᆞ다가 다ᄅᆞᆫ 부텨를 [128뒤 맛나면 이 法법 中듕에 決궗斷똰ᄒᆞ야 ᄉᆞ뭇 아로ᄆᆞᆯ 곧 得득ᄒᆞ리라

舍샹利링弗붏아 너희ᄃᆞᆯ히 ᄒᆞᆫ ᄆᆞᅀᆞᄆᆞ로 부텻 마ᄅᆞᆯ 信신解ᅘᆡᆼ 受쓯持띵ᄒᆞ라 [129앞 諸졍佛뿛 如셩來링 말ᄊᆞ미 虛헝妄망티 아니ᄒᆞ시니 녀나ᄆᆞᆫ 乘씽이 업고 오직 ᄒᆞᆫ 佛뿛乘씽이라

[129뒤 月웛印힌千쳔江강之징曲콕第뎽十씹一힗

釋셕譜봉詳썅節졇第뎽十씹一힗 【惣 百三十 張】

(나) 『월인석보 제십일』 번역문의 벼리

[1앞 月印千江之曲(월인천강지곡) 第十一(제십일)

釋譜詳節(석보상절) 第十一(제십일)

[第一卷(제일권) 第二(제일) 序品(서품)]

其二百七十二(기이백십십이)

靈山(영산)에 天花(천화)가 떨어지거늘 一萬二千(일만이천)의 羅漢(나한)과 菩薩(보살)과 天(천)·人(인)·鬼(귀)가 다 모여 있으시더니

東方(동방)에 白毫(백호)가 비치시어 [1뒤 萬八千(만 팔천) 世界(세계)와 地獄(지옥)·色界天(색계천)이 다 밝아지셨으니.

其二百七十三(기이백칠십삼)

諸佛(제불)과 菩薩(보살)·比丘(비구)와 衆生(중생)을 보며, 說法(설법)의 音聲(음성)을 또 들었으니.

布施(보시)와 修行(수행)·得道(득도)와 [2앞 涅槃(열반)을 보며 舍利(사리)·寶塔(보탑)을 또 보았으니

[10뒤 其二百七十四(기이백칠십사)

變化(변화)를 보이심을 彌勒(미륵)이 疑心(의심)하시어 文殊(문수)께 물으시셨으니,

(彌勒이) 大法(대법)을 일으키실 것을 文殊(문수)가 아시어 [11앞 彌勒(미륵)

께 對答(대답)하셨으니.

부처가 王舍城(왕사성)의 耆闍堀山(기사굴산) 中(중)에 계시어 [15앞 큰 比丘(비구) 衆(중) 萬二千(만이천)의 사람과 한데에 있으시더니 (이들은) 다 阿羅漢(아라한)이다. [15뒤

(이들은) 諸漏(제루)가 이미 다하여 다시 煩惱(번뇌)가 없어 己利(기리)를 得(득)함에 미쳐서 諸有(제유)에 있는 結(결)이 다하여 마음이 自在(자재)한 이(人)이더니 [15뒤 그 이름이 阿若憍陳如(아야교진여)와 摩訶迦葉(마하가섭)과 優樓頻羅迦葉(우루빈라가섭)과 伽耶迦葉(가야가섭)과 那提迦葉(나제가섭)과 舍利弗(사리불)과 大目揵連(대목건련)과 摩訶迦栴延(마하가전연)과 阿㝹樓馱(아누루타)와 劫賓那(겁빈나)와 [18앞 憍梵波提(교범바제)와 離婆多(이바다)와 畢陵伽婆蹉(필릉가바차)와 薄拘羅(박구라)와 摩訶拘絺羅(마하구치라)와 難陁(난타)와 孫陁羅難陁(손타라난타)와 富樓那彌多羅尼子(부루나미다라니자)와 須菩提(수보리)와 阿難(아난)과 羅睺羅(나후라)와 이렇듯한 모두 [18뒤 아는 大阿羅漢(대아라한)들이며 [19앞

또 學無學(학무학) 二千(이천) 사람과 [19뒤 摩訶波闍波提(마하파사파제) 比丘尼(비구니)가 眷屬(권속) 六千(육천) 사람을 데려와 있으며 羅睺羅(나후라)의 어머님인 耶輸陁羅(야수다라) 比丘尼(비구니)가 또 眷屬(권속)을 데려와 있으며 [20앞

菩薩摩訶薩(보살마하살) 八萬(팔만) 사람이 다 阿耨多羅三藐三菩提(아뇩다라삼먁삼보리)에서 물러나지 아니하시어, 다 陀羅尼(다라니)와 樂說辯才(요설변재)를 得(득)하시어 물러나지 아니할 法輪(법륜)을 굴리시어, 無量(무량)한 百千(백천)의 諸佛(제불)을 供養(공양)하여 諸佛(제불)께 [20뒤 많은 德(덕)의 根源(근원)을 심으시어, 늘 諸佛(제불)이 일컬어서 讚嘆(찬탄)하시며, 慈(자)로 몸을 닦아 부처의 慧(혜)에 잘 드시어 大智(대지)를 通達(통달)하시어, 저쪽(彼岸, 피안)의 가에 다다르시어 名稱(명칭)이 無量(무량)한 世界(세계)에 널리 들리시어 無數(무수)한 百千(백천)의 衆生(중생)을 [21앞 잘 濟渡(제도)하시는 분들이시더니,

그 이름이 文殊師利菩薩(문수사리보살)과 [21뒤 그 이름이 [22앞 文殊師利菩薩(문수사리보살)과 觀世音菩薩(관세음보살)과 得大勢菩薩(득대세보살)과 常精進菩薩(상정진보살)과 不休息菩薩(불휴식보살)과 寶掌菩薩(보장보살)과 藥王菩薩(약왕보살)과

勇施菩薩(용시보살)과 寶月菩薩(보월보살)과 月光菩薩(월광보살)과 滿月菩薩(만월보살)과 大力菩薩(대력보살)과 無量力菩薩(무량력보살)과 [22뒤 大力菩薩(대력보살)과 無量力菩薩(무량력보살)과 越三界菩薩(월삼계보살)과 跋陁婆羅菩薩(발타바라보살)과 彌勒菩薩(미륵보살)과 寶積菩薩(보적보살)과 導師菩薩(도사보살)과 이렇듯 한 菩薩(보살) 摩訶薩(마하살) 八萬(팔만) 사람이 다 와 계시며, [24앞

그때에 [24뒤 釋提桓因(석제환인)이 眷屬(권속) 二萬(이만) 天子(천자)를 데려와 있으며, 또 名月天子(명월천자)와 普香天子(보향천자)와 寶光天子(보광천자)와 四大天王(사대천왕)이 眷屬(권속) 萬(만) 天子(천자)를 데려와 있으며,

自在天子(자재천자)와 大自在天子(대자재천자)가 [25앞 眷屬(권속) 三萬(삼만) 天子(천자)를 데려와 있으며, 娑婆世界(사바세계)의 主(주)인 梵天王(범천왕) 尸棄大梵(시기대범)과 光明大梵(광명대범) 들이 [25뒤 眷屬(권속) 萬二千(만이천) 天子(천자)를 데려와 있으며,

여덟 龍王(용왕)인 難陁龍王(난타용왕)과 跋難陁龍王(발난타용왕)과 娑伽羅龍王(사가라용왕)과 和修吉龍王(화수길용왕)과 德叉迦龍王(덕차가용왕)과 [26앞 阿那婆達多龍王(아나파달다용왕)과 摩那斯龍王(마나사용왕)과 優鉢羅龍王(우발라용왕) 들이 各各(각각) 대략(若干) 百千(백천)의 眷屬(권속)을 데려와 있으며, [27앞

네 緊那羅王(긴나라왕)인 法緊那羅王(법긴나라왕)과 妙法緊那羅王(묘법긴나라왕)과 大法緊那羅王(대법긴나라왕)과 [27뒤 持法緊那羅王(지법긴나라왕)이 各各(각각) 대략(大略) 百千(백천)의 眷屬(권속)을 데려와 있으며 네 乾闥婆王(건달바왕)인 樂乾闥婆王(악건달바왕)과 樂乾闥婆王(악건달바왕)과 [28앞 樂音乾闥婆王(악음건달바왕) 美乾闥婆王(미건달바왕)과 美音乾闥婆王(미음건달바왕)이 各各(각각) 대략(大略) 百千(백천)의 眷屬(권속)을 데려와 있으며,

네 阿脩羅王(아수라왕)인 [28뒤 婆稚阿脩羅王(바치아수라왕)과 佉羅騫馱阿脩羅王(구라건타아수라왕)과 毗摩質多羅阿脩羅王(비마질다라아수라왕)과 羅睺阿脩羅王(나후아수라왕)이 各各(각각) 대략(大略) 百千(백천)의 眷屬(권속)을 데려와 있으며,

[31뒤 네 迦樓羅王(가루라왕)인 大威德迦樓羅王(대위가루라왕)과 大身迦樓羅王(대신가루라왕)과 大滿迦樓羅王(대만가루라왕)과 如意迦樓羅王(여의가루라왕)이 [32앞 各各(각각) 대략(大略) 百千(백천)의 眷屬(권속)을 데려와 있으며,

韋提希(위제희)의 아들인 阿闍世王(아사세왕)이 대략(大略) [32뒤 百千(백천)의 眷屬(권속)을 데려와 各各(각각) 부처의 발에 禮數(예수)하고 한쪽 面(면)에 물러 앉았니라. 그때에 世尊(세존)께 四衆(사중)이 圍遶(위요)하여 있어서, (세존을) 供養(공양)하며 恭敬(공경)하며 尊重(존중)히 여기어 讚歎(찬탄)하더니,

(세존이) 菩薩(보살)들을 위하시어 [33앞 大乘經(대승경)을 이르시니 (그) 이름이 無量義(무량의)이니, (무량의는) 菩薩(보살)을 가르치시는 法(법)이며 부처가 護念(호념)하시는 바이다. 부처가 이 經(경)을 이르시고 結跏趺坐(결가부좌)하시어 無量義處三昧(무량의처삼매)에 드시어 몸과 마음이 움직이지 아니하여 계시거늘, [33뒤 그때에 하늘에서 曼陁羅華(만다라화)와 摩訶曼陀羅華(마하만다라화)와 曼殊沙華(만수사화)와 摩訶曼殊沙華(마하만수사화)를 [34앞 부처의 위와 大衆(대중)들에게 흩뿌리며, 넓은 부처의 世界(세계)가 여섯 가지로 震動(진동)하더니, [34뒤

그때에 會中(회중)에 있는 比丘(비구)·比丘尼(비구니)·優婆塞(우바새)·優婆夷(우바이)·天(천)·龍(용)·夜叉(야차)·乾闥婆(건달바)·阿脩羅(아수라)·伽樓羅(가루라)·緊那羅(긴나라)·摩睺羅迦(마후라가)·人非人(인비인)과 [35앞 또 諸小王(제소왕)과 轉輪聖王(전륜성왕), 이 大衆(대중)들이 옛날에 없던 일을 얻어서 歡喜(환희)·合掌(합장)하여 한 마음으로 부처를 보아 있더니,

그때에 부처가 眉間(미간)의 白毫相(백호상)에서 나오는 光明(광명)을 펴시어, 東方(동방)에 있는 萬八千(만팔천)의 世界(세계)를 비추시되, 周徧(주변)하지 아니한 [35뒤 데가 없으시어, [36앞 아래로 阿鼻地獄(아비지옥)에 이르고 위로 阿迦膩吒天(아가니타천)에 이르니,

이 世界(세계)에서 저 땅에 있는 六趣(육취)의 衆生(중생)을 다 보며, 또 저 땅에 계신 諸佛(제불)도 보며, 諸佛(제불)이 이르시는 [36뒤 經法(경법)도 들으며, 저 땅에 있는 比丘(비구)·比丘尼(비구니)·優婆塞(우바새)·優婆夷(우바이)가 修行(수행)하여 得道(득도)하는 사람도 겸하여 보며, 또 菩薩摩訶薩(보살마하살)들이 種種(종종)의 因緣(인연)과 種種(종종)의 信解(신해)와 種種(종종)의 相貌(상모)로 [37앞 菩薩(보살)의 道理(도리)를 行(행)하시는 모습도 보며, 또 諸佛(제불)이 般涅槃(반열반)하시는 것도 보며, 또 諸佛(제불)이 般涅槃(반열반)하신 後(후)에 부처의 舍利(사리)로 七寶塔(칠보탑)을 세우는 모습도 보겠더니, [38앞

그때에 彌勒菩薩(미륵보살)이 여기시되 "오늘날에 世尊(세존)이 神變相(신변상)을 보이시나니, 어떤 因緣(인연)으로 [38뒤 이 祥瑞(상서)가 있으시냐? 이제 世尊(세존)이 三昧(삼매)에 드시니 이 不可思議(불가사의)한 希有(희유)한 일을 보이시나니, 누구를 더불어 (그 인연에 대하여) 물어야 하겠으며, 누구야말로 能(능)히 對答(대답)하겠느냐?"고 하시고,

또 여기시되 "文殊師利(문수사리) 法王子(법왕자)가 [39앞 지나신 無量(무량)의 諸佛(제불)께 이미 親近(친근)히 供養(공양)하여 있으므로 반드시 이런 希有(희유)한 相(상)을 보아 있으니, 내가 이제 (문수사리께) 물으리라."

그때에 比丘(비구)·比丘尼(비구니)·優婆塞(우바새)·優婆夷(우바이)와 天(천)·龍(용)·鬼神(귀신) 등(等)이 [39뒤 다 여기되, "이 부처의 光明(광명) 神通相(신통상)을 이제 누구에게 묻겠느냐?"고 하더니, 그때에 彌勒菩薩(미륵보살)이 자기(당신)의 疑心(의심)도 決(결)하고자 하시며, 또 比丘(비구)·比丘尼(비구니)·優婆塞(우바새)·優婆夷(우바이)와 天(천)·龍(용)·鬼神(귀신) 등(等)의 모든 마음을 보시고, 文殊師利(문수사리)께 [40앞 물으시되 "어떤 因緣(인연)으로 이 祥瑞(상서)가 있으시어, 神通相(신통상)이 큰 光明(광명)을 펴시어 東方(동방)의 萬八千(만팔천) 土(토)를 비추시니, 저 부처 國界(국계)의 莊嚴(장엄)을 다 봅니까?"

그때에 文殊師利(문수사리)가 [40뒤 彌勒菩薩摩訶薩(미륵보살마하살)과 諸大士(제대사)에게 이르시되, "善男子(선남자)야, 내가 헤아려 보니, 이제 世尊(세존)이 큰 法(법)을 이르시며 큰 法雨(법우)를 흩뿌리시며 큰 法螺(법라)를 부시며 큰 法鼓(법고)를 치시며 큰 法義(법의)를 펴려 하신다. [41앞

善男子(선남자)들아, 내가 지난 諸佛(제불)께(로부터서) 이런 祥瑞(상서)를 보니, (부처께서) 이런 光明(광명)을 펴시면 큰 法(법)을 이르시더니, 이러므로 (선남자들아) 알아라. 이제 부처가 光明(광명)을 보이신 것도 또 이와 같으시니, 衆生(중생)을 一切(일체)의 [41뒤 世間(세간)에 있는 信(신)하기가 어려운 法(법)을 다 들어서 알게 하리라."고 하시어, 이런 祥瑞(상서)를 보이시느니라.

善男子(선남자)들아, 지난 無量無邊(무량무변)하고 不可思議(불가사의)한 阿僧祇(아승기)의 劫(겁) 時節(시절)에 부처가 계시되, 號(호)가 日月燈明(일월등명)·如來(여래)·應供(응공)·正遍知(정변지)· [42앞 明行足(명행족)·善逝(선서)·世間解(세간해)·

無上士(무상사)·調御丈夫(조어장부)·天人師(천인사)·佛世尊(불세존)이시더니 [42뒤 (부처가) 正法(정법)을 퍼뜨려서 이르시되 初善(초선)·中善(중선)·後善(후선)이시더니, 그 뜻이 깊고 멀며 그 말씀이 工巧(공교)하고 微妙(미묘)하여, 전혀 섞인 것이 없어 淸白(청백)하고 梵行(범행)의 相(상)이 갖추어져 있으시더니, 聲聞(성문)을 求(구)할 [43앞 사람을 爲(위)하시어는 四諦法(사제법)을 이르시어 生老病死(생로병사)를 벗기시어 究竟涅槃(구경열반)하게 하시고, 辟支佛(벽지불)을 求(구)하는 사람을 爲(위)하시어는 十二因緣法(십이인연법)을 이르시고, 菩薩(보살)들을 爲(위)하시어는 六波羅蜜(육바라밀)을 이르시어, 阿耨多羅三藐菩提(아뇩다라삼먁보리)를 [43뒤 得(득)하여 一切(일체)의 種種(종종) 智慧(지혜)를 이루게 하시더니, [44앞

다음으로 부처가 계시되 또 이름이 日月燈明(일월등명)이시고, 또 다음으로 부처가 계시되 또 이름이 日月燈明(일월등명)이시더니, 이와 같이 二萬(이만)의 부처가 [44앞 다 한 가지의 字(자)로 號(호)가 日月燈明(일월등명)이시며, 또 한 가지의 姓(성)이시어 姓(성)이 頗羅墮(파라타)이시더니,

彌勒(미륵)아 알아라. 첫 부처, 後(후) 부처가 다 한 가지의 字(자)로 이름이 日月燈明(일월등명)이시고, 열 號(호)가 갖추어져 있으시고, 이르시는 法(법)이 初(초)·中(중)·後善(후선)이시더니, [45앞

가장 後(후)의 부처가 出家(출가)를 아니하여 계실 적에 여덟 王子(왕자)를 두어 계시되, 한 이름은 有意(유의)요, 둘째의 이름은 善意(선의)요, 셋째의 이름은 無量義(무량의)요, 넷째의 이름은 寶意(보의)요, 다섯째의 이름은 增意(증의)요, 여섯째의 이름은 除疑意(제의의)요, 일곱째의 이름은 響意(향의)요, [45뒤 여덟째의 이름은 法意(법의)이시더니, 이 여덟 王子(왕자)가 威德(위덕)이 自在(자재)하시어 各各(각각) 네 天下(천하)를 거느려 있으시더니, 이 王子(왕자)들이 "아버님이 出家(출가)하시어 阿耨多羅三藐三菩提心(아뇩다라삼먁보리심)을 得(득)하셨다."고 들으시고, 다 王位(왕위)를 버리시고 (아버님을) 좇아서 [46앞 出家(출가)하여, 大乘(대승)의 뜻을 發(발)하여 늘 좋은 행적(行績)을 닦아 다 法師(법사)가 되시어, 이미 千萬(천만)의 부처께 모든 좋은 根源(근원)을 심으셨니라. [84:2앞

그때에 日月燈明佛(일월등명불)이 大乘經(대승경)을 이르시니, (그) 이름이 無量義(무량의)이니, 菩薩(보살)을 가르치시는 法(법)이라서 부처가 護念(호념)하시는

바이다. (부처님이) 이 經(경)을 이르시고 [85앞 즉시 大衆(대중) 中(중)에서 結跏趺坐(결가부좌)하시어, 無量義處(무량의처) 三昧(삼매)에 드시어 몸과 마음이 움직이지 아니하여 계시거늘, 그때에 하늘에서 曼陁羅華(만다라화)와 摩訶曼陀羅華(마하만다라화)와 曼殊沙華(만수사화)와 摩訶曼殊沙華(마하만수사화)를 [85뒤 부처의 위와 大衆(대중)들에게 흩뿌리며, 넓은 부처의 世界(세계)가 六種震動(육종진동)하더니,

그때에 會中(회중)에 있는 比丘(비구)·比丘尼(비구니)·優婆塞(우바새)·優婆夷(우바이)·天(천)·龍(용)·夜叉(야차)·乾闥婆(건달바)·阿脩羅(아수라)·伽樓羅(가루라)·緊那羅(긴나라)·摩睺羅迦(마후라가)·人非人(인비인)과 [86앞 또 諸小王(제소왕)과 轉輪聖王(전륜성왕), 이 大衆(대중)들이 옛날에 없던 일을 얻어서 歡喜(환희)·合掌(합장)하여 한 마음으로 부처를 보아 있더니, 그때에 如來(여래)가 眉間(미간)의 白毫相(백호상)에서 나오는 光明(광명)을 펴시어, 東方(동방)에 있는 一萬八千(일만팔천)의 佛土(불토)를 비추시되, 周徧(주편)하지 [86뒤 아니한 데가 없더니, 오늘날에 보는 佛土(불토)와 같더라.

彌勒(미륵)아, 알아라. 그때에 會中(회중)에 二十億(이십억)의 菩薩(보살)이 法(법)을 듣는 것을 즐기더니, 이 菩薩(보살)들이 이 光明(광명)이 널리 佛土(불토)를 비추신 것을 보고, 옛날에 없던 일을 얻어서 이 光明(광명)을 爲(위)하신 因緣(인연)을 [87앞 알고자 하더니,

그때에 한 菩薩(보살)이 (그) 이름이 妙光(묘광)이라고 하는 이가 八百(팔백)의 弟子(제자)를 두어 있더니, 그때에 日月燈明佛(일월등명불)이 三昧(삼매)로부터서 일어나시어, 妙光菩薩(묘광보살)로 因(인)하여 大乘經(대승경)을 이르시니 그 이름이 妙法蓮華(묘법연화)이니, (이는) 菩薩(보살)을 가르치는 法(법)이며 [87뒤 부처가 護念(호념)하시는 바이다. (일월등명불이) 예순 小劫(소겁)을 座(좌)에서 일어나지 아니하시니, 모여서 (묘법연화경을) 들을 이도 한 곳에 앉아 예순 小劫(소겁)을 몸과 마음이 움직이지 아니하여 부처의 말을 듣되, (예순 소겁을) 밥 먹을 사이만큼 여겨서 하나도 고단한 뜻을 내는 이가 없더라. [88앞

日月燈明佛(일월등명불)이 예순 小劫(소겁)을 이 經(경)을 이르시고, 즉시 梵(범)·魔(마)·沙門(사문)·婆羅門(바라문)과 天人(천인)·阿脩羅(아수라)의 衆(중)의 中(會中, 회중)에 이르시되 [88뒤 "如來(여래)가 오늘의 밤중(中)에 無餘涅槃(무여열반)

에 들리라." [89뒤

그때에 한 菩薩(보살)의 이름이 德藏(덕장)이더니, [90앞 日月燈明佛(일월등명불)이 授記(수기)하여 比丘(비구)더러 이르시되 "이 德藏菩薩(덕장보살)이 이어서 부처가 되어 號(호)를 淨身多陁阿伽度阿羅訶三藐三佛陁(정신다타아가도아라하삼먁삼불타)라고 하리라."

부처가 授記(수기)를 다 하시고 곧 밤중에 [90뒤 無餘涅槃(무여열반)에 드셨니라. 부처가 滅度(멸도)하신 後(후)에 妙光菩薩(묘광보살)이 妙法蓮華經(묘법연화경)을 가져 八十(팔십) 小劫(소겁)을 사람을 爲(위)하여 퍼뜨려 이르더니, 日月燈明佛(일월등명불)의 여덟 아드님이 다 妙光(묘광)을 스승으로 삼으시니, 妙光(묘광)이 가르쳐 [91앞 阿耨多羅三藐三菩提(아뇩다라삼먁삼보리)에 굳으시게 하니, 이 王子(왕자)들이 無量(무량)한 百千萬億(백천만억)의 부처를 供養(공양)하고 다 佛道(불도)를 이루시니, 가장 後(후)에 成佛(성불)하신 이름이 燃燈(연등)이시니라. [92앞

(묘광보살의) 八百(팔백) 弟子(제자)의 中(중)에 하나가 이름이 求命(구명)이더니 利養(이양)을 貪著(탐착)하여 비록 많은 經(경)을 讀誦(독송)하여도 通利(통리)하지 못하여 많이 잊으므로 이름을 求名(구명)이라 하더니, 이 사람도 또 善根(선근)의 因緣(인연)을 심은 까닭으로, 無量(무량)한 百千萬億(백천만억)의 [92뒤 諸佛(제불)을 만나서 供養(공양) 恭敬(공경)하며 尊重(존중) 讚嘆(찬탄)하였니라.

彌勒(미륵)아, 알아라. 妙光菩薩(묘광보살)은 다른 사람이겠느냐? 내 몸이 그이요, 求名菩薩(구명보살)은 그대의 몸이 그이다. 오늘날 이 祥瑞(상서)를 보면 예전과 다르지 [93앞 아니하시니, 이러므로 (내가) 헤아려 보니 오늘날의 如來(여래)가 마땅히 大乘經(대승경)을 이르시겠으니, (그) 이름이 妙法蓮花(묘법연화)이니 菩薩(보살)을 가르치시는 法(법)이며 부처가 護念(호념)하시는 바이다.

[第一卷(제일권) 第二(제삼) 方便品(방편품)]

[94뒤 其二百七十五(기이백칠십오)

三昧(삼매)로 이르시어 妙法(묘법)을 아니 [95앞 이르시므로 舍利弗(사리불)이

請(청)하더니

四衆(사중)도 疑心(의심)하므로 妙法(묘법)을 이르려 하시더니 增上慢(증상만)이 물러났으니

그때에 世尊(세존)이 三昧(삼매)로 계시어 자늑자늑하게 일어나시어, 舍利弗(사리불)더러 [95뒤 이르시되 "諸佛(제불)의 智慧(지혜)가 甚(심)히 깊고 그지없으시어 智慧(지혜)의 門(문)이 아는 것이 어려우며 들어가는 것이 어려우니, 一切(일체)의 聲聞(성문)과 辟支佛(벽지불)이 能(능)히 알지 못할 것이다. [96뒤 "(그것이) 어째서이냐?"고 한다면, 부처가 예전에 百千萬億(백천만억)의 無數(무수)한 諸佛(제불)께 가까이하여, 諸佛(제불)의 그지없는 道法(도법)을 다 行(행)하여, 勇猛(용맹)히 精進(정진)하여 名稱(명칭)이 널리 들리어, 甚(심)히 깊은 '옛날에 없던 法(법)'을 이루어, (부처가) 마땅한 것을 좇아서 이르는 말의 뜻을 (일체의 성문과 벽지불이) 아는 것이 어려우니라. [97뒤

舍利弗(사리불)아, 내가 成佛(성불)한 後(후)로 種種(종종)의 因緣(인연)과 種種(종종)의 譬喩(비유)로 말씀을 널리 퍼뜨리어, 無數(무수)한 方便(방편)으로 衆生(중생)을 引導(인도)하여 諸著(제착)을 떨치게 하니, "(그것이) 어째서이냐?"고 한다면, 如來(여래)는 [98앞 方便(방편)과 知見(지견)의 波羅蜜(바라밀)이 다 갖추어져 있기 때문이니라.

舍利弗(사리불)아, 如來(여래)의 智見(지견)이 크고 깊고 멀어, 無量(무량)과 無礙(무애)와 [98뒤 力(역)과 四無畏(사무외)와 禪(선)과 定(정)과 解脫(해탈)과 三昧(삼매)에 깊이 들어 가(邊)가 없어, 一切(일체)의 옛날에 없던 法(법)을 이루었니라. [99앞

舍利弗(사리불)아, 如來(여래)가 種種(종종)으로 가려서 諸法(제법)을 工巧(공교)히 일러서 말씀이 보드라워 모든 마음에 마땅하게 하나니, [99뒤 舍利弗(사리불)아, 모아서 이르면 無量無邊(무량무변)한 옛날에 없던 法(법)을 부처가 다 이루었니라.

말라, 舍利弗(사리불)아. 구태어 다시 이르지 말아야 하리라. "(그것이) 어째서이냐?"고 한다면, 부처가 이룬 第一(제일)가는 希有(희유)한, 알기가 [100앞 어려운 法(법)은 부터와 부처야말로 能(능)히 諸法(제법)의 實相(실상)을 다 아느니라. 이른바 諸法(제법)의 如是相(여시상)과 如是性(여시성)과 [100뒤 如是體(여시체)와 如是

力(여시력)과 如是作(여시작)과 如是因(여시인)과 如是緣(여시연)과 如是果(여시과)와 如是報(여시보)와 如是本末究竟(여시본말구경) 들이다. [103앞

그때에 大衆(대중) 中(중)에 聲聞漏(성문루)가 다한 阿羅漢(아라한), 阿若憍陳如(아야교진여) 等(등) 一千二百(일천이백) 사람과 聲聞(성문)과 辟支佛(벽지불)의 마음을 發(발)한 比丘(비구) · [103뒤 比丘尼(비구니) · 優婆塞(우바새) · 優婆夷(우바이)가 各各(각각) 여기되, "世尊(세존)이 어떤 까닭으로 方便(방편)을 부지런히 일컬어 讚歎(찬탄)하시어 이르시되, '부처의 法(법)이 甚(심)히 깊어 아는 것이 어려우며, 一切(일체)의 聲聞(성문)과 辟支佛(벽지불)이 [104앞 (부처의 법에) 能(능)히 미치지 못하는 바이다.'라고 하셨느냐? 부처가 이르시는 解脫(해탈)을 우리도 得(득)하여 涅槃(열반)에 다다르니, 오늘날 이 뜻을 못 알겠구나."

그때에 舍利弗(사리불)이 [104뒤 四衆(사중)의 疑心(의심)도 알며 자기도 (그 뜻을) 몰라 부처께 사뢰되, "世尊(세존)이시여, 어떤 因緣(인연)으로 '諸佛(제불)의 第一(제일)가는 方便(방편)'과 '甚深(심심)하고 微妙(미묘)하여 알기가 어려운 法(법)'을 부지런히 讚歎(찬탄)하십니까? 내가 예전부터 부처께 이런 말을 못 들었으며 [105앞 오늘날에 四衆(사중)들이 다 疑心(의심)하나니, 願(원)하건대 世尊(세존)이 이 일을 펴서 이르소서." 世尊(세존)이 어떤 까닭으로 甚深(심심) 微妙(미묘)한 알기 어려운 法(법)을 부지런히 일컬어 讚歎(찬탄)하십니까?

그때에 부처가 舍利弗(사리불)더러 이르시되, "말라, 말라. 구태여 다시 [105뒤 이르지 말아야 하겠으니, 만일 이 일이야말로 (내가) 이르면 一切(일체)의 世間(세간)에 있는 諸天(제천)과 사람이 다 놀라 疑心(의심)하리라."

舍利弗(사리불)이 다시 사뢰되, "世尊(세존)이시여, 願(원)컨대 이르소서." "(그것이) 어째서이냐?"라고 한다면, 이 會(회, 會中)에 있는 無數(무수)한 百千萬億(백천만억) [106앞 阿僧祇(아승기)의 衆生(중생)이 예전에 諸佛(제불)을 보아서 諸根(제근)이 날카롭고 智慧(지혜)가 밝아서, 부처의 말을 들으면 능히 恭敬(공경)하여 信(신)하겠습니다."

부처가 또 [106뒤 舍利弗(사리불)을 말리시되 "만일 이 일을 이르면, 一切(일체)의 世間(세간)에 있는 天人(천인)과 阿脩羅(아수라)가 다 놀라 疑心(의심)하며, 增上慢(증상만)하는 比丘(비구)가 큰 구덩이에 떨어지리라."

舍利弗(사리불)이 다시 사뢰되, "世尊(세존)이시여, 願(원)컨대 [107앞 이르소서. 世願(원)컨대 이르소서. 이 모인 中(중, 會中)에 우리와 한가지인 百千萬億(백천만억)의 사람이 世世(세세)에 이미 부처를 좇아서 敎化(교화)를 受(수)하여 있나니, 이 같은 사람들이 반드시 能(능)히 恭敬(공경)하여 信(신)하여 긴 밤에 便安(편안)하여 饒益(요익)함이 많겠습니다.

그때에 世尊(세존)이 [107뒤 舍利弗(사리불)더러 이르시되 "네가 부지런히 세 번을 請(청)하니 어찌 아니 이르랴? 네가 (정신을) 차려 들어서 잘 思念(사념)하라. 내가 너를 爲(위)하여 가려서 이르리라."

이 말을 이르실 적에 모인 중(中)에 比丘(비구) · 比丘尼(비구니) · 優婆塞(우바새) · 優婆夷(우바이) (등의) 五千(오천) 사람이 座(좌)로부터서 [108앞 일어나 부처께 禮數(예수)하고 물러나니, "(그것이) 어째서이냐?"고 한다면, 이 무리가 罪根(죄근)이 깊고 增上慢(증상만)하여, 못 得(득)한 일을 得(득)하였다고 여기며, 못 證(증)한 일을 證(증)하였다고 여겨, 이런 허물이 있으므로 (그 자리에) 있지 못하거늘, 世尊(세존)이 잠잠하시어 (그들을) 말리지 아니하셨니라. [108뒤

그때에 부처가 舍利弗(사리불)더러 이르시되, "내가 이 衆(중)이 다시 가지와 잎이 없고 다 正(정)한 열매가 있나니, 舍利弗(사리불)아 이런 增上慢(증상만)하는 사람은 [109앞 물러가도 좋으니라. 네가 잘 들어라. 너를 위하여 이르리라."

舍利弗(사리불)이 사뢰되 " 唯然(유연). 世尊(세존)이시여, 願(원)컨대 듣고자 합니다." 부처가 舍利弗(사리불)더러 이르시되 "이 같은 妙法(묘법)은 [109뒤 諸佛(제불)과 如來(여래)가 때가 되어야 이르시나니, (이는) 優曇鉢華(우담발화)가 때가 되어야 한 번 現(현)하는 것과 같으니라.

舍利弗(사리불)아, 너희가 부처의 말을 信(신)하여야 하리라. (부처의 말은) 허망하지 아니하니라. 舍利弗(사리불)아, [110앞 諸佛(제불)이 마땅한 모습을 좇아서 說法(설법)하신 것이 (그) 뜻을 아는 것이 어려우니라. "(그것이) 어째서이냐?"고 한다면, 내가 無數(무수)한 方便(방편)과 種種(종종)의 因緣(인연)과 比喩(비유)로 하는 말씀으로 諸法(제법)을 펴뜨려서 이르니, 이 法(법)은 思量分別(사량분별)로 能(능)히 알 바가 아니니, 오직 諸佛(제불)이야말로 [110뒤 아시리라. '(그것이) 어째서이냐?'고 한다면, 諸佛(제불)과 世尊(세존)이 다만 一大事因緣(일대사인연)으로 世

間(세간)에 나시느니라. [111앞

舍利弗(사리불)아, '어찌 諸佛(제불)과 世尊(세존)이 다만 一大事因緣(일대사인연)으로 世間(세간)에 나신다고 하였느냐?' 諸佛(제불)과 世尊(세존)이 衆生(중생)에게 부처의 智見(지견)을 열어 淸淨(청정)을 得(득)하게 하려 하시어 世間(세간)에 나시며, [111뒤 "衆生(중생)에게 부처의 智見(지견)을 보이리라."고 하시어 世間(세간)에 나시며, 衆生(중생)을 부처의 智見(지견)을 알게 하려 하시어 世間(세간)에 나시며, 衆生(중생)을 부처의 智見道(지견도)에 들게 하려 하시어 世間(세간)에 나시나니, [112뒤 舍利弗(사리불)아 이것이 諸佛(제불)이 '一大事(일대사)의 因緣(인연)'으로 世間(세간)에 나신 것(= 까닭)이다." [113앞

부처가 舍利弗(사리불)더러 이르시되, "제불(諸佛)과 여래(如來)가 다만 菩薩(보살)을 教化(교화)하시어, 모든 하시는 일이 항상 하나의 일을 爲(위)하시어, 오직 부처의 智見(지견)으로 衆生(중생)에게 보여서 깨우치시나니, 舍利弗(사리불)아 如來(여래)가 다만 한 佛乘(불승)으로 衆生(중생)을 위하여 說法(설법)하시지, 다른 乘(승)이 둘이며 셋이 없으니라. 舍利弗(사리불)아, [113뒤 一切(일체) 十方(시방) 諸佛(제불)의 法(법)이 또 이와 같으시니라.

舍利弗(사리불)아, 過去(과거)의 諸佛(제불)이 無量無數(무량무수)한 方便(방편)과 種種(종종)의 因緣(인연)과 比喩(비유)하는 말씀으로 衆生(중생)을 위하여 諸法(제법)을 퍼뜨려 이르시니, 이 法(법)이 다 한(一) 佛乘(불승)이므로 [114앞 이 衆生(중생)들이 諸佛(제불)께 法(법)을 들어 나중(乃終)에 다 一切種智(일체종지)를 得(득)하겠으며,

舍利弗(사리불)아 未來(미래)의 諸佛(제불)이 世間(세간)에 나시어, 또 無量無數(무량무수)한 方便(방편)과 種種(종종)의 因緣(인연)과 譬喩(비유)로 하는 말씀으로 衆生(중생)을 위하여 諸法(제법)을 [114뒤 퍼뜨려 이르시겠으니, 이 法(법)이 다 한(一) 佛乘(불승)이므로 이 衆生(중생)들이 부처께 法(법)을 들어 나중(乃終)에 다 一切種智(일체종지)를 得(득)하겠으며,

舍利弗(사리불)아 現在(현재)의 十方(시방)의 無量(무량)한 百千萬億(백천만억)의 佛土(불토) 中(중)에 있는 諸佛(제불)과 世尊(세존)이 饒益(요익)을 많이 하시어 [115앞 衆生(중생)을 安樂(안락)하게 하시나니, 이 諸佛(제불)이 또 無量無數(무량무

수)한 方便(방편)과 種種(종종)의 因緣(인연)과 譬喩(비유)로 하는 말씀으로 衆生(중생)을 위하여 諸法(제법)을 펴뜨려 이르시나니, 이 法(법)이 다 한(一) 佛乘(불승)이므로 이 衆生(중생)들이 부처께 法(법)을 들어 나중(乃終)에 [115뒤 다 一切種智(일체종지)를 得(득)하리라.

舍利弗(사리불)아, 이것이 諸佛(제불)들이 다만 菩薩(보살)을 敎化(교화)하시어, 부처의 智見(지견)으로 衆生(중생)에게 보이고자 하시며, 부처의 知見(지견)으로 衆生(중생)을 깨우치고자 하시며, 衆生(중생)을 [116앞 부처의 知見(지견)에 들이고자 하시는 까닭이다.

舍利弗(사리불)아, 나도 이와 같아서 衆生(중생)들이 種種(종종)의 欲(욕)과 깊은 마음에 著(착)한 것을 알아서 제 本性(본성)을 좇아 種種(종종)의 因緣(인연)과 譬喩(비유)로 하는 [116뒤 말씀과 方便力(방편력)으로 說法(설법)하나니, 舍利弗(사리불)아 이것이 다 한 佛乘(불승)의 一切種智(일체종지)를 得(득)하게 하는 까닭이다. 舍利弗(사리불)아, 十方(시방) 世界(세계)에 二乘(이승)도 없으니, 하물며 셋이 있겠느냐?

舍利弗(사리불)아, 諸佛(제불)이 五濁惡世(오탁악세)에 나시어 (오탁악세는) [117앞 劫濁(겁탁), 煩惱濁(번뇌탁), 衆生濁(중생탁), 見濁(견탁), 命濁(명탁)이니, 이와 같이 舍利弗(사리불)아, 劫濁(겁탁)의 어지러운 時節(시절)에 衆生(중생)의 때(垢)가 무거워서, (중생이) 아끼며 貪(탐)하며 시샘으로 여러 가지의 좋지 못한 根源(근원)을 이루므로, 諸佛(제불)이 方便力(방편력)으로 한 佛乘(불승)에 [117뒤 가려서 셋을 이르셨느니라. [126뒤

舍利弗(사리불)아, [127앞 만일 나의 弟子(제자)가 스스로 여기되 "(내가) 阿羅漢(아라한)과 辟支佛(벽지불)이다."라고 하여, 諸佛(제불)과 如來(여래)가 다만 菩薩(보살)만 敎化(교화)하시는 일을 듣지 못하며 알지 못하면, 부처의 弟子(제자)가 아니며 阿羅漢(아라한)과 辟支佛(벽지불)이 아니니라.

또 舍利弗(사리불)아, [127뒤 이 比丘(비구)와 比丘尼(비구니)들이 자기가 여기되 "이미 阿羅漢(아라한)을 得(득)하여, 이것이 最後身(최후신)이며 究竟涅槃(구경열반)이다."고 하여, 다시 阿耨多羅三藐三菩提(아뇩다라삼먁삼보리)를 求(구)하지 아니하면, (너희는) 알아라. 이 무리는 다 增上慢人(증상만인)이니, "(그것이) 어째서이

냐?"고 한다면, 比丘(비구)가 [128앞 眞實(진실)로 阿羅漢(아라한)을 得(득)하고 이 法(법)을 信(신)하지 아니할 바가 없으니라. 부처가 滅度(멸도)한 後(후)에 現(현)한 앞에 부처가 없는 적은 덜어 내니, "(그것이) 어째서이냐?"고 한다면, 부처가 滅度(멸도)한 後(후)에 이 같은 經(경)을 受持(수지)하고 讀誦(독송)하여 (그) 뜻을 아는 이를 (얻기가) 어려우니, 만일 다른 부처를 [128뒤 만나면 이 法(법) 中(중)에 決斷(결단)하여 꿰뚫어서 아는 것을 곧 得(득)하리라.

舍利弗(사리불)아, 너희들이 한 마음으로 부처의 말을 信解(신해) · 受持(수지)하라. [129앞 諸佛(제불)과 如來(여래)의 말씀이 虛妄(허망)하지 아니하시니, 다른 乘(승)이 없고 오직 한 佛乘(불승)이다. [129뒤

月印千江之曲(월인천강지곡) 第十一(제십일)

釋譜詳節(석보상절) 第十一(제십일) 【揔(총) 百三十(백삼십) 張(장)】

[부록 2] 문법 용어의 풀이

1. 품사

한 언어에 속하는 수많은 단어를 문법적인 특징에 따라서 갈래지어서 그 범주를 설정한 것이다.

가. 체언

'체언(體言, 임자씨)'은 어떠한 대상의 이름이나 수량(순서)을 나타내거나 명사를 대신하는 단어들의 부류들이다. 이러한 체언에는 '명사', '대명사', '수사'가 있다.

① 명사(명사): 어떠한 '대상, 일, 상황' 등의 이름을 나타내는 단어이다.

- 자립 명사: 문장 내에서 관형어의 도움 없이 홀로 쓰일 수 있는 명사이다.

(1) ㄱ. 國ᄋᆞᆫ <u>나라히</u>라 (<u>나라ㅎ</u>+-이-+-다)

ㄴ. 國(국)은 나라이다.

- 의존 명사(의명): 홀로 쓰일 수 없어서 반드시 관형어와 함께 쓰이는 명사이다.

(2) ㄱ. 어린 百姓이 니르고져 홇 <u>배</u> 이셔도 (<u>바</u>+-이) [훈언 2]

ㄴ. 어리석은 百姓(백성)이 이르고자 할 바가 있어도…

② 인칭 대명사(인대): 사람을 직시하거나 대용하는 대명사이다.

(3) ㄱ. <u>내</u> 太子ᄅᆞᆯ 셤기ᅀᆞᄫᆞᄃᆡ (<u>나</u>+-이) [석상 6:4]

ㄴ. 내가 太子(태자)를 섬기되…

③ 지시 대명사(지대): 명사를 직접 가리키거나 대용하는 말이다.

(4) ㄱ. 내 <u>이</u>ᄅᆞᆯ 爲ᄒᆞ야 어엿비 너겨 (<u>이</u>+-ᄅᆞᆯ) [훈언 2]

ㄴ. 내가 이를 위하여 불쌍히 여겨…

④ 수사(수사): 사람이나 사물의 수량이나 차례를 나타내는 체언이다.

* 이 책에서 사용된 문법 용어와 약어에 대하여는 '경진출판'에서 간행한 『학교 문법의 이해』와 『중세 국어의 이해』, 『중세 근대 국어의 강독』의 내용을 참조하기 바란다.

(5) ㄱ. 點이 둘히면 上聲이오 (둘ㅎ + -이- + -면) [훈언 14]

ㄴ. 點(점)이 둘이면 上聲(상성)이고…

나. 용언

'용언(用言, 풀이씨)'은 문장 속에서 서술어로 쓰여서 주어로 표현되는 대상(주체)의 움직임이나 상태, 혹은 존재의 유무(有無)를 풀이한다. 이러한 용언에는 문법적 특징에 따라서 '동사'와 '형용사', '보조 용언' 등으로 분류한다.

① 동사(동사): 주어로 쓰인 대상의 움직임을 표현하는 용언이다. 동사에는 목적어를 취하는 타동사(=타동)와 목적어를 취하지 않는 자동사(=자동)가 있다.

(6) ㄱ. 衆生이 福이 다ᄋᆞ거다 (다ᄋᆞ- + -거- + -다) [석상 23:28]

ㄴ. 衆生(중생)이 福(복)이 다했다.

(7) ㄱ. 어마님이 毘藍園을 보라 가시니 (보- + -라) [월천 기17]

ㄴ. 어머님이 毘藍園(비람원)을 보러 가셨으니.

② 형용사(형사): 주어로 표현되는 대상의 성질이나 상태를 풀이하는 용언이다.

(8) ㄱ. 이 東山ᄋᆞᆫ 남기 됴ᄒᆞᆯᄊᆡ (둏- + -ᄋᆞᆯᄊᆡ) [석상 6:24]

ㄴ. 이 東山(동산)은 나무가 좋으므로…

③ 보조 용언(보용): 문장 안에서 홀로 설 수 없어서 반드시 그 앞의 다른 용언에 붙어서 문법적인 뜻을 더해 주는 기능을 하는 용언이다.

(9) ㄱ. 勞度差ㅣ ᄯᅩ ᄒᆞᆫ 쇼ᄅᆞᆯ 지ᅀᅥ 내니 (내- + -니) [석상 6:32]

ㄴ. 勞度差(노도차)가 또 한 소(牛)를 지어 내니…

다. 수식언

'수식언(修飾言, 꾸밈씨)'은 체언이나 용언 등을 수식(修飾)하면서 그 의미를 한정(限定)한다. 이러한 수식언으로는 '관형사'와 '부사'가 있다.

① 관형사(관사): 체언을 수식하면서 체언의 의미를 제한(한정)하는 단어이다.

(10) ㄱ. 녯 대예 새 竹筍이 나며 [금삼 3:23]

ㄴ. 옛날의 대(竹)에 새 竹筍(죽순)이 나며…

② 부사(부사): 특정한 용언이나 부사, 관형사, 체언, 절, 문장 등 여러 가지 문법적인

단위를 수식하여, 그들 문법적 단위의 의미를 한정하거나 특정한 말을 다른 말에 이어 준다.

(11) ㄱ. 이거시 더듸 ᄠᅥ러딜ᄉᆡ [두언 18:10]
ㄴ. 이것이 더디게 떨어지므로

(12) ㄱ. 반ᄃᆞ기 甘雨ㅣ ᄂᆞ리리라 [월석 10:122]
ㄴ. 반드시 甘雨(감우)가 내리리라.

(13) ㄱ. ᄒᆞ다가 술옷 몯 먹거든 너덧 번에 ᄂᆞᆫ화 머기라 [구언 1:4]
ㄴ. 만일 술을 못 먹거든 너덧 번에 나누어 먹이라.

(14) ㄱ. 道國王과 밋 舒國王은 實로 親ᄒᆞᆫ 兄弟니라 [두언 8:5]
ㄴ. 道國王(도국왕) 및 舒國王(서국왕)은 實(실로)로 親(친)한 兄弟(형제)이니라.

라. 독립언

감탄사(감사): 문장 속의 다른 말과 문법적인 관계를 맺지 않고 독립적으로 쓰인다.

(15) ㄱ. ᄋᆡ 丈夫ㅣ여 엇뎨 衣食 爲ᄒᆞ야 이 ᄀᆞᆮ호매 니르뇨 [법언 4:39]
ㄴ. 아아, 丈夫여, 어찌 衣食(의식)을 爲(위)하여 이와 같음에 이르렀느냐?

(16) ㄱ. 舍利佛이 ᄉᆞᆯᄫᆞᄃᆡ 엥 올ᄒᆞ시이다 [석상 13:47]
ㄴ. 舍利佛(사리불)이 사뢰되, "예, 옳으십니다."

2. 불규칙 용언

용언의 활용에는 어간이나 어미가 불규칙적(개별적)으로 바뀌어서 교체되어) 일반적인 변동 규칙으로는 설명할 수 없는 것이 있다. 이처럼 불규칙하게 활용하는 용언을 '불규칙 용언'이라고 한다. 여기서는 'ㄷ 불규칙 용언, ㅂ 불규칙 용언, ㅅ 불규칙 용언'만 별도로 밝힌다.

① 'ㄷ' 불규칙 용언(ㄷ불): 어간이 /ㄷ/으로 끝나는 용언 중에서, 어간에 모음으로 시작하는 어미가 붙어서 활용할 때에, 어간의 끝 소리 /ㄷ/이 /ㄹ/로 바뀌는 용언이다.

(1) ㄱ. 甁의 므를 기러 두고ᅀᅡ 가리라 (긷-＋-어) [월석 7:9]
ㄴ. 甁(병)에 물을 길어 두고야 가겠다.

② 'ㅂ' 불규칙 용언(ㅂ불): 어간이 /ㅂ/으로 끝나는 용언 중에서, 어간에 모음으로 시작

하는 어미가 붙어서 활용할 때에, 어간의 끝 소리 /ㅂ/이 /ㅸ/으로 바뀌는 용언이다.

(2) ㄱ. 太子ㅣ 性 고ᄫᆞ샤 (곱- + -ᄋᆞ시- + -아) [월석 21:211]

ㄴ. 太子(태자)가 性(성)이 고우시어…

(3) ㄱ. 벼개 노피 벼여 누우니 (눕- + -으니) [두언 15:11]

ㄴ. 베개를 높이 베어 누우니…

③ 'ㅅ' 불규칙 용언(ㅅ불): 어간이 /ㅅ/으로 끝나는 용언 중에서, 어간에 모음으로 시작하는 어미가 붙어서 활용할 때에, 어간의 끝 소리인 /ㅅ/이 /ㅿ/으로 바뀌는 용언이다.

(4) ㄱ. (道士ᄃᆞᆯ히)…表 지ᅀᅥ 엳ᄌᆞᄫᆞ니 (짓- + -어) [월석 2:69]

ㄴ. 道士(도사)들이…表(표)를 지어 여쭈니…

3. 어근

어근은 단어 속에서 중심적이면서 실질적인 의미를 나타내는 실질 형태소이다.

(1) ㄱ. ᄀᆞᆯ가마괴 (ᄀᆞᆯ- + ᄀᆞ마괴), 싀어미 (싀- + 어미)

ㄴ. 무덤 (묻- + -엄), ᄂᆞᆯ개 (ᄂᆞᆯ- + -개)

(2) ㄱ. 밤낮 (밤 + 낮), ᄡᆞᆯ밥 (ᄡᆞᆯ + 밥), 불뭇골 (불무 + -ㅅ + 골)

ㄴ. 검븕다 (검- + 븕-), 오ᄅᆞᄂᆞ리다 (오ᄂᆞ- + ᄂᆞ리-), 도라오다 (돌- + -아 + 오-)

- 불완전 어근(불어): 품사가 불분명하며 단독으로 쓰이는 일이 없고, 다른 말과의 통합에 제약이 많은 특수한 어근이다(= 특수 어근, 불규칙 어근).

(3) ㄱ. 功德이 이러 당다이 부톄 ᄃᆞ외리러라 (당당 + -이) [석상 19:34]

ㄴ. 功德(공덕)이 이루어져 마땅히 부처가 되겠더라.

(4) ㄱ. 그 부텨 住ᄒᆞ신 ᄯᅡ히…常寂光이라 (住 + -ᄒᆞ- + -시- + -ㄴ) [월석 서:5]

ㄴ. 그 부처가 住(주)하신 땅이 이름이 常寂光(상적광)이다.

4. 파생 접사

접사 중에서 어근에 새로운 의미를 더하거나 단어의 품사를 바꿈으로써, 새로운 단어를 만들어 주는 것을 '파생 접사'라고 한다.

가. 접두사(접두)

접두사는 어근의 앞에 붙어서 새로운 단어를 형성하는 파생 접사이다.

(1) ㄱ. 아ᅀᆞ와 아ᄎᆞᆫ아ᄃᆞᆯ왜 비록 이시나 (아ᄎᆞᆫ- + 아ᄃᆞᆯ) [두언 11:13]

ㄴ. 아우와 조카가 비록 있으나…

나. 접미사(접미)

접미사는 어근의 뒤에 붙어서 새로운 단어를 형성하는 파생 접사이다.

① 명사 파생 접미사(명접): 어근에 뒤에 붙어서 명사를 파생하는 접미사이다.

(2) ㄱ. ᄇᆞᄅᆞᆷ가비(ᄇᆞᄅᆞᆷ + -가비), 무덤(묻- + -엄), 노ᄑᆡ(높- + -ᄋᆡ)

ㄴ. 바람개비, 무덤, 높이

② 동사 파생 접미사(동접): 어근의 뒤에 붙어서 동사를 파생하는 접미사이다.

(3) ㄱ. 풍류ᄒᆞ다(풍류 + -ᄒᆞ- + -다), 그르ᄒᆞ다(그르 + -ᄒᆞ- + -다), ᄀᆞᄆᆞᆯ다(ᄀᆞᄆᆞᆯ + -∅- + -다)

ㄴ. 열치다, 벗기다; 넓히다; 풍류하다; 잘못하다; 가물다

③ 형용사 파생 접미사(형접): 어근의 뒤에 붙어서 형용사를 파생하는 접미사이다.

(4) ㄱ. 녇갑다(녙- + -갑- + -다), 골ᄑᆞ다(곯- + -ᄇᆞ- + -다), 受苦ᄅᆞᆸ다(受苦 + -ᄅᆞᆸ- + -다), 외ᄅᆞᆸ다(외 + -ᄅᆞᆸ- + -다), 이러ᄒᆞ다(이러 + -ᄒᆞ- + -다)

ㄴ. 얕다, 고프다, 수고롭다, 외롭다

④ 사동사 파생 접미사(사접): 어근의 뒤에 붙어서 사동사를 파생하는 접미사이다.

(5) ㄱ. 밧기다(밧- + -기- + -다), 너피다(넙- + -히- + -다)

ㄴ. 벗기다, 넓히다

⑤ 피동사 파생 접미사(피접): 어근의 뒤에 붙어서 피동사를 파생하는 접미사이다.

(6) ㄱ. 두피다(둪- + -이- + -다), 다티다(닫- + -히- + -다), 담기다(담- + -기- + -다), ᄃᆞᆷ기다(ᄃᆞᆷ- + -기- + -다)

ㄴ. 덮이다, 닫히다, 담기다, 잠기다

⑥ 관형사 파생 접미사(관접): 어근의 뒤에 붙어서 부사를 파생하는 접미사이다.

(7) ㄱ. 모ᄃᆞᆫ(몯- + -ᄋᆞᆫ), 오ᄋᆞᆫ(오ᄋᆞᆯ- + -ㄴ), 이런(이러- + -ㄴ)

ㄴ. 모든, 온, 이런

⑦ 부사 파생 접미사(부접): 어근의 뒤에 붙어서 부사를 파생하는 접미사이다.

(8) ㄱ. 몯내(몯 + -내), 비르서(비릇- + -어), 기리(길- + -이), 그르(그르- + -Ø)

ㄴ. 못내, 비로소, 길이, 그릇

⑧ 조사 파생 접미사(조접): 어근의 뒤에 붙어서 조사를 파생하는 접미사이다.

(9) ㄱ. 阿鼻地獄브터 有頂天에 니르시니 (븥- + -어) [석상 13:16]

ㄴ. 阿鼻地獄(아비지옥)부터 有頂天(유정천)에 이르시니…

⑨ 강조 접미사(강접): 어근의 뒤에 붙어서 강조의 뜻을 더하면서 새로운 단어를 파생하는 접미사이다.

(10) ㄱ. 니르왇다(니르- + -왇- + -다), 열티다(열- + -티- + -다), 니ᄅᆞ혀다(니ᄅᆞ- + -혀- + -다)

ㄴ. 받아일으키다, 열치다, 일으키다

⑩ 높임 접미사(높접): 어근의 뒤에 붙어서 높임의 뜻을 더하면서 새로운 단어를 파생하는 접미사이다.

(11) ㄱ. 아바님(아비 + -님), 어마님(어미 + -님), 그듸(그+ -듸), 어마님내(어미 + -님 + -내), 아기씨(아기 + -씨)

ㄴ. 아버님, 어머님, 그대, 어머님들, 아기씨

5. 조사

'조사(助詞, 관계언)'는 주로 체언에 결합하여, 그 체언이 문장 속의 다른 단어와 맺는 관계를 나타내거나 특별한 뜻을 더해 주는 단어이다.

가. 격조사

그 앞에 오는 말이 문장 안에서 일정한 문장 성분으로서의 기능함을 나타내는 조사이다.

① 주격 조사(주조): 주어로서 기능하는 것을 나타내는 격조사이다.

(1) ㄱ. 부텻 모미 여러 가짓 相이 ᄀᆞᄌᆞ샤 (몸 + -이) [석상 6:41]

ㄴ. 부처의 몸이 여러 가지의 相(상)이 갖추어져 있으시어…

② 서술격 조사(서조): 서술어로서 기능하는 것을 나타내는 격조사이다.

(2) ㄱ. 國은 나라히라 (나라ㅎ + -이- + -다)[훈언 1]

ㄴ. 國(국)은 나라이다.

③ 목적격 조사(목조): 목적어로서 기능하는 것을 나타내는 격조사이다.

(3) ㄱ. 太子ᄅᆞᆯ 하ᄂᆞᆯ히 ᄀᆞᆯᄒᆡ샤 (太子 + -ᄅᆞᆯ) [용가 8장]

ㄴ. 太子(태자)를 하늘이 가리시어…

④ 보격 조사(보조): 보어로서 기능하는 것을 나타내는 격조사이다.

(4) ㄱ. 色界 諸天도 ᄂᆞ려 仙人이 ᄃᆞ외더라 (仙人 + -이) [월석 2:24]

ㄴ. 色界(색계) 諸天(제천)도 내려 仙人(선인)이 되더라.

⑤ 관형격 조사(관조): 관형어로서 기능하는 것을 나타내는 격조사이다.

(5) ㄱ. 네 性이 … 죵ᄋᆡ 서리예 淸淨ᄒᆞ도다 (죵 + -ᄋᆡ) [두언 25:7]

ㄴ. 네 性(성: 성품)이 … 종(從僕) 중에서 淸淨(청정)하구나.

(6) ㄱ. 나랏 말ᄊᆞ미 中國에 달아 (나라 + -ㅅ) [훈언 1]

ㄴ. 나라의 말이 中國과 달라…

⑥ 부사격 조사(부조): 부사어로서 기능하는 것을 나타내는 격조사이다.

(7) ㄱ. 世尊이 象頭山애 가샤 (象頭山 + -애) [석상 6:1]

ㄴ. 世尊(세존)이 象頭山(상두산)에 가시어…

⑦ 호격 조사(호조): 독립어로서 기능하는 것을 나타내는 격조사이다.

(8) ㄱ. 彌勒아 아라라 (彌勒 + -아) [석상 13:26]

ㄴ. 彌勒(미륵)아 알아라.

나. 접속 조사(접조)

체언과 체언을 이어서 명사구를 형성하는 조사이다.

(9) ㄱ. 입시울와 혀와 엄과 니왜 다 됴ᄒᆞ며 (혀 + -와) [석상 19:7]

ㄴ. 입술과 혀와 어금니와 이가 다 좋으며…

다. 보조사(보조사)

체언에 화용론적인 특별한 뜻을 덧보태는 조사이다.

(10) ㄱ. 나ᄂᆞᆫ 어버ᅀᅵ 여희오 (나 + -ᄂᆞᆫ) [석상 6:5]

ㄴ. 나는 어버이를 여의고…

(11) ㄱ. 어미도 아ᄃᆞᄅᆞᆯ 모ᄅᆞ며 (어미 + -도) [석상 6:3]

ㄴ. 어머니도 아들을 모르며…

6. 어말 어미

'어말 어미(語末語尾, 맺음씨끝)'는 용언의 끝자리에 실현되는 어미인데, 그 기능에 따라서 '종결 어미, 연결 어미, 전성 어미'로 나누어진다.

가. 종결 어미

① 평서형 종결 어미(평종): 말하는 이가 자신의 생각을 듣는 이에게 단순하게 진술하는 평서문에 실현된다.

(1) ㄱ. 네 아비 ᄒᆞ마 주그니라 (죽- + -Ø(과시)- + -으니- + -다) [월석 17:21]

ㄴ. 너의 아버지가 이미 죽었느니라.

② 의문형 종결 어미(의종): 말하는 이가 듣는 이에게 대답을 요구하는 의문문에 실현된다.

(2) ㄱ. 엇뎨 겨르리 업스리오 (없- + -으리- + -고) [월석 서:17]

ㄴ. 어찌 겨를이 없겠느냐?

③ 명령형 종결 어미(명종): 말하는 이가 듣는 이에게 어떠한 행동을 하도록 요구하는 명령문에 실현된다.

(3) ㄱ. 너희ᄃᆞᆯ히 … 부텻 마ᄅᆞᆯ 바다 디니라 (디니- + -라) [석상 13:62]

ㄴ. 너희들이 … 부처의 말을 받아 지녀라.

④ 청유형 종결 어미(청종): 말하는 이가 듣는 이에게 어떠한 행동을 함께 하도록 요구하는 청유문에 실현된다.

(4) ㄱ. 世世예 妻眷이 ᄃᆞ외져 (ᄃᆞ외- + -져) [석상 6:8]

ㄴ. 世世(세세)에 妻眷(처권)이 되자.

⑤ 감탄형 종결 어미(감종): 말하는 이가 듣는 이를 의식하지 않고 자신의 감정을 표출하는 감탄문에 실현된다.

(5) ㄱ. 義ᄂᆞᆫ 그 큰뎌 (크- + -Ø(현시)- + -ㄴ뎌) [내훈 3:54]

ㄴ. 義(의)는 그것이 크구나.

나. 전성 어미

용언이 본래의 서술 기능을 유지하면서도 다른 품사처럼 쓰이도록 문법적인 기능을 바꾸는 어미이다.

① 명사형 전성 어미(명전): 특정한 절 속의 서술어에 실현되어서, 그 절을 명사처럼 쓰이게 하는 어미이다.

(6) ㄱ. 됴ᄒᆞᆫ 法 닷고ᄆᆞᆯ 몯ᄒᆞ야 (닭-+-옴+-ᄋᆞᆯ) [석상 9:14]

ㄴ. 좋은 法(법)을 닦는 것을 못하여…

② 관형사형 전성 어미(관전): 특정한 절 속의 용언에 실현되어서, 그 절을 관형사처럼 쓰이게 하는 어미이다.

(7) ㄱ. 어미 주근 後에 부텨씌 와 묻ᄌᆞᄫᆞ면(죽-+-Ø-+-ᄂ) [월석 21:21]

ㄴ. 어미 죽은 後(후)에 부처께 와 물으면…

다. 연결 어미(연어)

이어진 문장의 앞절과 뒷절을 잇거나, 본용언과 보조 용언을 잇는 어미이다. 연결 어미에는 '대등적 연결 어미, 종속적 연결 어미, 보조적 연결 어미'가 있다.

① 대등적 연결 어미: 앞절과 뒷절을 대등한 관계로 잇는 연결 어미이다.

(8) ㄱ. 子ᄂᆞᆫ 아ᄃᆞ리오 孫ᄋᆞᆫ 孫子ㅣ니 (아ᄃᆞᆯ+-이-+-고) [월석 1:7]

ㄴ. 子(자)는 아들이고 孫(손)은 孫子(손자)이니…

② 종속적 연결 어미: 앞절을 뒷절에 이끌리는 관계로 잇는 연결 어미이다.

(9) ㄱ. 모딘 길헤 ᄠᅥ러디면 恩愛ᄅᆞᆯ 머리 여희여 (ᄠᅥ러디-+-면) [석상 6:3]

ㄴ. 모진 길에 떨어지면 恩愛(은애)를 멀리 떠나…

③ 보조적 연결 어미: 본용언과 보조 용언을 잇는 연결 어미이다.

(10) ㄱ. 赤眞珠ㅣ ᄃᆞ외야 잇ᄂᆞ니라 (ᄃᆞ외야: ᄃᆞ외-+-아) [월석 1:23]

ㄴ. 赤眞珠(적진주)가 되어 있느니라.

7. 선어말 어미

'선어말 어미(先語末語尾, 안맺음 씨끝)'는 용언의 끝에 실현되지 못하고, 어간과 어말 어미 사이에 실현되어서 문법적인 기능을 나타내는 어미이다.

① 상대 높임의 선어말 어미(상높): 말을 듣는 '상대(相對)'를 높여서 표현하는 선어말 어미이다.

(1) ㄱ. 이런 고디 업스이다 (없-+-Ø(현시)-+-으이-+-다) [능언 1:50]
ㄴ. 이런 곳이 없습니다.

② 주체 높임의 선어말 어미(주높): 문장에서 주어로 실현되는 대상인 '주체(主體)'를 높여서 표현하는 선어말 어미이다.

(2) ㄱ. 王이 그 蓮花ᄅᆞᆯ ᄇᆞ리라 ᄒᆞ시다 [석상 11:31]
(ᄒᆞ-+-시-+-Ø(과시)-+-다)
ㄴ. 王(왕)이 "그 蓮花(연화)를 버리라." 하셨다.

③ 객체 높임의 선어말 어미(객높): 문장에서 목적어나 부사어로 표현되는 대상인 '객체(客體)'를 높여서 표현하는 선어말 어미이다.

(3) ㄱ. 벼슬 노ᄑᆞᆫ 臣下ㅣ 님그믈 돕ᄉᆞᄫᅡ (돕-+-ᄉᆞᇦ-+-아) [석상 9:34]
ㄴ. 벼슬 높은 臣下(신하)가 임금을 도와…

④ 과거 시제의 선어말 어미(과시): 동사에 실현되어서 발화시 이전에 어떠한 일이 일어났음을 무형의 선어말 어미인 '-Ø-'이다.

(4) ㄱ. 이 ᄢᅴ 아ᄃᆞᆯᄃᆞᆯ히 아비 죽다 듣고(죽-+-Ø(과시)-+-다) [월석 17:21]
ㄴ. 이때에 아들들이 "아버지가 죽었다." 듣고…

⑤ 현재 시제의 선어말 어미(현시): 발화시에 어떠한 일이 일어나고 있음을 나타내는 선어말 어미이다. 동사에는 선어말 어미인 '-ᄂᆞ-'가 실현되어서, 형용사에는 무형의 선어말 어미인 '-Ø-'가 현재 시제를 나타낸다.

(5) ㄱ. 네 이제 ᄯᅩ 묻ᄂᆞ다 (묻-+-ᄂᆞ-+-다) [월석 23:97]
ㄴ. 네 이제 또 묻는다.

(6) ㄱ. 이런 고디 업스이다 (없-+-Ø(현시)-+-으이-+-다) [능언 1:50]
ㄴ. 이런 곳이 없습니다.

⑥ 미래 시제의 선어말 어미(미시): 발화시 이후에 어떠한 일이 일어날 것임을 나타내는 선어말 어미이다.

(7) ㄱ. 아ᄃᆞᆯᄯᆞᄅᆞᆯ 求ᄒᆞ면 아ᄃᆞᆯᄯᆞᄅᆞᆯ 得ᄒᆞ리라 (得ᄒᆞ-+-리-+-다) [석상 9:23]
ㄴ. 아들딸을 求(구)하면 아들딸을 得(득)하리라.

⑦ 회상 표현의 선어말 어미(회상): 말하는 이가 발화시 이전에 직접 경험한 어떤 때(경험시)로 자신의 생각을 돌이켜서, 그때를 기준으로 해서 일이 일어난 시간을

나타내는 선어말 어미이다.

(8) ㄱ. ᄠᅳ데 몯 마ᄌᆞᆫ 이리 다 願 ᄀᆞ티 ᄃᆞ외더라 [월석 10:30]

(ᄃᆞ외- + -<u>더</u>- + -다)

ㄴ. 뜻에 못 맞은 일이 다 願(원)같이 되더라.

⑧ 확인 표현의 선어말 어미(확인): 심증(心證)과 같은 말하는 이의 주관적인 믿음에 근거하여, 어떤 일을 확정된 것으로 표현하는 선어말 어미이다.

(9) ㄱ. 安樂國이ᄂᆞᆫ 시르미 더욱 깁거다 [월석 8:101]

(깊- + -∅(현시)- + -<u>거</u>- + -다)

ㄴ. 安樂國(안락국)이는 … 시름이 더욱 깊다.

⑨ 원칙 표현의 선어말 어미(원칙): 말하는 이가 객관적인 믿음에 근거하여, 어떤 일을 확정된 것으로 표현하는 선어말 어미이다.

(10) ㄱ. 사ᄅᆞ미 살면 … 모로매 늙ᄂᆞ니라 [석상 11:36]

(늙- + -ᄂᆞ- + -<u>니</u>- + -다)

ㄴ. 사람이 살면 … 반드시 늙느니라.

⑩ 감동 표현의 선어말 어미(감동): 말하는 이의 '느낌(감동, 영탄)'의 뜻을 나타내는 태도 표현의 선어말 어미이다.

(11) ㄱ. 그듸내 貪心이 하도다 [석상 23:46]

(하- + -∅(현시)- + -<u>도</u>- + -다)

ㄴ. 그대들이 貪心(탐심)이 크구나.

⑪ 화자 표현의 선어말 어미(화자): 주로 종결형이나 연결형에서 실현되어서, 문장의 주어가 말하는 사람(화자, 話者)임을 나타내는 선어말 어미이다.

(12) ㄱ. ᄒᆞ오ᅀᅡ 내 尊호라 (尊ᄒᆞ- + -∅(현시)- + -<u>오</u>- + -다) [월석 2:34]

ㄴ. 오직(혼자) 내가 존귀하다.

⑫ 대상 표현의 선어말 어미(대상): 관형절이 수식하는 체언(피한정 체언)이, 관형절에서 서술어로 표현되는 용언에 대하여 의미상으로 객체(목적어나 부사어로 쓰인 대상)일 때에 실현되는 선어말 어미이다.

(13) ㄱ. 須達ᄋᆡ 지ᅀᅮᆫ 精舍마다 드르시며 [석상 6:38]

(짓- + -∅(과시)- + -<u>우</u>- + -ㄴ)

ㄴ. 須達(수달)이 지은 精舍(정사)마다 드시며…

(14) ㄱ. 王이…누ᄫᅳᆫ 자리예 겨샤 (눕- + -Ø(과시)- + -우- + -은)   [월석 10:9]

ㄴ. 王(왕)이…누운 자리에 계시어…

〈 인용된 약어의 정보 〉

약어	문헌 이름		발간 연대	
	한자 이름	한글 이름		
용가	龍飛御天歌	용비어천가	1445년	세종
석상	釋譜詳節	석보상절	1447년	세종
월천	月印千江之曲	월인천강지곡	1448년	세종
훈언	訓民正音諺解 (世宗御製訓民正音)	훈민정음 언해본 (세종 어제 훈민정음)	1450년경	세종
월석	月印釋譜	월인석보	1459년	세조
능언	愣嚴經諺解	능엄경 언해	1462년	세조
법언	妙法蓮華經諺解(法華經諺解)	묘법연화경 언해(법화경 언해)	1463년	세조
구언	救急方諺解	구급방 언해	1466년	세조
내훈	內訓(일본 蓬左文庫 판)	내훈(일본 봉좌문고 판)	1475년	성종
두언	分類杜工部詩諺解 初刊本	분류두공부시 언해 초간본	1481년	성종
금삼	金剛經三家解	금강경 삼가해	1482년	성종

❙참고 문헌

〈중세 국어의 참고 문헌〉

강성일(1972), 「중세국어 조어론 연구」, 『동아논총』 9, 동아대학교.

강신항(1990), 『훈민정음연구』(증보판), 성균관대학교 출판부.

강인선(1977), 「15세기 국어의 인용구조 연구」, 석사학위 논문, 서울대학교.

고성환(1993), 「중세국어 의문사의 의미와 용법」, 『국어학논집』 1, 태학사.

고영근(1981), 『중세국어의 시상과 서법』, 탑출판사.

고영근(1995), 「중세어의 동사형태부에 나타나는 모음동화」, 『국어사와 차자표기－소곡 남풍현 선생 화갑 기념 논총』, 태학사.

고영근(2010), 『제3판 표준 중세국어 문법론』, 집문당.

곽용주(1986), 「'동사 어간 －다' 부정법의 역사적 고찰」, 『국어연구』 138, 국어연구회.

교육인적자원부(2010), 『고등학교 교사용 지도서 문법』, (주)두산동아.

교육인적자원부(2010), 『고등학교 문법』, (주)두산동아.

구본관(1996), 「15세기 국어 파생법에 대한 연구」, 박사학위 논문, 서울대학교.

국립국어원, 『표준 국어 대사전』, 인터넷판.

권용경(1990), 「15세기 국어 서법의 선어말어미에 대한 연구」, 『국어연구』 101, 국어연구회.

김문기(1999), 「중세국어 매인풀이씨 연구」, 석사학위 논문, 부산대학교.

김소희(1996), 「16세기 국어의 '거/어'의 교체에 대한 연구」, 『국어연구』 142, 국어연구회.

김송원(1988), 「15세기 중기 국어의 접속월 연구」, 박사학위 논문, 건국대학교.

김영배(2010), 『역주 월인석보 4』, 세종대왕기념사업회.

김영욱(1990), 「중세국어 관형격조사 '이/의, ㅅ'의 기술과 관련된 문제 해결을 위하여」, 『주시경학보』 8, 탑출판사.

김영욱(1995), 『문법형태의 역사적 연구』, 박이정.

김정아(1985), 「15세기 국어의 '－ㄴ가' 의문문에 대하여」, 『국어국문학』 94.

김정아(1993), 「15세기 국어의 비교구문 연구」, 박사학위 논문, 서울대학교.

김진형(1995), 「중세국어 보조사에 대한 연구」, 『국어연구』 136, 국어연구회.

김차균(1986), 「월인천강지곡에 나타나는 표기체계와 음운」, 『한글』 182, 한글학회.

김충회(1972), 「15세기 국어의 서법체계 시론」, 『국어학논총』 5, 6, 단국대학교.

나진석(1971), 『우리말 때매김 연구』, 과학사.

나찬연(2011), 『수정판 옛글 읽기』, 월인.
나찬연(2013ㄴ), 제2판 『언어·국어·문화』, 월인.
나찬연(2013ㄷ), 제2판 『훈민정음의 이해』, 월인.
나찬연(2017), 제5판 『현대 국어 문법의 이해』, 월인.
나찬연(2018ㄱ), 제2판 『학교 문법의 이해』 1, 경진출판.
나찬연(2018ㄴ), 제2판 『학교 문법의 이해』 2, 경진출판.
나찬연(2019ㄱ), 『국어 어문 규정의 이해』, 월인.
나찬연(2019ㄴ), 『현대 국어 의미론의 이해』, 경진출판.
나찬연(2020ㄱ), 『국어 교사를 위한 고등학교 문법』, 경진출판.
나찬연(2020ㄴ), 『중세 국어의 이해』, 경진출판.
나찬연(2020ㄷ), 『중세 근대 국어의 강독』, 경진출판.
남광우(2009), 『교학 고어사전』, (주)교학사.
남윤진(1989), 「15세기 국어의 접속어미에 대한 연구」, 『국어연구』 93, 국어연구회.
노동헌(1993), 「선어말어미 '-오-'의 분포와 기능 연구」, 『국어연구』 114, 국어연구회.
류광식(1990), 「15세기 국어 부정법의 연구」, 박사학위 논문, 건국대학교.
리의도(1989), 「15세기 우리말의 이음씨끝」, 『한글』 206, 한글학회
민현식(1988), 「중세국어 어간형 부사에 대하여」, 『선청어문』 16, 17집, 서울대학교 국어교육과.
박태영(1993), 「15세기 국어의 사동법 연구」, 석사학위 논문, 단국대학교.
박희식(1984), 「중세국어의 부사에 대한 연구」, 『국어연구』 63, 국어연구회
배석범(1994), 「용비어천가의 문제에 대한 일고찰」, 『국어학』 24, 국어학회.
성기철(1979), 「15세기 국어의 화계 문제」, 『논문집』 13, 서울산업대학교.
손세모돌(1992), 「중세국어의 'ᄇᆞ리다'와 '디다'에 대한 연구」, 『주시경학보』 9, 탑출판사.
안병희·이광호(1993), 『중세국어문법론』, 학연사.
양정호(1991), 「중세국어의 파생접미사 연구」, 『국어연구』 105, 국어연구회.
유동석(1987), 「15세기 국어 계사의 형태 교체에 대하여」, 『우해 이병선 박사 회갑 기념 논총』.
이광정(1983), 「15세기 국어의 부사형어미」, 『국어교육』 44, 45.
이광호(1972), 「중세국어 '사이시옷' 문제와 그 해석 방안」, 『국어사 연구와 국어학 연구—안병희 선생 회갑 기념 논총』, 문학과지성사.
이광호(1972), 「중세국어의 대격 연구」, 『국어연구』 29, 국어연구회.
이광호(1995), 「후음 'ㅇ'과 중세국어 분철표기의 신해석」, 『국어사와 차자표기—남풍현 선생 회갑기념』, 태학사.
이기문(1963), 『국어표기법의 역사적 연구—신정판』, 한국연구원.

이기문(1998), 『국어사개설 - 신정판』, 태학사.
이숭녕(1981), 『중세국어문법 - 개정 증보판』, 을유문화사.
이승희(1996), 「중세국어 감동법 연구」, 『국어연구』 139, 국어연구회.
이정택(1994), 「15세기 국어의 입음법과 하임법」, 『한글』 223, 한글학회.
이주행(1993), 「후기 중세국어의 사동법」, 『국어학』 23, 국어학회.
이태욱(1995), 「중세국어의 부정법 연구」, 박사학위 논문, 성균관대학교.
이현규(1984), 「명사형어미 '-기'의 변화」, 『목천 유창돈 박사 회갑 기념 논문집』, 계명대학교 출판부.
이홍식(1993), 「'-오-'의 기능 구명을 위한 서설」, 『국어학논집』 1, 태학사.
임동훈(1996), 「어미 '시'의 문법」, 박사학위 논문, 서울대학교.
전정례(995), 「새로운 '-오-' 연구」, 한국문화사.
정 철(1954), 「원본 훈민정음의 보존 경위에 대하여」, 『국어국문학』 제9호, 국어국문학회.
정재영(1996), 「중세국어 의존명사 'ᄃᆞ'에 대한 연구」, 『국어학총서』 23, 태학사.
최동주(1995), 「국어 시상체계의 통시적 변화에 관한 연구」, 박사학위 논문, 서울대학교.
최현배(1961), 『고친 한글갈』, 정음사.
최현배(1980=1937), 『우리말본』, 정음사.
한글학회(1985), 『訓民正音』, 영인본.
한재영(1984), 「중세국어 피동구문의 특성에 대한 연구」, 『국어연구』 61, 국어연구회.
한재영(1986), 「중세국어 시제체계에 관한 관견」, 『언어』 11-2, 한국언어학회.
한재영(1990), 「선어말어미 '-오/우-'」, 『국어 연구 어디까지 왔나』, 동아출판사.
한재영(1992), 「중세국어의 대우체계 연구」, 『울산어문논집』 8, 울산대학교 국어국문학과.
허웅(1975=1981), 『우리 옛말본』, 샘문화사.
허웅(1981), 『언어학』, 샘문화사.
허웅(1986), 『국어 음운학』, 샘문화사.
허웅(1989), 『16세기 우리 옛말본』, 샘문화사.
허웅(1992), 『15·16세기 우리 옛말본의 역사』, 탑출판사.
허웅(1999), 『20세기 우리말의 통어론』, 샘문화사.
허웅(2000), 『20세기 우리말의 형태론(고침판)』, 샘문화사.
허웅·이강로(1999), 『주해 월인천강지곡』, 신구문화사.
홍윤표(1969), 「15세기 국어의 격연구」, 『국어연구』 21, 국어연구회.
홍윤표(1994), 「중세국어의 수사에 대하여」, 『국문학논집』, 단국대학교 국어국문학과.
홍종선(1983), 「명사화어미의 변천」, 『국어국문학』 89, 국어국문학회.

황선엽(1995), 「15세기 국어의 '-(으)니'의 용법과 기원」, 『국어연구』 135, 국어연구회.

〈불교 용어의 참고 문헌〉

곽철환(2003), 『시공불교사전』, 시공사.
국립국어원(2016), 인터넷판 『표준국어대사전』(http://stdweb2.korean.go.kr/main.jsp).
두산동아(2016), 인터넷판 『두산백과사전』(http://www.doopedia.co.kr/).
운허·용하(2008), 『불교사전』, 불천.
원광대학교 종교문제연구소(1974), 인터넷판 『원불교사전』, 원광대학교 출판부.
한국불교대사전 편찬위원회(1982), 『한국불교대사전』, 보련각.
한국학중앙연구원(2016), 인터넷판 『한국민족문화대백과』(http://encykorea.aks.ac.kr/).
홍사성(1993), 『불교상식백과』, 불교시대사.

〈불교 경전 및 불교 자료 인터넷 사이트〉

『妙法蓮華經』(2016), 천태불교문화연구원 편찬.
불교문화유산 아카이브, https://kabc.dongguk.edu/
『釋迦譜』 제2권 제15. 〈釋迦父淨飯王泥洹記〉(석가부정반왕니원기)
『釋迦譜』 제2권 제14. 〈釋迦姨母大愛道出家記〉(석가이모대애도출가기)
『大方便佛報恩經』 자품(慈品) 제7. 〈華色比丘尼緣 五百群賊的佛緣〉(화색비구니연 오백군적적 불연〉
『大雲輪請雨經』(대운수청우경)

지은이 **나찬연**은 1960년에 부산에서 태어났다. 부산대학교 국어국문학과를 나오고(1986), 같은 학교 대학원에서 문학석사(1993)와 문학박사(1997)학위를 받았다. 지금은 경성대학교 국어국문학과에서 교수로 재직하고 있으면서 국어학, 국어 교육, 한국어 교육 분야의 강의를 맡고 있다.

* 홈페이지: '학교 문법 교실(http://scammar.com)'에서는 이 책의 내용과 관련된 자료를 온라인으로 제공합니다. 본 홈페이지에 개설된 자료실과 문답방에 올려져 있는 다양한 정보를 자유롭게 이용할 수 있고, 이 책의 내용에 대하여 저자의 답변을 받을 수 있습니다.
* 전화번호 : 051-663-4212
* 전자메일 : ncy@ks.ac.kr

주요 논저

우리말 이음에서의 삭제와 생략 연구(1993), 우리말 의미중복 표현의 통어·의미 연구(1997), 우리말 잉여 표현 연구(2004), 옛글 읽기(2011), 벼리 한국어 회화 초급 1, 2(2011), 벼리 한국어 읽기 초급 1, 2(2011), 제2판 언어·국어·문화(2013), 제2판 훈민정음의 이해(2013), 근대 국어 문법의 이해－강독편(2013), 표준 발음법의 이해(2013), 제5판 현대 국어 문법의 이해(2017), 쉽게 읽는 월인석보 서, 1, 2, 4, 7, 8, 9, 10, 11, 12(2017~2023), 쉽게 읽는 석보상절 3, 6, 9, 11, 13, 19(2017~2019), 제2판 학교 문법의 이해 1, 2(2018), 한국 시사 읽기(2019), 한국 문화 읽기(2019), 국어 어문 규정의 이해(2019), 현대 국어 의미론의 이해(2019), 국어 교사를 위한 고등학교 문법(2020), 중세 국어의 이해(2020), 중세 국어 강독(2020), 근대 국어 강독(2020), 길라잡이 현대 국어 문법(2021), 길라잡이 국어 어문 규정(2021), 중세 국어 서답형 문제집(2021)

쉽게 읽는 **월인석보 11(하)** (月印釋譜 第十一 下)

1판 1쇄 인쇄_2023년 02월 15일
1판 1쇄 발행_2023년 02월 28일

지은이_나찬연
펴낸이_양정섭

펴낸곳_경진출판
등록_제2010-000004호
이메일_mykyungjin@daum.net
사업장주소_서울특별시 금천구 시흥대로 57길(시흥동) 영광빌딩 203호
전화_070-7550-7776 팩스_02-806-7282

값 24,000원

ISBN 979-11-92542-27-0 94710
ISBN 978-89-5996-507-6(set) 94080